道路交通事故车体痕迹鉴定

李丽莉　编著

科 学 出 版 社
北　京

内 容 简 介

本书对痕迹学与痕迹鉴定、道路交通事故技术鉴定、道路交通事故车体痕迹鉴定、道路交通事故现场勘验与车体痕迹鉴定以及道路交通事故司法鉴定项目等内容分别进行详细的阐述，并从鉴定工作的实际出发，就道路交通事故车体痕迹鉴定过程中遇到的一些疑难复杂和典型案例进行分析，并提出了解决方案，对需要注意的一些方面进行说明。同时，结合相关鉴定依据和法律法规，本书就道路交通事故车辆属性鉴定、车辆轮胎鉴定以及事故当事人事发时的交通行为方式鉴定等内容在专门的章节进行详细的分析和解读。

本书适用于从事道路交通事故司法鉴定人员、道路交通管理人员、事故处理技术人员、汽车驾驶员、律师以及公安机关、法院、检察院等司法行政机关相关人员等参考和阅读。同时，也可以对高等院校相关专业的师生和对道路交通事故司法鉴定领域感兴趣的各类相关人员提供一定的帮助。

图书在版编目（CIP）数据

道路交通事故车体痕迹鉴定/李丽莉编著. —北京：科学出版社,2017.10

ISBN 978-7-03-054553-4

Ⅰ. ①道…　Ⅱ. ①李…　Ⅲ. ①公路运输 – 交通运输事故 – 车体 – 痕迹学（法学）– 司法鉴定 – 中国　Ⅳ. ① D922.14 ② D918.91

中国版本图书馆 CIP 数据核字（2017）第 230845 号

责任编辑：潘志坚
责任印制：谭宏宇 / 封面设计：殷　靓

科学出版社 出版
北京东黄城根北街 16 号
邮政编码：100717
http://www.sciencep.com
上海当纳利印刷有限公司印刷
上海蓝鹰印务有限公司排版制作
科学出版社发行　各地新华书店经销

*

2017 年 10 月第　一　版　开本：787 × 1092　1/16
2023 年　1 月第十七次印刷　印张：21 1/2
字数：457 000

定价：180.00 元

（如有印装质量问题，我社负责调换）

前　　言

PREFACE

自 2003 年从事道路交通事故技术鉴定工作以来，笔者经过十几年的工作积累和思考，通过对过万例案件的整理和分析，历时两年有余，撰写完成此书，希望可以将所看、所学、所得与同行分享。在此过程中得到了司法部司法鉴定科学技术研究所道路交通事故技术鉴定研究室陈建国高级工程师、冯浩高级工程师和全体同仁以及很多老师、同事、朋友的帮助和支持，在此一并感谢。

司法部司法鉴定科学技术研究所 2001 年创建了道路交通事故技术鉴定项目，特别是 2005 年全国人民代表大会常务委员会《关于司法鉴定管理问题的决定》出台以后，全国通过审批并开展道路交通事故鉴定的鉴定机构日益增多，并获得良好的发展空间。目前，虽然我国对道路交通事故技术鉴定归入司法鉴定三大类以内或是属于其他项目尚未统一，但是已经在逐步达成共识，即应将道路交通事故技术鉴定司法鉴定项目列入物证类这一大类下的痕迹类，那么从事道路交通事故技术鉴定的司法鉴定人的从业资格执业范围就是痕迹。道路交通事故技术鉴定所有在开展的项目，基本都是建立在事故形态的基础上的，而事故形态分析的基础是道路交通事故现场勘验和车体痕迹检验、鉴定。但从全国能力验证的情况来看，各省痕迹鉴定水平尚存在巨大差异，并且单纯的痕迹鉴定已经越来越不能满足道路交通事故技术鉴定的巨大需求和挑战，将道路交通事故鉴定单列一大类的呼声也越来越高。就目前而言，道路交通事故鉴定的基础仍是痕迹鉴定，所以本书将从以下方面对道路交通事故车体痕迹鉴定进行全面细致的分析和解读。

本书共分为五章，第一章就痕迹学的基础理论和痕迹鉴定的相关内容进行阐述和解读；第二章对道路交通事故技术鉴定的鉴定项目和鉴定方法进行总结和分述；第三章从道路交通事故车体痕迹鉴定的范围、鉴定过程及注意事项等方面分别进行论述；第四章对道路交通事故现场勘验与车体痕迹鉴定的关系建立连接和融合；第五章分析道路交通事故司法鉴定项目。

本书获得国家重点研发计划项目（编号：2016YFC0800702）的资助，同时，也得到国家自然科学基金面上项目（编号：81571851）和中央科研院所公益项目（编号：GY2013G-5）的帮助，在此表示衷心感谢。本书部分研究成果得益于作者主持的上海市标准化推进项目（编号：CX1401）。

本书可为从事道路交通事故车体痕迹鉴定的鉴定人和同行提供参考和新的思路，可为道路交通事故鉴定的发展奠定基础，也可为道路交通事故司法鉴定行业的进步抛砖引玉。由于作者水平有限，疏漏之处在所难免，欢迎广大读者批评指正。

李丽莉

2016 年 12 月 2 日

目录 Contents

附　录

第一章　痕迹学

第一节　痕迹的概念

一、痕迹的定义

痕迹是指事物经过后可察觉的形影或印迹，体现为可以被人们看见和认知的各种形态，而这些形态具有不同的特征，正是这些特征，可以让人们分辨事物经过后发生的变化。在痕迹的定义里，主要从以下三个方面进行分析：其一，“事物经过后”是指事件发生动态过程之后所产生的结果，定义的是一个事件发生的时间问题，实施动作的主体必须是事物，同时要发生一定的过程，而考量的是经过后所形成的结果；其二，“可察觉的”是指事物经过后形成的结果不是无形的、不可分辨的，而是可以观察、感知和认识的，从深层次理解也是符合自然科学基础理论和一般规律的，解决的是事物经过后所遗留下来的问题；其三，“形影或印迹”是指事物经过后所遗留下的一种特征性的形态和印痕，与事物之间存在如影随形的关系，犹如模具形成的模型或者超越模具反映部分或者全部特征的性状，这种性状不是孤立存在的，必须成对且对应关系明确，体现自身和对方的特点、特性，用特征作为关系建立的链接。痕是指创伤痊愈后留下的疤，也泛指斑迹：痕印、痕迹、伤痕、泪痕、裂痕等。痕迹就是某事物经过后的可觉察的形迹。

哲学层面的痕迹所体现的观点是相近的。痕迹，从哲学的角度讲，是事物运动和发展留下的能为人们所认识的种种形态，事物的这种运动和发展每时每刻都在发生着，因此，人们认识事物的这种运动和发展离不开痕迹。任何一个犯罪嫌疑人的犯罪行为都会导致犯罪现场的某些物质发生变化，侦技人员通过对现场变化的分析和判断，就可以认识案件的基本情况、证明犯罪事实或者证实犯罪嫌疑人，这种现场的物质变化称为痕迹。从哲学层面观察，痕迹是指正在存在、曾经存在的物质与意识的反映，痕迹不是物质和意识本身，而是其“反映”，这种“反映”必须通过中介物质和承载物才能得以实现。被反映的物质和意识称为造痕体，承载“反映”的物体称为承痕体，借助与传递信息的物质称为中介物质或介质。以上三者因某种原因、条件而组成一个有机的过程系统，它们相互作用，发生能量转换、微量物质转移、物体外部形态或者内部结构改变，使造痕体的某些属性“反映”到承痕体上形成痕迹，即痕迹与造痕体的某些属性形成对称关系、因果关系、内在与外在的关联。因此，痕迹储存着与其相关的物质与意识的信息。由此可见，痕迹无处不在，存在于与人们生活息息相关的方方面面。

从目前国内的痕迹学理论研究来讲，大多数学者将痕迹的概念分成广义的痕迹和狭义的痕迹两种，其中广义的痕迹为在案件现场，由于犯罪嫌疑人的行为所引起的一切物质变化，如现场留下的手印、脚印、工具破坏痕迹、枪弹痕迹、文书字迹、血迹、人体分泌物、分离物、脱离物、斑渍以及现场物体的变动、翻动、增加或减少等。广义的痕迹由诉讼性质的不同可分为刑事犯罪行为痕迹、民事行为痕迹和行政行为痕迹三大类。

无论从何种角度或者性质来分，都不影响痕迹所反映的特质，即在各种行为过程中所产生的变化，而这些变化因为具体的产生环境和生存空间的不同而适用于不同的检验方法和处理方式。当然，这里所探讨的痕迹，具体都是在良好法律外围环境的状态下进行的研究和系统的分类，在自身处于科学理论基础支撑下的纵深发展和外延扩展。在具体的案件实践中，痕迹主要用于案件现场勘验，通过对犯罪嫌疑人行为所产生的迹象的捕捉（发现）、提取及检验、分析、评判等，来解读犯罪嫌疑人的行为目标，为锁定、缉捕犯罪嫌疑人、立案起诉及定罪量刑提供技术支持，在保证程序合法的前提下，采集相关信息作为证据使用，这也是痕迹与物证交叉融合的表现之一。物证是我国诉讼法明确规定的法定证据之一。从学理上看，物证、书证和视听资料可归属于同一类证据，即它们可共同构成相对于人证或言词证据的另一类证据，即实物证据。首先，徐立根主编的《物证技术学》中物证是依法收集、与案件有联系的，能以其外形特征及所载字迹、符号、图像、声纹特征或者物质属性等证明其与受审查的人、事、物、时、空存在联系，从而能证明案件真实情况的各种物质性客体。其次，李学军著的《物证论——从物证技术学层面及诉讼法学的视角》中的物证是指以其外部形象特征、所载字迹特征、符号图像特征、声纹特征、物质属性等客观存在，证明案件事实的物质性客体（李学军，2010）。再次，许爱东主编的《物证技术学教程》中的物证技术学中的物证，只有具备“双联性”的特点，才能作为定案或者认定案件事实的依据：一方面，物证必须使用符合法律规范的方式予以记录与固定，以确认其与案件中的人、事、物、时、空存在联系；另一方面，物证往往需要借助科学鉴定的方法，才能确定其与受审查的人、事、物、时、空存在联系。刘耀主编的《物证鉴定科学》中的物证是不会说谎的，但是，物证自身无法直接去证明案件的事实，因此物证的证明往往要借助一定的科学技术手段才能实现：一方面，物证的发现和提取需要借助；另一方面，物证中储存的与案件事实有关的信息也需要一定的科学技术来进行解读。所以，提取、解读、使用物证的人便可能“帮助”物证“说谎”。在司法实践过程中，能认识到物证可能“说谎”才能不盲目地相信物证，迷信地使用物证。物证鉴定是自然科学在法律活动中的应用。物证鉴定的原则和方法来源于包括数学、化学、物理学、生物学、医学、毒理学、药理学等在内的自然科学。杨梦兰主编的《物证分析》（第一册）中的物证是指能证明案件真实情况的一切物质。物证的概念首先表明物质材料，任何一种物质都有可能成为物证。刑事案件中常见的物证有犯罪分子实施犯罪所使用的作案工具、凶器、在犯罪过程中遗留或带走的物品及犯罪行为所侵害的客体等。但是，不是所有的物质都是物证，能作为物证的物质必须与案件有关，更确切地说必须与案件有着内在的联系。物证是重要的证据之一，而它又不同于证人、证言，是不依赖人的意志而存在的客观事实。徐春法、高祥根、韩崇德等编著的《微量物证与侦查破案》中的物证是证据的一种，是以其外部形状、性质、存在的情形等来证明案件事实的物品、物质和痕迹。其范围非常广，可以说人们在日常生活中所能遇到的和自然界中存在的各式各样的物质，在特定的情况下，都有可能成为揭露和证实犯罪事实的证据。在刑事诉讼中最常见的物证有犯罪分子作案的工具、犯罪过程中留下的痕迹、犯罪行为侵犯的客体以及其他可供揭露犯罪的物品，如凶器、血衣、指纹、赃款、赃物等。张公正主编的《物证检验学》中的物证是指能证明案件真实情况的物质材料。物证的概念首先表明物证是物质材料。刑事案件中常见的物证有犯罪分子实施犯罪所使用的作案工具、凶器、犯罪过程中遗留下的物品、痕迹、犯罪行为侵害的客体等。民事案件中的物证有借据、契约、争议物、损害物及其痕迹等。李月译的《物证技术学与科学侦查》中指出一个人实施了犯罪而不留任何形式的证据几乎是不可能的。许多案件都能自然形成足以把罪犯带上被告席的证据，如被害人或目击者的指认、告密者的揭发或罪犯被说服后的坦白供述等。然而，在许多情况下，人们无法得到上述证据，如被害人死亡或者没有目击者的侵犯财产的罪犯。这时，侦查人员可利用的证据就只有物证了。傅政华主编的《物证技术学》中的物证是指能够以其外部特征、物质属性、所处位置以及状态来证明案件真实情况的各种客观存在的物品、物质或痕迹。我国三大诉讼法中明确列出的证据类型中的物证，主要指物品、物质形式出现的实物证据，如作案工具，犯罪行为直接侵占、侵害的物质对象，犯罪行为所产生的非法物品以及表现犯罪危害性后果的物品、物质等。物证是客观存在的证据，具有广泛性、针对性和不可逆转性等。广泛性是指案件发生过程中，物证可以产生于任何一个阶段，其广泛存在于案件发生的整个过程中；针对性是指物证是在具体环境下应某一种特定的行为而产生的，用于解读这一行为的证据；不可逆转性是指物证在案件发生过程中的重要地位，它所记录的是发生时的情况，但不负责帮助解决事发后再现的问题，只能将之作为解读事发时的重要依据。这三种特性中，不可逆转性是物证可以作为法庭科学证据的显著特性之一。

痕迹是物证的一种，它是指犯罪过程中某一客体在力的作用下，引起另一客体物质形态和空间位置变化而形成的一切反映形象。广义的痕迹泛指与犯罪行为有因果联系的一切物质环境的变化；狭义的痕迹，即物证鉴定技术工作中所说的或者痕迹学中所指的痕迹，是指以形成诉讼证据为前提的、与犯罪行为有关联的人或物引起承受客体发生形态变化而造成的反映形象。形成痕迹必须有三个要素，即两个客体和作用力。主要作用的客体称为造痕体（又称造型客体或加载客体），一般是作案人躯体组织、穿戴物或借用的工具，如手、足、枪、车辆、工具等，也可能是被侵害人进行抵抗时使用的工具或躯体组织。被动作用的客体称为承痕体（又称承痕客体或承载客体），多数是现场客体物、被侵害人的躯体等，如被踩的地面，被撬的箱、柜、门等。造痕体和承痕体之间必须要有力的作用，力是将二者联系在一起发生作用的纽带，三个要素缺一不可。世界是物质的，物质是运动的。痕迹在这个物质运动的世界里，从广义上讲，是指由作案人行为引起的与案件事实有关的一切变化，包括案件现场上物品和物质数量增减、位置运动、功能损坏、气味和颜色改变等所有变化及变动现象，还包括各种客体留下的反映形象以及能揭示作案活动的所有物质和现象；而从狭义上讲，痕迹是指造痕客体与承痕客体相互接触并发生作用，从而在接触部位反映造痕客体外表结构特征和力的作用特征的反映形象，这种反映形象还包括在接触过程中可能产生的客体本身分离部位的特征。综合上述观点，痕迹检验的研究对象应该是狭义的痕迹。

痕迹是物质世界运动过程中的产物，是记录相关信息的强有力的表现形式之一，也是人们洞悉观察世界的简要途径，用具体形象和特征来表现案件发生的状态和过程。我国的《刑事诉讼法》《民事诉讼法》和《行政诉讼法》都明确规定，物证是一种法定的诉讼证据，但均未明确地界定何为物证，通过对俄罗斯、意大利、加拿大、法国、德国、日本、英国、美国等主要国家的诉讼法或者证据法进行研究发现，除了《俄罗斯联邦刑事诉讼法典》第 74 条第 2 款明确指出物证为一种证据、《俄罗斯联邦民事诉讼法》第 49 条第 2 款认可物证是确定证据的一种手段之外，其他国家基本在成文法中未提到物证这一词汇和相关描述，仅有少数国家在其判例中才提及，例如，exhibit、physical evidence、real evidence、material evidence 等翻译为“物证”的表述。而痕迹作为重要物证之一，必须与我国相关的法律法规对接，成为法庭证据，且在技术层面，需要运用更为明确有效的表述方式，更好地为诉讼服务。当然技术永远站在客观事实、科学公正的立场，不会为现实案例作出任何屈服和让步，因为它必须是在严格实验数据支撑情况下所采集的信息综合分析的科学意见。

凡物质运动留下的迹象均可称为痕迹，物证检验学所涉及的痕迹是专指犯罪行为在客体上造成的外部变化形象，即印迹，故称犯罪痕迹，简称痕迹。痕迹是指由于犯罪行为引起的客体形态、结构等变化而留下的可以做同一认定的印迹，这种变化常常以外部结构形象、动力定型、物质分离或转化形象等形式反映至变化客体的特征及变化的机理。痕迹，从哲学的角度讲是由于事物运动和发展留下的能为人们所认识的种种形态。在案件的诉讼过程中，为了认识案件的各种情况，离不开对各种与案件相关的、包含各种信息痕迹的研究。

二、痕迹的要素

要素是指构成一个客观事物的存在并维持其运动的最小单位，是构成事物必不可少的因素，是组成系统的基本单元，也是系统产生、变化、发展的动因。要素是具有共同特性和关系的一组现象（如道路）或一个确定的实体及其目标的表示（如某一条道路）。而痕迹是通过造痕客体、承痕客体和作用力这三个要素相互作用而形成的。其中造痕客体是指把自己的外表结构特征反映、遗留在承痕客体上的客体，造痕客体的硬度一般相对承痕客体要大一些，它一般为固体或者半固体，也存在液体和气体的情况，且需要具备一定的形状、硬度、体积等，具有把自身的外表结构特征反映到承痕客体上、把自身表面的物质、分泌物、附着物等分离在承痕客体上；或者把承痕客体表面的物质、附着物带走的属性；承痕客体是指保留痕迹的客体，一般为固体或者半固体，具备吸附、渗透、可塑、变形等特性，表面具有一定的光洁度，能更好地反映造痕客体的外表结构特征；作用力是形成痕迹不可缺少的动力，作用角度为 90°或者越接近 90°，形成的痕迹就越完整、清晰，痕迹的特征也基本保持不变。

1. **造痕客体**

又称造型客体，是在两个客体相互接触作用并形成痕迹的过程中，将自身的某些特性反映在痕迹中的客体。痕，是指创伤痊愈后留下的疤。客体是指存在于主体之外的客观事物。造痕客体，是指制作疤的存在于主体之外的客观事物，又称通过作用力在其他客体上遗留下自身特征的客观事物。这里所指的特征是一个客体或一组客体特性的抽象结果。特征是用来描述概念的。任一客体或一组客体都具有众多特性，人们根据客体所共有的特性抽象出某一概念，该概念便成为特征。具体来讲，就是一事物异于他事物的特点。不同专业领域对同一客体的众多特性侧重有所不同。在某个专业领域中，反映客体根本特性的特征称为本质特征。因此，本质特征因概念所属专业领域而异，反映不同专业领域的不同侧重点。特征与特点有所不同，特点是指人或事物所具有的特别或特殊之处，特点就是与众不同。任何物质都有其自身的特性，也有同其他物质所持有的共性。特点是指事物内在和外在的独特的地方；而特征则侧重指事物外表或形式上独特的象征或标志。特点使用范围广泛，可以用于抽象事物，也可以用于具体事物，可以指事物内容、性质上的独特之处，也可以指事物形式上、外形上的独特之处；特征多用于人或者具体事物，少用于抽象事物。造痕客体所表现的自身特征，一般都是自身的外表形象特征：外表是指外部形象、表面、边境；形象是指能引起人的思想或感情活动的具体形态或姿态，一般表示一个人或事物的外部特征。形象是人们通过视觉、听觉、触觉、味觉等各种感觉器官在大脑中形成的关于某种事物的整体印象，简言之就是知觉，即各种感觉的再现。有一点非常重要，形象不是事物本身，而是人们对事物的感知，不同的人对同一事物的感知不会完全相同，因而其正确性受人的意识和认知过程的影响，而意识具有主观能动性，因此事物在人们头脑中形成的不同形象会对人的行为产生不同的影响。造痕客体的特征是客观存在的，但在反映过程中，由于人们意识行为的不同，一方面，造痕客体并不能一次展现所有的特征，且展现的特征中可能存在重叠甚至覆盖；另一方面，造痕客体所展现的特征是客观真实的，但由于认知的差异，造成特征辨识上的不同，表现或者描述出存在不同甚至完全对立的情况。第一种情况也许只是造成检验过程中完整性不充分，如部分部位遗漏，描述痕迹时未从部位、受力方向及附着物等方面全面描述，鉴定意见不准确等问题；但第二种情况往往会造成检验过程中描述重点的偏差，例如，重点部位不检验；重点部位的痕迹描述不仅要素不齐全，且出现严重错误，如受力方向本为从前向后，却描述成从后向前，出现意思的完全颠倒。分析说明的错向定位，例如，对检验过程中所检见的痕迹，不能进行一一对应说明，对应关系建立错误，对应关系理由说明不充分，甚至错误。鉴定意见的不正确，例如，具体碰撞部位左右不分，左右混淆，左右对立，甚至出现张冠李戴、李代桃僵的情形，造成鉴定意见出现实质性偏差和致命性错误，混淆视听，造成严重的鉴定事故，错失发挥科学支撑证据的作用。在痕迹产生过程中，造痕客体往往处于主动的地位，例如，犯罪嫌疑人在作案过程中手持的各种工具，如榔头、刀具、棍棒或者其他随处可见的生活用品等。其中，工具原指工作时所需要的器具，后引申为达到、完成或促进某一事物的手段。工具是一个相对概念，因为其概念不是一个具体的物质，所以只要能使物质发生改变的物质，相对于被它改变的物质就是工具。工具一般分为机动工具和手动工具，机动工具是指以压缩空气、直流或交流电力以及高压油液为动力源驱动的工具（如气动扳手、气动砂轮机、气动凿岩机、电钻、液动扳手等）。这类工具虽然具有输出功率大、使用效率高等优点，但受动力源、使用空间等因素的影响，携带不方便，只能在车间、装配线等固定场所使用。手动工具是指以手力驱动的工具（如扳手、钳子、锤、锉等）。这类工具品种齐全，体积小，携带方便，可在狭小的空间使用，因此使用范围较广。手动工具使用领域包括机械动力工程、航空、船舶、汽车制造和维修、石油化工、电力工程、电信仪表、建筑安装及家庭维修等。在犯罪行为中，工具是指作案时所需要的器具，包括机动工具和手动工具，而在道路交通事故发生过程中，涉及的工具主要是指交通工具，即各种类型的车辆。当然，在道路交通事故中，也存在其他工具的情况，如行人或者车辆上携带的其他工具，这些工具具有多样性和特别造痕特征，体现的是该工具的特点和特性。在道路交通事故技术鉴定中，交通工具的痕迹，一般是指车体痕迹，当车辆作为造痕客体时，同时也作为承痕客体相对应出现，即互为造痕客体和承痕客体。例如，一辆自行车的前轮轮轴与一辆小型轿车的右前门接触，轮轴作为造痕客体在右前门上留下轮轴外端的特征，形成孔洞，孔洞的大小与轮轴外形尺寸吻合，小型轿车右前门上的油漆涂层发生转移，附着在轮轴上，在轮轴带有螺旋花纹且右前门有一定厚度的情况下，这种花纹特征如印章一样体现在右前门上，在这种情况下，一般称轮轴为造痕客体，而右前门为承痕客体，但作用力是相互的，右前门上的部分特性也反映在轮轴上。所以，车体痕迹中造痕客体和承痕客体往往是成对出现且相互反映的。造痕客体即为创造痕迹、将自身特征反映在承痕客体上的客体。

2. **承痕客体**

承痕客体是指保留痕迹的客体，一般为固体或半固体，具备吸附、渗透、可塑、变形等特性，表面具有一定的光洁度，能更好地反映造痕客体的外表结构特征，又称承受客体，是在痕迹形成时反映造痕客体特性并承载痕迹形象的客体。承，是指在下面接受，托着；担当，应允；受到，蒙受；继续，接连；顺从，迎合；姓。此处，承，即承受，是指承担，接受；支承或者经受。承痕客体在痕迹形成的要素中处于被动地位，其作用是显示造痕客体的特征，例如，犯罪嫌疑人在现场门把手上遗留下的手印；在现场地面遗留下的鞋印、袜印、足印等；在现场门上遗留下的作案工具痕迹；在现场玻璃上、墙面上遗留下的枪弹痕迹；在现场泥泞路面上遗留下的轮胎印；在现场的其他承痕客体上遗留下可以反映犯罪嫌疑人行为的其他痕迹。在勘验过程中，承痕客体的条件决定了提取检材的特征性反映程度，例如，地面的材质，泥土、地砖或者木质地板等。其中，泥土对鞋底特征的反映具有立体形象；地砖表面光滑，如果本身覆盖灰尘，也可以反映鞋底的特征；木质地板本身有一定花纹特征体现，反映鞋底的特征条件比较差，反映的也比较少，不利于提取相关可疑信息。随着社会的进步和科技的发展，通过轮胎痕迹分析嫌疑车辆的条件正逐步减弱，过去大部分道路是泥土路面或者砂石路面，而现在大部分路面是水泥路面或者沥青路面，车辆作为作案工具或者逃离现场的工具，在现场或者附近路面遗留下的轮胎痕迹，呈现特征性较强的立体花纹的概率大大降低，往往没有痕迹，或者遗留下带状深色印迹，仅能显现轮胎的部分宽度、部分胎冠特征等较少的信息。同时，由于轮胎材质之间的差异较小，通过微量物证的分析，所获得的信息存在种类相同但缺乏同一认定的条件的情况时有发生。所以，在现代社会，痕迹学面临着重大挑战，不仅是由于经验成分较重，而且存在整个社会体系和社会现状给予痕迹学带来的改变。而在道路交通事故技术鉴定过程中，轮胎痕迹又呈现出另一种状态，它除了存在于现场地面，很多时候反映在与人体相关的承痕客体上，如衣物或者携带物等，所反映的轮胎的特征更为复杂，且由于人体的生物特性，花纹特征存在变化和消失的可能性，所以在勘验过程中，还存在时间约定的问题。犯罪嫌疑人作案后，对承痕客体的处理，也会影响勘验的结果，常见的如对犯罪现场的整理、清扫或者重置、伪装等，特别是清洗过程，它对承痕客体上造痕客体特征的破坏是致命的。在犯罪嫌疑人作案过程中，预先对可能遗留下痕迹的造痕客体进行遮挡、掩饰或者改变，如佩戴手套、鞋套、袜套等，在极端的情况下，还存在破坏指纹、形成瘢痕、完全不能反映指纹特征的情况，这些情况都会导致承痕客体上没有任何有价值的痕迹遗留。更有，犯罪嫌疑人对作案工具进行改装，非制式的枪支或者自制的榔头，在承痕客体上反映的特征不具备同一性，但具有排他性，在勘验过程中，需要提取其排他性特征，在分析过程中，需要特别关注它的可以作为同一认定的特征，鉴定意见可以用成立进行表达。最终，犯罪行为实施过程中，承痕客体成为保留造痕客体的重要证据，甚至可以总结为，承痕客体掌控着案件进展的进度，在造痕客体未知的情况下，承痕客体一般是犯罪嫌疑人难以带走和搬离的，势必留下造痕客体的特征和印迹。所以，承痕客体的条件，最终决定了案件分析的导向和结果。承痕客体的物理属性不同，对造痕客体的反映能力也不同，主要体现在承痕客体的表面光洁度、干湿度、密度、硬度、塑性和颗粒度等方面。其中硬度主要对形成立体痕迹的影响较大，特别是对工具痕迹影响更大。一般来讲，若工具的硬度大于承痕客体的硬度，工具就可以在承痕客体上形成较好反映工具特征的痕迹；若工具的硬度与承痕客体的硬度相同，工具和承痕客体之间会相互遗留下对方的特征；若工具的硬度小于承痕客体的硬度，在相互作用的过程中，工具会发生变形，其表面反映承痕客体的特征，这时，工具反而成为承痕客体。密度是反映造痕客体的重要参数，低密度的承痕客体对造痕客体的细小特征不敏感，但高密度的承痕客体可以很好地反映造痕客体的特征。颗粒度是指承痕客体大小、粗糙、细腻程度的体现，在足迹学研究领域，对承痕客体的颗粒度要求比较细化，颗粒的粗细可以决定是否能反映鞋、袜或者足部的特征。由于承痕客体在案件分析中发挥着不可替代的作用，所以在勘验过程中，对承痕客体的特性一定要详细地分析和归类，只有掌握了承痕客体的特性，才能有效地固定、提取和分析造痕客体的特征，找到案件的突破口，打破案件一筹莫展的僵局。那么，在现场勘验过程中，注意保护承痕客体不受破坏和污染，如设置专门区域、分步骤进入现场进行勘验、注意时效性、充分研讨等，达到承痕客体反映性最充分的体现。

3. **作用力**

力是物体对物体的作用，是成对出现的。有力就有施力物体和受力物体。两物体间通过不同的形式发生相互作用，如吸引、相对运动、形变等，产生的力称为作用力。作用力是形成痕迹不可缺少的动力。在形成痕迹的过程中，作用力的种类很多，主要有机械力，如人手的肌力，脚的压力，轮胎的碾压力，牙齿的咬切力，工具的打击、撬压、切削、擦划的力等；还有理化作用形成的力，如发射药燃烧产生的动力等。作用力的大小、方向、角度对痕迹的形成有着重要的作用：作用力大，形成的痕迹一般较完整、清晰，作用力小，形成的痕迹一般较浅，不清晰、不完整；作用力的方向、角度越接近于90°，形成的痕迹就越完整、清晰，痕迹的特征基本保持不变，相反，作用力的方向、角度越偏离90°，形成的痕迹就越不完整、不清晰，痕迹的特征的变形率越大。由于两个物体间的作用总是相互的，那么可以把物体间相互作用的一对力称为作用力和反作用力。有作用力就有反作用力。称其中任何一个力为作用力，另一个力为反作用力。分子的整齐排列，正是这种强大的作用力的结果。外在事物的影响，对于人类感觉器官所产生的作用，也在人脑中形成一种形象，归纳起来，包括同化作用及消化作用。作用于物体上的力，称为作用力；承受作用力的物体，对于施力物体所产生的作用，即反作用力。作用力和反作用力的大小是相等的，在同一条直线上却有相反的方向，因而起着相反的作用。目前物理界公认四种最基本的相互反作用力，即强力、弱力、电磁力和万有引力。强力和弱力只在原子核的范围内起作用，后两种力则只存在于宏观的物体。同时，作用力和反作用力是同一性质的力。例如，放在凳子上的工具，受重力和支撑力，其重力和支撑力是一对平衡力，同时，工具对凳子的压力和凳子对工具的支撑力是相互作用力。相互作用力和平衡力的共同点在于大小相等、方向相反和作用于同一条直线上；而不同点在于力的性质不同，作用力和反作用力作用于不同物体上，而平衡力作用在同一物体上。平衡力是作用在同一点上的、矢量和为零的几个力，是一组平衡力，即对于两个力，如果它们大小相等、方向相反、作用在同一物体上，那么这两个力就是一对平衡力。在痕迹学理论中，作用力发挥着重要的作用，同时也是很难复原和把控的要素，不同的人使用不同的工具、同一人使用不同的工具或者同一人使用相同的工具，其作用力都不会完全相同，而在计算机或者机械控制的情况下，可能会出现等作用力的情况，但案件的当事人都是人类或者人类所有的客体，目前还没有将其他生物形态或者智能形态作为案件的当事人，这与现行法规和实际情况不符。所以，如果要还原事发时的作用力，其需要采集的参数和实验条件相对比较苛刻。作用力的大小，直接影响造痕客体在承痕客体上所形成痕迹的特征，甚至决定案件的性质。在道路交通事故车体痕迹鉴定过程中，作用力的大小、方向均影响着事故的后果，同时也对当事双方责任认定和承担相应法律责任发挥作用。特别是在车辆与人体发生碰撞的交通事故中，由于车辆行驶速度的影响，行人行走方向以及车辆驾驶员的操作水平和应急反应能力，均由作用力产生不同的后果。例如，在一起自行车与行人碰撞的交通事故中，由于自行车本身速度在生产时就有固定的最高速度限制，所以与行人之间发生接触时，所产生的作用力相对于四轮车辆就会小一些。当然，行人的损伤情况，除了与所受的作用力相关以外，还与其他很多因素相关，但有一点可以肯定的是，即作用力的大小，对直接接触的部位产生相等量的损伤。在一起轿车与轿车发生碰撞的交通事故中，两辆轿车互为造痕客体和承痕客体的关系，其作用力与反作用力，对车体的损坏和车内人员的损伤都会产生重要的影响。而对于鉴定，只有根据各种可以获得的信息来分析，如事故发生时，产生作用力和影响作用力的因素，才能更接近事故的本相，对还原事故形态具有重要的作用和意义。作用力也是痕迹信息的一种，痕迹信息是指通过介质传递痕迹形成的系统中各子系统的某些本质属性、客观性、关联性、因果性、必然性与偶然性的事实。

痕迹的形成需要上述三个要素相互关联、相伴产生和存在，即只要产生了痕迹，就有造痕客体、承痕客体和作用力这三个要素，所以在勘验和鉴定过程中，必须找出和分析这三个要素。

三、痕迹的分类

分类是指按照种类、等级或者性质分别归类，把无规律的事物分为有规律的，按照不同的特点划分事物，使事物更有规律。如何将痕迹进行科学、客观的分类，影响着痕迹学这门学科的发展，同时，做好了分类也有利于对痕迹特征进行识别和分析，从而为痕迹鉴定奠定基础和提供良好的前提条件。

目前国内有以下几种分类方法。第一种，按照痕迹的要素进行分类，将痕迹分为：按照造痕主体类型分类，即按造痕主体类型的不同，将痕迹分为手印、脚印、工具痕迹、枪弹痕迹、牙齿痕迹、轮胎痕迹等；按照形成痕迹时作用力的方向不同分类，即按形成痕迹时作用力的方向不同，将痕迹分为静态痕迹和动态痕迹。静态痕迹是造痕体与承痕体在形成痕迹的接触过程中，作用力的方向为90°和近于90°，两客体之间为静态印压接触，在此条件下形成的痕迹；而造痕体与承痕体在形成痕迹的接触过程中，作用力的方向大于90°和小于90°，两客体之间呈动态状擦划接触，在此条件下形成的痕迹称为动态痕迹；按照成痕时承痕体表面的变化分类，即按形成痕迹时承痕体表面所起的变化可将痕迹分为平面痕迹和立体痕迹。其中平面痕迹是指承痕体在受到造痕体的作用时，表面不产生形变，仅导致承痕体表面增加或减少某种介质，从而反映出造痕体接触面的外表结构特征；而立体痕迹是指承痕体在受到造痕体的作用时，其表面发生形变，形成能反映出造痕体接触面外表结构特征的三维形态的痕迹。第二种，按照痕迹所反映的不同共性特点分为外表结构痕迹、动作习惯痕迹、整体分离痕迹三大类。其中外表结构痕迹按照造痕种类的不同可以分为手印、脚印、牙印、唇印、人相、工具痕迹、枪弹痕迹、车轮痕迹、兽蹄痕迹、兽鼻痕迹、公章印、私章印、纺织品痕迹等；按照造痕体与承痕体之间的接触方式不同，可以分为接触面内部痕迹和接触面外围痕迹。其中，接触面内部痕迹按形成痕迹过程中作用力的作用线是否与承痕体表面垂直、二者接触面是否发生相对位置移动的条件不同，分为静态痕迹和动态痕迹，而接触面外围痕迹按照承痕体接触面的表面变化情况不同，分为立体痕迹和平面痕迹两大类，平面痕迹又分为静态平面痕迹和动态平面痕迹。动作习惯痕迹按照动作习惯的不同分为笔迹、步法痕迹、语音痕迹、编织痕迹、缝纫痕迹等。整体分离痕迹按整体物的种类进行分类，常见的整体分离痕迹有玻璃痕迹、纺织品分离痕迹、木制品分离痕迹等，整体分离痕迹没有动态痕迹与静态痕迹、立体痕迹与平面痕迹之分。第三种，依据自身表现形式，痕迹可分为立体痕迹与平面痕迹、显见痕迹与潜在痕迹。其中显见痕迹是指不需要借助其他方法和仪器，直接凭肉眼可以观察到的痕迹，如立体痕迹、与承痕体有明显反差的平面痕迹；而潜在痕迹是指无法凭肉眼直接观察到，必须借助于仪器或特殊方法才能看到的痕迹，如无色汗液手印；依据造痕客体的类别，痕迹可分为人体痕迹和物体痕迹，其中人体痕迹即人的痕迹，是由人的某个部位留下的痕迹，如手印、脚印；物体痕迹即物的痕迹，是由某个物体局部留下的痕迹，如工具痕迹、枪弹痕迹。依据痕迹特征所反映的内涵，痕迹可以分为外部形象痕迹、动作习惯痕迹和整体分离痕迹。第四种，按照造痕客体，痕迹可以分为手印、足迹、工具痕迹、枪弹痕迹、牙齿痕迹、车辆痕迹、纺织品痕迹以及动物痕迹、开锁破坏痕迹等；按承痕体保留痕迹自身的状态分为立体痕迹与平面痕迹、可见痕迹和潜在痕迹；按照造痕客体力的作用方式分为静态痕迹、动态痕迹；按照痕迹特征所反映的类型分为外表形象痕迹、动作习惯痕迹和整体分离痕迹。

综上所述，在我国，痕迹的分类依据是痕迹的造痕体、承痕体和作用力这三大要素，或者与这三大要素相关。作者通过多年对相关实际案例进行鉴定过程分析，其中对痕迹勘验过程的参与，鉴定分析的碰撞，鉴定意见书的撰写，经过长期思考和总结，认为痕迹应从以下角度进行分类。第一，从痕迹内在特性的角度，痕迹可以分为具体痕迹和抽象痕迹，其中具体痕迹中的具体是指不抽象、不笼统，细节很明确，具体痕迹是指在案件发生过程中，可以反映其特征，并可以将特征具体化，能找到对应造痕客体的痕迹。例如，工具痕迹中，出现在造痕客体上的凹陷和刮擦痕迹，可以反映犯罪嫌疑人使用某一种工具的特征；或者犯罪嫌疑人未穿鞋子而穿着袜套，在泥泞的路面上遗留下了反映其足底特征的袜印；还有通过弹道的分析，可以反映子弹的类型；通过现场提取的灰尘手印，发现存在瘢痕的特征；通过对车体痕迹的检验，发现右前门的孔洞与嫌疑车的轮辋固定螺栓形态一致等，这些都可以反映造痕客体特征的痕迹，可以称为具体痕迹。而抽象痕迹中抽象的原意是排除、抽出，是指通过分析与综合的途径，运用概念在人脑中再现对象的质和本质的方法，分为质的抽象和本质的抽象。分析形成质的抽象，综合形成本质的抽象（又称具体的抽象）。作为科学体系出发点和人对事物完整的认识，只能是本质的抽象（具体的抽象）。质的抽象只能是本质的抽象中的一个环节，不能作为完整的认识，更不能作为科学体系的出发点。在自然语言中，人们把凡是不能被感官所直接把握的东西，即通常所说的“看不见，摸不着”的东西，称为“抽象”；有的则把“抽象”作为孤立、片面、思想内容贫乏空洞的同义词。科学抽象必须具有普遍性的东西、高层抽象的要求、抽象思维法等科学原则和依据，在此基础上，抽象痕迹是指在对痕迹感性认识的基础上运用概念、判断、推理等方式透过现象，抽取研究对象本质的理性思维，而发现痕迹的本质和规律的痕迹。一般是指对勘验痕迹结果的总结和归纳，将所检验痕迹进一步分析形成的痕迹。例如，在犯罪现场的一面墙壁上发现了许多痕迹，这些痕迹相互重叠交错，错综复杂，无法区分是什么痕迹，提取后分析发现，挥洒状的点状痕迹是血迹；网状刮擦痕迹是交通工具的网篮留下的；凹槽和刻划痕迹是钝性工具遗留的；丝状刮擦痕迹是锐利的工具遗留的。上述痕迹形成时间存在先后，是一次形成还是多次形成的，犯罪嫌疑人又返回现场造成的，还是有以前遗留下来的？将这些痕迹综合分析、整理清楚明白的过程，就是对抽象痕迹分析的过程。抽象痕迹体现的不是看不见的痕迹，而是一种科学抽象分析思维方法运用到痕迹分析的过程。第二，从痕迹外在影响的角度，痕迹可以分为帮助痕迹和干扰痕迹。其中帮助痕迹中的帮助是指替人出力、出主意或给以物质上、精神上的支援。帮助痕迹是指在勘验过程中发现、提取的痕迹中对案件的进展有意义、可以作为参考的痕迹。干扰痕迹中的干扰是指打扰，妨碍；使混乱。干扰痕迹是指在勘验过程中发现、提取的痕迹中对案件的进展没有积极意义、会造成误导和妨碍的痕迹。例如，盗窃案件现场路面发现了轮胎印痕，可以通过轮胎印痕分析车辆的类型，从而发现犯罪嫌疑人的部分线索，这种痕迹是帮助痕迹；而同时发现了车辆部件碎片，从第一现场看，是一起盗窃案件，这些车辆部件碎片容易造成侦查方向的偏离：是否又发生了交通事故，或者故意造成伪装事故现场，甚至会怀疑地面的轮胎印不是本次案件的帮助痕迹，类似的痕迹是干扰痕迹。要排除这些痕迹，需要耗费大量的人力、物力。又如，在交通事故现场发现了一个网篮，如果是两辆四轮汽车发生的事故，那网篮就可能是干扰痕迹；如果是有两轮车参与的事故，情况就比较复杂，需要根据两轮车的类型和相关痕迹对网篮是帮助痕迹还是干扰痕迹进行分析。如果网篮与两轮车存在整体与部分的关系，那么网篮是帮助痕迹；如果不是，也存在其他可能性，如在事发时是否有车辆逃逸而遗留下了网篮，这种情况下，网篮也是帮助痕迹。当然，在现场勘验过程中，需要全面了解和分析事故的过程，对事故现场及附近的相关信息进行调取和采集，否则难以分辨出痕迹到底是帮助痕迹还是干扰痕迹。综上所述，在现场勘验过程中，需要有经验丰富的侦查员和痕迹专对这些发现的痕迹进行分辨，充分利用帮助痕迹，尽快排除干扰痕迹。第三，从痕迹未来发展的角度，痕迹可以分为真实痕迹和虚拟痕迹。其中真实痕迹中的真实是指与客观事实相符合，不假。荀悦在《申鉴·政体》中："君子之所以动天地、应神明、正万物而成王治者，必本乎真实而已。"真实也指真心实意和确切清楚，又指一种真相境界，真相的实际内容，突破虚幻，真实的觉受，是理性的感悟与体验，是直接的反映与超越。真实的东西有真实的感受，感受的不再是现象，而是本质，因为本质也是同样的存在，理应能让人们感受得到。真实痕迹在具体案件中，是指客观存在于现场的，可以被人们感知、认识、发现、提取和检验的痕迹，例如，道路交通事故现场中，车辆碰撞过程中，在车体上、车辆配件上，因受外力作用而形成的刮擦、挫划、断损、凹陷、物质增减等痕迹；车辆在运行、旋转、侧翻等过程中，车体或者其配件与地面发生接触所形成的痕迹，一般包括挫擦痕迹、挫划槽沟痕迹、轮胎侧滑印、拖印、压印、滚印等，也包括在地面形成的液体痕迹，包括蝌蚪痕迹、猫眼痕迹、鸡爪痕迹、泊状痕迹、滴线痕迹、先泊后线痕迹、先线后泊痕迹、线泊线痕迹、海带痕迹、蜈蚣痕迹、洒漏痕迹、轮胎涉水印迹、杂类物质液体痕迹等；车内人员被抛出车外或者行人与地面、车体形成的痕迹，包括血迹附着痕迹，血轮胎痕迹，衣物与地面形成的痕迹，所携物品与地面形成的痕迹，鞋子与地面形成的痕迹，人体遭受轮胎碾压、挤压、拖带等形成的痕迹，人体与车辆部件碰撞、钩挂、撕拉形成的痕迹等；车辆与现场固定物（如匝石、隔离带、电线杆、灯杆、行道树等）碰撞所形成的痕迹，包括刮擦、挫划、断损、凹陷、物质增减等痕迹；车辆事发时散落物痕迹，包括断落的杆件、所载物品全部或者部分形态痕迹、工作燃料因故洒落痕迹等；事发时与现场无关的痕迹包括其他早期遗留在现场的散落物痕迹、地面痕迹、固定物陈旧性痕迹等。在抢劫案件中，现场附近视频资料是最能证明和还原真实痕迹的证据之一，也包括能证明犯罪嫌疑人实施抢劫行为的各种真实痕迹，如暴力行为给当事人造成的损伤、当事人因暴力行为遭受的财产损失等痕迹。虚拟痕迹中的虚拟是指不符合或不一定符合事实的虚拟的情况，凭想象编造的事物，由高科技实现的仿实物或伪实物的技术，或者不是以传统物质形态而存在的新型信息互动方式，例如，提供网络服务、电子服务、数据交换功能。操作系统中的"虚拟"，是指通过某种技术把一个物理实体变为若干逻辑上的对应物。物理实体是实的，即实际存在的，而逻辑实体是虚的，是用户感觉上事物。相应地，用于实现虚拟的技术称为虚拟技术。网络世界正在向虚拟化发展，在未来计算机桌面会实现虚拟化，也就是会有越来越多的人用到虚拟操作系统。而虚拟痕迹是指依托于真实痕迹而通过虚拟操作系统、信息互动的方式，甚至是人工智能、机器自主学习的方法，对痕迹的虚拟化、扩大化、深入化，从而形成的若干逻辑上的痕迹组合体。虚拟痕迹目前尚是一种设想，存在于当前的只有一些初级的痕迹组合体，而形成高级的痕迹组合体需要更多的信息采集和研究。例如，在道路交通事故现场勘验过程中，将事故民警、技术人员甚至是当事人采集、提供的相关现场真实痕迹信息，通过计算机技术，形成同一类案件的现场基本情况，如车辆行驶速度对人体摔抛位置的影响、地面的粗糙程度对事故后果的影响、驾驶员是否可以调整相关安全视线范围来确保安全避免事故的发生、道路弯道的设计是否对事故的发生产生影响、路桥的设置是否影响驾驶员视线和行为的反映等初级的信息分析，但对如驾驶员因素尤其是心理因素的反映和干预、发生事故人员事后的心理疏导、再次出现相同情况的应急处理等，属于虚拟痕迹的高级阶段，目前一方面重视程度不够，采集相关数据的基础不足，同时也没有相关研究加以支撑，这些却是未来需要研究和发展的方向，特别是自动驾驶技术的发展、共享时代的到来等未来科技进步的脚步不断加快，这会减少简单劳动力所作出的初级工作。虚拟痕迹是未来道路交通事故车体痕迹发展的重要方向，而它发展和依托的重要基础仍是真实痕迹的采集和分类分析，是真实痕迹深加工、智能化升级的产品、表现和延伸。

第二节 痕迹学与其他相关学科的关系

一、痕迹学与自然科学

痕迹学是研究痕迹的一门学科，从大的学科体系来讲，目前比较多的观点是归属于法学一类学科门类下，也有一部分观点是就司法鉴定或者法庭科学领域来说，司法鉴定科学或者法庭科学是第一层次的学科，物证技术学是第二层次的学科，痕迹检验学、文书鉴定学等是第三层次的学科。我国开设痕迹学教学的高校一般都是公安类大学、刑警学院、政法大学、部分军校、司法警官学院、各级警校等为公、检、法、司输送专门技术人才的学校。我国关于痕迹学教程没有统一的教材，各个高校均使用自己编制的教材进行教学，作者通过阅读、比较发现，痕迹学教程的体系和宗旨没有明显的区别，它们都是以痕迹检验、鉴定的概念、原理为圆心，从而拓展辐射指纹学、足迹学、工具痕迹学、枪弹痕迹、特殊痕迹（如锁具痕迹、玻璃破碎痕迹、整体分离痕迹等）、交通运输工具痕迹、爆炸痕迹和其他痕迹（如牙齿痕迹、唇纹与耳廓痕迹、常见动物牙齿痕迹、动物蹄迹、纺织物痕迹等），从各种痕迹的概念、检验鉴定方法及目前采取的仪器设备的角度，对每一种痕迹进行分析和解读。

痕迹学的内容主要是对案件中出现的痕迹进行分析和研究，通过分析痕迹的特征，为侦查、起诉和审判提供依据，一般包括痕迹的发现、显现、提取、保存、移交、建立档案以及鉴定，整个过程中都包括痕迹的记录。痕迹学所研究的内容广泛，涉及的学科门类相对复杂，因而需要其他科学加以辅佐和支持。

自然科学是研究大自然中有机或无机的事物和现象的科学，包括物理学、化学、地质学、生物学等。自然科学的根本目的在于寻找自然现象的原因，认为超自然的、随意的和自相矛盾的实验是不存在的。自然科学最重要的两个支柱是观察和逻辑推理。由对自然的观察和逻辑推理，自然科学可以引导出大自然中的规律。如果观察的现象与规律不同，那么，或是因为观察中有错误，或是因为目前被认为是正确的规律有错误。一个超自然因素是不存在的。

痕迹学与自然科学是息息相关的。痕迹检验过程中提取的相关痕迹，需要运用自然科学中的物理学、化学、生物学等知识加以检验、比对和分析。例如，案件现场通过显现技术提取的汗液指印，除可以通过指纹学分析指印本身的纹线特征外，还可以通过汗液分析遗留痕迹人的 DNA 信息；案件现场发现的一组鞋印，除可以通过鞋印本身的鞋底花纹特征及分布组合特征分析鞋子类型、型号等信息外，还可以通过物理学的相关理论和方法来计算分析遗留鞋印人的步伐特点，遗留鞋印人是否存在生理缺陷，也可以通过化学的方法来检验鞋印内是否存在特殊成分的物质，以验证穿鞋人到达过特殊区域和地方；案件现场发现的一组轮胎花纹印痕，除可以通过轮胎的花纹特征和组合特征分析轮胎来自何种车型外，也可以通过物理和化学的方法来分析车辆事发时的行驶速度和车辆曾经去过哪里；案件现场发现的一段塑料片，除可以通过外观形态进行观察外，还可以通过微量物证分析其光谱和物质成分，可以提取其上的生物检材进行DNA检验鉴定等。

二、痕迹学与物证技术学

物证技术和物证技术学在中国法制发展历史上，经过多次论证和不同定义，主要有以下几种解释和标注。傅政华主编的《物证技术学》中的物证技术是指研究物证的发现、记录、提取、显现、保管、检验以及鉴定的各种科学技术手段的总称。物证技术学的研究对象是物证，物证的表现形式多种多样，通过研究物证需要解决的问题也各式各样，有的需要进行同一认定，有的需要对物质进行定性、定量的分析等。因此，研究物证所利用的学科知识也十分广泛。物证技术学与物理学（力学、光学、电学等）、化学、生物学等学科知识都具有密切的联系。物证技术学是以物理学、化学、生物学、遗传学等自然科学为基础，以查明案件事实，为侦查破案、审判提供科学证据为目的，研究发现、记录、提取、显现、分析、检验以及鉴定物证的各种理论与方法的一门学科。物证技术学是一门边缘学科，它是利用自然科学的知识，适应法律的需要而发展起来的一门学科。徐立根主编的《物证技术学教学大纲》中的物证技术学是以物质为研究对象，以查明案件真实情况和为公正处理案件提供科学证据为目的，研究如何利用科学技术方法发现物证、识别物证、记录物证、检验和鉴定物证的学科。物证技术学的概念揭示了这门学科的研究对象和学科性质。物证技术学是我国法学体系中的一门应用学科。李月译的《物证、物证技术学和犯罪实验室》中的物证技术学是运用科学的观察和分析方法检测和解释物证的科学。张公正主编的《物证检验学》中的物证检验学的研究对象由物证检验工作决定。物证检验的首要任务是发现物证。例如，在民事、婚姻、经济等案件中，物证的获取主要靠当事人提供，在刑事案件中主要靠现场勘验、搜查发现。徐立根主编的《物证技术学》中的物证技术有明确的对象，即物证，明确地说，是利用科技手段进行检验才可能起物证作用的各种物质性客体。但刑事技术没有明确的对象。物证技术学是一门研究物证技术基本理论和基本方法的学科，目的是研究如何在物证技术基本理论的指导下，将现有的科学技术应用于解决诉讼中与物证有关的各种专门性问题，为公正处理案件提供可靠依据。物证技术学作为自然科学与法学相交叉的边缘学科，是物证技术发展到一定阶段才产生的。许爱东主编的《物证技术学教程》中的物证技术学，是指以物理学、生物学、化学、遗传学、电子学等自然科学为基础，以查明案件事实，为侦查破案、审判提供科学证据为目的，研究应用科学技术解决诉讼活动中涉及物证专门性问题的一门学科。物证技术学以法律的现实需求与自然科学的进步作为其发展的必要前提。

物证是指以其存在的形状、质量、规格、特征等来证明案件事实的证据，通过其外部特征和自身所体现的属性来证明案件的真实情况，它不受人们主观因素的影响和制约。因此，物证是刑事诉讼和民事诉讼中重要的证据之一。刑事诉讼中常见的物证有：犯罪嫌疑人事发时所使用的交通运输工具、作案工具等；犯罪嫌疑人事发时所穿衣物、毁坏现场所使用的工具或者器皿；犯罪嫌疑人转移被害人或者相关物品遗留的物证。民事诉讼中常见的物证有：争议的标的物（房屋、物品等）；侵权所损害的物体（加工的物品、衣物等）；遗留的痕迹（印记、指纹）等。

物证具有以下几个特点。首先，物证具有较强的客观性、真实性。争议的案件事实都已经发生，是现实的客观存在。如果能够判定物证是真实的，不是虚假的，通过物证与案件事实的联系，就能够用其来证明案件事实，因而物证具有较强的证明力。同时，物证具有独立的证明性。物证是客观存在的，并不反映人的主观意志，比较容易审查核实。而证人、证言和当事人陈述不同，容易受主观因素和其他客观因素的影响。大多数情况下，物证能独立证明案件事实是否存在，而不需要其他证据加以验证，即可成为认定事实的依据。例如，在因车辆产品质量引发的诉讼中，物证就可以直接作为定案的依据。因为该车辆产品作为争议的标的物本身就是物证，即只要查明该标的物质量是否符合要求，就可以直接认定案件事实，解决当事人之间的纠纷。所以，物证还具有一定的可靠性，也被称为“不开口的证人”。在案件进展过程中，物证因其客观性和稳定性被誉为“证据之王”，并被赋予较高的证明力。在司法实务中，“物证为王”已经成为质证和认证环节的约定。然而，与人证不同：一是物证具有特殊性，它本身并不会“说话”，随意散落或被刻意隐藏在现场角落的物证更不会自己走上法庭；二是，物证具有不可代替的特定性。物证作为一种客观存在的具体物体和痕迹，具有自己特有的特征，且被特定化于特定的物体之上。因此，它是不能用其他物品或者同类物品来代替的，否则就不能保持原物的特征。民事诉讼法明确规定：“物证必须提交原物”。只有在提交原物确有困难时，才“可以提交复制品、照片”，但提交的复制品的一切特征必须与原物相同，照片也只能是原物的真实情况的反映。这种复制品和照片，只是固定和保存原物的方法，作为物证的仍是原来的物品和痕迹，而不是复制品和照片。某一物证能否成为合法、有效的证据，取决于两个关键性的程序环节：一是物证是否被正确地提取、固定、保管和送检。物证在提取、固定、保管、送检环节出现问题，往往导致物证来源不明或者被“污染”。无论是来源不明的物证，还是“被污染”的物证，本质上都是“失真”的证据，不再具有客观性和真实性，最终将失去证据能力或证明力。二是物证中所蕴含的案件信息能否被正确地“解读”，即物证的鉴定方法和鉴定程序是否科学、合法。不科学的鉴定方法或不合法的鉴定程序，都将极大地折损物证的证明价值。其中，第一个环节是重中之重。因为，鉴定不过是对物证所蕴含的案件信息的一种“解读”，若物证本身来源不明或者已经“被污染”，那么，即便后续的鉴定程序再科学、合法，据此作出的鉴定意见仍然不能作为客观证据。在司法实践中，物证的提取、固定、保管和送检环节，由于缺乏相关证明或记录而出现来源不明的情况，已经成为我国司法实务中一个比较常见和突出的问题。无论是在公诉环节还是审判环节，经常会遇到侦查机关移送的在卷物证因为缺乏相关证明或记录而来源不明，以致关键物证产生瑕疵，无法形成定案所需的证据链，无法锁定证据。物证并非常规性的物品或想象，需要通过专门科学技术手段才能发现、提取、检验、鉴别，如枪弹微观痕迹鉴定、无色汗液手印显现、判定笔迹书写人、DNA 检测等，因此形成一门专业性的科学技术即物证科学技术。根据 2010 年颁布实施的《关于办理死刑案件审查判断证据若干问题的规定》《办理死刑案件证据规定》第 9 条的规定：“经勘验、检查、搜查提取、扣押的物证、书证，未附有勘验、检查笔录，搜查笔录，提取笔录，扣押清单，不能证明物证、书证来源的，不能作为定案的根据……对物证、书证的来源及收集过程有疑问，不能作出合理解释的，该物证、书证不能作为定案的根据。”在我国传统证据学理论体系中，在狭义上将“物证”定义为“以其外部特征、存在场所和物质属性证明案件事实的实物和痕迹”。从静态的学理层面讲，这一定义并无任何不当之处。然而，如果从动态的、实务的角度讲，这一定义却因为过于关注实物或痕迹本身，忽略了实物和痕迹的提取、固定、保管和送检环节的重要性，而容易在司法实务中形成一种错误导向：负责取证的侦查机关及其工作人员只重视对实物和痕迹的收集，忽略了物证提取、固定、保管和送检环节的规范性，结果导致物证由于来源不明或被污染而产生瑕疵，证明价值严重受损。在鉴定过程中，鉴定人对物证的交接也需要重视记录，只有程序合乎规范，才能保证和提高鉴定意见的证明效力。

物证发展到今天，有不少法学专家提出“大物证”的概念。所谓“大物证”，就是将物证理解为一个“证据群”，而不单是实物或痕迹。“大物证”的概念，强调将物证理解为一个由多个法定证据种类组合而成的大证据单位。除了用作证据的实物或痕迹本身外，记录其提取、固定、保管和送检环节的证明性文件，如勘验笔录、检查笔录、提取笔录、搜查笔录、扣押清单等，是为证明实物或痕迹的客观性、真实性而设的。因此，事实上也构成了物证概念的一部分，在实务运作（取证、举证、质证和认证）中应当将其与实物或痕迹视作为一个整体单元或单位看待，这与痕迹学的相关概念相契合。痕迹学是物证技术学的一个分支学科，是运用同一认定原理为基础的物证技术学门类，存在包含与被包含的关系。

三、痕迹学与刑事科学技术学

刑事科学技术在其漫长的历史发展过程中，是与自然科学和社会科学的发展，尤其与近现代自然科学与技术的发展紧密联系在一起的。刑事科学技术学是一门运用现代科学技术的理论、方法和成果对刑事物证进行检验的学科。因其具有自然科学性质，又应用法学等社会科学开展工作，具有鲜明的实战性。刑事科学技术学是现代科学技术在刑事诉讼领域具体应用的学科，它的发展始终与现代科学技术发展同步。

19 世纪下半叶，随着工业革命的进步，现代意义上的刑事科学技术体系也随之形成。但从渊源上说刑事科学技术学是一门十分古老的学说，而且在我国刑事科学技术发展的历史进程中，许多项目处于世界领先地位。例如，中国是被世界公认最早应用指纹的国家，是指纹技术的起源地。夏代前后，陶瓷上留有制作者有意捺印以作为图案或标记使用，周代的契约上就出现捺印的手印。1975 年湖北云梦县睡虎地秦墓中出土的竹简《封诊式》是中国最早有关现场勘验和痕迹学的技术文献。中国古代法医学始于公元前 407 年魏国颁布的《法经》，宋理宗淳祐七年（1247 年），湖南提点刑狱官宋慈编著的《洗冤集录》五卷，这是中国古老的乃至世界历史上的第一部法医学专著。从初创发展到当今大体上经历了三个阶段：刑事科学技术开创和建设的第一阶段（1949~1965 年）；刑事科学技术遭到严重破坏的第二阶段（1966~1976 年）；党的十一届三中全会以后，我国进入了历史性的发展时期，刑事科学技术也进入了恢复并迅猛发展的第三阶段。全面构造并形成了刑事科学技术的学科体系，在规模和水平上更能适应斗争发展的需要。

现代刑事科学技术应用分子生物学、生命科学、新材料和DNA技术、生化技术、纳米技术等，形成了全新的应用学科平台。物证的发现、提取技术从常量向微量、超微量方向发展。分析检验技术向分子化水平发展，精度越来越高，并且检测、记录、分析全过程由手工、半自动向全自动化转变。检验鉴定由定性更多地向定性又定量要求迈进，检验结论由经验判断概念型向统计数据归纳型转变，客观可信度大大增强。技术装备有机组合，计算机及其网络技术、多媒体技术等应用，使刑事科学技术成为科技含量密集的技术系统。刑事科学技术真正成为“科技强警”和有效打击犯罪和预防犯罪不可缺少的重要手段。

刑事科学技术简称刑事技术，也称物证技术，是公安、司法机关依照《中华人民共和国刑事诉讼法》的规定，运用现代科学技术的理论和方法，收集、分析、检验和鉴定与犯罪活动有关的各种物证材料，为侦查、起诉、审判工作提供线索和证据的专门性技术手段。刑事科学技术研究的对象是物证。刑事科学技术是现代科学技术在刑事诉讼领域具体应用的学科，它从古代个人经验型的具体技术与方法，逐步发展到迄今近20种专业门类，是科学理论较强、科学技术水平较高、较完整的学科体系。在西方国家诉讼活动中对科学技术的应用表述为“法庭科学”（forensic science）。其广义的内容范畴包括现场勘验、取证，各种痕迹、文件物证检验，毒物、毒品检验，各种法医学检验（尸体临床和物证）以及精神病学鉴定等；狭义的内容范畴则不包括法医学、尸体检验、临床实验以及精神病学鉴定。中国“刑事科学技术”的内容范畴和“法庭科学”的广义范畴相近，但其研究内容更宽更多，它还包括在案件侦查和调查过程中、在犯罪预防中运用的科学技术。法医检验刑事科学技术的定义为：“刑事科学技术，是国家公安机关、安全机关、人民检察院以及人民法院，依据刑事诉讼法律，运用自然科学和社会科学的原理和方法，研究查明事件法律性质、发现犯罪、揭露犯罪、证实犯罪、预防犯罪规律的科学技术手段与方法的一门综合性应用学科”。该定义阐明了刑事科学技术工作的主体、法律依据、研究目的、内容、任务等要点。刑事科学技术所面临的任务极其复杂，所要研究的内容极其广泛。其最主要的任务是服务于侦查破案，揭露和打击一切危害国家安全、危害社会安定、危害人民生命财产安全、触犯国家刑律的违法犯罪活动。内容涉及自然科学、社会科学（尤其是法学）、现代科学技术手段和方法及其综合应用。

刑事科学技术现有专业门类近20种，其理论框架具有超广泛性的特征。第一层面：辩证唯物主义、历史唯物主义。第二层面：自然科学，包括数学、物理学、化学、生命科学、信息科学、材料科学、能源科学、环境科学以及光电技术、新材料技术等；另一类是社会科学，包括政治学、经济学、法学、语言学、宗教学、民族学、社会学等。第三层面：刑事科学理论和技术方法。刑事科学技术课程模块包括建立完善刑事科学技术学科群，突出刑事科学技术专业课程特色，加重其课程比重，培养刑事科学技术检验鉴定能力。将原来的课程作一些调整：将原来的痕迹检验学分为“手印检验”“足印检验”“工具痕迹检验”“枪弹痕迹检验”等；将原来的刑事影像学分为“刑事照相和摄录像”和“刑事图像处理”；将原来法医学分为“生物物证检验学”（指对涉及案件的人体、动物、植物和微生物等生物物质检验）和法医学（指法医病理学鉴定、法医临床学鉴定等）；

将原来的刑事化验分为“毒物和毒品检验”和“微量物证检验”；加重文件检验和现场勘验的比重、开设刑事科学技术总论、现场勘验等课程。对相应的专业课程开设加强课，如痕迹专业方向，可开设特殊痕迹检验等课程；刑事影像专业方向，可加重刑事摄录像、刑事图像处理等课程。另外，深入学习理论和操作技能，尤其是操作技能。

刑事科学技术学是一门运用现代科学技术的理论、方法和成果对刑事物证进行检验的学科。因其具有自然科学性质，又应用法学、刑法学等社会科学依法开展工作，具有鲜明的阶级性、战斗性。它是我国司法鉴定学的重要组成部分，它隶属的各分支学科内容包括痕迹检验学、文件检验学、法化检验学、法医检验学、刑事摄影检验学、客体气味鉴别学等。它们主要是运用物质转移和互换原理、种属鉴别原理和同一认定原理完成对物证的识别、检验和鉴定工作。刑事科学技术在实践中为确定案件性质、判明案情、刻画作案人的人身条件、提供案件的证据材料等方面发挥着其他学科不可替代的作用。刑事科学技术的发展以一般科学技术的发展为基础，在科学技术日益进步的今天，多学科知识和现代高科技在当代刑事科学技术中的应用越来越普遍，如生物学技术、昆虫学知识、植物学知识、分析技术与刑事科学技术的结合，现代信息技术、自动化技术、纳米技术等高科技在刑事科学技术的运用等。

痕迹检验是刑事科学技术主要学科体系之一，综合运用痕迹检验的相关理论和方法，研究各种犯罪痕迹的形成与变化规律，以及发现、显现、提取、分析、鉴定犯罪痕迹，进而揭露和证实犯罪，为侦查、起诉、审判提供线索和证据。主要包括手印、足迹、工具痕迹、枪弹痕迹、交通痕迹、爆炸痕迹和特殊痕迹，以及现场勘验、其他痕迹等。痕迹学与刑事科学技术学也是被包含与包含的关系。

四、痕迹学与法庭科学

“法庭科学”一词起源于20世纪60年代后期的美国，它将物理学、化学、医学、生物学等自然科学的原理及方法应用到刑事及法庭工作上，为法庭证据服务。法庭科学已经形成一门独立的应用学科，应用法庭科学知识可以解决法庭证据的争议。法庭科学是英语“forensic science”的意译。它是运用自然科学和社会科学的原理和方法，研究查明事件法律性质、发现犯罪、揭露犯罪、证实犯罪及预防犯罪的科学技术手段与方法的一门综合性应用学科。法庭科学是自然科学和法学交叉的边缘学科，源于法律的需要。

法庭科学的基本理论包括物质交换和转移原理、同一认定原理和种类鉴别原理。物质交换是指物质在两个客体之间相互交换的过程。两客体在外力作用下相互接触、摩擦、碰撞会引起两者接触面的物质成分和痕迹的相互交换。例如，在凶杀案件中，犯罪分子利用锐器击打被害人身体，被害人的血液、毛发、衣物纤维等就有可能黏附在凶器上，而凶器上击打部位的微量物质也会附着在被害人受击打的部位和衣物上；此外，锐器击穿部位的形态特征可以呈现在被害人被击穿的部位上，而被害人受击打部位的形态特征也在凶器上有所反映。物质转移是指物质由一客体转移到另一客体上的运动过程。转移过程中，其中一个客体的物质成分或痕迹转移到另一客体上，并不发生物质交换。例如，在凶杀案件中，遗留在犯罪现场的血手印、血足迹等。物质转移和交换原理的意义在于，任何物质都可能成为物证，且犯罪必然产生物证。同一认定是指客体自身的同一，即他（它）只能是他（它）自己，而不是别的人或物，它是科学的认识方法，是解决客体是否同一的科学方法体系，它所研究的是客体自身的同一关系。同一认定基于客体的特定性，客体特征的稳定性、反映性及可认识性。需要指出的是，客体自身的同一并非完全等同，而是含有差别的等同。因为随着时空的变化，尽管其自身仍是同一的，但也不是原来的他（它）了。同一认定的模式包括整体同一认定模式、分离体同一认定模式和特征反映体同一认定模式；同一认定的方法包括分别检验、比较检验和综合评判。种类鉴别是指具有专门知识、经验的人，通过对物证进行检验，对物证和留下物证的人或物的种类进行分析和判断的过程，其理论依据是事物种属关系的客观性、同类事物的共同属性、事物种类的差别性、事物种类特征的稳定性、事物种类特征的反映性和事物种类特征的可认识性。种类鉴别包括人的种类鉴别、物的种类鉴别和其他事实的种类鉴别。种类鉴别的方法包括确定特征、比较鉴定和综合判断。

法庭科学技术所使用的方法包括观察分析法、图像比对法、物理检验法、化学检验法、仪器分析法、数理统计法以及医学和生物学检验方法。其中，观察分析法包括直接观察法、间接观察法（借助于放大镜、立体显微镜、比较显微镜、生物显微镜、金相显微镜、偏光显微镜和荧光显微镜）；图像比对法包括并列比对法、拼接比对法、构图比对法、重叠比对法和综合比对法；物理检验法包括物理量测定法、光学检验法（可见光检验法、红外光检验法、紫外光检验法和光致发光检验法）和吸附与转印检验法；化学检验法包括显色反应、沉淀反应、结晶反应、气体反应、焰色燃烧反应和染色法；仪器分析法包括色谱分析法（薄层色谱法、气体色谱法和高效液相色谱法）、光谱分析法（原子光谱法、分子光谱法、X 射线光谱法和激光光谱法）、核磁共振波谱法、质谱法、中子活化分析法、离子选择电极分析法、热分析法、扫描电子显微镜分析法、声谱分析法以及现代分析仪器的联用技术；数理统计法包括随机抽样法、统计分析法、回归分析法、多元分析法和正交实验法；医学和生物学检验方法包括临床医学检验、尸体解剖检验、细胞学检验、免疫学分析、电泳分析法、DNA 分析法和动物实验法等。

痕迹学也是法庭科学包含的一种科学，将同一认定原理作为基础。下面对痕迹学、物证技术学、刑事科学技术学和法庭科学进行总的、概况的描述。在上海，从事道路交通事故技术鉴定的鉴定人司法鉴定执业证上的执业类别为痕迹司法鉴定，司法部办公厅 2016 年 1 月 28 日发布的司办通 [2016] 6 号，也是将道路交通事故技术鉴定归入痕迹物证大项中 18 车辆轮迹鉴定和 19 车辆痕迹鉴定两个小项，据作者了解，鉴定人中有痕迹专业出身的资深专家，也有车辆工程专业、道路安全专业、汽车修理和检测技师，也有法医专业等，这也说明道路交通事故技术鉴定是一个综合性比较强的鉴定类型，需要多专业合作完成。那么非痕迹专业的鉴定人，应该对痕迹的基本概念进行一个全面详尽的掌握，痕迹专业的鉴定人也需要时常进行回顾。做痕迹鉴定，走出去说的是外行话，做的是外行事，肯定是不利于本专业发展的。那到底什么是痕迹呢？从广义上来讲，痕迹是在案件现场，由犯罪嫌疑人的行为所引起的一切物质变化，广义的痕迹种类多样；从狭义上来讲，就是痕迹学所研究的内容，是指犯罪嫌疑人由于实施犯罪行为而遗留在案件现场的、据其结构特征可进行同一认定的物质反映形式，如手印、脚印、工具痕迹、枪弹痕迹、牙齿痕迹、轮胎痕迹、整体分离痕迹、步法痕迹等，据此可以区别于研究其他痕迹的学科。痕迹学研究的趋势是寻找作为辅助手段的量化指标。而物证技术学是什么呢？物证是我国诉讼法明确规定的法定证据之一，从证据学的观点认为，物证是能证明案件真实情况的物品、物质、文书、形象痕迹、音像材料及电子数据等，物证具有不可替换性、对科学技术的依赖性及客观可靠性等特点。而物证技术是指发现物证、记录物证、提取物证、鉴定物证的技术，物证技术学经历了一个漫长的发展过程，它是作为化学、物理学、生物学等自然科学多门学科与法学相交叉的边缘学科，主要研究物证技术的基本理论和基本方法，其基础原理是物质可分性原理和物质交换原理。刑事科学技术是什么呢？实际上就是物证技术学，只是更注重现场勘验，主要内容是法医检验、痕迹检验、文件检验、刑事化验、刑事摄影等，还包括警犬技术、物证信息管理和刑事相貌技术等。平时人们还会接触到一种说法——法庭科学，法庭科学（forensic science）是20世纪40年代末西方国家出现的用语，指在诉讼或法庭中运用的科学。法庭科学具有广泛的科学领域，主要包括法医学、物证技术学、司法会计学等，而物证技术学只是法庭科学这个领域中的一门学科。由此可以看出，痕迹学的内涵和范围最小，与其他学科是被包含的关系，但独立发展已经很久远，目前需要借助新技术和新方法来突破发展的瓶颈，突破经验化的发展模式和格局。

第三节　痕迹鉴定

一、痕迹鉴定的含义

2016 年 5 月 1 日实施的《司法鉴定程序通则》第一章总则第二条指出司法鉴定是指在诉讼活动中鉴定人运用科学技术或者专门知识对诉讼涉及的专门性问题进行鉴别和判断并提供鉴定意见的活动。司法鉴定程序是指司法鉴定机构和司法鉴定人进行司法鉴定活动的方式、步骤以及相关规则的总称。

司法，通常是指依照国家法律对刑事、民事和行政案件实施侦查、起诉、审判、执行、监督的活动。司法是国家司法机关的职能。鉴定，从字面上的意思来讲，就是对事物进行审查、考核、评定、鉴别的活动。鉴定对象和鉴定人具有专门性，鉴定方法和形式具有规范性，鉴定意见具有权威性。鉴定只是解决某些专门性问题的活动。在办理各种诉讼案件和非诉讼案件中，为了查明或证明某个事实，经常遇到需要利用专门知识才能解决的专门性问题。为了解决这些专门性问题，办案人员可以根据问题的性质采取不同的措施：可以向行家咨询，可以请专家协作，也可以请行业鉴证，还可以委托鉴定。司法鉴定，是指在诉讼活动中鉴定人运用科学技术或者专门知识对诉讼涉及的专门性问题进行鉴别和判断并提供鉴定意见的活动，是法学和自然科学结合而形成的交叉学科。司法鉴定是一门新兴的学科，它是在司法鉴定理论与实践发展到一定程度后逐步形成与发展起来的。司法鉴定具有法律规定的委托方、法律规定的鉴定程序、法律规定的鉴定执行对象、法律规定的鉴定主体以及具有法定证据效力的鉴定意见。

在鉴定过程中，存在以下几种情况：向行家咨询，是指就某个专门问题向有相应专门知识和经验的行家请教；请专家协作，是指在进行某一措施（如对出事现场进行勘验）时，请有专门知识和经验的专家协助；请行业鉴证，是指当专门性问题涉及某种行业业务时，请有关行业内的专家根据行业标准进行鉴别和证明；委托鉴定，是指当案件中的某些专门性问题必须利用法庭科学专业知识才能解决时，委托专门的法庭科学鉴定机构对涉案客体进行科学检验，并作出鉴定意见。综上所述，并非凡是利用专门知识解决案件中专门性问题，都称为“鉴定”。我国刑事诉讼法第 119 条明确规定，鉴定是指需要利用专门知识解决某些专门性问题时进行的活动。这里“某些”两个字很重要，避免了鉴定的概念被无限扩大化。

鉴定是一种特殊的科学活动。鉴定活动的科学性主要表现在：鉴定人必须是某一门法科学学科的专家，鉴定人为了解决专门性问题，必须对涉案客体进行实验室检验，并在对检验结果进行论证的基础上作出鉴定结论。鉴定不是一般的科学活动，而是有很大特殊性的科学活动，其特殊性主要表现在以下几个方面。其一，鉴定的主体特殊。鉴定的主体不是一般的具有专门知识的专家，而是经过审查批准、有鉴定执业资格的专家。

其二，鉴定问题特殊。通过鉴定解决的专门性问题，都是一些特殊的问题。这一点在诉讼案件中进行的鉴定尤其明显。鉴定解决的问题或者涉及侦查方向问题，或者涉及是否立案问题，或者涉及排除或证实嫌疑人是否犯罪问题，在这些问题中，有一些是有关人员死亡或物被破坏的因果关系问题，有一些是涉案客体的同一认定或种属认定问题，而且各方当事人对鉴定的结果往往持对立的观点。其三，鉴定方法特殊。通过鉴定解决专门性问题的方法是一些由特殊的学科研究的专门检验方法，包括法医学检验方法、物证技术检验方法、法精神病学检验方法、法会计学检验方法等。其四，鉴定结果特殊。鉴定人必须以鉴定书形式提出鉴定结论，鉴定书必须由鉴定人签名，并由其所在鉴定机构加盖鉴定专用章；在诉讼案件中鉴定人有出庭作证的义务，只要法院发出出庭通知，鉴定人就必须参加庭审，接受控辩双方或民事双方当事人及法官的审查和质询；经过查证属实的鉴定结论可以作为定案或认定事实的证据。

鉴定是具有法的性质的活动。鉴定必须由办案单位或者由当事人、被告人（通过律师）依法委托，并送交鉴定所必需的材料，才能进行；鉴定人有依法回避的义务，鉴定人也有权勘验现场和查阅有关案卷材料，也有权就与鉴定有关的问题询问当事人、证人和现场勘验人员；经过查证属实的鉴定结论是法律上的证据。这一切都表明，鉴定是具有法的性质的活动。“法的性质”和“司法”是两个不同的概念。一项工作具有法的性质，不一定就可以称为“司法工作”。众所周知，行政执法工作有法的性质，但不是司法工作。鉴定有法的性质，但不是司法工作，其理甚明。

可见，鉴定的概念明确限定鉴定只是为了解决某些专门性问题而进行的活动，避免了把凡是利用专门知识解决专门性问题的活动，特别是形形色色的“行业鉴证”活动，看成鉴定。这个定义没有使用“司法鉴定”这个术语，而且明确指出，鉴定是“在诉讼活动或非诉讼活动中”运用的，这就可以使鉴定的适用范围更开阔一些，有的学者附和“司法鉴定”这个用语，把鉴定解释为在诉讼中的一种活动。如果诉讼活动中的鉴定称为“司法鉴定”，那么，许多非诉讼活动中进行的鉴定，又该叫什么呢？这个定义明确提出鉴定人出庭作证是鉴定活动的重要一环，这对加强鉴定人的责任感是十分必要的，它可以使鉴定人和鉴定机构的负责人意识到，检验涉案客体，必须客观细致。提出鉴定意见，必须有根有据，经得起庭审审查，绝非一份鉴定意见书就可以解决问题。所以，这里的鉴定是指诉讼案件中的鉴定。

随着改革开放和民主法制的建设，物证已经从一种技术手段转化为一种诉讼证据，主要服务于审判活动。与此相适应，司法鉴定逐步实现了从技术侦察手段到诉讼证据、从技术检验到司法鉴定、从主要为侦查活动服务转变到保证司法公正的制度性措施。它在准确、有效地查明案件事实，正确适用法律，保障及时裁判和公正司法中发挥着不可替代的重要作用。所以司法鉴定工作对于法治中国建设非常重要。

鉴定，是指辨别并确定真伪优劣。我国司法鉴定体制沿袭苏联模式，涉及侦查、检察、审判、司法行政等相关部门。我国的司法鉴定机构经过50年的发展，大致可以分为以下几类：一是公安机关、安全机关、检察机关、人民法院所具有的鉴定机构，其中公安机关的鉴定规模较大，分中央、省、市、县四级设立，所属的鉴定资源占全国的80%，承担的鉴定工作量占全国的95%。关于鉴定的名称问题，我国有关部门在工作中，使用的鉴定名称都带有部门色彩。公安部门使用的是“刑事科学技术鉴定”，检察部门使用的是“检察科学技术鉴定”，人民法院和司法行政部门使用的是“司法鉴定”。这种状况与鉴定的科学性是不相适应的，特别是“司法鉴定”这个名称，把“司法”和“鉴定”直接相连，很容易使人产生误解。例如，误认为：鉴定是一种司法工作，是一种司法权，鉴定只能由司法部门的鉴定机构进行；鉴定有上、下级之分，鉴定实行少数服从多数，下级服从上级原则等。实际上，鉴定并不是司法工作，鉴定也没有上下级之分，也不实行少数服从多数原则。鉴定可以为司法工作服务，也可以为各种行政执法工作服务，可以为诉讼活动服务，也可以为各种非诉讼活动服务。

痕迹鉴定是指根据司法机关的委托，鉴定机构指派具有专门痕迹鉴定知识的人，对案件中涉及的痕迹，依据同一认定原理和方法进行科学判断的过程。司法鉴定含两种词义，一种是学科名词，一种是学科的理论与技术应用于实践的形式。我国自 20 世纪 50 年代中期开始使用“司法鉴定”一词以来，经济法学界、教育界，尤其是司法科技界的研究与实践，不断充实其内涵，形成了司法鉴定学科，建立了司法鉴定制度。司法鉴定学是为司法机关客观准确地判断案情，利用现代科学知识和检验技术研究鉴定原理和鉴定方法的法学边缘学科。司法鉴定人是贯穿于整个司法鉴定活动的实施者和作用者。痕迹鉴定属于司法鉴定执业范围分类四大类中物证类下的二级目录之一。

痕迹鉴定是运用科学技术的理论和方法，研究痕迹与案件的事实、痕迹与一定人或物的关系的一门科学技术与司法鉴定工作。痕迹鉴定的对象是与案件有关的各种形象痕迹、物品。痕迹鉴定的内容和任务：一是通过现场痕迹和样本痕迹的分析比较，提出现场痕迹某人或某物所形成的分析判断意见；二是对现场客体和嫌疑客体的某种关联提出分析判断意见。痕迹学鉴定是指根据司法机关的委托，鉴定机构指派专门知识的人，对案件中涉及的痕迹，依据同一认定原理符合方法进行科学判断的过程。痕迹学鉴定的主要目的在于确定痕迹形成的原因、痕迹间的相互关系、痕迹是否为一定的人或受审查的物所形成。具有法定资格的鉴定机构和鉴定人，依法受理鉴定委托，鉴定人应用痕迹鉴定原理和方法，对痕迹进行种类认定、同一认定以及对痕迹的成因和形成过程的检验，称为痕迹鉴定。物证鉴定是自然科学在法律活动中的应用。物证鉴定的主体是具有专门知识的人，客体是与犯罪活动有关的物质性特征，物证鉴定的原则和方法来源于包括数学、化学、物理学、生物学、医学、毒理学、药理学等在内的自然科学。在犯罪侦查活动中，物证鉴定的主要任务就是帮助侦查人员核实证据、查明案情、揭露犯罪和犯罪人。从概念上讲，物证鉴定是指具有物证技术学基本理论及基本技术等专门知识的专门人员，接受指派或聘请后，为解决案件中与物证有关的专门性问题，而对物证及其相关材料进行分析、检验，进而给出相关意见或推断的一种活动。综上所述，痕迹鉴定是物证鉴定中的一种，都是运用专门知识解决特定问题的鉴定类别。

痕迹鉴定包括手、足、工、枪、特，指纹学、足迹学、工具痕迹学、特殊痕迹（轮胎痕迹，主要用于判断嫌疑车辆的类型，提供侦查方向的）等传统痕迹的内容，这里除了手印和文检鉴定结合比较多外，公安的刑科所涉及内容更多一些，经验也更丰富。目前交通事故痕迹的归属问题还没有得到合理的解决，如爆炸痕迹，中华人民共和国公安部物证鉴定中心专门成立了爆炸处，与特殊痕迹专业分开，同时目前还正在讨论视频图像是否归入痕迹类，与电子数据、声像资料之间存在一定的问题：首先检材的本源，即录像是否真实可靠，是电子数据力争的焦点，而视频图像中如车速鉴定，人们利用的是车的特征和地面的特征，或者参照其他物体的特征，就是属于痕迹的范畴，所以有一定的问题。那么是否就存在目前人们开展的信号灯鉴定和利用视频图像车辆行驶速度鉴定就超出痕迹的范围了呢？作者认为要进行这项鉴定项目，最好是机构具有电子数据和痕迹两项资质，这样就不存在超出范围鉴定的问题了。痕迹鉴定与道路交通事故痕迹鉴定，作者认为中间需要加入的元素是道路交通事故调查，涉及道路交通事故调查，就需要人们熟悉道路交通事故安全法及相关处理条例等法律法规，同时也要掌握相关标准，如道路交通事故现场图、勘验照相等。否则，作为专业技术人员，连现场图都看不懂，就不合理了。

痕迹形成的一般规律和检验原理，第一就是同一认定，同一，就是一个人或者一个物自身与自身的关系。同一认定是一种认识事物的方法，是一种学术用语，主要是解决先后出现的客体是不是同一个客体问题，如果最终被认定不是一个客体，那就是“否定同一”，这两个客体只是有某些相似而已；如果最终被认定是一个客体，那就是“肯定同一”，但不能说“相同”。同一认定的主体是记忆中保留着一定人或物特征形象的个人；也可以是具有鉴定资格的专业人员。同一认定的客体是“被认定同一客体”，包括需要寻找的客体和接受审查的客体，在物证技术鉴定中，同一认定的客体，可以分为人和物（含动物）两大类。特征反映体的特征是同一认定的依据，一般分为共性特征、个性特征，作为认定的依据要求客体的特定性必须比较明显、突出；在其先后出现的相隔时间内必须基本上稳定不变；必须在其特征反映体中得到良好的反映；必须被人们所认识，不认识一切空谈。同一认定一般分为人身同一认定、物体同一认定及分离体同一认定。一般采取的方法包括特征对照法、特征接合法、特征重叠法。鉴定人作出的同一认定，属于鉴定型同一认定，作为证据使用；而具有专门知识的非鉴定人所作出的同一认定，属于非鉴定型同一认定，一般不能作为证据使用。种属认定就是通过检验未知物质本身或未知客体留下的物质性反映形象，确定物质属性或客体类型的一种方法。一般作为排除法的依据使用，其类型有单一型、比较型和客体类型的认定。种属认定能为发现同一认定的客体指明方向，常常是同一认定的初始阶段，且能为同一认定结论提供佐证，对于分离体同一认定具有特别重要的意义。

二、痕迹鉴定的内容

（一）痕迹鉴定的对象

痕迹鉴定的对象就是痕迹物证。痕迹物证是能够查明案件真实情况的一切物品和痕迹。物证的形式是多种多样的，在交通事故中一般为车辆、散落物，以及留有事故痕迹的物品等。

痕迹物证是以其存在情况、形状、质量、特性等来证明案件事实的。因为痕迹物证是一种客观存在的具体物品，比较容易查明，不像其他证据那样容易受主观因素和其他复杂情况的影响，所以可用来审查其他证据的真伪。

在这里，需要单独说明痕迹的概念。痕迹是事物运动过程中遗留下来的影像或形象。公安、司法部门研究的痕迹是专指犯罪行为留下来的各种影像或反映形象，这些统称为犯罪痕迹。这些痕迹，有的反映着作案活动过程和手段，有的则反映着作案人本身以及使用工具（如车辆）的形貌和特征，且均可用来证明犯罪事实，甚至证实犯罪人。

由于犯罪痕迹反映的对象不同，在案件中解决的对象不同，形成研究工作的不同领域，因此又把痕迹分为广义和狭义两类。

1. 广义的痕迹

广义的痕迹，是指犯罪活动引起（现场范围内）的一切变化而遗留下来的各种影像或反映形象。例如，伤害人身形成的伤痕、血迹；毒害人命中的毒品和尸体；交通肇事后车辆的附加痕；撬门压锁被破坏而变形的钌铞和门框上的凹痕；被翻动过的箱、柜、抽屉的凌乱状态；走动和接触物体时所留下的足迹、手印；罪犯在犯罪现场遗留下的工具、枪弹、烟头、纸片，或者从身上掉落的纽扣、毛发、分泌物、呕吐物和碎末、附着物、气味、颜色等。这些痕迹的存在可以提供研究犯罪实施过程、分析案情性质和其他具体情节的重要材料，有的则可以提供检验鉴定的物质基础，因此在侦查案件中能起到重要作用。

广义的痕迹不可能只由一门痕迹技术进行研究，有一些是法医检验的对象，有的则是刑事化学、刑事物理学、现场勘察学或者其他科学的研究对象。

2. 狭义的痕迹

狭义的痕迹，是指犯罪活动中使一客体作用于另一客体，前者引起后者发生形态的变化而遗留下来的反映形象。前者称为造痕客体，后者称为承痕客体。承受客体上的痕迹以各种形式反映着造型客体接触部位的外表形态、结构特征或动作特点，因此称为形象痕迹。研究形象痕迹可以解决同一认定问题，即可以确定痕迹是何人何物遗留。所以，这种痕迹是痕迹检验技术的专门研究对象，而研究其他痕迹通常只是解决种属认定问题，如一种车辆黏附另一种车辆的油漆色。物体的物质也是种属的认定问题，种属认定在特定条件、环境中可起的证据作用不可忽视。

（二）痕迹物证的基本类型

交通事故遍及城乡，现场状况千差万别，事故痕迹物证种类繁多。根据痕迹物证的形态和形成机制大体可分为如下几类。

1. 附着物类型

交通事故发生后，黏附在肇事车辆、尸体以及其他物体表面能够证明事故状况的物质，称为事故附着物。在事故发生过程中，车辆、人员或其他物体的接触部位会发生物质的脱落和转移。肇事双方表面物质的类型、事故作用力大小、方向可以决定这种物质的转移过程。由于形成事故附着物的条件不同，肇事双方接触部位的物质，有时呈单向转移，有时呈双向转移。

附着物类型包括喷溅或黏附在车体、人体和其他物体表面的物质，如血迹、毛发、油脂、纤维，以及附着在各种机械创痕上的如油漆微粒、橡胶颗粒以及热熔塑料薄膜等。在一些粗糙物体的表面，有时还可以发现玻璃微粒等附着物。

具有一定黏性的物质一般会在车辆或者其他物质上留下一定痕迹，如油脂、油漆、血液以及人体组织等。在强力作用下，由于局部热变形而产生一些黏性物质，也会黏附在车辆及其他物质上。例如，反光膜和塑料，其本身具有一定塑性。经过高速摩擦，局部产生高温，软化产生一定黏性，黏附在其他物体表面。

在交通事故的发生过程中，掉落和转移微量物质，对物体具有一定的附着力，也能黏附在车辆、人体或其他物质表面，如纤维、毛发、微量油漆等。下面介绍几种常见的附着物类型。

1）塑料附着物

车体表面有一些由塑料制作的零部件，而这些部件大多位于车辆的突出部位，发生交通事故时，这些部件很容易受到撞击和刮擦。这些零部件大多质地柔软，可塑性较强。由于受到撞击或刮擦而局部产生高温，因此被撕裂或拉伸呈薄膜状，黏附在车辆或其他物体表面。

2）油漆附着物

为了防护和美观，各种车辆都有油漆涂层。油漆是最常见的物证之一。但是油漆的漆层状况、造痕客体和承痕客体的接触部位、作用力大小和方向都有很大的区别，不是所有交通事故都有油漆物证。

新的油漆涂层附着力强，不易脱落。只有在和其他车辆或坚硬的物体以平行或倾斜的方式撞击时，表面物质才会发生物质的脱落和转移。通过油漆附着物的检验鉴定，可为认定事故责任提供科学依据。

3）反光膜

反光膜是一种反光性较强的薄膜状物质。为了保证夜间行车安全，各种车辆的牌照都由过去的油漆改为反光膜物质。因为车牌安装在车辆前后较为突出的部位，在发生交通事故时，经常受到冲击和刮擦，呈黏胶状附在其他车辆或物体表面。

4）油斑附着物

油脂广泛应用在日常生活中和交通运输车辆中，它也是交通事故现场常见的物证之一。

油脂可分为植物油、动物油和矿物油三大类。在事故现场一般为矿物油，有时也有动、植物油。例如，运输动、植物油的车辆，在发生交通事故时这些油脂因撞击而喷溅或泄漏出来，遗留在现场或黏附在车辆、伤亡人员或其他物体表面。提取油斑物证和车辆装载的油脂，经过检验鉴定，可为事故责任提供科学依据。

5）纤维物证

在机动车和非机动车或行人之间发生的交通事故中，肇事车辆和人体发生接触，被撞人员的衣物纤维有时会黏附在车辆的表面，成为事故现场的主要物证。

这些纤维物证主要分为植物纤维、动物纤维和化学纤维三大类。植物纤维主要是棉、麻衣物纤维，动物纤维主要是毛料、人畜毛发和丝织衣物纤维。在交通事故现场纤维物证存在的主要条件是：

（1）肇事车辆事故接触部位粗糙、坚硬或具有坚硬的突起部位；

（2）肇事车辆接触人员头部或具有纤维和毛发的部位；

（3）发生交通事故时，肇事车辆具有快速、强力的撞击或刮擦作用。

一般地，事故现场的纤维物证是极少量的，而且不易发现。因此，需要借助放大镜进行仔细的寻找和观察。

2. 散落物类型

散落物类型包括自身车上脱落而掉落在地上的零部件，钢制或木制碎片，油漆涂层碎片，塑料及玻璃碎片；橡胶碎条、碎块；结构性土砂碎片；自人体抛落在地面上的穿戴物品和携带物品以及被分离的器官、组织；从其他物体上撞、擦掉落地面上的如树皮、断枝、水泥及石头碎块等。

3. 痕迹类型

交通事故现场痕迹主要有车辆轮胎的拖印、压印和擦印；车身在路面上凿划印痕；车身和其他物体上被撞、挤压、砸、擦刮、刻划以及人体被撞击、碾压、撮擦留下的各种痕迹与伤痕；车身、路面、人体和相关物体上因某些附着物涂污而形成的痕迹等。这些痕迹在形状、尺寸、颜色上各有不同，往往是交通事故发生过程的一个侧面反映。

（三）痕迹鉴定的主要内容

痕迹鉴定就是针对上述各种类型的痕迹物证进行勘验发现、显现、提取、记录、固定、保存、检测、存档等的过程。在此过程中需要严格遵守相关法律法规的规定，保证鉴定过程符合相关程序规定。

痕迹鉴定主要内容包括外表结构形象痕迹的鉴定、整体分离痕迹的鉴定、动作行为习惯痕迹的鉴定。

三、痕迹鉴定的过程

（一）痕迹鉴定现场勘验和取证

1. 事故现场情况了解

勘验人员到达事故现场之后，应该立刻询问见证人和受害者，查明事故发生的时间和情况。如果肇事车辆逃离现场，应该查清车辆特征和逃逸方向。对于无见证人，受害人重伤或死亡的逃逸事故现场，则应根据现场情况，分析判断逃逸车辆的类型和逃离方向。情况清楚的，应立即向指挥人员汇报，以及时部署追缉和堵截。

2. 勘验寻找事故痕迹和物证

对现场的肇事车辆、地面、伤亡人员以及有关物体，进行认真仔细的勘验。寻找和确定事故的接触部位。仔细观察事故痕迹和物证的形态和特征。

3. 对事故痕迹物证进行测量

对于已经确定的事故痕迹物证，应进行仔细勘验和测量。测量和记录事故痕迹的位置、长度、宽度。事故物证一般存在于事故痕迹处，只测量和记录其位置即可。

4. 提取事故痕迹物证

根据所确定的事故痕迹物证的种类、位置等情况，采取适当的方法提取。

5. 事故痕迹物证的保护

事故现场路面的痕迹物证必须在勘验、测量和拍照后才能进行提取，否则恢复交通后痕迹物证将会被破坏。车辆转向盘或其他物体上的指纹和轮胎表面的痕迹物证，如果不能及时提取，也可异地暂缓提取，但必须采取保护措施。车辆和物品最好存放在室内，如果存放在室外，必须用毡布或塑料布，将事故痕迹物证部位覆盖起来，以防人员触摸，或因天气变化，造成痕迹物证的破坏和丢失。

（二）痕迹物证的提取

1. 事故痕迹的提取方法

对事故痕迹进行了勘验、测量和提取，还不能满足事故处理工作的需要，还必须以适当的方式提取下来，才能进行检验鉴定，为研究事故和认定事故提供可靠的依据。

1）直接提取

若有事故痕迹及和事故痕迹相关的物品、容易分解的车辆零部件，应将物品和有关零部件全部提取，用来进行检验鉴定和用作法律依据。

2）间接提取

无法进行直接提取的事故痕迹，应该采用相应的技术手段进行提取。

（1）摄影或录像法。即采用摄影或录像方法提取事故痕迹，可以快速、精确地反映痕迹的真实情况。为了方便进行检验鉴定，摄录的痕迹影像应完整、清楚且特征不应发生变化。

（2）石膏灌注法。遗留在地面上的立体痕迹，如路面上的足迹、轮胎花纹印记等，可以采用石膏灌注法进行提取。

（3）硅橡胶和硬塑料橡胶提取法。硅橡胶是一种有机硅化合物，呈乳白色黏稠状，加入一定量的过氧化物，即可固化。采用这种方法可提取有一定弹性且不易断裂和破碎的物体表面痕迹。硬塑料的主要成分是松香、黄蜡、石膏和填充物，这种塑料遇热易软化。把它放入温水中，待其软化后，除去表面的水珠，在平板上按压出一个平面，把这个平面覆盖在涂有甘油的痕迹上，均匀压实，冷却定型后取出。这种方法可以提取车辆或物体表面较大面积的痕迹。

（4）复印法。对于用金属粉末在光滑平面显现出的指纹，可采用复印法进行提取。具体方法是：用透明胶带、黑色不透明胶带或摄像感光纸将显现出的指纹粘取下来，与有关人员的指纹进行对比。这种方法主要用于提取机动车转向盘、车门把手和车辆表面的可疑指纹。

（5）静电吸附法。遗留在光滑路面上的立体痕迹，如泥土路面上的足迹、轮胎花纹印记，可以采用静电吸附法进行提取。

2. 提取现场遗留物及注意事项

（1）散落物的提取。散落在现场地面的油漆碎片、塑料碎片、玻璃碎片、车辆零部件及装载物等，可以用镊子夹取。粘有事故物证的较大物品，可以用手提取，但不能用手接触事故痕迹和附着物部位。

（2）附着物的提取。黏附在小件物品和车辆零部件表面的物质，应该将有关物品和零部件全部提取出来。

对于黏附在车体上和其他较大物体表面的物质，可以根据物质的性质，采取相应的方法提取。

对于固体物质，如塑料、反光膜、油漆、干燥血痕以及人体组织等，可以用刀片刮取。为了防止物证丢失，应将物证和部分载体一起提取。还可以采用剪、挖、锯等方法进行提取。为了保全事故物证，宁可使黏附物证的车辆或物体局部受到一些破坏。

对于液体物质，如血液、油脂等，可以用纱布、滤纸或脱脂棉提取。

（3）提取对照样品。提取对照样品就是提取进行检验鉴定的比对物质。通过比对检验，可以为认定肇事车辆提供科学依据。由于互相碰撞或刮擦的物体之间表面会发生物质的转移，如果事故现场遗留了肇事车辆本身的物质或装载物，勘验人员应将现场遗留物仔细提取并妥善保存。追查到肇事车辆后，从可疑车辆的有关部位提取与现场遗留物有关的物质进行比对检验。勘验可疑车辆时，如果发现可疑附着物，应该从被撞车辆和伤亡人员以及其他物体表面提取对照样品，进行比对检验。

（4）提取现场物证是一项十分仔细的工作，在此过程中必须注意以下几点：事故物证的提取工作，应在事故痕迹勘验之后进行，以免影响事故痕迹的勘验和鉴定。

为了保证事故物证检验鉴定结果的正确性，在勘验和提取过程中，应防止物证被污染。主要防止方法是：提取物证之前，不能在物证部位及附近用粉笔和圆珠笔以及蜡笔等勾画。提取物证所用的各种工具应清洁无污染。用同一工具提取不用部位的物证时，每提取一次后，应将工具擦拭干净。提取物证特别是油脂和人体组织等，不能直接用手接触物证。所提取的物证必须随时标明提取部位和名称，以防混淆。取证检验的物品和车辆，应暂时扣留，检验鉴定结束后才能返还。

（三）出具痕迹鉴定意见书

司法鉴定机构和司法鉴定人运用痕迹学的原理知识技术方面和执业经验，对诉讼涉及的痕迹是否为涉嫌人或物所遗留的进行分析、检测和认定并得出鉴定意见的活动称为痕迹物证司法鉴定。对形成痕迹的介质以及随痕迹形成而发生交换的微量物质种类、成分、含量、配比进行检测而作出检验报告称为痕迹物的司法鉴定。按照统一的司法鉴定意见书进行起草，做到格式规范。鉴定意见是委托方和事故当事人关注的焦点，也是痕迹鉴定的落脚点。常见的问题有：

（1）过于繁杂。有很多鉴定意见是分析说明的复制件，非常复杂，找不到重点，鉴定意见要求精炼准确，一般碰撞形态要求指出车辆碰撞时的具体部位，如某车正面右部与某车左侧发生过碰撞成立；而是否发生过碰撞要求指出碰了还是没有碰撞，如某车与某车发生过碰撞成立。

（2）答非所问。特别注意与鉴定文书开始和合同评审中的委托事项的对应，经常出现的是前面的碰撞形态鉴定，后面意见是两车发生过碰撞成立，不指出具体部位；前面是是否与其他车辆发生过碰撞，后面的意见是与人体发生过碰撞或者与现场固定物发生过碰撞等，这类问题的后果将带来程序存在问题，同时也解决不了委托方在案件处理过程中的需求，从而降低了案源，也影响了整个鉴定机构的水平。在形成文书方面，痕迹鉴定意见书文书格式严格按照司法鉴定文书规范的相关规定进行，在文书规范中的常见问题有：

① 首行缩进不统一。这个问题最为严重，出现的概率很高。

② 各级标题格式不统一。

③ 末页无正文。

④ 文书的标题与文书的内容没有对应关系。鉴定意见书的标题不符合痕迹鉴定特点，常见的有按照车辆安全技术状况检验、鉴定的文书格式以及按照法医学鉴定的文书格式两种，目前新增或者已经开展道路交通事故痕迹鉴定的鉴定机构有很多来自机动车检测机构和医学机构等，经常会出现沿用以上两种格式的惯例，未保持道路交通事故痕迹鉴定的个性特征。一般来讲鉴定文书分为检验过程、分析说明和鉴定意见，有书证摘录的添加、微量物证鉴定和其他鉴定的根据需要和类型的添加，并遵照检验和检测不同类型的规定用语来描述。而将鉴定意见写成鉴定结论、鉴定结果的，甚至写成检验结果的都是不规范的。

参考文献

敖日其冷. 2014. 痕迹司法鉴定. 北京：法律出版社.

邓水泉. 2013. 道路交通事故痕迹论——涉车痕迹图文集. 上海：上海交通大学出版社.

杜志淳，霍宪丹. 2002. 中国司法鉴定制度研究. 北京：中国法制出版社.

杜志淳. 2009a. 司法鉴定论丛. 北京：北京大学出版社.

杜志淳. 2009b. 司法鉴定实验教程. 北京：北京大学出版社.

杜志淳. 2010. 司法鉴定概述. 北京：法律出版社.

傅政华. 2003. 物证技术学. 北京：中国人民公安大学出版社.

公安部. 2005. 公安部关于贯彻落实《全国人民代表大会常务委员会关于司法鉴定管理问题的决定》进一步加强公安机关刑事科学技术的通知.

韩均良. 2007. 痕迹检验. 北京：中国民主法制出版社.

黄道秀. 2003. 俄罗斯联邦刑事诉讼法典. 北京：中国政法大学出版社.

霍宪丹. 2009. 司法鉴定通论. 北京：法律出版社.

解云，张书杰，兰绍江，等. 2003. 中国刑事科学技术大全痕迹检验. 北京：中国公安大学出版社.

金光正. 1995. 司法鉴定学. 北京：中国政法大学出版社.

李生斌，万立华. 2009. 刑事科学技术. 北京：人民卫生出版社.

李文. 2011. 司法物证鉴定学. 北京：法律出版社.

李学军. 2010. 物证论——从物证技术学层面及诉讼法学的视角. 北京：中国人民大学出版社.

李学军，朱梦妮. 2015. 物证鉴定意见的质证路径和方法研究. 北京：中国人民大学出版社.

李月. 1998. 物证、物证技术学和犯罪实验室. 西安：西北政法学院出版社.

刘文. 2003. 刑事科学技术总论. 北京：中国人民公安大学出版社.

刘耀. 1998. 物证鉴定科学. 北京：群众出版社.

王成荣．2012．痕迹物证司法鉴定实务．北京：法律出版社．
翁里．2016．物证鉴定与犯罪侦查．杭州：浙江大学出版社．
徐春法，高祥根，韩崇德，等．1992．微量物证与侦察破案．北京：中国人民公安大学出版社．
徐立根．1989．物证技术学教学大纲．北京：中国人民大学出版社．
徐立根．2008．物证技术学．北京：中国人民大学出版社．
徐立根．2011．物证技术学．北京：中国人民大学出版社．
许爱东．2016．物证技术学教程．北京：法律出版社．
杨梦兰．1993．物证分析（第一分册）．北京：警官教育出版社．
张公正．1988．物证检验学．兰州：兰州大学出版社．
张西安，程丽庄．2002．俄罗斯联邦民事诉讼法、执行程序法．北京：中国民主法制出版社．
邹明理．1998．司法鉴定概论．成都：成都科技大学出版社．
邹明理．2000．痕迹学．北京：法律出版社．

第二章 道路交通事故技术鉴定

第一节　道路交通事故技术鉴定的概述

一、道路交通事故技术鉴定的含义

目前我国正处于经济高速发展时期，公路建设方兴未艾，汽车保有量大幅度增加，交通事故数量也一直居高不下。大量的交通事故一方面带来了巨大的财产损失，另一方面，交通事故能否得到公正、客观、科学的处理已经成为社会关注的焦点。为此，2003年10月28日，第十届全国人民代表大会常务委员会第五次会议审议通过了《中华人民共和国道路交通安全法》（以下简称《道路交通安全法》）。这是我国第一部全面规范道路交通活动中参与人权利义务关系的基本法律，它同时也为事故鉴定提供了法律上的说明和保障。

交通系统是一个由人、车、路、环境构成的动态系统，交通事故是系统运行结果的一种外在表现，系统本身的特点决定了交通事故的复杂性、多样性，涉及多学科的知识。针对交通事故的这一特点，《道路交通安全法》也做出规定，要求对专业性较强的检验，公安机关交通管理部门应当委托专门机构进行鉴定；公安机关交通管理部门应当根据交通事故现场勘验、检查、调查情况和有关检验、鉴定结论，及时制作交通事故认定书，作为交通事故处理的证据。

《道路交通安全法》颁布实施后，交通事故处理模式也发生了一些新的变化。首先，将交通事故定义为："车辆在道路上因过失或者意外造成人身伤亡或财产损失的事件"，该定义扩大了交通事故的范围，交通事故由过失造成扩大到包括意外造成。其次，对交通管理部门的法定职责进行了新的规定，由"责任认定"改为"成因分析"。成因分析的原则是客观事实，充分发挥科学技术的作用，正确引用有关的法律、法规。法规的引入也要求道路交通事故处理的方式、方法进行改革和创新。

道路交通事故鉴定是针对因道路交通事故而产生的一系列专业问题的技术鉴定，利用各学科专业知识和技术，为交通事故处理、交通事故诉讼案件审理、交通事故理赔提供准确、客观、科学的判断依据。

根据事故发生的不同阶段，可以将目前的鉴定需求分为：事发前的事故原因分析、事发过程中的碰撞形态及运动过程分析以及对事后的后果进行核实和评定。

事故原因分析的目的是探寻交通系统各要素与事故之间的因果关系以及在交通事故中的作用。其结果可以为确定事故性质、事故认定、责任划分、安全教育、安全改善提供依据。目前主要鉴定内容有驾驶员酒精检验、车辆性能与事故关系鉴定、车辆起火原因鉴定等。

事故再现的目的是对事故发生时的碰撞形态、交通参与者的交通行为方式及碰撞过程中各参与要素的运动过程进行描述。事故再现的结果可以辅助完成事故原因、致死

（伤）方式分析，也可以为事故认定、责任划分提供依据。目前主要鉴定内容有：事故当事人交通行为方式鉴定、碰撞痕迹鉴定、碰撞位置鉴定、碰撞速度鉴定、当事人致死(伤）方式鉴定、事故车辆运动过程分析等。

事后核实和评定的目的是对事故发生带来的生命财产损失进行核实及评定。其结果可以辅助完成致死（伤）方式鉴定，也可以为责任划分、伤残等级评定、理赔提供依据。目前主要鉴定内容有：事故车辆核损、事故当事人体表损伤检验、事故当事人伤残等级评定、当事人致死（伤）原因鉴定等。

在交通事故的处理中，往往会遇到很多时间限制，这就是交通事故的处理期限，相关部门必须在法律规定的期限内做出交通事故处理，当事人也必须在规定的期限内提出申请，超过了处理期限，相关部门将不予处理，当事人的权益将无法得到保障。具体按照最新法律法规规定执行，以下供参考。

1. 扣押车辆的时间期限

《道路交通安全法》第七十二条第二款：交通警察应当对交通事故现场进行勘验、检查，收集证据；因收集证据的需要，可以扣留事故车辆，但是应当妥善保管，以备核查。

（1）5日（指派或者委托专业技术人员、具备资格的鉴定机构进行检验、鉴定）+20日+10日（检验、鉴定应当在二十日内完成；需要延期的，经设区的市公安机关交通管理部门批准可以延长十日）+5日（检验、鉴定完成后五日内通知当事人领取事故车辆和机动车行驶证）=40日。

（2）对于不需要检验、鉴定的车辆，10日。

2. 对扣留车辆的处理时间期限

公安机关交通管理部门扣留机动力、非机动车，应当当场出具凭证，并告知当事人在规定的期限内（30日内提供被扣留机动车的合法证明）到公安机关交通管理部门接受处理。

逾期不来接受处理，并且经公告三个月仍不来接受处理的，对扣留的车辆依法处理（拍卖，非法拼装的拆除，达到报废标准的报废，涉及其他违法犯罪行为的，移交有关部门处理）。

3. 检验、鉴定的时限

需要进行检验、鉴定的，公安机关交通管理部门应当自事故现场调查结束之日起三日内委托具备资格的鉴定机构进行检验、鉴定。对现场调查结束之日起三日后需要检验、鉴定的，应当报经上一级公安机关交通管理部门批准。尸体检验应当在死亡之日起三日内委托。

公安机关交通管理部门应当在接到检验、鉴定结果后二日内将检验、鉴定结论复印件交当事人。

当事人对公安机关交通管理部门的检验、鉴定结论有异议的，可以在接到检验、鉴定结论复印件后三日内提出重新检验、鉴定的申请。经县级公安机关交通管理部门负责人批准后，应当另行指派或者委托专业技术人员、有资格的鉴定机构进行重新检验、鉴定。

申请重新检验、鉴定、评估以一次为限。重新检验、鉴定、评估的时限与检验、鉴定、评估的时限相同。

4. 作出事故认定书的时间期限

公安机关交通管理部门对于未造成人员伤亡，事实清楚的道路交通事故，交通警察可以适用简易程序处理，并当场出具事故认定书。并可当场对损害赔偿争议进行调解。对于复杂的交通事故：

（1）对经过勘验、检查现场的交通事故应当自勘验现场之日起十日内制作交通事故认定书。

（2）交通肇事逃逸的，在查获交通肇事逃逸人和车辆后十日内制作交通事故认定书。

（3）对需要进行检验、鉴定的，应当在检验、鉴定或者重新检验、鉴定结果确定后五日内制作交通事故认定书。

（4）未查获交通肇事逃逸人和车辆，交通事故损害赔偿当事人要求（书面申请）出具交通事故认定书的，公安机关交通管理部门可以在接到交通事故损害赔偿当事人的书面申请后十日内制作交通事故认定书，载明交通事故发生的时间、地点、受害人情况及调查得到的事实，有证据证明受害人有过错的，确定受害人的责任；无证据证明受害人有过错的，确定受害人无责任。并送达交通事故损害赔偿当事人。

对无法查证交通事故事实的，公安机关交通管理部门制作交通事故证明，载明交通事故发生的时间、地点、当事人情况及调查得到的事实，分别送达当事人。

5. 复核的时间期限

当事人对道路交通事故认定有异议的，可以自道路交通事故认定书送达之日起三日内，向上一级公安机关交通管理部门提出书面复核申请。

上一级公安机关交通管理部门收到当事人书面复核申请后五日内，应当做出是否受理决定。

上一级公安机关交通管理部门自受理复核申请之日起三十日内，作出复核决定。

上一级公安机关交通管理部门做出复核结论后，应当召集事故各方当事人，当场宣布复核结论。复核以一次为限。

6. 事后报警的时间期限

当事人未在交通事故现场报警，事后请求公安机关交通管理部门处理的，公安机关交通管理部门应当予以记录，并在三日内作出是否受理的决定。当事人应当在提出请求后十日内向公安机关交通管理部门提供交通事故证据。

7. 尸体处理时间期限

（1）交通事故造成人员死亡的，尸体检验完成后应当通知死者亲属在 10 日内办理丧葬事宜，无正当理由逾期不办理，经批准，由公安机关处理尸体。

（2）对经核查无法确认尸体身份的，应当在地（市）级以上报纸上刊登认尸启示，登报后 10 日仍无人认领的经批准由公安机关处理尸体。

8. 伤残评定时间期限

根据道路交通事故处理办法规定，交通事故的当事人因伤致残的，在治疗终结后的 15 日内，可向公安机关申请伤残评定。公安机关应当根据医院证明和公安部门关于道路交通事故伤残评定的标准，在接到伤残评定申请书后30日内评定伤残等级。当事人对伤残评定不服的，可在接到评定书后15日内，向上一级公安机关申请重新评定。上一级公安机关在接到重新评定申请书后30日内，应当作出重新评定的决定。

9. 赔偿调解时间期限

交通事故损害赔偿权利人、义务人一致请求公安机关交通管理部门调解损害赔偿的，可以在收到交通事故认定书之日起十日内向公安机关交通管理部门提出书面调解申请，公安机关交通管理部门应予调解。并于八日内制作调解书。公安机关交通管理部门应当与当事人约定调解的时间、地点，并于调解时间三日前通知当事人。

公安机关交通管理部门调解交通事故损害赔偿的期限为十日：

（1）造成人员死亡的，从规定的办理丧葬事宜时间结束之日起开始；

（2）造成人员受伤的，从治疗终结之日起开始；

（3）因伤致残的，从定残之日起开始；

（4）造成财产损失的，从确定损失之日起开始。

10. 处罚时间期限

根据交通事故处理程序规定，处罚交通事故责任者，应当根据其违章行为、事故责任和事故后果，分别裁决，合并执行。吊扣驾驶证合并执行不得超过18个月。被处以吊扣、吊销驾驶证的期限，则应从处罚裁决之日起计算。吊扣驾驶证处罚期满，交通事故处理未结案的，应当发还其驾驶证。

当事人若对公安交通管理部门的处罚不服，可在接到交通管理部门的处罚裁决书后15日内，向上一级公安机关申请复议；上一级公安机关在接到复议申请书后30日内，应当作出复议决定。当事人对复议决定不服的，可在接到复议决定书后15日内，向人民法院提起行政诉讼。

11. 交通事故诉讼时效

交通事故致身体受伤、残疾或死亡的，其民事诉讼的时效为1年。交通事故造成财产损失的，其民事诉讼时效为2年。既有人身伤害又有财产损失的，诉讼时效应分别计算。对于交通事故，如果涉及人身伤害的，诉讼时效是一年，在实践中一般是从评残之日起计算一年内起诉。

12. 交通事故审理时间期限（一审）

人民法院审理交通事故案件一般分普通程序审理和简易程序审理，普通程序审理的案件，应当在立案之日起六个月内审结，简易程序审理案件，应当在立案之日起三个月内审结。一般的交通事故，法院均会适用简易程序审理，因此，法院处理交通事故一般会在立案之日起三个月内审结。

13. 交通事故审理时间期限（二审）

对判决上诉，审理期限为3个月，经院长批准可以延长三个月。

14. 申请强制执行的时间期限

申请强制执行期限为二年，从法律文书规定履行期限的最后一日起计算；法律文书规定分期履行的，从规定的每次履行期限的最后一日起计算。

执行期限：诉讼执行按应在立案之日起6个月内执结。

道路交通事故技术鉴定是对道路交通事故现场、车辆、人体及相关物体上的痕迹特征进行勘验、检查、比对、分析，判断其相互关系，并作出鉴定意见。交通事故司法鉴定属于物证类鉴定中的痕迹鉴定类别，我国的交通事故技术鉴定在几年前就已经纳入司法部门管理之中，属于司法鉴定范畴，要求它不但要符合技术要求，更要符合法律程序的规定。交通事故司法鉴定不但给交通警察认定事故责任提供重要参考证据，同时它的鉴定意见也作为民事诉讼证据。这就要求它同时具有法律规定的形式要件和能够证明案件事实的实质要件的表现形式，二者缺一不可。道路交通事故技术鉴定的范围更广泛一些，目前主要的任务和研究范围体现在道路交通事故痕迹鉴定上，这同时也和司法鉴定执业范围四大类有重要的联系。

二、道路交通事故技术鉴定的内容

道路交通系统工程的是多学科支撑的交叉性边缘学科，这也就决定了交通事故的复杂性和多样性。汽车事故鉴定技术属于应用工程学科，主要研究汽车事故发生过程所必需的基本知识，同时包括广泛的跨学科相关知识。汽车事故鉴定的基本知识，主要包括以下几个方面：汽车碰撞力学、汽车运动特性、汽车构造特性、人机工程学、汽车事故现场的勘察与再现技术等知识。同样，道路交通事故鉴定工作也需要多学科的背景知识和检测技术，目前交通事故鉴定工作正处于起步阶段，还没有形成一套成熟的技术体系和标准，已开展的部分交通事故鉴定大多数以痕迹物证学、法医学等成熟的鉴定理论和技术为参照，结合交通工程学、汽车工程、车辆检测技术、力学、运动学等专业知识，针对交通事故处理的需求进行探索性的技术鉴定。根据现有的成熟鉴定技术，可以将道路交通事故的技术鉴定内容分为以下四类。

（一）法医类

交通事故的法医学鉴定是应用法医学的理论和技术解决交通事故中有关人员伤亡的检验和鉴定的科学。交通事故中人员伤亡，必须由法医对死者或伤者进行检验、鉴定，为交通事故的认定、交通事故的现场再现、受伤人员的赔偿调解、肇事刑事犯罪的刑罚提供客观和科学的证明。

根据事故处理工作的需要和司法诉讼的要求，交通事故的法医学检验和鉴定主要包括以下内容：

（1）法医病理鉴定。鉴定项目主要包括尸表检验、尸体解剖检验、组织学检验和死因鉴定。

（2）法医临床鉴定。鉴定项目主要包括损伤检验、伤残等级评定和三期鉴定。

（3）法医学物证检验。鉴定项目主要解决个体识别，确定交通肇事逃逸车辆以及事故时乘员位置。

（4）法医毒化检验。鉴定项目主要是酒精浓度检测。

目前，针对交通事故的法医类鉴定可以解决以下问题：

（1）通过对交通事故现场发现的机体组织、毛发、血液、血迹等生物性检材进行检验和鉴定，对被鉴定的客体做出同一认定。认定交通肇事车辆，并结合车辆在碰撞过程中的运动分析，判断有关痕迹、物证、损伤等形成的过程和原因，以及事故发生前当事人所处的位置、交通参与方式。

（2）确定交通事故损伤与原有疾病的关系，损伤与死亡的关系，损伤、疾病与伤残的关系，死亡方式和直接死亡原因。为公正、合理地划分交通事故伤亡的民事赔偿提供依据。

（3）为确定案件性质提供依据。发生在道路上的事件大多属于交通事故，但也有可能是刑事案件、意外事件。这就需要根据现场勘验、车辆检验、人体损伤检验、当事人精神状态鉴定，结合死亡或受伤原因，确定案件性质。

（4）对因交通事故引起的当事人损伤情况进行伤残评定，为交通事故损伤案件的民事赔偿提供客观依据。

（5）对交通事故当事人，因交通事故引起的休息（误工）时限、护理时限、营养时限进行法医学鉴定，为交通事故损伤案件的民事赔偿提供客观依据。

（二）痕迹物证类

交通事故痕迹是指由于当事方的行为活动所引起的交通事故现场一切物质形态的变化。在交通事故中，接触的车与车之间或车与人体之间存在着相互作用，在接触面上形成的构造变形和表面附着痕迹。具体表现形式有碰撞变形、刮擦痕迹、碾压痕迹、整体分离痕迹和附着痕迹。

交通事故物证是指交通事故处理人员依法收集、获取的能够证明交通事故真实情况的物质、物品和痕迹。交通事故痕迹物证鉴定技术是物证鉴定技术学的一个分支。传统的物证技术主要是针对刑事物证检验的内容，其中包括手印、足迹、工具和枪弹痕迹，并未涉及交通事故的轮胎痕迹以及车体、人体和路面痕迹；另外，车辆在碰撞运动中形成动态痕迹特征，在一般物证检验中也是一个空白，而这些事故痕迹往往能够说明车辆的运动速度、方向、接触点等，从而起到描述事故形态的证据作用。因此，交通事故物证鉴定技术不同于一般的物证技术，有其自己的研究内容和研究对象。同时它又是物证技术学的一个组成部分，属于它的一个应用分支，可以利用物证技术学的基本理论和方法指导交通事故物证鉴定技术的整体研究。汽车事故的形态是指道路交通事故的外部表现之一，即汽车事故参与者之间发生冲突或自身失控肇事所表现出来的具体事态。它基本上可以分为碰撞、刮擦、辗轧、翻车、坠车、爆炸和失火等。

交通事故痕迹物证同其他物证一样，来源广泛、种类繁多。按照痕迹存在的载体不同，交通事故痕迹可分为人体损伤痕迹、衣着痕迹、车体痕迹、路面痕迹、固定物痕迹、附着物、散落物七类。

通过交通事故痕迹检验与鉴定可以解决以下问题：

（1）鉴定事故是否存在。针对涉嫌利用伪造交通事故现场、骗取保险的案件，通过事故现场勘察和肇事车辆痕迹检验，可以对事故的真实性进行鉴定。

（2）事故车辆鉴定。针对交通逃逸案件，可通过事故现场勘察和涉嫌肇事车辆痕迹检验，鉴别肇事车辆，或排除嫌疑车辆。

（3）单车事故鉴定。针对事故现场只有单方交通参与者的交通事故，可通过事故现场勘察和痕迹检验，判断是否存在对方肇事车辆。

（4）碰撞位置鉴定。路权是目前交警部门进行责任判定的一个重要标准，通过对事故现场的地面痕迹和散落物等痕迹物证可以推断或计算出碰撞点在事故现场的位置，为事故处理提供依据。

（5）碰撞部位鉴定。通过对痕迹检验，确认肇事车辆之间、车辆与人体、车辆与路侧设施的接触部位，为碰撞形态鉴定提供依据。

（三）车辆性能类

交通事故各方当事人中，至少有一方使用车辆，包括机动车和非机动车。车辆是构成交通事故的前提条件，无车辆参与则不能认为是交通事故。车辆作为交通事故参与者，其安全性能与交通事故之间存在着一定的因果关系。一方面，事故发生后，事故车辆往往会因碰撞中产生的巨大冲击力而发生车体变形和功能损坏。另一方面，也存在着事故车辆在事故发生前已经存在着一定的安全隐患，在不符合正常使用标准要求的情况下，上路行驶而导致事故的发生的可能性。因此，在进行事故处理和交通案件的审理工作中有必要对车辆安全性能与事故之间的关系进行鉴定。明确事故原因，做出公正、合理的判断。同时，对车辆损毁情况的核实也能为民事理赔提供参考依据。

根据事故处理和交通事故案件审理工作的需要，目前开展的交通事故车辆检验及鉴定主要可以解决以下问题：

（1）车辆属性鉴定。根据缸体铸印，发动机工作容积、电瓶供电功率对机动车的车辆属性进行检验或鉴定，判断车辆属性，为交通事故责任认定提供依据。

（2）车损鉴定。对事故车辆损毁程度进行检验，为理赔及民事赔偿提供依据。

（3）车辆安全性能检验。根据相关车辆及部件标准，对事故车辆的安全设施、安全性能进行检验。目前检验的范围有安全气囊、安全带、车辆制动性能、车辆转向功能、照明、信号及轮胎等装置。

（4）车辆安全性能与事故关系鉴定。根据事故车辆安全性能的检验结果，结合事故现场、碰撞部位、车辆运动过程、碰撞速度综合分析事故车辆安全性能与事故发生的因果关系，并针对安全性能不能满足标准规定的系统及部件，找出原因。

（5）车辆起火原因鉴定。找出起火原因，为车损理赔和事故原因分析提供依据。

为了保证机动车运行安全，我国颁布《机动车运行安全技术条件》GB 7258—2012，标准中规定任何厂家生产的新车及在用车辆都必须符合该条件。《道路交通安全法》中的第十条规定：准予登记的机动车应当符合机动车国家安全技术标准。第十三条规定：对登记后上道路行驶的机动车，应当依照法律、行政法规的规定，根据车辆用途、载客载货数量、使用年限等不同情况，定期进行安全技术检验。在道路上行驶的机动车辆必须符合国家标准《机动车运行安全技术条件》的规定，保障车辆运行时的安全。无论是出厂新车初次领取机动车号牌或是在用车辆的年度检验都必须执行 GB 7258—2012 标准。同样，这一标准也是事故车辆运行安全技术条件检验的重要依据，它对事故车辆检验工作具有指导作用。

（四）事故再现技术

事故再现是进行事故鉴定或事故原因分析的主要方法之一，用来解释说明事故发生的整个过程或其中的某一片段。它主要透过相关事故迹证调查、鉴别当事人和证人的陈述，并运用车辆运动、碰撞行为、驾驶行为相关的数学与物理原理，对事故的发生发展加以判断，其目的在于翔实地描述和鉴定事故碰撞时空关系，包括碰撞过程的三个阶段的一系列时间和空间分析。

事故再现主要根据交通事故现场遗留的各种物证及痕迹，如碰撞后车辆位移、滑行角度、损毁程度、制动痕迹、路面特性、车辆结构等，运用弹塑性力学、运动学和动力学等相关理论对事故发生过程进行理论推演与印证。动力学理论又以动量守恒和能量守恒为主，前者以碰撞前的动量总和与碰撞后的动量总和相等为基础，在车辆的重量为已知的情况下，考虑其行驶方向与碰撞后相关位置，借以推导碰撞前后车速的变化及碰撞角度；后者根据事故发生后车辆位移、损毁程度、碰撞后落差与位能的变化，计算出碰撞前、后车速的变化及碰撞角度。

事故再现是利用所收集的现场物证，将事故发生情形的内涵推估出来，主要分为事故的现场再现、过程再现、碰撞点再现、碰撞形态再现。对于每一起道路交通事故，其所需进行事故再现的内容不尽相同，也不需要对所有内容进行完整的再现与鉴定。一般事故再现将解决以下问题：

（1）事故车辆在事故前的行驶方向。

（2）涉案相关人、车在事故发生前的位置。

（3）事故过程中人、车辆的运动过程。

（4）事故不同阶段的车速。

（5）碰撞位置。

事故再现研究属于交通安全的微观研究领域，是一个技术性和理论性都很强的重要课题。完整的事故再现能够确定造成碰撞以及人员伤亡的各种物理因素，包括事前因素，如车辆行驶路线、速度、方向及路面接触点，也包括事后因素，如车辆、车辆部件以及人员的最后停止地点、刹车痕迹等。这些经过鉴定得到的物理因素可以作为交通事故处理的证据，为事故的责任认定提供依据。

三、道路交通事故技术鉴定的作用

道路交通事故数量以及因交通事故死伤的人数在不断增加，道路交通事故带来的社会压力也不断增大。交通警察需要对事故的责任进行划分，保险公司需要对事故进行核查和理赔，由此引发的各类诉讼案件也不断增多，同时，随着我国民主法制建设稳步推进、法律法规的不断完善、人民法律意识的不断增强，社会对道路交通事故进行专业鉴定的需求在不断增大。但是，目前针对交通事故的专业鉴定还没有纳入我国司法鉴定的范围内，同时也缺乏相关的技术鉴定标准。面临巨大的社会需求，各地方、各部门积极开展探索道路交通事故技术鉴定的工作，也制定了相应的技术指南和行业标准，如《典型交通事故形态车辆行驶速度技术鉴定》、《人体损伤致残程度分级》和《道路交通事痕迹勘验》等。其发挥的重要作用主要体现在以下几点。

1. 确定交通事故的性质

公路上的伤亡事件不一定都是交通事故，还必须根据遗留在现场的实物、痕迹和人体的损伤部位确定其是否是交通事故。

2. 推断车辆类型

依据轮胎花纹结构印痕、印痕宽度、印痕数量所反映出的车轮数目、轮距、轴距、车轮直径、胎面宽度和油漆膜片等确定车辆的种类。

3. 认定车辆

根据现场遗留的痕迹物证，可以认定肇事车辆、肇事逃逸的车辆。通过对车辆可疑痕迹的检验（包括车辆接触部位、新喷漆处、更换的零件），特别是车辆一般不损坏的零部件、部位更换了新的或有所变更，还要对车辆的轮胎花纹结构和轮胎磨损程度、裂纹、橡胶剥落的形态等认定肇事车辆；对破碎玻璃、标牌、字号断裂脱落遗留在现场以及其他痕迹物证可以进行检验，认定肇事车辆，又可以通过对现场车辆上遗留的手印、足迹等痕迹的检验，可以认定弃车逃逸者。

4. 为分析事故原因和责任提供依据

根据碰撞痕迹的位置、角度、制动拖印痕，判断碰撞前后的速度、碰撞前后的行驶角度、各自所占路面的多少、接触部位、接触点、运动轨迹等，确定事故的原因和主要责任者。

5. 为法庭提供诉讼证据

证据是与案件有关联的客观事实，办案人员需通过证据来查明案件的真实情况。证据之所以能够对案件起证明作用，在于它与案件本身之间存在某种必然联系。但是，证据具有的这种作用，并不是任何人都能够理解和认识的。例如，死者的衣服上存在的油漆痕迹，如果不通过专门的技术鉴定就不能证明它与车辆之间的联系，从而不能作为证据使用。任何一种痕迹物证，只有通过鉴定才能成为法律意义上的证据。

但是由于此项鉴定业务刚刚开始，目前交通事故鉴定采用的技术和手段大部分借鉴外国的技术和经验，国内尚缺乏对这方面的科研投入和资金支持，还存在很多技术真空，或者是不成熟的地方，尤其是事故再现技术还有待进一步深入研究。

第二节　道路交通事故技术鉴定的鉴定过程

一、道路交通事故技术鉴定的鉴定依据

道路交通事故技术鉴定是以道路交通事故中的车辆为鉴定对象，依据相关标准、技术规范和行业普遍认可的技术方法，解决道路交通事故中的专门性技术问题的司法鉴定项目。新的《司法鉴定程序通则》于2016年5月1日起施行，其中第二十三条规定，司法鉴定人进行鉴定，应当依下列顺序遵守和采用该专业领域的技术标准、技术规范和技术方法：① 国家标准；② 行业标准和技术规范；③ 该专业领域多数专家认可的技术方法。道路交通事故技术鉴定也必须按照新的《司法鉴定程序通则》第二十三条的规定进行。道路交通事故技术鉴定是一个多专业门类综合鉴定类型，需要利用交通工程学、车辆工程学、法医学、痕迹学、物证技术学等相关专业的知识和技术。道路交通事故本身也是一个复杂的事件过程，涉及人、车、路、环等多项参与主体，在事故调查过程中需要解决的事项名目繁杂，除常规检验、鉴定项目以外，往往会根据案件调查的需要和案件本身的延展增加特殊定制的鉴定委托。不同的鉴定委托事项，需要不同的鉴定依据来进行支撑，只有对应了正确的鉴定依据，才可能作出科学的鉴定意见。

（一）内容

目前道路交通事故技术鉴定大部分的鉴定项目都归入痕迹物证类，主要分为车辆车体痕迹和车辆轮胎痕迹两大类，而在实际鉴定过程中，道路交通事故技术鉴定实质上是一项综合类的鉴定项目，目前普遍开展的项目有以下几种：第一，碰撞形态鉴定，主要解决两车或者多车之间碰撞部位的对应关系；第二，是否发生过碰撞鉴定，主要解决单车与其他客体是否发生过碰撞或者两车、多车之间是否发生过碰撞；第三，车辆属性鉴定，主要解决车辆的类型或者是机动车还是非机动车；第四，车辆安全技术状况及与事故间关系鉴定，主要解决车辆制动、转向等安全装置的损坏与事故发生之间的关系；第五，涉案者交通行为方式鉴定，主要解决涉案者的状态，行人是处于站立行走、蹲踞或者躺卧姿态等，涉案者骑行或者推行车辆，涉案者驾驶或者乘坐车辆等状态；第六，现场的轮胎痕迹是否是某个车辆轮胎遗留的，主要解决涉嫌逃逸车辆与事故相关性的问题；第七，车辆事发时行驶速度鉴定，主要解决事发前车辆行驶速度；第八，车辆事发前通过路口对应的信号灯指示状态鉴定，主要解决事发前车辆是否存在闯红灯或者黄灯的嫌疑；第九，车辆号牌、车架钢印号或者发动机钢印号的检验、比对，主要解决车辆是否存在套牌的嫌疑；第十，根据具体案件需要产生的相关鉴定类型，如车辆在现场碰撞点的鉴定、行人事发时是否行走在人行横道线上等。由于道路交通事故技术鉴定涉及

的专业门类繁多，所以在鉴定依据的选择上容易出现问题，本书针对道路交通事故技术鉴定的鉴定项目，对其应该依据的鉴定依据进行了总结和归纳。

（二）结果与讨论

根据道路交通事故技术鉴定的不同项目制定表 2.1 如下。

表 2.1　道路交通事故技术鉴定表

项目名称	项目内容	鉴定依据
碰撞形态鉴定	确定具体碰撞部位及相对运动过程	根据 GA/T 1087—2013《道路交通事故痕迹鉴定》、参照 GA 41—2014《道路交通事故痕迹物证勘验》
痕迹鉴定	是否发生过碰撞	根据 GA/T 1087—2013《道路交通事故痕迹鉴定》、参照 GA 41—2014《道路交通事故痕迹物证勘验》
车辆属性鉴定	车辆的类型	1. 电驱动两轮车，根据 GA/T 1087—2013《道路交通事故痕迹鉴定》、GB 17761—1999《电动自行车通用技术条件》、GB 7258—2012《机动车运行安全技术条件》、GA 802—2014《机动车类型 术语和定义》 2. 电驱动三轮车，根据 GA/T 1087—2013《道路交通事故痕迹鉴定》、GB 17761—1999《电动自行车通用技术条件》、GB/T 12996—2012《电动轮椅车》、GB 7258—2012《机动车运行安全技术条件》、GA 802—2014《机动车类型术语和定义》 3. 燃油二轮车，根据 GA/T 1087—2013《道路交通事故痕迹鉴定》、GB 7258—2012《机动车运行安全技术条件》、GA 802—2014《机动车类型 术语和定义》 4. 燃油三轮车，根据 GA/T 1087—2013《道路交通事故痕迹鉴定》、GB 12995—2006《机动轮椅车》、GB 7258—2012《机动车运行安全技术条件》、GA 802—2014《机动车类型 术语和定义》 5. 燃气两轮车，根据 GA/T 1087—2013《道路交通事故痕迹鉴定》、GB 7258—2012《机动车运行安全技术条件》、GA 802—2014《机动车类型 术语和定义》 6. 电驱动或者燃油四轮车，根据 GA/T 1087—2013《道路交通事故痕迹鉴定》、GB/T 12996—2012《电动轮椅车》、GB 7258—2012《机动车运行安全技术条件》、GA 802—2014《机动车类型 术语和定义》 7. 多轮车，根据 GA/T 1087—2013《道路交通事故痕迹鉴定》、GB 7258—2012《机动车运行安全技术条件》、GA 802—2014《机动车类型 术语和定义》
车辆安全技术状况及与事故间关系鉴定	车辆安全装置的损坏原因及与事故间的关系鉴定	根据 GA/T 1087—2013《道路交通事故痕迹鉴定》、GB 7258—2012《机动车运行安全技术条件》、GB/T 642—2006《交通事故车辆安全技术检验鉴定》、GB/T 21861—2014《机动车安全技术检验项目和方法》
涉案者交通行为方式鉴定	涉案者事发时的姿态	根据 GA/T 1087—2013《道路交通事故痕迹鉴定》、SF/Z JD0101001—2010《道路交通事故涉案者交通行为方式鉴定》、参照 GA 41—2014《道路交通事故痕迹物证勘验》
现场的轮胎痕迹是否是某个车辆轮胎所遗留	同一认定或者种属认定	根据 GA/T 1087—2013《道路交通事故痕迹鉴定》、参照 GA 41—2014《道路交通事故痕迹物证勘验》

（续表）

项目名称	项目内容	鉴定依据
车辆事发时行驶速度鉴定	车辆的行驶速度	1. 利用视频的，根据 GA/T 1133—2014《基于视频图像的车辆行驶速度技术鉴定》 2. 利用地面痕迹和车体痕迹的，根据 GA/T 643—2006《典型交通事故形态车辆行驶速度技术鉴定》
车辆事发前通过路口对应的信号灯指示状态鉴定	对应的信号灯的状态	参照 GA/T 1133—2014《基于视频图像的车辆行驶速度技术鉴定》、GA/T 643—2006《典型交通事故形态车辆行驶速度技术鉴定》
车辆号牌、车架钢印号或者发动机钢印号的检验、比对	痕迹、文检和微量专业的结合	根据 GA/T 1087—2013《道路交通事故痕迹鉴定》、GA/T 952—2011《法庭科学机动车发动机号码和车架号码检验规程》
其他类型	根据案件需要产生的鉴定内容	根据 GA/T 1087—2013《道路交通事故痕迹鉴定》

表 2.1 所列举的是案件鉴定过程中的一般情况，对于标准条款的选择还需要具体的案件进行有针对性的选择，而由于标准和技术规范的缺失或者鉴定人对标准和技术规范理解的欠缺，鉴定人在鉴定过程中往往不知道使用哪个条款来对应鉴定项目，而最常见的就是涉及车辆属性鉴定时，对于电驱动两轮车、电驱动三轮车的类型判断缺乏足够的认识。一般来讲，图 2.1 所示电驱动两轮车，根据 GB 17761—1999《电动自行车通用技术条件》中第 3 条电动自行车的定义，电动自行车是以蓄电池作为辅助能源，具有两个车轮，能实现人力骑行、电动或者电助动功能的特种自行车，而根据 GB 3565—2005《自行车安全要求》的 3.1 中对自行车的定义，自行车是仅借骑行者的人力，主要以脚蹬驱动，至少有两个车轮的车辆，也就是说，电动自行车的技术要求必须具备人力骑行功能，最终落脚点还是在自行车上。那图 2.1 的电驱动两轮车的车辆属性应该怎么来定呢？鉴定人首先应该明确一点，车辆属性鉴定是根据标准和技术规范，对车辆具体类型进行鉴定，而不是解决其管理属性或者法律争议，鉴定过程中对照标准，对被鉴定车辆的技术参数进行检验、比对，检验时被鉴定车辆的脚踏早期缺失，已不具备人力骑行功能，仅能靠电驱动，但被鉴定车辆出厂时应该是具备人力骑行功能的，所以鉴定意见的表述一般表述为被鉴定车辆出厂时符合 GB 17761—1999《电动自行车通用技术条件》中规定的电动自行车的定义。

图 2.1　电驱动两轮车

而图 2.2 所示电驱动三轮车根据 GB 17761—1999《电动自行车通用技术条件》中第 3 条电动自行车的定义，电动自行车具有两个车轮，而图 2.2 的被鉴定车辆具有三个车轮，肯定不是电动自行车，而根据 GB/T 12996—2012《电动轮椅车》中 3.1 电动轮椅车的定义，电动轮椅车是可由乘坐者或护理者操作的、有一个或多个电机驱动的、能电动控制速度的、可使用手动或动力转向的供残障者使用的带有座椅支撑的轮式个人移动装置，且定义包括电动代步车，根据本标准 3.5 电动代步车定义，电动代步车是由电机驱动，转向机构使用不带辅助动力的机械连杆的电动三轮、四轮车辆。根据以上定义，图 2.2 的被鉴定车辆应该属于电动轮椅车。但这其中也有值得讨论的地方，GB/T 12996—2012《电动轮椅车》中 1 范围中明确，本标准适用于仅承载 1 人且使用者质量不超过 100 kg 的残疾者或者老年人使用的、由电能驱动的各种电动轮椅车（含电动代步车），即按 GB/T 16432 分类的下列电动轮椅车：手动转向的电动轮椅车（如电动代步车）；动力转向的电动轮椅车。图 2.2 中的被鉴定车辆的座位设计明显可以承载两人，且还为后座设计了踏板（见图中箭头标示），单纯看电动轮椅车的定义，以及标准中所规定的技术参数，图 2.2 中的被鉴定车辆还是符合电动轮椅车定义的，所以一定要充分参透标准，特别是这种非司法鉴定领域制定的标准。

图 2.2　电驱动三轮车

鉴定过程常会遇到“四不像”的车辆，其是生产过程中不按照规定动作操作而形成的产物，对于既定事实，鉴定人应该如何选择标准进行鉴定呢？图 2.3 所示三轮车，根据 GB 3565—2005《自行车安全要求》3.3 送货车的定义，送货车主要设计用于运送货物的自行车。图 2.3 中的被鉴定车辆具备两种驱动方式，可以借骑行者的人力，以脚蹬驱动的三轮车。其也是以蓄电池作为辅助能源，能实现电动功能的三轮车。被鉴定车辆在仅借骑行者人力时属于送货车。在使用电动功能时，与 GB 17761—1999《电动自行车通用技术条件》中电动自行车以及 GB/T 12996—2012《电动轮椅车》中电动轮椅车的定义不符，而 GB 7258—2012《机动车运行安全技术条件》3.1 和 GA 802—2014《机动车类型 术语和定义》3.2 机动车的定义，机动车是由动力装置驱动或牵引，上道路行驶的供人员乘用或用于运送物品以及进行工程专项作业的轮式车辆，包括汽车及汽车列车、摩托车、拖拉机运输机组、轮式专用机械车、挂车。其中，GB 7258—2012《机动车运行安全技术条件》3.5 摩托车的定义，摩托车是由动力装置驱动的，具有两个或三个车轮的道路车辆，但不包括：① 整车整备质量超过 400 kg 的不带驾驶室的三轮车辆；② 整车整备质量超过 600 kg 的带驾驶室的三轮车辆；③ 最大设计车速、整车整备质量、外廓尺寸等指标符合相关国家标准和规定的，专供残疾人驾驶的机动轮椅车；④ 电驱动的，最大设计车速不大于 20 km/h，具有人力骑行功能，且整车整备质量、外廓尺寸、电动机额定功率等指标符合相关国家标准规定的两轮车辆。根据 GB 7258—2012《机动车运行安全技术条件》中 3.5.2 轻便摩托车的定义，轻便摩托车无论采取何种驱动方式，其最大设计车速不大于 50 km/h，且如使用内燃机，其排量不大于 50 mL；如使用电驱动，其电动机最大输出功率总和不大于 4 kW。图 2.3 中的被鉴定车辆严格按照标准，只能属于轻便摩托车，但从涉案者和委托方的角度来讲，这个鉴定意见显然有争议，如果事发时涉案者不使用电驱动而仅靠骑行者的人力，那么判定该车为机动车对涉案者来讲是不是不公平呢？这也是技术鉴定的无奈。在鉴定过程中，对车辆安全技术状况进行检验、鉴定，根据事故情况，有可能会对侧护栏、后部防护装置、反光标识等进行鉴定，就需要在根据 GA/T 1087-2013《道路交通事故痕迹鉴定》、GB 7258—2012《机动车运行安全技术条件》、GB/T 642—2006《交通事故车辆安全技术检验鉴定》、GB/T 21861—2014《机动车安全技术检验项目和方法》等标准的同时，根据需要加上 GB/T 11567.1—2001《汽车和挂车侧面防护要求》、GB/T 11567.2—2001《汽车和挂车后下部防护要求》、GA 406—2002《车身反光标识》、GB 17354—1998《汽车前、后端保护装置》等标准。在遇到特殊车型和特别需求时，选择性使用 GB 20300《道路运输爆炸品和剧毒化学品车辆安全技术条件》、GB 14166《机动车成年乘员用安全带和约束系统》、GB 18565《营运车辆综合性能要求和检验方法》、GB 1589《道路车辆外廓尺寸、轴荷及质量限值》、GB/T 21055《肢体残疾人驾驶汽车的操纵辅助装置》、GB 11562《汽车驾驶员前方视野要求及测量方法》等，同时根据鉴定需要，选择采用法医类的标准。对车辆行驶速度进行鉴定，依据 GA/T 643—2006《典型交通事故形态车辆行驶速度技术鉴定》时，由于某些技术限制，在采用标准中的计算公式时，要防止生搬硬套。

图 2.3 “四不像”车辆

（三）结论

（1）道路交通事故技术鉴定过程中，选取合适的鉴定依据起到决定性的作用，确定正确的鉴定依据后，又容易出现不按照依据规定的内容进行检验、鉴定的做法，导致鉴定依据成为摆设，经分析，主要存在以下几个方面的原因：① 照搬照抄其他鉴定机构的做法；② 只是根据依据的名称查找标准套用；③ 仅知道条款的具体规定，但不了解此条款与鉴定项目之间的关系；④ 对依据内容的熟悉和理解程度不能满足鉴定的需求，错误使用依据内容以外的表述方式和方法。要解决这一问题，需要从以下几个方面进行改变：① 关注鉴定依据与鉴定项目之间的对应关系；② 关注鉴定依据的更新；③ 关注和领悟鉴定依据的内容；④ 充分运用鉴定依据的内容。

（2）从目前道路交通事故技术鉴定开展的项目来看，鉴定依据远远不能满足现有的鉴定需求，目前出台的鉴定依据，无论是国家标准、行业标准、技术规范或者是业内大多数专家认可的技术方法，都在指导鉴定项目上存在以下几个问题：① 鉴定依据订立的时间较早，更新太慢，不能满足新形势、新动态的实际需求；② 鉴定依据的大部分内容较为宽泛，使用时无所适从；③ 鉴定依据的适用范围并不能满足司法鉴定项目的范畴；④ 同一种鉴定依据由不同部门制定，还会出现冲突的情况，使用时存在严重矛盾。

（3）道路交通事故技术鉴定要做到规范化、常态化和可持续发展，必须建立适合自身发展的鉴定标准体系，来指导道路交通事故技术鉴定。根据道路交通事故技术鉴定发展的现状和未来发展的预测，首先需要建立道路交通事故技术鉴定标准体系的框架，依据鉴定对象，从基础标准、技术标准、管理标准几个方面搭建平台，确定标准体系总体目标；其次根据框架，分别或者平行订立标准；最后完成标准体系内容的充实和建设。在此过程中，创造机会，将现行有效的标准、技术规范和方法，进行归纳和整合，并采取分级培训的方式，形成研究鉴定依据的氛围，更好地实现道路交通事故技术鉴定科学客观的发展之路。

二、道路交通事故技术鉴定的鉴定方法

道路交通系统工程是多学科支撑的交叉性边缘学科，这也就决定了交通事故的复杂性和多样性。同样，道路交通事故鉴定工作也需要多学科的背景知识和检测技术，目前交通事故鉴定工作正处于起步阶段，还没有形成一套成熟的技术体系和标准，已开展的部分交通事故鉴定大多数是以痕迹物证学、法医学等成熟的鉴定理论和技术为参照，结合交通工程学、汽车工程、车辆检测技术、力学、运动学等专业知识，针对交通事故处理的需求进行探索性的技术鉴定。

道路交通事故技术鉴定中物证的检验，一般需要送到专门的技术检验部门由专业人员完成，在道路交通事故发生以后，道路交通事故调查人员也应了解一些有关痕迹物证检验的方法和检验项目、内容等知识。下面进行简要介绍。

（一）痕迹物证检验的几种主要方法

1. 直接观察法

直接观察法就是直接通过感官对痕迹物证进行观看和体察。

2. 检验实验法

检验实验法是利用加热、燃烧、密度剃度法等简易的方法，改变物证的物理性状和混合体中的物质排列，通过熔点判定某些物证的种属和解决其同一认定问题。

3. 显微镜观察法

显微镜观察法是利用显微镜对痕迹物证进行检验。

4. 仪器分析法

微量物证的工业制品等，大多通过其化学成分进行分类，通过专门仪器可进行检验。

（二）仪器分析法的主要种类

1. 吸收光度分析法

光线通过溶液时，由于溶液中所含的物质不同，会对光线吸收在波长不同的情况下有所差异，而且浓度不同，吸光度也不同。这样通过溶液光线的光谱图上就会出现在相应波长区内的吸收峰，吸收峰的峰值大小，反映出溶液浓度的大小。对于有色溶液，用可见光测定，可对多种物质进行定性和定量分析。

2. 紫外吸收光谱分析法

紫外吸收光谱分析法的基本原理与吸收光度分析法相同，不同的是紫外吸收光谱分析法仅利用紫外光线进行吸收光谱测定，它对测定无色溶液更为有利。在仪器设计时，往往将吸收光度分析与紫外光谱合并在一个仪器中，称为紫外分光光度计。

3. 红外吸收光谱分析法

用具有红外连续光谱的光源照射粉末、液体等检样，记录检样的吸收曲线而进行定性、定量分析的方法，称为红外吸收光谱分法。

红外光谱也是由许多吸收峰组成的，这些吸收峰的频率、形状和强度反映出物质分子的结构，它可用于有机药品、塑料、纤维、土壤和油类等的分析鉴定，对多种物质都能起到“分子指纹”的作用。而且，红外吸收光谱法的检样可以是气体、液体和固体，是痕迹物证检验中应用很广的方法。

4. 发射光谱分析法

发射光谱分析法是根据原子所发射的光谱来测定物质的化学成分的一种方法。诱使某种物质发光，是通过外界如热能、电能或光能等形式的能量作用，激发原子核外电子由基态或较低能级向较高能级跃迁后又会自行跃回原先所处能级，以辐射电磁波的形式释放能量而实现的。不同物质的原子结构不同，辐射电磁波时就会按一定波长次序排列成谱线组，即特征光谱。将这种特征光谱与已知元素的标准谱片进行比较即可确定其化学成分，实现定性分析。用已知含量的标准试样在同一实验条件下摄于同一感光板上，通过黑度比较推算其含量而进行定量分析。

5. 原子吸收光谱分析法

把样品溶液喷雾至火焰中，使之汽化、解离、生成基态原子，用一束特定的入射光照射基态原子蒸气，原子蒸气对光线产生吸收，通过吸收峰值的强弱来测定微量金属。

6. X 射线分析法

X 射线法就是用 X 光线照射结晶物质，光线经过晶格内反射、衍射，测定其衍射角，求出结晶格子的面间距，由此判断是何种物质。X 射线分析法广泛应用于结晶药物、矿物、土砂、岩石等的分析。

软 X 光线法，是让 X 光射线照射结晶物质，然后测定产生的二次 X 射线，由此确定金属元素的种类。

7. 中子活化分析法

中子活化分析是在原子炉内用快中子束照射物质后，通过测量经中子辐射后变为放射性原子核的核辐射来对物质成分进行定量测定的方法。中子活化分析的显著特点是可鉴定微量物证，不破坏样品，测定元素及其浓度时利用的不是核外电子，而是原子核的作用。这就排除了分析化学性质相近的元素时存在的各种困难。

一切天然的和人造的物体都由化学元素组成。任何物质所包含的化学元素，分常量元素和微量元素两类。浓度为百分之几和百分之几十的元素称为常量元素，含量约为千分之几以下的元素称为微量元素。

鉴定物证时，微量元素能比常量元素提供更多的信息。首先，微量元素在物体中的种类比常量元素多得多，常量元素在物体中从未超过 6~8 种，通常只有 3~4 种。用现代分析方法的中子活化分析法则能测出几十种微量元素的含量。其次，就同类物体的总体，常量元素的含量变化范围极小；而微量元素的浓度变化范围非常大，常常达到几个数量级。微量元素的上述优越性，可用来鉴定对象的分类和同一认定。显然，对于揭示、比较对象之间的相似和差异，重要的是掌握特征的数量及其变化范围。能起这种特征作用的是微量元素的浓度。中子活化分析技术能以极高的精确度测定物体中多种化学元素的含量。在交通事故中，中子活化分析多用来鉴定毛发、油漆、纤维、塑料、玻璃等。

8. 气相色谱——质谱法

由气相色谱仪气化室中出来的样品蒸气（分子），经色谱柱分离后在电子流轰击下，失去分子中的一个电子，使其成为带正电荷的分子离子，再通过磁场使不同质荷比的正离子分离，并记录其相对强度，画出质谱图。质谱法主要用于确定化合物的分子式、分子结构的推断等。

9. 气相色谱分析法

将气体或液体的蒸气样品通入填满吸附剂的细长柱子（金属或玻璃管），由于各种分子在吸附剂上的吸附性能和分配系数有所差异，移动速度就会有所差别，从而绘出曲线。对油类物质的分析化验，离不开这种分析方法。

10. 高效液相色谱分析法

高效液相色谱分析法是一种新型的快速分析法技术，它在传统的液体柱色谱基础上采用了高压泵、高效固定相和高灵敏度检测仪器，具有分析速度快、分离效果好和操作自动化的特点。高效液相色谱图和气相色谱图相似，为信号（电压或电流）—时间曲线，也就是浓度—时间曲线。根据色谱峰的出峰时间进行定性分析，依据谱峰的峰面积或峰高进行定量分析。

（三）案例分析

在道路交通事故技术鉴定过程中，采取多专业形成团队进行鉴定的情况比较多见，下面举例来说明。

例 2.1 20×× 年×× 月×× 日×× 时×× 分，被鉴定鲁 H-××× 帕萨特牌小

型轿车涉嫌在某处与王××、张××等发生事故。委托方要求对发生在此处的事故形态、鲁H-×××帕萨特牌小型轿车前风窗玻璃右下部两处玻璃碎裂形成的原因及鲁H-×××帕萨特牌小型轿车肇事过程中的行驶轨迹进行鉴定。

1. 鉴定过程

1）鉴定方法

参照GA 41—2014《道路交通事故痕迹物证勘验》，根据GA/T 1087—2013《道路交通事故痕迹鉴定》有关条款及检验方法，对被鉴定车辆的痕迹进行检验，并结合委托方提供的其他相关材料，对委托事项作出鉴定意见。

2）检验所见

（1）被鉴定车辆。车辆识别代号为××××，未见悬挂号牌。

前保险杠缺失，其内胆左部连接处撕裂脱开，右端向后弯折变形，其中距其左端20 cm~46 cm范围内向内凹陷变形。进气栅中部大众商标缺失，右部断裂。水箱前侧左部距地高27 cm~50 cm范围内见撞击痕迹，向后变形。右前照灯向后移位，其灯罩上见刮擦痕迹；左前照灯松动，左前照灯内侧支架断裂。发动机舱盖前部共见四处相对独立的凹陷变形痕迹，以从左向右顺序为：发动机舱盖左前角见14 cm×37 cm范围凹陷变形，局部见10 cm×1 cm范围刮擦痕迹，其中距其前端28 cm~33 cm范围内见长5.5 cm褶皱（第一处）；发动机舱盖左部见31 cm×31 cm范围凹陷变形，其中距其前端17 cm见1.0 cm×2.5 cm穿透性孔洞，表面黑色涂层局部呈减层（第二处），其相邻进气栅见刮擦痕迹；发动机舱盖右部见56 cm×33 cm范围凹陷变形，受力方向从前向后，痕迹止缘见多处褶皱（第三处）；发动机舱盖右前部见45 cm×25 cm范围凹陷变形，其中距其前端35 cm见2.5 cm×2.0 cm穿透性孔洞，表面黑色涂层局部呈减层（第四处），相邻前侧距地高76 cm~80 cm范围见刮擦痕迹，发动机舱盖右上部见68 cm×31 cm范围凹陷变形。右前翼子板前部距地高58 cm~78 cm见撞击痕迹，向后弯折变形，其外侧距地高69 cm~75 cm、距其前端28 cm~46 cm范围内见条形刮擦痕迹，局部黏附白色物质。前风窗玻璃见三处独立的放射状碎裂痕迹：第一处以距其下缘74 cm、距其右边缘79 cm为中心见放射状碎裂，呈向内塌陷状，其内侧黏附黑色毛发；第二处以距其下缘7 cm、距其右边缘52 cm为中心见放射状碎裂，受力方向从外向内，其下部相邻雨槽盖板见“Z”形破裂；第三处以距其下缘5 cm、距其右边缘8 cm为中心见放射状碎裂，受力方向从外向内。

车辆前、后轮胎均为“DUNLOP 215/55R16”轮胎，四轮胎冠均为以四条纵向宽槽沟花纹为主、横向或斜向细窄槽沟花纹为辅的组合花纹，其中胎冠中间的两条凹槽间距较为紧密。右后轮挡泥板内侧见黏附喷溅状血迹。右前轮内侧相邻部件检见35 cm×13 cm布纹样擦痕，底盘前部挡板右部见长8 cm裂纹，底盘左部见黏附血迹。底盘中前部见50 cm×19 cm范围血迹附着。排气管及其附件见多处血迹附着。后轴右部后侧见55 cm×9 cm泥灰擦拭痕迹，局部呈现布纹样擦印。燃油箱底侧见39 cm×45 cm范围擦痕，至少有前后及左右两种不同的方向，该两种方向的擦痕局部交叉重叠，并见11 cm×23 cm范围血迹附着；燃油箱右侧前部见15 cm×9 cm范围擦痕，局部黏附血迹。备胎箱底侧右部见22 cm×22 cm范围血迹附着，左部见8 cm×8 cm范围血迹附着。

（2）委托方提供的案件相关照片。前风窗玻璃右下部靠左的一个放射状碎裂痕迹（上述第二处），其碎裂中心下方裂痕处见一处近似横向长约 5 cm 由深色堆积物（疑似人体皮屑类物质）形成的痕迹带，其中左中部深色堆积层相对较厚，受力方向从下向上，放射状碎裂痕迹纵向相邻裂线间距 0.1 cm~0.4 cm 不等，该痕迹带临近部位见数根毛发。

前保险杠脱落，置于被鉴定车辆前侧地面，其前侧右部见纵向裂痕，裂痕处及临近部位见凹陷变形。后保险杠下缘见多处血迹附着，方向从前向后。

（3）道路交通事故现场图及现场照片。现场道路南北走向，道路为双向四车道，道路中央由单黄色实线作为分道线，其中黄实线东侧靠近黄实线车道（第一车道）宽 330 cm、同侧另一车道（第二车道）宽 310 cm，该两车道由单白色虚线分道，其中一段白虚线一端地面遗留一深色太阳帽，以该深色太阳帽为起点，由南向北顺序分三部分观察事故现场图及现场照片，内容如下。

第一部分：深色太阳帽北部（一男孩及一妇女蹲坐位置）地面见一滩新鲜液迹（疑似血迹），该液迹左右侧散落数块红色及深色片状散落物，西北部（第一车道内）见一只粉色女鞋。该女鞋下方地面见喷洒状不明液迹（以下简称 A 不明液迹），其喷洒方向从南向北，该不明液迹起点位于女鞋南部临近部位地面（第一车道内），女鞋北偏西部地面见一只灰白色男式运动鞋。该男鞋东部地面（第一车道内）的不明液迹喷洒量增加，北部地面见擦挫痕迹，该擦挫痕起点临近部位地面见喷溅、拖擦状新鲜不连贯血带（以下简称 A 血带），血带呈由南向北方向延伸，其东部地面见多条宽带状擦挫痕（第一车道内），擦挫痕由南向西北方向延伸，其起点东北部见一辆车身粘贴有“中国电信”字样的别克牌小型轿车（以下简称 A 车）。A 车头东尾西停于事故现场（车身大部位于第二车道内），其双后轮位于第一车道内，该车右后轮南部见一弧形带状挫痕，该挫痕终点止于其右后轮下方地面，A 车中部南侧地面见一只灰白色男式运动鞋及大量小碎片状散落物。

A 车后厢门呈开启状，后侧左右组合灯红色壳体均破损，后保险杠后侧见撞击、刮擦痕迹，受力方向从后向前及从右向左，其中刮擦痕迹主要分布在后侧左部，其后侧右部见凹陷变形，呈纵向，受力方向从后向前，该部位未见能造成该处凹陷变形、与硬性造痕客体物撞击、刮擦的痕迹，其后侧左部（偏上）见撞击痕迹伴横向凹陷变形，表面银色涂层剥脱。

W-××× 海马小型轿车（以下简称 B 车）头北尾南停于 A 车南部，A 车右侧前部与 B 车正面左部靠近。B 车右前轮骑上人行道，左侧前部部件见刮擦痕迹伴凹陷变形。

鲁 H-B××× 警桑塔纳牌小型轿车（以下简称 C 车）头北尾南停于 A 车北部，C 车后侧与 A 车左侧前部相近，A 车左前转角部件见刮擦痕迹。C 车后侧左部凹陷变形，后保险杠向右移位、左部脱位。

第二部分：A 车西部（第一车道内）靠近黄实线部位地面散落一条黑色条状散落物，该散落物北部临近部位地面为 A 血带（由南向北喷溅方向）的终端，东部及北部临近部位地面（第一车道内）见多滩南北方向排列血迹（以下简称 B 血带），该血迹由南向北顺序分别为喷溅状（呈东西方向喷溅）、流淌状、涂擦状（呈南北方向涂擦）。

B 血带东部、A 车西部临近部位地面见大面积南北方向延伸不明液迹（以下简称 B

不明液迹），B 不明液迹由南向北顺序分别为喷溅状（呈南北方向喷溅）、流淌状、涂擦状（呈南北方向涂擦），B 血带与 B 不明液迹局部叠加。

黑色条状散落物北部、B 血带北端见一老年男子（死者王××）头西南脚东北仰卧于道路中央单黄色实线处，被一深色夹克式外衣覆盖头面部。尸体右侧地面上见大面积擦拭状血迹（B 血带）及不明液迹（B 不明液迹），头部左上方见流淌状血泊及甩溅血迹；左侧见滴落甩溅状血迹，方向由东南向西北。死者足底下方见不明液迹继续向西北方向延伸。去除覆盖在尸体头面部的外衣，见死者面朝上，左上肢略外展，平伸于地面上；右上肢肘关节屈曲，右手搭在右腹部；双下肢近平伸呈畸形外展。死者秃顶发稀，颜面黏附大量血迹。上身穿白底带蓝色竖条长袖衬衫，前衣襟及两衣袖浸染大面积血迹，前衣襟皱褶并有泥灰附着，上部衣扣撕脱，右前衣襟下方及右衣袖肘部织物见破口。腰系红色皮带并向左扭转脱位，局部磨损，红色表层局部脱落。下身穿蓝色牛仔裤，裤腰及两裤腿扭转；两裤腿浸染大面积血迹、不明液迹及黏附泥土，两大腿段血迹明显并有血液流出；裆部拉链右侧、两裤腿近膝部等多处破裂。足穿深色尼龙袜，局部破损，脚上无鞋。

第三部分：王××尸体西北侧临近地面（单黄色实线西侧第一车道内）见数块散落物碎块（疑似车辆部件碎块），西北侧（单黄色实线西侧两车道内）见大面积流淌状及滴溅状不明液迹以及两条较清晰的轮胎印，其中东南端位于王××尸体左膝部，基本呈重叠状；该轮胎印向西北方延伸至道路西幅两车的分道线处逐渐分开、并急转向东北方向延伸，并在单黄色实线东侧第一车道延伸消失。两条轮胎印呈类“S”形，起点均位于王××所在位置的临近部位地面，两条轮胎印均呈现四条纵向槽沟，其中中间的两条凹槽间距较为紧密。

（4）张××尸检、解剖照片。左眉弓处皮肤擦伤，呈细条形，共 13 条，长 0.8 cm~1.3 cm 不等，呈纵向排列，相邻两条间距 0.2 cm~0.3 cm 不等，其中中偏左数条相对较粗，其眉毛黑色，细直，长约 0.5 cm；头发黑色，长发，扎双辫。右大腿外侧见带状轮胎花纹样皮肤挫伤，范围为 20 cm×4 cm，切开见大面积肌肉出血。

（5）王××尸检照片。头顶部处皮肤擦挫伤，大部呈密集条形分布，边缘较整齐，局部表皮剥脱，部分条形擦挫伤边缘见皮瓣。

2. **资料摘要**

1）王××法医学尸体检验鉴定书——（×）公（技）尸鉴字 [20××] 第×号

（1）尸表检验。尸长 169 cm，花白发，发长 3 cm，头右顶部有 8 cm×6 cm 皮肤擦挫伤，左顶枕部有 2 cm×1.5 cm 皮肤擦挫伤；右枕部有 1 cm×0.2 cm 裂创，枕骨触及骨擦感，右耳廓至右乳突有 6 cm×2.5 cm 表皮剥脱皮下瘀血。

面部右额角有 6 cm×4 cm 表皮剥脱皮下瘀血，左颧部有 7 cm×4.5 cm 表皮剥脱皮下瘀血，该伤处有 4 cm×1 cm 挫裂创，右眉弓外侧有 2 cm×0.5 cm 表皮剥脱皮下瘀血。右颧部有 5.5 cm×3 cm 表皮剥脱皮下瘀血，右下颌有 4 cm×2.5 cm 表皮剥脱皮下瘀血，双侧外耳道内出血，口鼻腔出血。

双侧胸廓塌陷，右乳头下有 9 cm×1.5 cm 表皮剥脱皮下瘀血。右腹股沟有 10 cm×7 cm 皮肤伸展伤。双侧肋骨于脊柱旁触及多发骨折。

左肩关节前侧有 4 cm×2 cm 表皮剥脱皮下瘀血，外侧有 5 cm×4 cm 表皮剥脱皮下瘀血，后侧有 4 cm×2.5 cm 表皮剥脱皮下瘀血；左上臂外侧有 9 cm×6 cm 表皮剥脱皮下瘀血，左前臂中段外侧至左手背部有 18 cm×4.5 cm 皮肤擦挫伤，左拇指掌指关节背侧有 2 cm×0.5 cm 表皮剥脱皮下瘀血，左手无名指、中指、食指均见表皮剥脱皮下瘀血。右肱骨中段骨折；右肘关节前侧有 8 cm×0.3 cm 条形表皮剥脱皮下瘀血，右肘背侧有 3.5 cm×2.5 cm 表皮剥脱皮下瘀血，右前臂前侧有 3 cm×2.5 cm 表皮剥脱皮下瘀血，右前臂中段尺侧有 7 cm×2.5 cm 表皮剥脱皮下瘀血，右手大鱼际处有 5 cm×3 cm 表皮剥脱皮下瘀血，右手背部有 6 cm×6 cm 表皮剥脱皮下瘀血；左大腿上段外侧有 5 cm×1.5 cm 皮肤挫裂创口，对于股骨骨折，中段外侧有 4 cm×3 cm 表皮剥脱皮下瘀血，中段背侧有 9 cm×3 cm 表皮剥脱皮下瘀血，下段背侧有 3 cm×2 cm 表皮剥脱皮下瘀血，左膝关节外侧有 7 cm×3 cm 表皮剥脱皮下瘀血，左腘窝有 5.5 cm×4 cm 表皮剥脱皮下瘀血，左小腿中段胫腓骨开放性骨折，周围见 9 cm×5 cm 表皮剥脱皮下瘀血；右大腿中段外侧有 8 cm×6 cm 表皮剥脱皮下瘀血，对应股骨骨折，右腘窝有 12 cm×6 cm 表皮剥脱皮下瘀血，右小腿上段前内侧有 9 cm×6 cm 皮肤裂创，对应胫腓骨开放性骨折。

（2）解剖检验。后枕部、两侧颞部广泛腱膜下出血及颞肌浅层出血，枕骨两乳突间有一横行长 22 cm 骨折线裂开，并与颅腔相通。枕骨正中有一 7 cm 长纵形骨折线，左耳后 6 cm 处有 4.5 cm 长纵形骨折线。打开颅腔：颅底蝶鞍后及颞骨岩部后枕部形成环形骨折，小脑及延髓挫灭断裂。

左胸锁关节分离，右第 1~7 肋于腋前线处骨折，第 8 肋腋中线处骨折，第 9 肋腋中线处骨折，第 3、4 胸椎处中间处横断，左第一肋骨于胸椎旁 3 cm 处粉碎骨折，左第 2 肋骨于胸椎旁、向外 3.5 cm 处、再向外 3 cm 三处骨折，第 3 肋胸椎旁、向外再 3 cm、再向外 10 cm 三处骨折。左第 4 肋胸椎旁 3 cm、再向外 10 cm 处两处骨折。左第 5 肋胸椎旁 2.5 cm、再向外 9 cm 处两处骨折。左第 6 肋胸椎旁 8 cm 处、再向外 5 cm 处两处骨折。左第 7 肋胸椎旁 8 cm 处、再向外 8 cm 两处骨折，左第 9~12 肋分别在胸骨旁 7 cm 处骨折，右侧胸腔 150 mL 积血，左侧 50 mL 积血。心脏可见散在黏膜下出血点，左肺下叶萎缩，右肺散在性萎缩。

肝脏左右叶间在 11 cm×7 cm 范围内多处散在性挫裂，肝右叶背面 10 cm×10 cm 范围内挫灭创。

2）张×× 法医学尸体检验鉴定书——（×）公（技）尸鉴字 [20××] 第×号

（1）尸表检验。尸长 125 cm，黑发，发长 20 cm，扎双辫，头右顶部有 9 cm×5 cm 皮下血肿，右枕部有 3.5 cm×2 cm 表皮剥脱、皮下瘀血，颅骨未触及骨折。

左眉弓处有 6 cm×4 cm 皮下血肿，伴局部表皮剥脱、皮下瘀血，左眼睑有 4 cm×3 cm 皮肤挫伤，双瞳孔等大，直径为 0.7 cm，左颊面部有 2 cm×1.5 cm 表皮剥脱、皮下瘀血，鼻腔见血迹，上唇有 1 cm×0.5 cm 黏膜挫伤，下唇有 2 cm×1 cm 黏膜挫伤。

右肋弓与锁骨中线交界处有 5 cm×1.5 cm 表皮剥脱、皮下瘀血。下腹部有 9 cm×6 cm 表皮剥脱、皮下瘀血。右背部有 15 cm×12 cm 皮肤挫伤，骶尾部有 6 cm×3 cm 皮肤挫伤。

左上臂下段外侧有 3 cm × 1.5 cm 表皮剥脱、皮下瘀血，右前臂上段内侧有 4 cm × 1.5 cm 表皮剥脱、皮下瘀血；左大腿中段外侧有 9 cm × 6 cm 皮肤挫伤，左膝关节至左小腿中段外侧有 18 cm × 7 cm 表皮剥脱、皮下瘀血，左小腿中段内侧有 12 cm × 5 cm 表皮剥脱、皮下瘀血，左足背有 9 cm × 6 cm 皮肤挫伤，右大腿上段前侧有 4 cm × 3 cm 表皮剥脱、皮下瘀血，外侧有 20 cm × 4 cm 皮肤挫伤，中段后侧有 9 cm × 4 cm 皮肤挫伤，右腘窝有 3 cm × 0.5 cm 表皮剥脱、皮下瘀血，右小腿中段前侧有 4 cm × 2 cm 表皮剥脱、皮下瘀血。

（2）解剖检验。取双耳后冠状切开头皮及皮下组织，双侧颞肌出血，右侧颞骨骨缝开裂，右侧顶枕部帽状腱膜下 5 cm × 5 cm × 10 cm 血肿。右枕部有 5 cm × 4 cm 硬膜下血肿。广泛性蛛网膜下腔出血，以双侧颞叶为重。

取下颌颏突至耻骨连线切口切开颈胸腹部皮肤。分离颈部皮肤及肌肉，左侧胸锁乳突肌 6 cm × 4 cm 肌肉出血，颈椎浅筋膜前有厚 2 cm 的面积 15 cm × 10 cm 凝血块。第 2~3 颈椎间横断。分离胸部皮肤及肌肉，打开胸腔见双侧胸腔内大量积液，双侧肺门处挫伤，左侧面积为 12 cm × 4 cm，右侧肺广泛散在挫伤。心脏左心室前壁广泛散在点状出血。下腹部有 25 cm × 20 cm 肌肉出血，深度 2.5 cm（距足跟 55 cm），打开腹腔，见各脏器在位，未见异常。

左大腿后侧根部向下有 32 cm × 5 cm 肌肉出血。左小腿中上段内侧 16 cm × 7 cm 肌肉出血，右小腿前侧有 9 cm × 9 cm 肌肉出血。

3）法医物证鉴定——公（×）鉴（物证）字 [20××] 第×号

鲁 H-××× 汽车发动机下暗红色斑迹、鲁 H-××× 汽车油箱底部暗红色斑迹、现场暗红色斑迹、鲁 H-××× 汽车右后轮减震器底座暗红色斑迹、鲁 H-××× 汽车消音器下暗红色斑迹检出人血，为王×× 所留的似然比为 $8.993\,474\,5 \times 10^{19}$。

3. **分析说明**

（1）根据被鉴定车辆正面部件及委托方提供的案件相关图文资料所示该车正面部件（含脱落的前保险杠）、A 车后侧所见痕迹，以及道路交通事故现场图及现场照片所示情况分析，符合被鉴定车辆正面与 A 车后侧发生碰撞所形成的特征。

（2）根据被鉴定车辆与 A 车的碰撞形态、A 车车体所检见痕迹，结合道路交通事故现场图及现场照片所示地面痕迹，以及 B 车、C 车车体痕迹分析，符合被鉴定车辆正面先与 A 车后侧发生碰撞，导致 A 车的右侧前部又与 B 车的左侧前部发生过碰撞，并致 B 车的右前轮骑上人行道。A 车在被被鉴定车辆碰撞和与 B 车碰撞的共同作用下发生顺时针旋转、甩尾，其左前部又与 C 车的后侧左部发生了碰撞，最终 A 车头东尾西停在 B 车前方。

（3）被鉴定车辆发动机舱盖前共见四处相对独立的凹陷变形痕迹，以从左向右顺序：第二、第四凹陷变形痕迹均见穿透性孔洞，根据痕迹形成机理分析，该两处痕迹符合与质硬、且有一定凸出部位的客体物发生碰撞所形成的特征；第三处凹陷变形痕迹特征根据痕迹形成机理及凹陷变形面积分析，符合该处与软性客体（如成年人体）发生碰撞所形成的特征；而第一处凹陷变形，由于没有相应物证的支持，所以无法对其形成的原因作出明确的判断。

（4）张×× 法医学尸体检验鉴定书所述其身体损伤情况（尤其是下腹部、骶尾部及双下肢损伤），以及道路交通事故现场图及现场照片所示地面痕迹及散落物散落情况、张×× 身高等综合分析，符合直立于 A 车后侧的当事人张×× 腹部及下肢遭受被鉴定车辆正面作用力所形成的损伤病理学改变。

（5）根据张×× 右腿外侧呈现的轮胎花纹类特征及内出血的损伤特点分析，符合其右腿遭受车轮类客体物挤压或碾压形成的特征。

（6）根据委托方提供的案件相关图文资料及被鉴定车辆检验：被鉴定车辆正面部件损毁情况、A 车后侧部件损毁情况及其安全气囊均弹出等判断，事发时被鉴定车辆有一定速度。王×× 头顶部的头皮损伤具有与玻璃碰撞形成的损伤特征，再结合分析（2）中第三处凹陷变形痕迹、前风玻璃第二处碎裂以及堆积物的情况，前风窗玻璃前部雨槽盖板“Z”形破裂的纵向空间位置关系判断，更符合被鉴定车辆与王×× 发生碰撞并造成上述三处损坏。而前风窗玻璃第三处碎裂，由于没有相应的物证和特征性损伤支持，所以无法明确判断其是由王××、王×× 中哪一个人造成的碎裂。

（7）王×× 被抛起并与前风窗玻璃接触后，又跌落至被鉴定车辆右前部地面，再结合现场路面痕迹情况、被鉴定车辆车底所见痕迹情况（尤其车底中后部部件所见多方向的擦痕）、王×× 其他损伤特点及王×× 最终位置情况综合分析，符合王×× 从被鉴定车辆右前部进入该车车底，并遭受该车车底拖带至上述现场第二部分地面，又遭受被鉴定车辆往复挤压、碾压所形成的形态特征。

（8）根据道路交通事故现场图及现场照片所示第三部分地面痕迹（如轮胎印走向及轮胎花纹特征）、被鉴定车辆四轮胎冠花纹特征，结合王×× 最终位置情况综合分析，符合被鉴定车辆在王×× 从被鉴定车辆车底后侧脱离被鉴定车辆后，该车呈“S”形路线驶离现场的形态特征。

4. **鉴定意见**

（1）鲁 H-××× 帕萨特牌小型轿车前风窗玻璃右下部碎裂（第二处）与王×× 发生过碰撞判断成立，但前风窗玻璃的右下部碎裂（第三处）的形成原因无法作出明确的判断。

（2）鲁 H-××× 帕萨特牌小型轿车由南向北行驶至事发路段，其正面与张×× 身体发生碰撞，致其倒于该车右侧，其右腿又遭受该车右侧轮挤压或碾压可以成立。

（3）位于车身粘贴有“中国电信”字样的别克牌小型轿车后侧的王×× 遭受鲁 H-××× 帕萨特牌小型轿车正面偏右部撞击后，其身体在与该车前风窗玻璃发生碰撞、跌落后，又被该车拖带、往复挤压、碾压所形成的事故形态可以成立，王×× 在其最终位置处从鲁 H-××× 帕萨特牌小型轿车车底后侧脱离后，鲁 H-××× 帕萨特牌小型轿车呈“S”形路线驶离事故现场也可以成立。

例 2.2 20×× 年×× 月×× 日×× 时×× 分，被鉴定的悬挂京 M-××× 号牌自由光小型普通客车在某处发生事故。根据事故调查需要，委托方要求对吉××、张×× 两人中谁是事发时的驾驶人及该小型普通客车事发时的速度进行鉴定。

1. **鉴定过程**

1）鉴定方法

根据 GA/T 1087—2013《道路交通事故痕迹鉴定》、SF/Z JD0101001—2016《道路交

通事故涉案者交通行为方式鉴定》、GA/T 944-2011《道路交通事故机动车驾驶人识别调查取证规范》，并参照GA 41—2014《道路交通事故痕迹物证勘验》的有关条款及检验方法，对被鉴定车辆及吉××、张××两人事发时所穿衣物的痕迹进行检验，并结合其他提供材料，对委托事项进行鉴定。

2）检验所见

（1）被鉴定车辆。车辆识别代号为××××。

前挡风玻璃碎裂，其中右上部向内塌陷。后风窗玻璃、左侧车门窗玻璃均碎落。车辆右侧前、后车门窗玻璃完好，后角窗玻璃碎落。发动机舱盖后部见大面积凹陷变形，未见硬物刮擦痕迹。左后视镜缺失，右后视镜损毁，残留部分脱落呈悬吊状。前保险杠中部、左部破损，左部脱位。左前部灯具均损毁。车辆左侧距地高133 cm以下范围多处见由后向前横向刮擦痕迹，以中、上部为著，其中车体中部距地高60 cm~95 cm范围见横向槽带状凹陷变形，局部车体破裂，表层黑色涂层呈减层，局部嵌有泥土、草屑类物质。左前车门可开启，但其前部与左前翼子板后部存在运动干涉。左后车门卡滞不能开启。左前轮脱落，轮辋内缘局部变形，轮胎失压，其制动软管拉伸断裂。左前悬架断裂、损坏。左后轮脱落，轮胎失压。左后悬架、减震器损毁。车辆后侧左、右灯具均破损。车辆左后角部位车体检见向前压溃变形。车顶略呈向中间拱起变形，多处见由后向前纵向刮擦痕迹，局部黏附泥灰、草屑类物质。车顶左侧行李架外侧后部及相邻车体局部见斜向刮擦痕迹，局部黏附红色物质。全景天窗均碎落，其中部横梁呈向上拱起变形状（经询问民警，施救时起吊过）。车辆右侧距地高125 cm~140 cm范围见由后向前刮擦痕迹，局部变形，表层黑色涂层呈减层，局部黏附泥灰、草屑类物质。右后轮向前移位，轮胎失压，轮辋外缘局部见挫划磨损痕迹。车辆右侧前、后车门均可正常开启。

车内左、右两侧气帘及前排左座左侧气帘、前排右座右侧气帘均打开。前排右座靠背向前倾斜呈放倒状，其坐垫前侧中部见碰擦痕迹，局部见泥灰及疑似灰色物质（提取部分作为检材6，备检）。后排右座靠背呈向前放倒状。左、右A柱内衬板均脱位。天窗左边框内饰板见断裂痕迹，相邻周边伴刮擦痕迹，局部黏附黑色物质（经询问民警，施救起吊所致）。天窗遮阳布左前部与其固定边框撕脱。天窗前边框内侧内饰帆布上多处见由内向外碰擦痕迹，局部黏附泥污物质。车内内饰普遍黏附泥灰。前顶前部灯控开关总成脱落。驾驶位方向盘下侧饰罩局部见刮擦痕迹，局部疑似黏附深色物质（提取部分作为检材1，备检）。驾驶位膝部气囊盖板局部见碰擦痕迹，局部疑似黏附浅灰色物质（提取作为检材3，备检）。副驾驶位手套箱盖板多处见刮擦痕迹，局部疑似黏附深灰色物质（提取作为检材2，备检）。副驾驶位手套箱相邻中控台右下角处见刮擦痕迹，局部疑似黏附深灰色物质（提取作为检材4，备检）。右前车门内侧扶手饰板前部见刮擦痕迹，局部疑似黏附浅灰色物质（提取作为检材5，备检）。后备箱底板脱位，其左侧翘起。备胎舱见草屑、泥土物质。

（2）吉××、张××两人事发时所穿衣物。吉××黑色牛仔裤，右裤腿前侧距裤腰18 cm~24 cm、距外裤缝前侧2 cm~9 cm及后侧1 cm~2 cm范围内见纤维磨损。右膝上部见10 cm×10 cm纤维磨损。右膝部距裤腰向下45 cm~48 cm、距外侧裤缝4 cm~8 cm范围内见纤维破口。左膝上方距裤腰向下35 cm~50 cm、距外侧裤缝3 cm~16 cm范围内见纤维磨损，局部见白色物质黏附。左侧裤脚向上 11 cm~16 cm、距外裤缝 8 cm~13 cm 范围内见刮擦痕迹。右臀部距裤腰向下 0 cm~20 cm、距外裤缝 0 cm~16 cm 范围内见纤维磨损。右膝后侧距裤腰向下 59 cm~61 cm、距外裤缝 0 cm~4 cm 范围内见纤维磨损，近横向。左膝后侧见 10 cm × 11 cm 白色纤维类物质黏附，伴磨损。

吉× × 黑色半袖 T 恤，前侧领口向下 0 cm~28 cm 见血迹附着及疑似呕吐物。右下摆距下缘 4 cm~21 cm、距右侧衣缝 0 cm~15 cm 见纤维磨损。后衣襟左腋部距领口 16 cm~32 cm、距左侧衣缝 0 cm~18 cm 见纤维磨损，局部见纤维破口。左后衣襟距底边 18 cm~23 cm、距左侧衣缝 8 cm~11 cm 见破口，周围伴纤维磨损。左后衣襟距底边 0 cm~4 cm、距左侧衣缝 4 cm~22 cm 见纤维磨损，局部见破口。右后衣襟距底边 27 cm~33 cm、距右侧衣缝 3 cm~5 cm 见破损。后衣襟右下部见 21 cm × 19 cm 纤维磨损，局部黏附白色疑似呕吐物。

张× × 黑色外裤，右后侧距裤腰向下 25 cm~45 cm、距外裤缝 5 cm~16 cm 见纤维磨损。左裤腿距下角 0 cm~13 cm 见磨损。左裤腿前侧距裤腰向下 25 cm~76 cm 见磨损伴泥土附着。左膝部见 5 cm × 6 cm 星芒状破口。

张× × 黑色彪马牌皮鞋一双。左脚只鞋面前外侧缘皲裂。余未见异常。

两人衣服提取部分作为样本。

（3）吉× × 体表损伤检验。神清语利，行走自如。自述头痛，腰部基本不能动。

身高 178 cm，右颞顶部、右耳后上方距耳尖 6 cm 见 9.5 cm 长愈合瘢痕。右锁骨中段见 10 cm × 0.1 cm 手术缝合创口，已愈合。该处创口向上 4.5 cm 处见 3 cm × 2 cm 片状擦伤，表面痂皮脱落。右肩峰向后 2 cm 见 10.2 cm × 2.5 cm 条片状擦伤，痂皮脱落。双手背关节部位见多处擦伤，痂皮脱落。右腰部见 18 cm × 22 cm 范围内见多条近右下左上斜行条状擦划伤。左肘部鹰嘴外侧 3 cm 处见 3.5 cm × 2 cm 片状擦伤，痂皮脱落。右髌骨上缘见多处点片状痂皮脱落。右足外踝关节处见 1 cm × 0.7 cm 表皮擦伤，表面结痂。余处无损伤。

（4）根据被鉴定车辆安全气囊控制模块中记录的数据，对被鉴定车辆发生事故时的速度进行鉴定。

安全气囊控制模块中记录数据

利用 CDR（crash data retrieval system）读取该车安全气囊控制模块中记录的数据（表 2.2~ 表 2.8）。

表 2.2　System Status at Retrieval

Original VIN	1C4PJMCB7FW543013
Ignition Cycle, Download	1714
ACM Part Number	68239526AB
ACM Serial Number	TNHMF243402877
ACM Supplier	TRW
ACM Supply Voltage at Time of Retrieval	12.0

表 2.3　System Status at Event（Most Recent Event）

Complete File Recorded（Yes, No）	Yes
Ignition Cycle, Crash	1710
Multi-Event, Number of Events（1, 2）	2
Time from Event 1 to 2（sec）	1.59
Safety Belt Status, Driver	Buckled
Safety Belt Status, Outboard Front Passenger	Buckled
Frontal Airbag Warning Lamp, On/Off	On

表 2.4　Pre-Crash Data（Most Recent Event）

Times Stamp (sec)	Speed, Vehicle Indicated（MPH [km/h]）	Accelerator Pedal, % Full	Service Brake	Engine RPM	ABS Activity	Steering Input(deg)
− 5.0	95 [153]	50.45	Off	3 223	No	40
− 4.5	74 [120]	0.00	On	1 591	Yes	120
− 4.0	53 [86]	0.00	On	1 835	Yes	101
− 3.5	40 [64]	0.00	On	1 403	Yes	5
− 3.0	31 [49]	0.00	Off	922	No	− 12
− 2.5	26 [42]	0.00	Off	699	No	− 12
− 2.0	19 [31]	0.00	Off	0	No	− 14
− 1.5	17 [28]	0.00	Off	0	No	− 129
− 1.0	16 [26]	0.00	Off	0	No	− 157
− 0.5	17 [27]	0.00	Off	0	No	− 304

表 2.5　System Status at Event（1st Prior Event）

Complete File Recorded (Yes, No)	Yes
Ignition Cycle, Crash	1710
Multi-Event, Number of Events (1, 2)	2
Time from Event 1 to 2 (s)	0.22
Safety Belt Status, Driver	Buckled
Safety Belt Status, Outboard Front Passenger	Buckled
Frontal Airbag Warning Lamp, On/Off	On

表 2.6　Pre-Crash Data（1st Prior Event）

Times Stamp (sec)	Speed, Vehicle Indicated (MPH [km/h])	Accelerator Pedal, % Full	Service Brake	Engine RPM	ABS Activity	Steering Input(deg)
− 5.0	102 [164]	30.40	Off	3 353	No	− 2
− 4.5	101 [162]	32.40	Off	3 291	No	− 22
− 4.0	100 [160]	16.40	Off	3 253	No	− 49
− 3.5	97 [156]	38.00	Off	3 317	No	25
− 3.0	78 [126]	0.00	On	1 974	Yes	121
− 2.5	58 [93]	0.00	On	1 787	Yes	104
− 2.0	43 [69]	0.00	On	1 531	Yes	43
− 1.5	31 [51]	0.00	Off	940	No	4
− 1.0	30 [48]	0.00	Off	837	No	− 17
− 0.5	19 [31]	0.00	Off	378	No	− 3

表 2.7　System Status at Event（2nd Prior Event）

Complete File Recorded (Yes, No)	Yes
Ignition Cycle, Crash	1 710
Multi-Event, Number of Events (1, 2)	1
Time from Event 1 to 2 (sec)	0.00
Safety Belt Status, Driver	Buckled
Safety Belt Status, Outboard Front Passenger	Buckled
Frontal Airbag Warning Lamp, On/Off	Off

表 2.8　Pre-Crash Data（2nd Prior Event）

Times Stamp (sec)	Speed, Vehicle Indicated (MPH [km/h])	Accelerator Pedal, % Full	Service Brake	Engine RPM	ABS Activity	Steering Input(deg)
− 5.0	100 [161]	31.60	Off	3 280	No	− 2
− 4.5	100 [161]	31.60	Off	3 288	No	− 2
− 4.0	101 [162]	31.20	Off	3 293	No	− 2
− 3.5	101 [162]	31.60	Off	3 308	No	− 2
− 3.0	102 [164]	31.60	Off	3 355	No	− 3
− 2.5	100 [162]	4.00	Off	3 286	No	− 43
− 2.0	99 [160]	17.20	Off	3 259	No	− 28

（续表）

Times Stamp (sec)	Speed, Vehicle Indicated（MPH [km/h]）	Accelerator Pedal, % Full	Service Brake	Engine RPM	ABS Activity	Steering Input(deg)
– 1.5	95 [153]	50.40	Off	3 223	No	40
– 1.0	74 [120]	0.00	On	1 591	Yes	120
– 0.5	53 [86]	0.00	On	1 835	Yes	101

（5）道路交通事故现场图及现场照片。道路交通事故现场图示：事发路段为东西走向，天气为雨，沥青路面。被鉴定车辆头西尾东位于道路南幅路外排水渠内，被鉴定车辆西侧排水渠北沿路基处见长约 2.00 m 的挫划痕迹，被鉴定车辆西侧排水渠南沿处见长约 9.20 m 的挫划痕迹。排水渠宽 1.80 m。

现场照片示：被鉴定车辆头西尾东位于道路南幅路外排水渠内，其左侧车体与排水渠南沿发生接触，其西侧的排水渠南沿部分损坏。被鉴定车辆西侧路面见部分散落的车体碎片，其左后轮脱落，位于被鉴定车辆西侧排水渠内。被鉴定车辆所在的排水渠西侧渠内及排水渠南侧护坡上多处见车体碎片及其他相关散落物，被鉴定车辆西侧排水渠南侧护坡上的杂草地上见由西向东挫蹭的痕迹带。被鉴定车辆右侧、车顶、左后部均见黏附泥土、杂草物质。被鉴定车辆左前轮脱落，右后轮定位异常。天窗玻璃碎落，遮阳布左前部脱开。天窗左后部见半截向外耷拉的黑色上衣袖子。一名男子头南脚北倒卧于被鉴定车辆东侧排水渠内，其上身穿深色短袖，下身穿深色长裤，深色鞋袜。该男子头部与排水渠南侧渠壁接触，其头面部见血污。

（6）事故现场路段。对事故现场进行勘验，现场为沥青路面，视线良好。道路南幅南侧路肩外为排水渠，排水渠南侧为道路护坡。现场排水渠北沿路基局部见由西向东南斜向路面挫划痕迹，排水渠南侧岸堤见一段新近水泥修复痕迹，现场南侧道路护坡局部见散落车体碎片。

2. **资料摘要**

1）张×× 尸体检验报告

尸长 168 cm，顶部发长 0.5 cm。尸斑紫红色，位于尸体背侧非受压区，指压不褪色；尸僵出现于全身各关节，呈强度。

颜面部灰暗，头发黑色，双侧球睑结膜略瘀血，双侧瞳孔散大，等大等圆，直径 0.6 cm；颜面部有多处点片状的表皮剥脱区，面积大的为 1.0 cm × 0.8 cm，面积小的为 0.5 cm × 0.5 cm；右眼睑有多处表皮剥脱伴皮下出血区，面积大的为 2.0 cm × 0.5 cm，面积小的为 0.5 cm × 0.5 cm；右耳廓外侧有多处表皮剥脱区，面积大的为 3.0 cm × 1.0 cm，面积小的为 0.8 cm × 0.5 cm；右颞部有 3.0 cm × 2.0 cm 表皮剥脱区；右颞顶部有 4.5 cm 的缝合创口，缝合 4 针；颅顶部有一不规则缝合创口，长度为 20.0 cm，缝合 21 针；枕后侧有一创口，长 7.5 cm；口鼻腔内无异物，牙齿排列整齐，无松动脱落。

颈项部：未见损伤及出血。

胸腹部：胸部偏左侧有 34.0 cm × 20.0 cm 蓝色纹身区；胸部有多处条片状的表皮剥脱伴皮下出血区，面积大的为 8.0 cm × 0.5 cm，面积小的为 0.5 cm × 0.3 cm。

背臀部：双侧肩胛骨背侧有多处表皮剥脱伴皮下出血区，面积大的为 18.0 cm × 8.0 cm，面积小的为 1.0 cm × 0.5 cm。

会阴部：未见异常。

四肢：双侧上臂、前臂有多处表皮剥脱伴皮下出血区，面积大的为 10.0 cm × 2.0 cm，面积小的为 0.5 cm × 0.3 cm；双手背侧有多处表皮剥脱伴皮下出血区，面积大的为 2.0 cm × 1.0 cm，面积小的为 0.5 cm × 0.5 cm；左膝关节外侧有 3.0 cm × 2.0 cm 表皮剥脱区；左小腿下外侧有 7.0 cm × 4.0 cm 表皮剥脱区；左外踝有 3.0 cm × 2.0 cm 表皮剥脱区；右外踝及右足背侧有 16.0 cm × 12.0 cm 青紫肿胀区。

2）张× × 出院记录及出院诊断说明书

入院情况：呈深昏迷状态，刺痛双上肢屈曲，双下肢过伸，呼吸机辅助呼吸，双侧瞳孔左：右约 5 mm，对光反射消失，生理反射未引出，双侧病理征阳性，四肢肌张力高。左侧颞顶枕弧形头皮裂伤，右颞顶头皮裂伤，伤口不规整，有活动性出血，污染重，立即给予清创缝合，清创缝合过程中发现顶枕骨骨折，给予包扎。

出院诊断：多发伤、创伤性休克、重度颅脑损伤、脑疝？胸部损伤、肋骨骨折、血气胸、呼吸循环衰竭。

3）吉× × 住院病案——内蒙古医科大学附属医院（病案号：0001152956）

专科检查：患者平车推入病房，躯干满身规则纹身瘢，右侧肢体可见多处擦伤，已结痂，右肩关节周围肿胀明显，畸形不明显，腰部略肿胀，局部皮肤完整、无破溃、挫伤及出血。右肩关节周围压痛明显，右锁骨肩峰端处可触及骨擦感，闻及骨擦音，腰椎右侧压痛（+），左上肢皮肤感觉正常，左尺桡动脉搏动良好。左肩及肘关节因疼痛主动活动受限，被动活动时疼痛加重，左腕关节可自主活动，左手各指活动自如，腰部因疼痛活动略受限。

入院诊断：右锁骨肩峰端骨折、肩锁关节脱位；腰 1~5 右侧横突骨折；急性硬膜下血肿、蛛网膜下血肿；右侧第 8~10 肋骨骨折；双肺下叶创伤性湿肺。

3. **微量物证鉴定**

将提取的检材和样本送本鉴定中心刑事技术鉴定室进行检验、鉴定，鉴定意见摘录如下。

本鉴定依据 SJB-E-18—2015 规范进行。

经 Lumar V12 体视荧光显微镜下检验：检材 1、检材 2、检材 4、检材 5 表面为塑料，质硬；检材 3 载体表面为塑料，质较软；检材 6 表面为皮革类物质，质软。未检见检材 1~ 检材 6 上有深色纤维附着物。

4. **分析说明**

（1）根据被鉴定车辆及现场勘验所检见的痕迹，结合道路交通事故现场图及现场照片所示情况分析，符合被鉴定车辆在由西向东行驶过程中向南偏驶与现场排水渠及道路南侧护坡发生碰撞后，车辆翻滚至最终位置所形成的事故特征。

（2）根据被鉴定车辆所检见的痕迹，结合吉× ×、张× × 两人损伤情况综合分析，可以认定吉× ×、张× × 两人在随车辆翻滚过程中均由天窗甩出车外。

（3）根据被鉴定车辆的碰撞形态，吉× ×、张× × 两人在甩出车外前会随车辆翻滚与车内部件发生碰撞，造成两人损伤及在车内部件上形成相应痕迹，但经检验未检见两人特征性损伤及相关痕迹无指向性检验结果。因此，根据现有材料不能认定吉× ×、张× × 两人中谁是被鉴定车辆事发时的驾驶人。

（4）碰撞时，被鉴定车辆安全气囊控制模块的记录功能被激活，本次事故中，被鉴定车辆安全气囊控制模块记录了三次碰撞数据，分别记录了每次碰撞前 5 s 内的速度及相关操作情况等信息。读取出的数据显示，事故中该车第一次碰撞前 5 s 的速度约为 161 km/h、前 4 s 的速度约为 162 km/h、前 3 s 的速度约为 164 km/h、前 2 s 的速度约为 160 km/h、前 1 s 的速度约为 120 km/h、前 0.5 s 的速度约为 86 km/h；事故中该车第二次碰撞前 5 s 的速度约为 164 km/h、前 4 s 的速度约为 160 km/h、前 3 s 的速度约为 126 km/h、前 2 s 的速度约为 69 km/h、前 1 s 的速度约为 48 km/h、前 0.5 s 的速度约为 31 km/h；事故中该车第三次碰撞前 5 s 的速度约为 153 km/h、前 4 s 的速度约为 86 km/h、前 3 s 的速度约为 49 km/h、前 2 s 的速度约为 31 km/h、前 1 s 的速度约为 26 km/h、前 0.5 s 的速度约为 27 km/h；第一次与第二次碰撞时间间隔 0.22 s，第二次与第三次碰撞时间间隔 1.59 s。

根据被鉴定车辆气囊控制模块数据所示，其事发时的速度约为 164 km/h。

5. **鉴定意见**

根据现有材料及对被鉴定车辆的检验情况，不能认定吉 × ×、张 × × 两人中谁是悬挂京 M-× × × 号牌自由光小型普通客车事发时的驾驶人。悬挂京 M-× × × 号牌自由光小型普通客车事发时的速度约为 164 km/h。

三、道路交通事故技术鉴定的鉴定意见

交通事故痕迹是指由于当事方的行为活动所引起的交通事故现场一切物质形态的变化。在交通事故中，接触的车与车之间或车与人体之间存在着相互作用，在接触面上形成构造变形和表面附着痕迹。具体表现形式有碰撞变形、刮擦痕迹、碾压痕迹、整体分离痕迹和附着痕迹。

交通事故物证是指交通事故处理人员依法收集、获取的能够证明交通事故真实情况的物质、物品和痕迹。交通事故痕迹物证鉴定技术是物证鉴定技术学的一个分支。传统的物证技术主要是针对刑事物证检验的内容，其中包括手印、足迹、工具和枪弹痕迹，并未涉及交通事故的轮胎痕迹、车体、人体和路面痕迹；另外，车辆在碰撞运动中形成动态痕迹特征，在一般物证检验中也是一个空白，而这些事故痕迹往往能够说明车辆的运动速度、方向、接触点等，从而起到描述事故形态的证据作用。因此，交通事故物证鉴定技术不同于一般的物证技术，有其自己的研究内容和研究对象。同时它又是物证技术学的一个组成部分，属于它的一个应用分支，可以利用物证技术学的基本理论和方法指导交通事故物证鉴定技术的整体研究。

交通事故痕迹物证同其他物证一样，来源广泛、种类繁多。按照痕迹存在的载体不

同，交通事故痕迹可分为人体损伤痕迹、衣着痕迹、车体痕迹、路面痕迹、固定物痕迹、附着物痕迹、散落物痕迹七类。

通过交通事故痕迹检验与鉴定可以解决以下问题：

（1）事故是否存在鉴定。针对涉嫌利用伪造交通事故现场、骗取保险的案件，可通过事故现场勘察和肇事车辆痕迹检验对事故的真实性进行鉴定。

（2）事故车辆鉴定。针对交通逃逸案件，可通过事故现场勘察和涉嫌肇事车辆痕迹检验，鉴别肇事车辆或排除嫌疑车辆。

（3）单车事故鉴定。针对事故现场只有单方交通参与者的交通事故，可通过事故现场勘察和痕迹检验，判断是否存在对方肇事车辆。

（4）碰撞位置鉴定。路权是目前交警部门进行责任判定的一个重要标准，通过对事故现场的地面痕迹和散落物等痕迹物证可以推断或计算出碰撞点在事故现场的位置，为事故处理提供依据。

（5）碰撞部位鉴定。通过对痕迹检验，确认肇事车辆之间、车辆与人体、车辆与路侧设施的接触部位，为碰撞形态鉴定提供依据。

以下从两车是否发生过碰撞及多学科综合作出驾车人判断的例证分析。

首先介绍交通事故痕迹检验的基本方法。

交通事故痕迹检验不仅是一项依法进行的专门活动，而且是一项专门的科学活动，因此，交通事故痕迹检验步骤的合法性和方法的科学性是保证鉴定结论合法性和可靠性的基础。判断车辆是否发生碰撞，最关键的工作是对现场痕迹和嫌疑车辆进行同一认定，其基本步骤如下。

（1）检验前的准备工作：了解事故发生的原因、过程、肇事车辆等有关情况。

（2）分别检验：对现场痕迹和嫌疑车辆分别进行观察研究，明确痕迹形成时的接触过程及部位等，有目的地寻找确定特征。

（3）比较检验：将分别检验后的痕迹物和嫌疑车辆上寻找确定的各个特征，联系起来加以分析比较，从而找出二者特征的符合点和差异点，加以综合评判，确定其异同。

（4）综合评判：在比较检验的基础上，对特征间的异同进行综合分析，从而提出认定意见。

（5）制作鉴定书：鉴定人运用专门知识和技能，根据办案人提出的鉴定要求，对物证进行化学和物理检验，得出明确的检验结果后，出具书面报告鉴定书。

其次，应用痕迹检验技术判断车辆碰撞。

交通事故痕迹的种类及其检验方法是多种多样的，根据案件的具体情况，可综合运用以下技术方法判断车辆是否发生碰撞。

（1）利用车体痕迹判断。车体痕迹最直观地反映车辆碰撞情况，且一般范围较大，种类和特征明显而容易被发现。因此，在判定车辆碰撞工作中，应努力寻找车体上的撞击、擦刮、整体分离等痕迹，并注意观察提取纤维、毛发、血迹、人体组织等附着物，从而直接认定碰撞车辆。检验工作要特别注意按照一定的顺序进行并对痕迹做好标记，并综合考虑交通参与者生理状况、天气状况、道路环境状况、车辆状况进行分析，才能得到符合客观实际的判断。

（2）利用人体痕迹判断。在交通事故鉴定中，人体痕迹不仅可以查明死亡原因，同时也为判断车辆是否发生碰撞提供了重要的依据。特别在车体痕迹无法检验或不明显的情况下，利用人体表面、人体衣着和人体倒卧痕迹进行判定，通常可以取得良好效果。

（3）利用微量物证痕迹判断。在道路交通事故中，通过对油痕、涂料碎片、纺织纤维、金属微粒、泥土、粉尘等微量物证痕迹的检验，可以对判断车辆碰撞起到证据补强作用。需要注意的是，微量物证痕迹的检验应建立在车体、人体痕迹检验的基础上，否则即使认定物质的同一也没有意义。

（4）利用轮胎路面痕迹判断。轮胎路面痕迹广泛出现于交通事故现场，且较易发现、提取。在无法认定碰撞车辆的现场，利用轮胎路面痕迹可以推测车辆的数量、种类和型号，估计车辆行驶方向和速度，从而为追查嫌疑车辆提供重要线索，在具备同一认定条件时，更可以进行同一认定检验，应当得到高度的重视。

在以下案例中可以看出道路交通事故司法鉴定的痕迹鉴定类型实际是一个综合鉴定的过程。

（1）案情简介。20×× 年 ×× 月 ×× 日 ×× 时 ×× 分，一辆重型自卸货车与一辆普通二轮摩托车涉嫌在某十字路口发生事故。事后重型自卸货车驶离现场，其驾驶员对事故持否认态度。委托方要求对重型自卸货车与普通二轮摩托车是否发生过碰撞进行鉴定。

（2）痕迹分析。经过检验，涉案车辆基本情况如下。

重型自卸货车：前围距地高 160 cm、距车左端 65 cm 为中心见 33 cm × 20 cm 凹陷变形；前面罩材质为塑料，其外侧涂布银色物质，内侧为黑色；前面罩及其相邻前围距地高 151 cm~161 cm、距车左端 45 cm~74 cm 见擦刮印痕，表面银色和橙色涂层局部呈减层，局部黏附黑色物质；前面罩距地高 113 cm~135 cm、距车左端 46 cm~70 cm 见撞击擦刮印痕，局部见布纹样擦印，表面银色涂层局部呈减层，局部破损；前保险杠距地高 66 cm~73 cm、距车左端 75 cm~100 cm 见撞击擦刮印痕，表面黑色涂层局部呈减层，局部黏附膜状物，如图 2.4 所示。

图 2.4　涉案自卸货车

普通二轮摩托车：车身右侧检出多处倒地挫印；后视镜缺失，左离合器握把弯折变形；后工具箱左侧距地高 87 cm~98 cm 见撞击擦刮印痕，局部黏附黑色物质；后书包架左侧及其左侧的固定螺栓距地高 66.5 cm~72 cm 见撞击擦刮印痕，局部黏附黑色物质；左后转向灯饰罩外侧距地高 56 cm~61 cm 见刮擦印，局部黏附黑色物质，如图 2.5 所示。

图 2.5　涉案摩托车

通过分别检验，提取到车体痕迹六枚，其中重型自卸货车前面罩及保险杠上痕迹四枚，普通二轮摩托车左后侧书报架上痕迹一枚，现场收集散落物一件；人体痕迹两枚，分别为二轮摩托车驾车人事发时所戴安全帽和所穿外套上痕迹。对上述痕迹进行比较检验，结果如下。

重型自卸货车前保险杠左侧距地高 66 cm~73 cm、距车左端 75 cm~100 cm 处撞击擦刮印痕表面黑色涂层局部减层，局部黏附膜状物，如图 2.6 所示；普通二轮摩托车后书包架左侧及其左侧的固定螺栓距地高 66.5 cm~72 cm 处撞击擦刮印痕，局部黏附黑色物质，如图 2.7 所示。两枚痕迹相互吻合，证明两车曾发生碰撞。

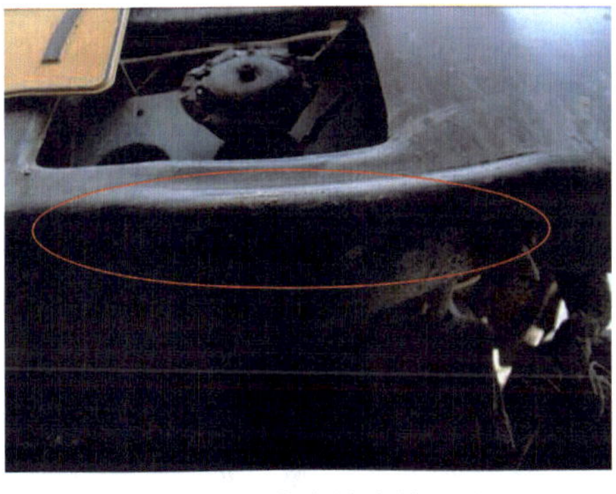

图 2.6　自卸货车撞击擦刮痕迹

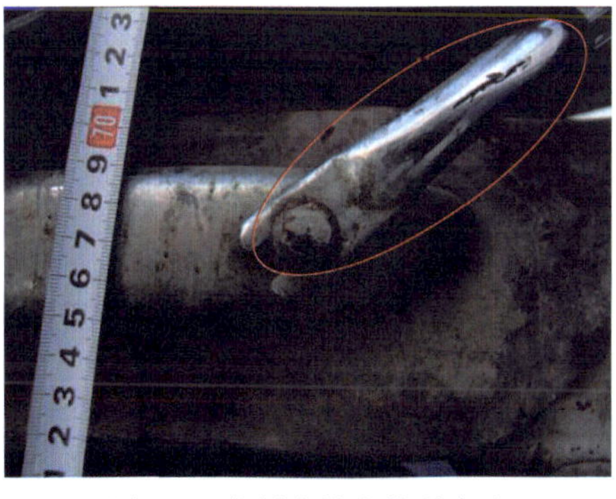

图 2.7　摩托车撞击擦刮痕迹

现场收集散落银色塑料片一枚，黑色塑料片两枚，如图 2.8 所示；重型自卸货车前面罩左侧破损印痕如图 2.9 所示。两枚痕迹相互吻合，证明重型自卸货车为该事故后驶离现场车辆。

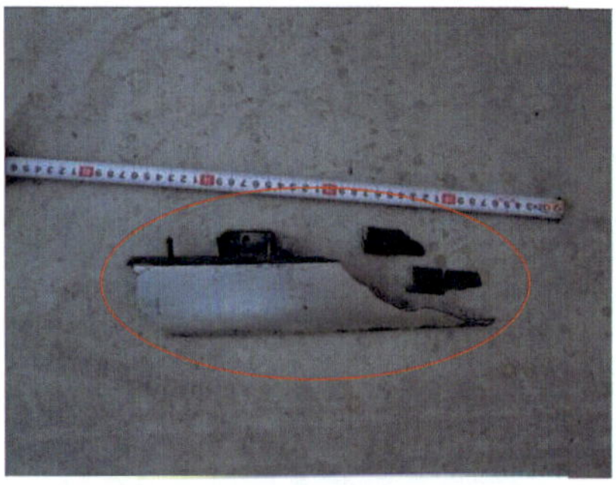

图 2.8 现场散落碎片

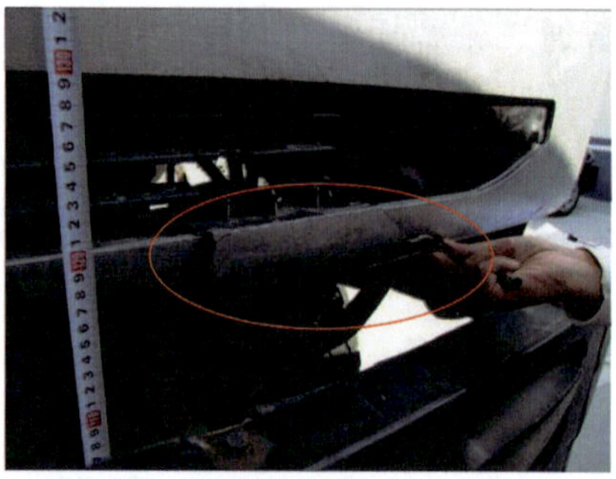

图 2.9 自卸货车整体分离痕迹

普通二轮摩托车驾车人事发时所戴安全帽左侧呈线状刮痕，表面黑色物质局部呈减层，局部黏附银色和橙色物质，如图 2.10 所示；重型自卸货车前面罩左侧刮擦印痕表面银色和橙色涂层局部减层，黏附黑色物质，如图 2.11 所示；两枚痕迹相互吻合，证明重型自卸货车曾与二轮摩托车驾驶人发生碰撞。

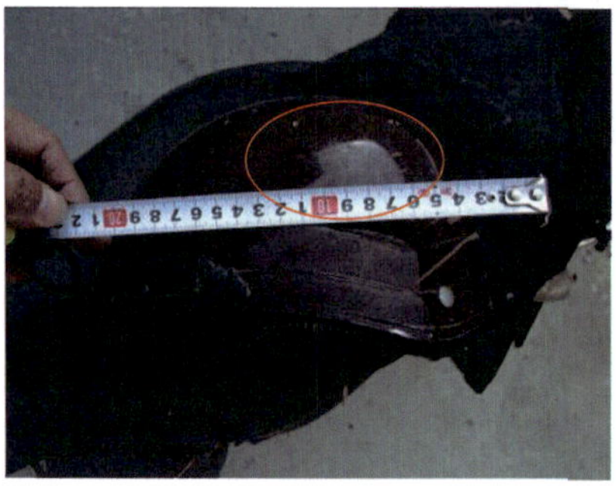

图 2.10 摩托车驾驶人安全帽刮擦痕迹

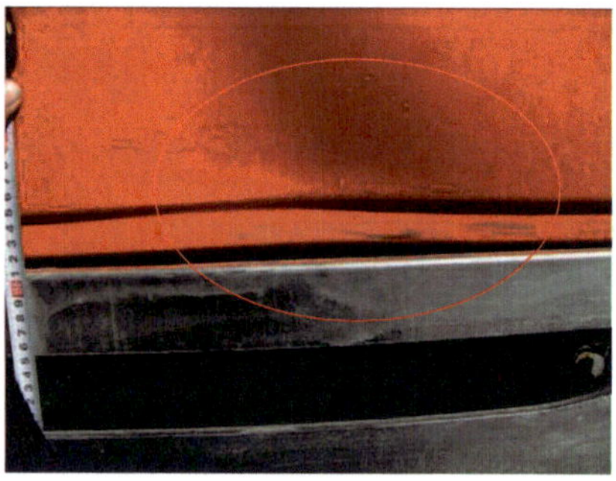

图 2.11 自卸货车前面罩刮擦痕迹

普通二轮摩托车驾车人事发时所穿黄色外套左肩见撞击擦印痕迹，局部黏附银色物质，如图 2.12 所示；重型自卸货车前面罩左侧撞击擦印痕迹呈布纹状，表面银色涂层局部减层，如图 2.13 所示。两枚痕迹相互吻合，证明重型自卸货车曾与二轮摩托车驾驶人发生碰撞。

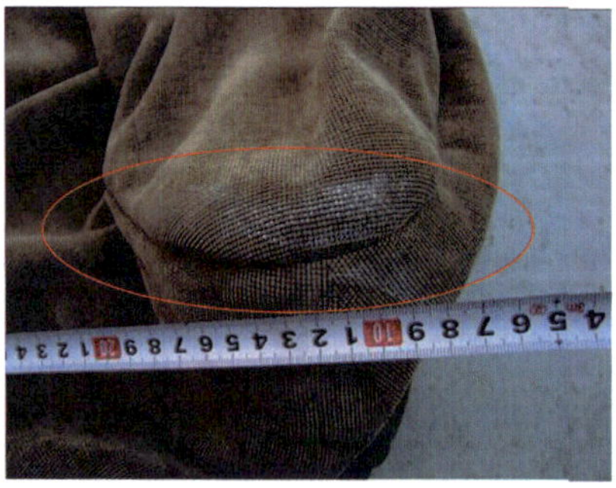

图 2.12 摩托车驾驶人外套撞击擦印痕迹

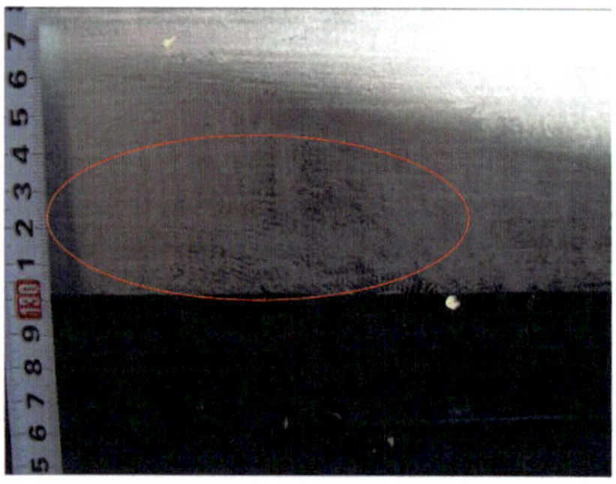

图 2.13 自卸货车前面罩撞击擦印痕迹

（3）得出意见。综合以上，本案中各痕迹从形态、性状等方面相互吻合，认定重型自卸货车与普通二轮摩托车发生碰撞成立。

第三节　道路交通事故技术鉴定的扩展

一、道路交通事故技术鉴定的现状

道路交通事故数量以及因交通事故死伤的人数不断增加，道路交通事故带来的社会压力也不断增大。交通警察需要对事故的责任进行划分，保险公司需要对事故进行核查和理赔，由此而引发的各类诉讼案件也不断增多，同时，随着我国民主法制建设稳步推进，法律法规的不断完善，人民法律意识的不断增强，社会对道路交通事故进行专业鉴定的需求在不断增大。但是，目前针对交通事故的专业鉴定还没有纳入我国司法鉴定的范围，同时也缺乏相关的技术鉴定标准。面临巨大的社会需求，各地方、各部门积极开展探索道路交通事故技术鉴定的工作，也制定了相应的技术指南和行业标准，如《道路交通事故痕迹鉴定》《基于视频图像的车辆行驶速度技术鉴定》《典型交通事故形态车辆行驶速度技术鉴定》《交通事故伤残评定标准》《道路交通事故痕迹物证勘验》等。

但是由于此项鉴定业务刚刚开始，目前道路交通事故鉴定采用的技术和手段大部分借鉴外国的技术和经验，国内尚缺乏对这方面的科研投入和资金支持，还存在很多技术空白，或者是不成熟的地方，尤其是事故在线技术还有待进一步深入研究。

道路交通事故司法鉴定的实施过程就是对其实施的鉴定内容进行完成和不断补充的过程。对不同的鉴定机构，针对人力和物力的不同，实施的鉴定内容可以存在差异，如某道路交通事故司法鉴定中心进行的以下鉴定类型。

× 年 × 月 ×× 日 ×× 时 ×× 分，在 × 省 × 县 × 大街小戴家路口东侧，一辆夏利轿车与对向行驶的斯太尔半挂车会车时相撞，轿车内的王 × 和孙 × 均被抛出，并造成孙 × 死亡、王 × 受伤的后果，事故发生后就谁是轿车驾车人的问题，各方意见产生分歧。后由孙 × 的家属向法院提出申请，要求对谁是轿车的驾车人作出鉴定。这是一例较为典型的关于谁是驾车人鉴定的案子，针对此案可以从以下几个方面开始着手：

（1）从轿车当事人的损伤情况来看。王 × 左颞顶部见 2.5 cm × 0.3 cm 瘢痕，瘢痕处毛发缺失，左面颊鼻沟外侧至左唇角下方见长 9 cm 弧形线状瘢痕，左下颌缘见两处分别长 1 cm 和 2 cm 的瘢痕。左锁骨畸形，中段处见 3 cm × 1 cm 手术缝合瘢痕，右腰背部见 21 cm × 13 cm 大面积条状色素沉着，呈上下向，右膝内侧见 3 cm × 1 cm 瘢痕（距足底 46 cm~49 cm），右小腿上段内侧见 4 cm × 0.5 cm 瘢痕（距足底 39 cm~43 cm），右小腿中上段前内侧见 3 cm × 3 cm 擦伤瘢痕（距足底 27.5 cm~30.5 cm），右小腿下段至右踝关节内侧见 6 cm × 3 cm 擦伤瘢痕，右内踝擦伤瘢痕色素沉着，右外踝外下方色素沉着，擦伤瘢痕。左踝外侧擦伤瘢痕，左小腿下段至左踝关节畸形，多处瘢痕组织增生（据当事人称此处为多年前交通事故所遗留）。

（2）从轿车的损坏情况来看。发动机舱盖严重变形、脱落，局部破裂，表面黏附蓝色油漆，前挡风玻璃碎落，前保险杠缺失，内胆左部扭曲变形，左前轮严重内倾，左前翼子板脱落，中部凹陷性变形，伴刮擦、撞击痕迹。左前门扭曲，不能关闭（无撬开痕迹），窗玻璃缺失，窗框变形，其中后窗框内侧距上缘 16 cm 为中心见 12 cm 范围内向左后方凹陷性变形，窗框间夹有一根黑色毛发，外表硬粗直，长 3 cm，无毛囊。左前车门外侧距其前缘 34 cm 和 60 cm 见两条同心弧状印痕，车身左侧后部局部凹陷性变形，黏附有蓝色油漆，车身右侧除右前轮胎瘪气、轮辋外侧边缘局部反卷外，未见其他异常。驾驶部位严重变形，仪表台损毁移位，转向盘及转向轴向后倾倒，制动踏板与离合器踏板移位、重叠，变速器操纵杆缺失。

（3）从附着物来看。轿车左前门上检见的毛发进行检验。

在进行以上检验以后再结合案卷中其他信息进行综合分析：

① 书证材料及轿车所反映的情况，能符合轿车和半挂车在对向行驶的过程中，轿车的左前部与半挂车的右前部发生第一次碰撞，然后轿车在顺时针旋转的过程中左侧车身又与半挂车右侧前部发生过接触、并继续旋转直至停止的运动过程。

② 从事故现场上轿车两当事人所处的位置看，王 × 处于轿车后部、半挂车右侧，孙 × 处于轿车左前部。根据轿车事故中的运动轨迹，能符合王 × 是第一个被抛出车外、孙 × 是第二个被抛出车外的运动特性，即事发时王 × 处在驾驶室左侧（驾驶座位置），孙 × 处在驾驶室右侧（副驾驶位置）比较符合逻辑。

③ 轿车左前门后窗框的变形，其受力方向是来自右前方的撞击力，变形范围为 12 cm，在两车的碰撞形态及轿车的运动轨迹确定的情况下，此部位的变形，只能是处于驾驶座的人的头部碰撞形成，经比较王 ×、孙 × 的受伤情况，王 × 的左颞顶部的损伤更符合与其碰撞所形成的特征。

④ 与孙 × 的损伤相比，王 × 的损伤情况，特别是右下肢内侧的损伤，更具有事故碰撞中处于驾驶座位特有的损伤病理学改变的特征。

⑤ 轿车左前门上检见的毛发，虽然因无毛囊和离体时间太长未成功检出 DNA 基因型，但从毛发外表硬粗直的特征来看，与孙 × 尸体照片反映的头发特征差距较大，而与王 × 的头发特征相近。通过以上分析可以认定在本起事故中，王 × 为驾车人。

这个案例主要通过损伤对比、损伤与车辆损坏的关系、摔抛轨迹及微量物证等方面来进行分析判定谁是驾车人。对这个分析结果，可以借助超级计算机及相关开发软件进行验证，模拟事发时轿车当事人在车内和抛出车外的相对位置。

下面再看一个关于摩托车驾车人判定的案子。

20×× 年 ×× 月 ×× 日 ×× 时 ×× 分，在 × 市 × 路口处，一辆本田摩托车和奇瑞轿车相撞，导致摩托车两当事人中漆 × 受伤、宋 × 死亡。事故发生后，受伤的漆 × 称事发时是宋 × 驾驶摩托车，但宋 × 的家人存在不同的看法，事故处理部门为弄清事实，要求技术部门对事发时的驾车人作出认定。此案的不同之处在于车辆类型的差异，可以从以下几个方面着手：

（1）从摩托车当事人的损伤来看，宋 × 右眼睑青紫、肿胀，鼻腔积血，面部右侧见散在条状皮肤擦伤、挫裂创，范围 10 cm × 7 cm，上唇黏膜挫碎，右上 1~3 齿根折，下颌正中见 3 cm×0.7 cm 条状挫伤，右侧额顶部见 5.5 cm×5 cm 头皮擦挫伤，右乳突处见 2 cm×1.5 cm 皮肤擦伤；漆 × 颈椎半脱位，顶部头皮挫裂创，面部左侧、额部擦伤，挫裂创，下颌伤口长 20 cm，右大腿根部前内侧擦伤，右下腹部挫裂创，左、右手点状擦伤，左手大鱼际青紫。

（2）从摩托车和轿车的损坏情况来看，摩托车前导流罩多处豁裂，右部见刮擦痕迹，黏附有绿色油漆，前轮胎胎冠及右前叉前侧见擦痕，黏附有绿色油漆，左、右前叉扭曲，不同程度向后弯曲，前灯具损毁，前挡风板向下倾倒。燃油箱后部高出驾驶座部分严重凹陷性变形（表面未见硬物刮擦痕迹），前座上平面距地高 80 cm、后座上平面距地高 94 cm；轿车后保险杠脱落，距其左端 36 cm 处的上平面见 8 cm×8 cm 血迹，其后侧左端破裂，灯具损毁，并见黑色擦痕；车身左后部略见变形，左后组合灯具损毁，后风窗玻璃向车内碎落（贴有防爆膜），其左边缘距地高 110 cm 为中心见放射状碎裂，其左窗框距地高 110 cm 见向内变形，周边黏附有毛发、血迹和人体组织物；后门的左边缘及车身左后转角交界处距地高 120 cm 见 12 cm×12 cm 凹陷性变形，黏附有血迹和人体脂肪（白色半透明），血迹由后向前呈喷溅状；车顶距其左边缘 7 cm、距车顶后端 66 cm 处见 12 cm×12 cm 凹陷性变形。

（3）从事故现场来看，道路交通事故现场图示，伤者漆 × 倒地位于摩托车前轮北侧 105 cm，头东南、脚西北，其头部距道路右侧机非隔离墩 760 cm；死者宋 × 倒地位于漆 × 的北侧，与漆 × 的头部距离为 610 cm，头东南、脚西北，其头部距道路右侧机非隔离墩延长线为 820 cm，轿车位于摩托车北侧 1 075 cm。

通过以上信息作出分析：

（1）摩托车正面（含摩托车当事人）与轿车后侧左部发生过碰撞。

（2）漆 × 头面部的损伤符合与轿车后挡风玻璃及其左窗框碰撞的特征；宋 × 头面部的损伤符合与轿车后门左边缘及车身左后转角交界处碰撞的特征。

（3）漆 × 下腹部及右大腿根部前侧的损伤，说明该部位受到过碰撞，这与摩托车的燃油箱损坏特征可以互相印证，而宋 × 未见此类损伤。漆 × 左右手均有损伤，其中左手大鱼际青紫，这也比较符合其碰撞时双手握把的特征。

（4）摩托车与轿车碰撞时，其前轮受阻、重心前移，加上后座人体位本身就高于前座人体位等情况，摩托车上两当事人的运动轨迹符合后座人的体位高于前座人体位的特征。根据上述分析中摩托车两当事人与轿车接触的位差，漆 × 坐在摩托车的前座，宋 × 坐在摩托车的后座也就可以成立；再结合事故现场反映的两者摔抛位置，也符合碰撞时宋 × 位于漆 × 上方的特征。综合上述分析可以认定，事发时，漆 × 为摩托车驾车人。

综合以上几个案例，对谁是驾车人的鉴定主要从以下几个方面进行：

（1）第一现场的照相和记录（现场图）。第一时间进行照相固定，这主要是针对车内有当事人的情况，且对摔抛位置的固定也很关键。

（2）微量物证的发现、提取和分析。在条件好的案子中，转向盘和转向握把上的指印、血迹、毛发；驾驶室内的血迹、毛发、纤维及其他有价值的物品（如鞋子）；踏脚上的纤维、橡胶等；当事人衣物内的塑料板等，这些可以进行同一性认定。

（3）受检车辆当事人损伤情况的检验和对比，这是相对关键的一个环节。常见的驾车人损伤显现在胸部（与转向盘、转向把及仪表台等前方部件）和脚部（与操纵踏板）的损伤，这是具有特征性的损伤，可以作为直接判断的依据，当然也有特例。这种特例是在其他当事人存在同样特征损伤的时候，要结合实际情况进行比较和分析，判断谁更符合驾车人的特征。

（4）受检车的损坏情况及事故中碰撞时的运动轨迹，其中损坏情况尤其是驾驶室内的损坏，是可以与当事人的损伤相印证的，而事故中碰撞时的运动轨迹，对当事人与车辆接触的部位及摔抛具体位置的判断具有至关重要的意义。

（5）受检车与事发时其他车辆的碰撞形态，损坏部位的相互印证，是作出判断的先决条件。

（6）现场的勘验和复核，在条件允许的情况下，现场路面情况、环境（障碍物、树木等可能与当事人接触的物体）、现场遗留物等都可能提供有用的参考，尤其是对当事人损伤的分析意义重大。

（7）仔细阅读卷宗，捕捉相关信息，做到统观全局，运筹帷幄，以便作出正确的分析判断。

（8）可能有用的其他信息。

从以上判断谁是驾车人的鉴定类型可以分析，在道路交通事故司法鉴定项目实施过程中应具体分析是否有能力进行此类鉴定类型，是否需要具有痕迹鉴定专家、法医学鉴定专家、微量物证鉴定专家、车辆安全技术状况鉴定专家等多种人才储备，如果没有这些专业人才，道路交通事故司法鉴定项目的实施就存在很大的风险，作出的鉴定结论会给整个项目的实施带来相应的损失。

二、道路交通事故技术鉴定与其他技术鉴定的关系

任何一个犯罪嫌疑人的犯罪行为都会导致犯罪现场的某些物质发生变化，侦技人员通过对这些现场变化现象的分析和判断，就可以认识案件的基本情况或证明犯罪事实，或证实犯罪嫌疑人，这种现场的物质变化称为痕迹，而痕迹检验是对这些物质变化的发现过程及方法。道路交通事故鉴定包括车辆技术鉴定、车速鉴定、车体痕迹鉴定、法医学鉴定、毒物化学鉴定等，在这些鉴定中都有痕迹检验的存在，并发挥着重要的作用。

痕迹，从哲学的角度讲是由于事物运动和发展留下的能为人们所认识的种种形态。在案件的诉讼过程中，为了认识案件的各种情况，离不开对各种与案件相关的、包含各种信息痕迹的研究。任何一个犯罪嫌疑人的犯罪行为都会导致犯罪现场的某些物质发生变化，侦技人员通过对这些现场变化现象的分析和判断，就可以认识案件的基本情况或证明犯罪事实，或证实犯罪嫌疑人，这种现场的物质变化称为痕迹，而痕迹检验是对这些物质变化的发现过程及方法。道路交通事故是指发生在地面环境中涉及车辆（一辆以上机动车或者非机动车）在行驶或停止状态下与固定物或者其他车辆发生碰撞，造成一定人体损失或者物质损坏的形态、过程。在道路交通事故发生后，交通警察部门会对现场痕迹物证进行勘验和搜集，以实现事故发生的重现，给事故当事人一个合理的解释，

依照法律规定给该起事故作出规范稳妥的责任认定，其中现场痕迹物证勘验是至关重要的一环，它决定着整起事故事实过程的认定。道路交通事故痕迹物证主要包括在事故车辆、人体、现场遗留的固定物、附着物、散落物或各种痕迹。当交通警察部门获取了这些痕迹物证，就会交付专门的鉴定部门进行分析、鉴定。以下从几个方面对痕迹检验在道路交通事故鉴定中的运用进行阐述。

（1）痕迹检验在车辆技术鉴定中的运用。车辆技术鉴定是对车辆制动性能、转向功能、发动机及传动装置、灯光装置、水刮器装置及其他安全装置的检验及分析是否与事故发生有因果关系的鉴定。这种鉴定一般分两种检验方式：一种是动态检验，一般针对可以正常行驶的车辆，采用仪器实验（检测站大型检测设备或者 MBK-01 型便携式制动性能测试仪）的方法，来测试车辆的各项安全装置的功能是否符合 GB 7258—2012《机动车运行安全技术条件》的有关规定；另一种是静态检验，一般针对不能正常行驶的车辆，依据 GB 7258—2012《机动车运行安全技术条件》有关条款及检验方法，对受检车辆的各项安全装置进行检验。在静态检验过程中，痕迹检验发挥着重要的作用：

其一，在判断安全装置损坏的时间阶段方面。2006 年 2 月在青浦发生一起两死一伤的重大交通事故，肇事方驾驶员自诉车辆制动突然失效，导致事故发生。鉴定人员在进行安全装置常规检查后，主要针对制动装置进行深入的检查，检查发现制动总泵碎裂，制动失效，这时就面临一个判断制动总泵碎裂时间的问题，从痕迹检验的角度发现（肉眼观察），总泵的裂纹处金属光泽闪亮，未见生锈迹象，可以判断是新的损坏痕迹，在认定这一事实后，就需要分析碎裂的原因，是否是导致事故发生的根本原因，这点至关重要，关系到事故是由机械突发性故障引起还是肇事方驾驶员人为因素（酒后驾车、疲劳驾驶或者疏忽大意等）造成的事实认定问题，再从痕迹检验的角度出发，事故中碰撞的形态是否会造成制动总泵的碎裂，如果碰撞位置正好危及制动总泵，造成它的损坏，则可以判断制动总泵是在事故中碎裂的事实，如果碰撞位置并未危及制动总泵，则从技术的角度再进一步分析制动总泵突然碎裂的原因，而其中是否有旧伤（显微镜下观察），同样需要痕迹检验的帮助，作出分析判断，是否是由旧伤（细小的裂纹）长期积累突然造成制动总泵的碎裂。又如，判断制动分泵是否早期缺失、制动分泵的连接气管是否早期封扎、转向机脱出键槽的时间及原因、灯光装置灯泡损坏的时间（灯丝烧蚀、断开及脱位的时间）等，均要运用到痕迹检验。

其二，在判断轮胎损坏方面。在道路交通事故鉴定车辆技术鉴定中对轮胎的鉴定数量呈上升趋势，尤其在高速行驶的状态下，轮胎起着重要的作用。2005 年松江发生一起四人死亡的恶性交通事故，一辆刚刚上牌的起亚轿车在沪杭高速公路上发生事故，车上四人无一幸免，全部死亡。该轿车右后轮胎瘪气，从事故现场看，该车在地面留下向左跑偏的印痕，右后轮的检验成为该起事故中鉴定的关键。在进行照片固定后，将右后轮拆卸下来，对其胎冠进行细致的检验，发现其内侧胎侧有一条长 5 cm 穿透性豁裂口，边缘平整，周围见挫印（注意以上已经运用了痕迹检验），继续检验，发现胎冠有一粒螺丝，做好标记，用钳子取出螺丝，测量长度，用尖状物测试发现，螺丝穿透了轮胎，再继续，发现外侧胎侧检见瘪气后留下的整圈的滚轧痕迹，再继续，未检见其他异常痕迹。这个案例很典型，除了自然爆胎（一般是暴露帘布层、钢丝紊乱、开放性大破口、边缘不平整）及气嘴损坏（主要是一个新伤和旧伤的判断）的迹象未检见外，几乎涵盖了轮胎的几种情况，从检验的三处损坏痕迹综合来说，就不能排除是由螺丝导致轮胎漏气失压，致使车辆跑偏，形成滚轧痕迹，在穿越隔离带过程中，其轮胎内侧被尖状物割破的可能性，即该起事故是机械事故的可能性较大。

（2）痕迹检验在车辆痕迹鉴定中的运用。车辆痕迹鉴定包括碰撞形态鉴定（单车、车与固定物、车与人、车与车）、当事人交通行为方式鉴定（非机动车骑行还是推行、车辆驾车人的判断）、整体与部分关系鉴定（主要针对逃逸事故，有现场散落物的）、微量物证鉴定及衍生出来的相关鉴定类型。既然是痕迹鉴定，痕迹检验就理所当然成为主要方面。以单车痕迹鉴定为例，检验时，需要了解现场是否有散落物，如果有，是否是受检车留下的，随后对车辆进行全面的检验，检验是否有除倒地和撞击现场固定物外的其他异常痕迹，这些异常痕迹包括类似车体的颜色涂层及其他附着物、与车辆碰撞留下的损坏痕迹等。再以车与车碰撞形态为例，从部位、附着物及受力方向等方面来判断两车是否碰撞及如何碰撞，并对异常痕迹进行分析，是否有其他车辆逃逸、是否车辆发生过其他事故等，总之，从痕迹的角度可以将每一个可以看见的地方分析透彻。

（3）痕迹检验在道路交通事故鉴定的其他类型鉴定中的运用。道路交通事故鉴定除车辆技术鉴定和车体痕迹鉴定外，还包括车速鉴定、法医学鉴定（包括法医损伤鉴定、法医病理鉴定、法医物证鉴定）、毒物化学鉴定等鉴定类型。① 从车速鉴定来讲，地面痕迹是关键的一个鉴定依据，尤其是制动拖印的观测和测量，对计算是一个必要条件，同时车辆的损坏痕迹、是否有侧翻或者侧滑迹象，滑移过程中遭受过何种阻力、碰撞等方面也为车速计算提供重要的参考。② 从法医学鉴定来讲，法医损伤鉴定（除分析损伤形成原因，如骨折断面所反映的受力方向外）及法医物证鉴定中，除运用痕迹检验提取物证外，代表性不强。这里主要从法医病理鉴定的角度来讲，在尸表检验的过程中，从擦挫伤中皮屑的翻转方向来判断损伤的受力方向，这与痕迹检验是相通的；另外，致伤方式的判断，在作为辅助的印证依据上，痕迹检验也同样发挥着作用，如与车体的哪个部位碰撞，形成何种损坏痕迹（凹陷性变形还是擦印）、是否有附着物（血迹或者组织物）。③ 从毒物化学鉴定来讲，在道路交通事故中，比较多的是酒精的检测，也会涉及如吗啡、摇头丸等的检测，检测过程本身不会涉及痕迹检验，但提取过程却涉及，交警往往从现场的某些异常情况判断推测驾车人有喝酒的异常（如道路很宽，车少人少，车辆未检见异常痕迹，却碰到电线杆），而这些异常都是从痕迹检验中综合总结出来的。

综合以上几个方面，无论是提取的过程，还是检验的过程，痕迹检验在道路交通事故鉴定中都发挥着作用，能对鉴定意见的准确性提供一些保证，并可对道路交通事故的公正处理提供一些依据。

三、道路交通事故技术鉴定面临的问题和挑战

道路交通事故痕迹鉴定是对道路交通事故现场、车辆、人体及相关物体上的痕迹进行勘验、比对、分析，判断其相互关系，并作出鉴定意见。自 2001 年司法部司法鉴定科学技术研究所成立专门的道路交通事故技术鉴定研究室起，道路交通事故技术鉴定已

经有十几年的发展历程。目前全国开展此类鉴定的机构超过 200 家，从简单的显微仪器开始发展到今天依托微量物证、法医学等大型高端仪器设备的综合类学科，经历了一个从仅依靠鉴定人个人判断到逐渐量化的质的飞跃。当然，一个新兴学科的发展，总会出现参差不齐、急功近利的情况，以下根据道路交通事故痕迹鉴定过程中遇到的常见问题，提出较为合理的解决方案，以促进整个行业有序、持续地发展。

根据司法部司法鉴定管理局提供的数据和分析，截至 2015 年 11 月底，全国经司法行政机关审核登记的司法鉴定机构共 4 924 家，司法鉴定人 55 662 人。2015 年 1 月至 11 月，共完成各类司法鉴定业务 1 933 928 件。

全国经司法行政机关审核登记的司法鉴定机构共 4 924 家，比上年增长 22 家，增长 0.45%。从事法医、物证、声像资料和精神障碍医学鉴定的机构为 2 523 家（其中包括业务范围既有“三大类”又有“其他类”执业类别的综合机构 360 家），占机构总数的 51.24%，比上年增长 50 家。仅从事知识产权、司法会计、建设工程、产品质量、价格类、涉农类等“其他类”鉴定的机构为 2 401 家，占机构总数的 48.76%，比上年减少 28 家。从各地情况看，机构数量超过 200 家的有 12 个省份，集中在华中、华东和西南，分别为河南（421 家）、湖北（342 家）、重庆（310 家）、湖南（299 家）、黑龙江（256 家）、河北（250 家）、广东（228 家）、云南（225 家）、辽宁（221 家）、江西（218 家）、山东（213 家）和四川（211 家）。西北五省鉴定机构只占全国总数的 9.46%。依托卫生部门设立的 1 539 家，教育部门 164 家，科研部门 139 家，企业 1 936 家，社会团体 170 家，民办非企业 269 家，其他组织 707 家。依托卫生、教育、科研部门设立的鉴定机构占总数的 37.41%。68.33% 的“三大类”机构依托卫生、教育、科研部门设立，84.24% 的“其他类”机构依托企业设立。从事“三大类”鉴定的机构中，从事法医临床鉴定的机构最多，有 2 027 家，其他依次为法医病理鉴定 808 家、法医毒物鉴定 444 家、痕迹鉴定 350 家、法医物证鉴定 332 家、文书鉴定 274 家、法医精神病鉴定 240 家、微量鉴定 128 家、精神障碍医学鉴定 89 家、电子数据鉴定 88 家以及声像资料鉴定 86 家。从事“其他类”鉴定的机构中，从事司法会计鉴定的机构最多，有 1 129 家，其他依次为建设工程类鉴定 1 017 家、价格类鉴定 729 家、其他 706 家、产品质量鉴定 146 家、涉农类鉴定 87 家、知识产权鉴定 79 家、环境损害鉴定 50 家和文物类鉴定 8 家。有 5 项以上执业类别的司法鉴定机构为 439 家，比上年增长 10.58%，4 项的 226 家，3 项的 467 家，2 项的 983 家，1 项的 2 819 家。执业类别在 4 项以上的鉴定机构比上年增长 5.72%。只有 1 项执业类别的机构占总数的 57.25%。从事“三大类”鉴定的机构中，52.13% 的机构执业类别为 2 项以上，比上年增长 1.2%。仅从事“其他类”鉴定的机构中，67.10% 的机构只有 1 项执业类别。执业司法鉴定人有 20 人以上的机构为 601 家，11~19 人的 1 020 家，6~10 人的 1 847 家，5 人以下的 1 456 家，分别占机构总数的 12.21%、20.71%、37.51%、29.57%。这个比例在从事“三大类”鉴定的机构和仅从事“其他类”鉴定的机构中，分别是 16.49%、23.31%、39.83%、20.37% 和 7.71%、17.99%、35.07%、39.23%。

以上数据显示，司法鉴定机构整体上显现出做大、做强趋势。依托卫生、教育、科研部门成立的鉴定机构占总数的 37.41%，“三大类”机构中这项比例达 68.33%。执业类别 4 项以上的机构比上年增长 5.72%，5 项以上的增长 10.58%。执业司法鉴定人有

10人以上的机构占总数的比例比上年增长了0.82%。但是57.25%的机构执业鉴定事项为1项，29.57%的机构为5人以下的小型机构。特别是仅从事“其他类”鉴定的机构，67.10%只有1项执业类别，39.23%为5人以下小型机构，机构“小、散、乱”的状况仍然存在，特别是在仅从事“其他类”鉴定的机构中比较突出。

全国经司法行政机关审核登记的司法鉴定人共计55 662人，比上年增长0.67%。全国司法鉴定人中30岁以下的2 743人，31~50岁的30 798人，51~60岁的15 697人，61~70岁的5 310人，71岁以上的1 165人。其中30岁以下及31~50岁的鉴定人数量减少，50岁以上各年龄段的鉴定人数增多。全国司法鉴定人中博士2 183人，硕士5 327人，本科35 447人，大学专科及以下12 756人。具有本科及以上学历的占总数的77.17%。具有正高职称的12 256人，副高职称的17 269人，中级职称的21 067人，初级职称的2 047人。其中具有副高以上职称的占总人数的53.04%，比上年提高近6个百分点。

以上数据表明，鉴定人队伍呈现一定高龄化趋势，但整体素质在提高。在全国鉴定人数量微小增长、鉴定人队伍规模保持稳定的情况下，30岁以下及31~50岁的鉴定人数量减少，50岁以上各年龄段的鉴定人数增多；高学历鉴定人数增加，如具有博士学历的鉴定人比上年增长13.46%，本科以上学历所占比例增大，专科及以下所占比例减少；职称方面，具有中级以上职称的人数均有增加，而且具有副高以上职称的占总人数的比例比上年提高近6个百分点，暂无职称的人数比上年降低5.1个百分点。

2015年1月1日至11月30日，全国经司法行政机关审核登记的司法鉴定机构和司法鉴定人完成各类司法鉴定业务共计1 933 928件，业务收费31.1亿元。为了更好地体现业务量的增长情况，以2014年月平均业务量作为2015年12月完成的业务量，推算出2015年全年共完成2 088 547件。司法鉴定全年业务量首次突破200万件，比上年增长12.56%。司法鉴定援助业务量26 441件，比上年同期增长41%，减免费用4 320.18万元，比上年同期增长84.14%。司法鉴定人接到出庭通知17 867次，97.86%的司法鉴定人接到通知后按通知要求依法出庭。法医临床鉴定1 042 231件，法医毒物鉴定233 815件，法医物证鉴定201 773件，痕迹鉴定88 270件，法医精神病鉴定60 593件，法医病理鉴定53 485件，文书鉴定33 387件，建设工程类鉴定21 058件，价格类鉴定18 157件，司法会计鉴定10 800件，微量鉴定9 380件，声像资料类鉴定8 754件，涉农类鉴定2 729件，电子数据鉴定2 904件，产品质量鉴定1 395件，知识产权鉴定446件，精神障碍医学鉴定431件，环境损害类鉴定113件，文物类鉴定57件，另有其他鉴定143 998件。“三大类”业务占总业务量的89.71%，法医类鉴定业务占业务总量的82.34%。公检法部门委托1 170 913件，律师事务所委托134 364件，企事业单位委托80 826件，个人委托504 814件，其他主体委托43 080件。公检法部门委托依然为主体，占总数的60.55%，比上年增加0.35个百分点，所占比例持续增大。涉及民事诉讼的878 616件，非涉诉的707 791件，涉及刑事诉讼的329 028件，涉及行政诉讼的18 562件。同上年相比，完成业务量超过10万件的省份增加到8个，依次是四川、广东、湖南、江苏、湖北、浙江、江西和山东，其中四川最多，为132 242件，广东年增长率最高，为32.37%。不足1万件的为宁夏、青海、海南和西藏。全国司法鉴定机构所均业务量 424 件 / 家。所均业务量最多的是浙江（2 201 件 / 家），其次为天津（865 件 / 家），江苏（823 件 / 家）。全国司法鉴定人人均业务量为 35 件 / 人。人均业务量最多的是浙江（144 件 / 人），其次为福建（109 件 / 人）、江苏（72 件 / 人）。

以上数据表明，我国司法鉴定行业服务能力不断提升。近年来，在鉴定机构和鉴定人数量基本保持不变的情况下，全年业务量连年增长，2015 年增长率达到 12.56%，增长率比上年提高近 2 个百分点，这反映出司法机关和人民群众对司法鉴定的需求在不断增加，司法鉴定行业发展空间持续向好。数据还显示出司法鉴定人履行出庭义务情况良好。97.86% 的司法鉴定人接到法院的出庭通知后，都能依法出庭，但是法院通知司法鉴定人出庭的次数只占司法鉴定业务总量的 0.92%。

司法鉴定人参加培训 22 654 人次，比上年增长 12.27%。其中岗前培训 3 053 人次，转岗培训 1 029 人次，继续教育培训 19 304 人次。天津、河北、内蒙古、吉林、江苏、浙江、广东、重庆、西藏未开展岗前培训，西藏、陕西未开展继续教育培训。司法鉴定管理干部参加培训 910 人次，比上年增长 32.07%。其中部级培训 130 人次，省级培训 780 人次。北京、天津、河北、上海、重庆、西藏未开展省级培训。

各省级司法行政机关接到对司法鉴定机构和司法鉴定人投诉举报共计 1 372 件，比上年同期减少 7.5%，投诉率为 0.07%，比上年减少 0.017%。西藏没有投诉，投诉率低的省份为天津（0.003%）、浙江（0.01%），投诉率较高的为吉林（0.30%）、北京、上海（0.19%），重庆（0.17%）、黑龙江、陕西（0.14%）。投诉司法鉴定机构的 1 220 件，比上年减少 12.98%，共涉及 547 家机构。其中不予受理的 515 件，占 42.21%；查证不实或无法查实的 573 件，占 46.97%。经过司法行政机关调查并给予相应处理的 132 件，占 10.82%，包括行政处罚 20 件（警告并责令改正 15 件，暂停执业 5 件），占 1.64%，行政处理 112 件，占 9.18%。行业协会给予行业处分的 27 件。投诉司法鉴定人的 449 件，比上年减少 30.60%。其中不予受理的 202 件，占 44.98%；查证不实或无法查实的 172 件，占 38.31%。经过司法行政机关调查给予相应处理的 74 件，占 16.48%，包括行政处罚 27 件（警告并责令改正 16 件，暂停执业 9 件，撤销登记 2 件），行政处理 47 件。行业协会给予行业处分的 14 件。

以上数据显示，与上年同期相比，司法鉴定投诉量和投诉率实现了“双下降”，表明 2015 年各级司法行政机关贯彻落实司法部决策部署，在狠抓质量管理，强化监督检查上取得良好效果。但针对“其他类”鉴定业务的投诉率仍较高，经行政机关立案调查给予行政处罚的比例较低，行业协会在投诉处理工作中的作用仍有很大的发挥空间。

道路交通事故痕迹鉴定的步骤主要分为合同评审、痕迹勘验、比对分析、作出评判和形成文书五个方面，除按照相关法律规范、文件规定一般要求进行外，主要提出个性问题和相应解决方案。

1）合同评审

道路交通事故痕迹鉴定在合同评审过程中的常见问题有以下几个方面。

（1）委托事项表述不明。道路交通事故痕迹鉴定主要分为碰撞形态鉴定和是否发生过碰撞鉴定以及其他由以上两种鉴定项目延伸出来的其他鉴定项目，如交通事故参与者的交通行为方式鉴定等。委托方根据办案需要，在委托书中往往提出的委托事项超出鉴定机构的鉴定能力范畴或者用鉴定意见难以表述的委托事项。鉴定人应该在合同评审过程中发现并校正这一问题，否则就会出现程序不合规定的严重问题。常见的问题有判断车辆的行驶方向、判断车辆是否存在主被动变道行为、判断车辆是否存在主动超车行为以及判断车辆之间主动与被动碰撞等问题，但是委托方在办案过程中又特别需要解决这些问题，那么鉴定人在合同评审过程中就要明确提出并写在协议书上，注明风险，明确委托事项。针对以上问题，鉴定人可以解决的是相对于某一个参照物从左向右或者从前向后的运动轨迹；车辆在碰撞瞬间的角度和位于车道的方位定位；车辆在碰撞瞬间相对速度较快的一方；车辆在碰撞瞬间的相对运动过程等，这样既满足委托方的鉴定需求，也保障整个鉴定过程顺利开展。

（2）备注栏形同虚设。道路交通事故痕迹鉴定中常会遇到提取物证的情况，一般包括微量物证和生物物证两种，取样的过程一定要符合相关规定，步骤一个不能少，最好形成相应的作业指导书，做到有依据。在合同评审时，一定要将潜在的风险写在备注栏中，并向委托方加以说明并得到委托方的确认。常见的问题是有损检测（会造成检材的灭失，没有二次检测的机会），检材和样本的比对是种属认定或者是同一认定、能做到什么程度都要表述清晰明了；检材与样本来源过程中存在污染的特别情景也要有特别的说明；是否存在事故后被破坏的风险等。

2）痕迹勘验

痕迹勘验过程是整个道路交通事故痕迹鉴定过程的基础，是至关重要的一个环节，所以要引起足够的重视，常见的问题有以下几个方面。

（1）鉴定依据不正确。道路交通事故痕迹鉴定的依据并不拒绝引用文献的方式，道路交通事故痕迹鉴定的依据一般为 GA/T 1087—2013《道路交通事故痕迹鉴定》和 GA 41—2014《道路交通事故痕迹物证勘验》，如果进行交通事故参与者的交通行为方式鉴定，应该添加 SF/Z JD 0101001—2016《道路交通事故涉案者交通行为方式鉴定》，但有一些机构依据 GB 7258—2012《机动车运行安全技术条件》等毫不相关的标准，这是不正确的。

（2）痕迹检验不全面。车体痕迹检验，首先要进行的就是车辆的唯一性标识，如车架钢印号、车辆识别代号、发动机钢印号等可以反映车辆唯一性的标号。车体痕迹相对于刑事技术痕迹中的手、足、工、枪、特等传统痕迹来讲，相对比较复杂。目前在痕迹形成的时间上国内外都还没有一个很好的方法来进行确认，只能通过相对较新、相互比较的方法来进行辨认和甄别。传统痕迹中有指印、足迹、工具痕迹、枪弹痕迹和特殊痕迹，在车体痕迹中都有体现的机会，而比较接近的是工具痕迹和特殊痕迹中的轮胎痕迹两种。在道路交通事故痕迹鉴定过程中，一般都存在先了解案情、查看现场图和现场照片等前期委托方调查的相关资料的情况，但这是痕迹鉴定的大忌，很容易造成先入为主、受假象导引走入误区等后果，调查材料只能作为一个辅助手段，关键还是在于对车体痕迹的勘验。除严格按照 GA/T 1087—2013《道路交通事故痕迹鉴定》相关条款执行外，特别注意痕迹检验不要漏项，特别是可以同一认定的关键点，虽然有很多鉴定人认为如果痕迹有四个关键点，找到两个以上就可以得出鉴定意见，但是作为痕迹来讲，是不全面的，因为道路交通事故痕迹是动态痕迹，存在动态分布的特点，也是判断相对运动过程的重要依据，所以要尽可能全面地勘验到所有的有效痕迹点，并加以描述，从而为分析说明打下坚实的基础，同时也是对该专业知识不断精进的一个良好的机会，因为量多而马虎，只会机械地在量上成长，而无法实现质的飞跃，特别对于本身没有痕迹基础的其他专业的鉴定人，尤其要重视这方面的培养。

（3）痕迹描述要素不全。道路交通事故痕迹鉴定的描述一般要求包括痕迹所在的部位（含高度、宽度等的定位）、痕迹的形态（属于什么类型的痕迹，是硬物刮擦痕迹、片状、点状、条形、软性擦拭痕迹、软性客体碰撞形成的凹陷变形，还是中心受力伴刮擦痕迹的凹陷变形、玻璃碎裂的类型等）、痕迹的形成机理（比较笼统的一种描述，在检验过程中要求细化，主要是造痕体和承痕体的对应特征）、受力方向（道路交通事故痕迹属于动态痕迹，受力方向可以作为判断的重要依据）、物质交换（附着物颜色可以观察，成分可以通过微量分析）等五个方面来进行。对于不能全部从五个方面描述的痕迹，要在检验过程中说明原因，因为有可能这些痕迹成为分析说明过程中一个瑕疵，而不能作为出具鉴定意见的依据，但在实际鉴定过程中，往往对此不够重视，只是描述其中最易分辨的部位和物质交换等要素，这个问题鉴定人要特别注意，因为在没有完全理解痕迹特征的情况下得出的鉴定意见，都存在潜在的风险，对于追求科学论断的鉴定人是“致命”的。

3）比对分析

比对分析是道路交通事故痕迹鉴定过程中的精华部分，是鉴定人通过痕迹检验得出鉴定意见之前的合理分析阶段，常见的问题有以下几个方面。

（1）痕迹分析不全面。在痕迹检验全面的基础上进行的分析，要求对所有检验到的痕迹均作出合理的分析和解释，将关键的痕迹进行提取、比对认定，对要求无关的痕迹进行排除。这里要特别提醒的是对委托事项的考量要作为分析的标准。

（2）痕迹分析不正确。这个检验过程和分析说明之间是存在连锁反应的，由于痕迹检验没有全面、要素齐全，这会造成对应点的分歧、错位，特别是对于造痕体比较类似的情况，例如，自行车的黑色把手套与黑色鞍坐垫在一定情况下都容易形成条形的刮擦痕迹，附着黑色物质，所以空间分布就很重要，依据别的关键痕迹点来定位痕迹也是痕迹分析的一种方法，有些情况下，对应的痕迹点只有部分正确，这也许不影响鉴定意见的准确性，但是容易产生漏洞，鉴定意见书整体存在瑕疵，在鉴定人出庭质证过程中，容易被质疑整个鉴定意见的正确性，所以道路交通事故痕迹鉴定过程中每一个环节都要准确体现鉴定技术支持的特性。

（3）主观臆断，画蛇添足。这个问题比较严重。如果一份鉴定意见书的精华部分给人一种讲故事的感觉，存在很多口语化的措辞，存在很多主观上的认为、猜测和联想，那么，这样一份道路交通事故痕迹鉴定意见书是不合格的，即使最终的意见是贴近事实的，也是不可取的。如驾驶员为保护副驾驶员突然转向造成车辆某一部位碰撞损坏、驾驶员疲劳驾驶突然制动、驾驶员打电话导致事故发生等，作为鉴定文书上述情况一般要这样描述：散落物的位置、地面痕迹、车辆的损坏部位以及电话所在的位置等，过多的臆断只会增加漏洞，降低水准，而不是按照委托方的授意或者其他情况，而作出非科学的论断。

4）作出评判

鉴定意见是委托方和事故当事人关注的焦点，也是道路交通事故痕迹鉴定的落脚点。常见的问题有以下几个方面。

（1）过于繁杂。有很多鉴定意见是分析说明的复制件，非常复杂，找不到重点，而鉴定意见要求精炼准确，一般碰撞形态要求指出车辆碰撞时的具体部位，如某车正面右部与某车左侧发生过碰撞成立；而是否发生过碰撞要求指出碰撞还是没有碰撞，如某车与某车发生过碰撞成立。

（2）答非所问。特别注意与鉴定文书开始和合同评审中的委托事项的对应，经常出现的是前面的碰撞形态鉴定，后面意见是两车发生过碰撞成立，不指出具体部位；前面是是否与其他车辆发生过碰撞，后面的意见是与人体发生过碰撞或者与现场固定物发生过碰撞等，这类问题的后果将带来程序问题，同时也解决不了委托方在案件处理过程中的需求，从而降低了案源，也影响了整个鉴定机构的水平。

5）形成文书

道路交通事故痕迹鉴定意见书的文书格式严格按照司法鉴定文书规范的相关规定进行，在文书规范中的常见问题有：

（1）首行缩进不统一。这个问题最为严重，出现的概率很高。

（2）各级标题格式不统一。

（3）末页无正文。

（4）文书的标题与文书的内容没有对应关系。鉴定意见书的标题不符合痕迹鉴定特点，常见的有按照车辆安全技术状况检验、鉴定的文书格式和按照法医学鉴定的文书格式两种，目前新增或者已经开展道路交通事故痕迹鉴定的鉴定机构有很多是来自机动车检测机构和医学机构等，经常会出现沿用以上两种格式的惯例，未保持道路交通事故痕迹鉴定的个性特征，一般来讲分为检验过程、分析说明和鉴定意见，有资料摘要的添加，有微量物证鉴定和其他鉴定的根据需要和类型的添加，并遵照检验和检测不同类型的规定用语来描述。将鉴定意见写成鉴定结论、鉴定结果的，甚至写成检验结果的都是不规范的。

道路交通事故技术鉴定中除了这五个方面外，还有很多案例，需要书证摘录或者分包的，在鉴定材料中对于委托方提供的材料一定要标注是原件还是复制件；同时有可能影响鉴定时效的，要特别标注提供材料的时间，并做好相应的记录，以免造成程序问题；书证摘录过程中一定要以相应的编号等唯一性标识，对提供材料的阅读，特别是照片的说明都属于检验过程，要按照检验过程的相应要求进行。分包的过程比较复杂，严格按照 CNAS CL08《司法鉴定 / 法庭科学机构能力认可准则》的相关规定进行，对于道路交通事故痕迹鉴定来讲，还要以 CNAS CL49《司法鉴定 / 法庭科学机构能力认可准则在痕迹鉴定领域的应用说明》的相关说明来执行。

道路交通事故技术鉴定是痕迹鉴定中的特殊鉴定项目，更注重综合能力的运用，并非某一个专业可以完全解决的，建议开展此类鉴定的机构在人才培养的过程中要以痕迹学为基础，同时结合车辆工程学、道路安全学、法医学等多学科的团队培养为理念，形成小组鉴定体制，提供道路交通事故技术鉴定意见的科学性和准确性，更好地为司法鉴定事业的整体发展和法庭科学的学科完善服务。

道路交通事故技术鉴定的范围根据事故调查阶段和诉讼阶段的需求而不断扩展新的内容，在未来发展的过程中，可能还会出现不同的新问题，但是无论出现什么样的问题，都要依照科学的手段和合乎程序的方式来寻求解决的方案，从而规范道路交通事故技术鉴定。

参考文献

丁同强. 2005. 道路交通事故再现方法及模型研究. 长春：吉林大学博士学位论文.

陈忆九，陈建国. 2004. 交通事故中非机动车驾驶者交通行为方式鉴定. 法医学杂志，20（1）：29-30.

侯心一，李丽莉，等. 2013. GA/T 1087—2013. 道路交通事故痕迹鉴定.

李江. 2000. 交通事故力学. 北京：机械工业出版社.

林洋. 2001. 实用汽车事故鉴定学. 北京：人民交通出版社.

刘建军. 2001. 交通事故物证鉴定技术. 北京：中国人民公安大学出版社.

刘瑞珏，程亦斌，范利华. 2007. 法医临床学三期鉴定中的若干问题思考. 中国司法鉴定，（4）：39-41.

鲁植雄，杨瑞. 2013. 汽车事故鉴定学. 北京：机械工业出版社.

梅冰松，来剑戈，等. 2010. 道路交通事故处理相关标准汇编. 北京：中国标准出版社.

阮志成，姜晓云. 1999. GB 17761. 电动自行车通用技术条件.

阮志成，陈直青. 2005. GB 3565. 自行车安全要求.

闫和平，谷慧茹，等. 2012. GB/T 12996. 电动轮椅车.

应朝阳，周天佑，等. 2012. GB 7258. 机动车运行安全技术条件.

于长吉，陶沙. 2011. 道路交通事故技术鉴定方法. 大连：大连理工大学出版社.

中华人民共和国司法部令第 132 号. 2016. 司法鉴定程序通则 第二十三条.

第三章　道路交通事故车体痕迹鉴定

第一节　道路交通事故车体痕迹鉴定的概述

一、道路交通事故车体痕迹鉴定的含义

随着社会的发展与进步，车辆增多导致交通事故的发生将不可避免，并有不断上涨的趋势。处理和预防道路交通事故的问题引起许多人的关注，而要处理好这两大问题，至关重要的一点就是道路交通事故本身事实的重现：只有弄清楚道路交通事故发生的全过程，才可以分清责任，给当事人一个公正的评判，维护社会的安定与和谐。道路交通事故是一个复杂的过程，涉及人、车、道路及相关现场其他客体物，由于受现场环境的诸多限制，现场勘验往往需要快速完成，以确保道路的畅通，这难免会发生遗漏，给道路交通事故事实的认定带来麻烦，所以对车辆及现场搜集的相关物证的检验至关重要。而道路交通事故技术鉴定就提供了相关的技术支持，其中，痕迹鉴定为还原事故碰撞过程方面的事实提供支持，为道路交通事故责任认定及法庭审判提供依据。

道路交通事故车体痕迹鉴定是依据案情，对与事故相关的现场、车辆、伤亡人员进行勘验和检验后，依据勘验和检验的材料进行综合分析，并做出涉嫌事故车辆与其他客体物（人体、车辆、路面或其他固定物）相互关系判断书面结论的过程。道路交通事故车体痕迹鉴定是对道路交通事故发生过程的重建和还原，如对涉嫌事故车辆与其他客体物（人体、车辆、路面或其他固定物）是否发生过碰撞、发生过何种形态碰撞的判断，以及由此衍生的涉案者交通行为方式鉴定和建立在道路交通事故车体痕迹鉴定基础上的车速鉴定、车架钢印号或者发动机钢印号真伪鉴定、涉嫌事故人员事发时是否行走在人行横道线上、事发时路口信号灯情况鉴定、轮胎检验鉴定等。

对于道路交通事故车体痕迹鉴定的含义的理解，下面举例说明道路交通事故车体痕迹鉴定的基础鉴定项目。

例 3.1　20××年××月××日××时××分，甲车豫 E-×××福田牌重型半挂牵引车及其拖挂的豫 N-Y×××挂华宇达牌重型普通半挂车；乙车沪 C-×××江淮牌小型轿车；丙车沪 D-×××陕汽牌重型半挂牵引车及其拖挂的沪 G-×××挂通华牌重型集装箱半挂车；丁车豫 P-Q×××陕汽牌重型半挂牵引车及其拖挂的豫 P-×××挂通华牌重型集装箱半挂车。四车在某处发生事故。委托方提出对甲、乙、丙、丁四车的碰撞形态进行鉴定。

参照 GA 41—2014《道路交通事故痕迹物证勘验》、GA/T 1087—2013《道路交通事故痕迹鉴定》有关条款及检验方法，对甲、乙、丙、丁四车的痕迹进行检验，并结合委托人提供的其他相关材料，作出鉴定意见。

（一）检验所见

1. 甲车

牵引车车架钢印号为 ××××，半挂车车架钢印号为 ××××。

牵引车未见异常新近形成的痕迹；半挂车后下部金属护栏见撞击、刮擦痕迹，表层红色涂层呈减层，局部黏附白色物质及玻璃碎片，其中横向金属护栏向前弯折变形，纵向金属护栏宽 20 cm，受力方向从后向前；半挂车后见刮擦痕迹，表层黄色涂层呈减层；半挂车车厢后侧见大面积撞击、刮擦痕迹，局部向前弯折变形，表层红色涂层呈减层，局部黏附白色物质。

2. 乙车

车辆识别代号为 ××××。

前保险杠脱落，局部破损，残余部分见横向刮擦痕迹，局部黏附红色物质；发动机舱盖见刮擦痕迹伴弯折变形，表层白色涂层呈减层，局部呈纵向带状，宽 20 cm，局部黏附红色物质；前风窗玻璃碎落；车顶及车门多处见剪裂痕迹；中部车架折叠变形；车辆后侧部件向上翻起，受力方向从后向前，其后备箱盖见刮擦痕迹伴折叠变形，表层白色涂层呈减层，局部黏附红色物质；后保险杠缺失；右后轮轮胎见一“一”字形破口，长 10 cm；左右后轮均向前移位。

3. 丙车

牵引车车辆识别代号为 ××××，半挂车车架钢印号为 ××××。

前保险杠局部缺损，余部见大面积刮擦痕迹伴弯折变形，受力方向从前向后，表层红色涂层呈减层，局部黏附白色物质；前号牌见刮擦痕迹伴弯折变形，表层黄色、黑色物质呈减层；右前轮向后移位；前照灯均破损；前面板见撞击、刮擦痕迹，表层红色涂层呈减层，局部见多个洞穿孔洞；前风窗玻璃碎裂；驾驶室向后压缩变形。

牵引车与半挂车人为分离；半挂车后下部防护装置大部缺失，残余部分见刮擦痕迹伴向前弯折变形，受力方向从后向前，表层红色物质呈减层，局部黏附其他红色物质；半挂车平板上侧后部见散落大量玻璃碎片；后侧灯具破损、脱位。

4. 丁车

牵引车车架钢印号为 ××××，半挂车车架钢印号为 ××××。

驾驶室与牵引车分离，驾驶室前面板大部缺损，残余部分见刮擦痕迹，局部呈横向，表层红色涂层呈减层；前风窗玻璃碎落；前保险杠缺失，前保险杠后侧防撞横梁向后弯折变形，冷凝器见撞击痕迹伴弯折变形，局部撕裂；牵引车前部车架弯折变形，受力方向从前向后。

5. 道路交通事故现场图及现场照片

现场道路南北走向，事故现场位于道路东半幅，甲、乙、丙、丁四车在相同车道内，按甲、乙、丙、丁顺序从北向南依次排列，相邻两车首尾相接，其中乙车车体严重变形。

（二）分析说明

根据甲、乙、丙、丁四车所检见的痕迹，从痕迹所处部位、形态、附着物、受力方向、碰撞力度以及痕迹形成机理等方面比对、分析，再结合道路交通事故现场图及现场照片所示情况综合判断，符合甲车半挂车后侧与乙车正面、乙车后侧与丙车牵引车正面、丙车半挂车后侧与丁车牵引车正面发生碰撞所形成的特征。

（三）鉴定意见

豫 N-Y××× 挂华宇达牌重型普通半挂车后侧与沪 C-××× 江淮牌小型轿车正面、沪 C-××× 江淮牌小型轿车后侧与沪 D-××× 陕汽牌重型半挂牵引车正面、沪 G-××× 挂通华牌重型集装箱半挂车后侧与豫 P-Q××× 陕汽牌重型半挂牵引车正面发生过碰撞可以成立。

（四）附图

四车现场照片如图 3.1~ 图 3.4 所示。

（a）左前观照

（b）半挂车后观照

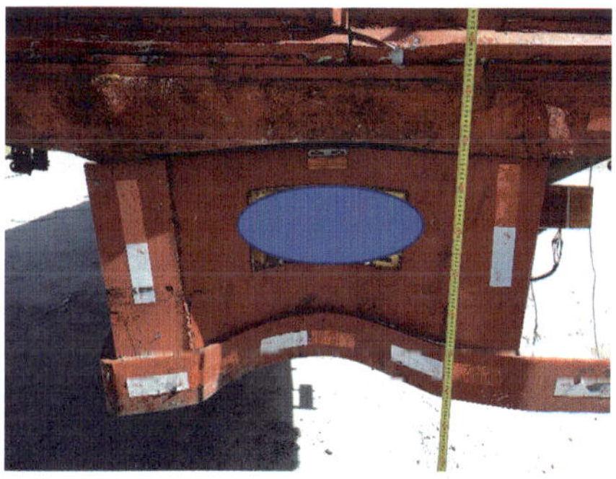

（c）半挂车后侧局部痕迹照

图 3.1　例 3.1 甲车

（a）前观照

（b）正面局部痕迹照

（c）左观照

（d）后观照

（e）后侧局部痕迹照

图 3.2　例 3.1 乙车

（a）牵引车前侧痕迹照

（b）牵引车左后观照

（c）半挂车左后观照

（d）半挂车后侧局部痕迹照

图 3.3　例 3.1 丙车

（a）驾驶室痕迹照

（b）驾驶室痕迹照

（c）前观照

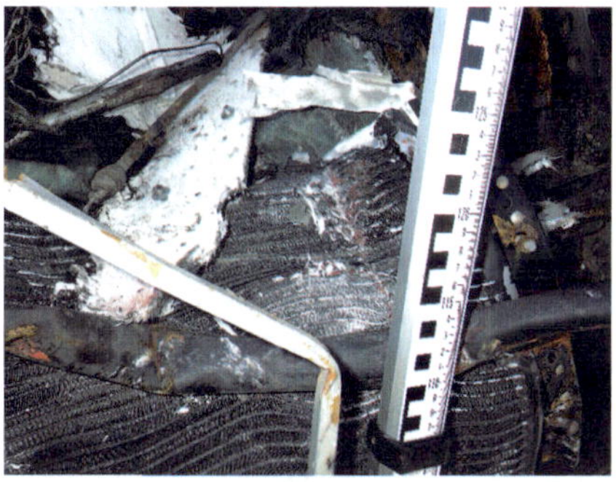

（d）牵引车前侧局部痕迹照

（e）牵引车左后观照

（f）左后观照

图 3.4　例 3.1 丁车

上述案例是典型的道路交通事故车体痕迹鉴定的案例，事故中涉及的车辆达四辆，由于受现场条件的限制和委托方的不同需求，对于四车碰撞的先后顺序没有进行详细的分析，如果需要鉴定此项目，一般需要满足以下条件和搜集相关信息：其一，道路交通事故现场勘验相关信息，特别是地面痕迹的搜集，如果有必要，需要鉴定人对现场进行复堪，发现可以体现车辆运行轨迹的痕迹，包括地面轮胎痕迹及其上的石子等运行的方向、车辆杆件在地面形成的痕迹、散落物的位置及形成的方向、车辆之间相对位置等；其二，车体痕迹勘验，关注车体痕迹的形成顺序，是否存在相互覆盖的情况以及造痕客体的特征性反映；其三，现场附近视频图像的提取和检验，对相关信息进行采集；其四，关注车辆的行车记录仪、GPS、安全气囊模块等车载设备的使用情况和数据搜集；其五，对分析评判有帮助的其他材料。

二、道路交通事故车体痕迹鉴定的步骤

道路交通事故车体痕迹鉴定一般分以下几个步骤：

（1）仔细阅读委托书，并与委托方进行沟通，明确委托要求。

（2）从委托方处获取交通事故发生的过程及其他相关信息，制订痕迹鉴定计划，并确定痕迹勘验的重点和关键。

（3）在涉嫌事故车辆停放点，按照从上向下、从左向右的顺序对涉嫌事故车辆及相关物体进行痕迹勘验和检验，并在痕迹勘验记录表上进行记录，同时拍摄照片，一般拍摄全观照片、部位照片和细目照片三个部分，在拍摄部位照片和细目照片时需要摆放比例尺，并根据需要，依据相关法律法规，对有价值的微量物质（油漆、纤维、生物检材等）进行提取，并根据微量物质的情况选择相应的仪器进行比对检验分析。

（4）根据对涉嫌事故车辆及相关客体物勘验和检验的结果，需要到交通事故现场进行勘验的，要积极与委托方取得联系，及时到事故现场进行勘验。

（5）根据案件的实际情况决定是否邀请其他相关技术人员参与共同鉴定。

（6）根据勘验和检验的结果，结合相关检验分析材料进行综合分析，出具鉴定意见书，不能出具鉴定意见的要向委托方说明原因。

道路交通事故车体痕迹鉴定的鉴定步骤与其他类型的鉴定有一定相同的地方，同时也具有自身的特点，下面举例说明。

例 3.2 20×× 年 ×× 月 ×× 日 ×× 时 ×× 分，行人王 ×× 在某处被碾压。经调查，甲车鲁 H-R××× 解放牌重型半挂牵引车及其拖挂的鲁 H-M××× 挂衢龙牌重型自卸半挂车；乙车鲁 R-A××× 福田牌重型普通货车；丙车鲁 H-R××× 欧曼牌重型半挂牵引车及其拖挂的鲁 H-M×× 挂鲁岳牌重型半挂车；丁车鲁 H-R××× 乘龙牌重型半挂牵引车及其拖挂的鲁 H-××× 挂麒强牌重型自卸半挂车。四车存在肇事嫌疑。委托方要求对甲、乙、丙、丁四车的轮胎花纹与王 ×× 事发时所穿衣物上的疑似花纹印痕形状是否一致进行鉴定。

根据 GA/T 1087—2013《道路交通事故痕迹鉴定》，并参照 GA 41—2014《道路交通事故痕迹物证勘验》的有关条款及鉴定方法，对甲、乙、丙、丁四车的轮胎花纹形状及委托方提供的王 ×× 事发时所穿衣物上的疑似花纹痕迹进行检验、比对。

（一）检验所见

1. 王 ×× 事发时所穿衣物

1）外上衣

一件灰黑相间、带黑色毛领的冬装外套。该外套左肩袖接缝、左衣袖后侧接缝处已裂开，露出内部白色填充物。该外套多处黏附泥灰、血迹及其他组织物，其中以背部、右衣袖为著。该外套右衣袖前侧距袖口 0 cm~50 cm 范围见顺向排列的规则轮胎胎肩花纹印痕，其中有三处较为明显的胎肩花纹缺口形成的方形印痕，该印痕下侧见四条平行的

胎肩周向印痕线，其中下侧的两条间隔较小。

具体印痕的排列尺寸如图 3.5 所示。

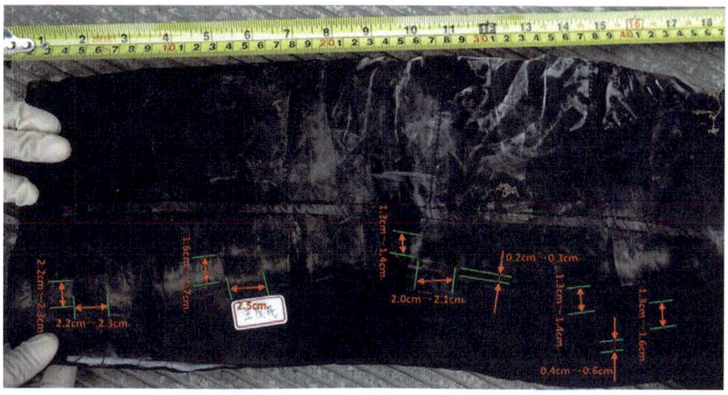

图 3.5　印痕的排列尺寸

2）外裤

一条深灰色外裤，黑色针扣皮带。该外裤多处见挫磨痕迹，局部黏附泥灰，左裤腿后侧中部偏上部位见挫磨痕迹，局部破损。右裤腿内侧裤缝下端处见一处范围为 17 cm × 16 cm 的块状轮胎印痕。

具体印痕轮廓的排列尺寸如图 3.6 所示。

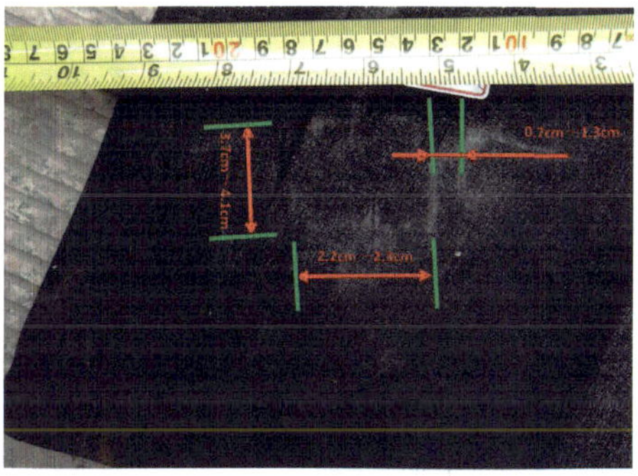

图 3.6　印痕轮廓的排列尺寸

2. **甲车**

牵引车车架钢印号为 ××××，半挂车车架钢印号为 ××××。

车辆共六轴，第一、二轴车轮均为单胎，第三、四、五、六轴车轮均为双式车轮（双胎）。经比对分析，车辆各轴所装轮胎花纹均与王 ×× 事发时所穿衣物上的轮胎花纹印痕不一致。

3. **乙车**

车架钢印号为 ××××。

车辆共两轴，第一轴车轮均为单胎，第二轴车轮均为双胎。经比对分析，车辆各轴所装轮胎花纹均与王 ×× 事发时所穿衣物上的轮胎花纹印痕不一致。

4. **丙车**

牵引车车架钢印号为 ××××，半挂车车架钢印号为 ××××。

车辆共六轴，第一、二轴车轮均为单胎，第三、四、五、六轴车轮均为双胎。经比对分析，车辆第三轴左［如图 3.7（a）］、右侧内、外轮轮胎、第四轴右侧内、外轮轮胎［如图 3.7（b）］、第六轴右侧外轮轮胎花纹与王 ×× 事发时所穿外裤上轮胎花纹［如图 3.7（c）］形状在轮廓上较为近似，其中第三轴左、右侧内、外轮轮胎与第六轴右侧外轮轮胎为同一品牌规格轮胎。

（a）丙车第三轴左侧车轮轮胎花纹

（b）丙车第四轴右侧车轮轮胎花纹

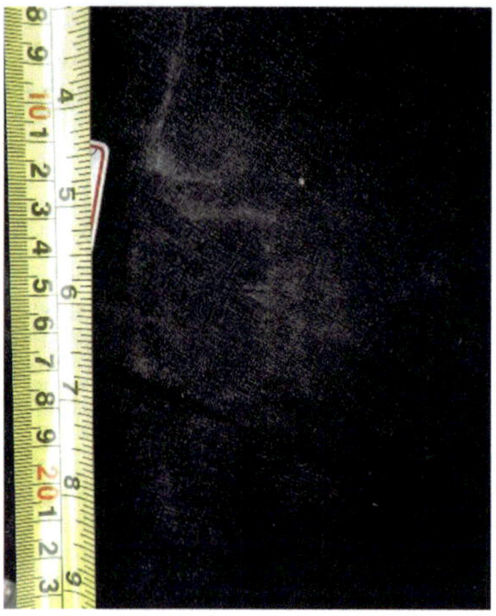

（c）王 ×× 外裤上轮胎花纹形状

图 3.7　比对情况

车辆各轴所装其他轮胎花纹均与王 ×× 事发时所穿衣物上的轮胎花纹印痕不一致。

5. **丁车**

牵引车车架钢印号为 ××××，半挂车车架钢印号为 ××××。

车辆共六轴，第一、二轴车轮均为单胎，第三、四、五、六轴车轮均为双胎。经比对分析，车辆第六轴左（如图 3.8）、右侧内、外轮轮胎胎肩花纹与王 ×× 事发时所穿外上衣上轮胎胎肩花纹形状近似一致。

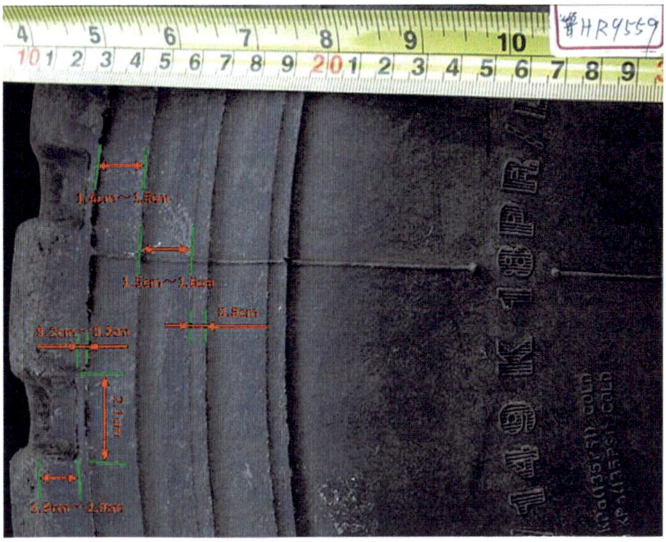

图 3.8　丁车第六轴左侧轮胎胎肩花纹形状

车辆各轴所装其他轮胎花纹均与王 ×× 事发时所穿衣物上的轮胎花纹印痕不一致。

（二）分析说明

根据对委托方提供的王 ×× 事发时所穿衣物上的疑似花纹痕迹与甲、乙、丙、丁四车轮胎花纹进行检验、比对分析，丁车第六轴左、右侧内、外轮轮胎胎肩花纹与王 ×× 事发时所穿外上衣上轮胎胎肩花纹形状在轮廓、尺寸上近似一致，其他车轮轮胎花纹均与王 ×× 事发时所穿衣物上的轮胎花纹印痕不一致；丙车第三轴左、右侧内、外轮轮胎、第四轴右侧内、外轮轮胎、第六轴右侧外轮轮胎花纹与王 ×× 事发时所穿外裤上轮胎花纹形状在轮廓上较为近似，其他车轮轮胎花纹均与王 ×× 事发时所穿衣物上的轮胎花纹印痕不一致。甲乙两车车轮轮胎花纹均与王 ×× 事发时所穿衣物上的轮胎花纹印痕不一致。

（三）鉴定意见

鲁 H–R××× 欧曼牌重型半挂牵引车及其拖挂的鲁 H–M×× 挂鲁岳牌重型半挂车第三轴左、右侧内、外轮轮胎、第四轴右侧内、外轮轮胎、第六轴右侧外轮轮胎花纹与王 ×× 事发时所穿外裤上轮胎花纹形状在轮廓上较为近似。鲁 H–R××× 乘龙牌重型半挂牵引车及其拖挂的鲁 H–××× 挂麒强牌重型自卸半挂车第六轴左、右侧内、外轮轮胎胎肩花纹与王 ×× 事发时所穿外上衣上轮胎胎肩花纹形状在轮廓、尺寸上近似一致。鲁 H–R××× 解放牌重型半挂牵引车及其拖挂的鲁 H–M×× 挂衢龙牌重型自卸半挂车与鲁 R–A××× 福田牌重型普通货车车轮轮胎花纹均与王 ×× 事发时所穿衣物上的轮胎花纹印痕不一致。

（四）附图

四车现场照片如图 3.9~ 图 3.12 所示。

（a）前观照　　（b）后观照

图 3.9　例 3.2 甲车

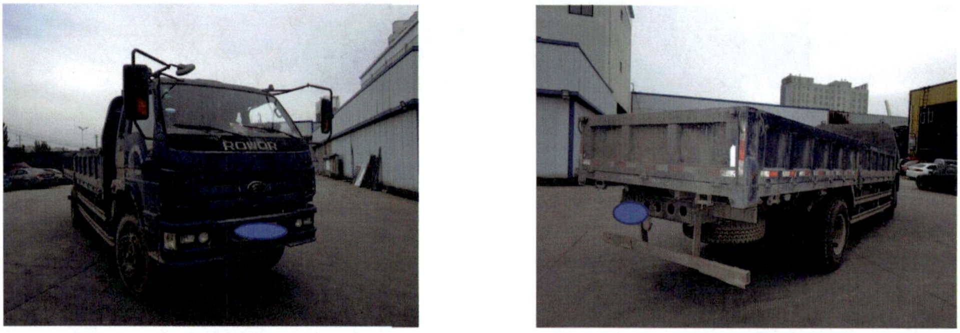

（a）前观照　　（b）后观照

图 3.10　例 3.2 乙车

（a）前观照　　（b）后观照

（c）第三轴左侧轮胎花纹照　　（d）第三轴右侧轮胎花纹照

（e）第四轴右侧轮胎花纹照

（f）第六轴右侧轮胎花纹照

图 3.11　例 3.2 丙车

（a）前观照

（b）后观照

（c）第六轴左侧轮胎照

（d）第六轴左侧轮胎胎肩花纹照

（e）第六轴右侧轮胎照

（f）第六轴右侧轮胎胎肩花纹照

图 3.12　例 3.2 丁车

从上述例子来看，道路交通事故车体痕迹鉴定过程中，需要注意以下几个方面的问题：其一，合同评审过程中要注意委托事项的表述以及轮胎花纹比对，在通常情况下，种属认定的情况比较常见，而要做到同一认定，条件相当苛刻，所以在合同评审时，应注意内容表述的完整性和严密性；其二，在车体痕迹勘验过程中，对涉案车辆的所有轮胎均需要进行检验，且需要拓印和制作样本，一般比对的检材出现在地面、衣物或者人体、当事人携带物品上，所以制作的样本需要与检材具有比对条件，才能更好地说明和解决实际的问题；其三，在分析说明过程中，对所检见的所有痕迹进行说明，并能产生一一对应的关系；其四，在鉴定意见的形成过程中，需要注意与委托事项的对应和关联，不夸大也不缩小，做到客观、简练和准确；其五，附录的照片需要有具体的说明意义，可以体现上述观点和相关关键的痕迹点。

三、道路交通事故车体痕迹鉴定的外延

以道路交通事故车体痕迹为基础，道路交通事故车体痕迹鉴定可以延伸为多种鉴定项目，其中车辆属性鉴定就是其中的一种，且在道路交通事故车体痕迹鉴定中占有很大的比例。这里以车辆属性鉴定为例。

车辆属性鉴定是指鉴定人根据相关鉴定依据，通过对道路交通事故中的涉案车辆的特征、技术参数及其他相关技术条件进行检验、分析，从而作出该涉案车辆的类型、是否符合某种车的定义或者是否符合某种车相关技术标准等且不仅限于以上其中一种的判断。车辆属性鉴定是道路交通事故技术鉴定项目中的一种，也是目前国内开展的道路交通事故技术鉴定机动车检测类项目的重要组成部分，随着科技的进步、环保理念的深入人心以及相关国家政策的推动，新型车辆不断涌现，陈旧车型也不断被淘汰、弃用，车辆属性鉴定的主体内容和外延均得到不断拓展，同时也给车辆属性鉴定带来了新的挑战和诸多不确定性。车辆属性鉴定为道路交通事故处理和责任认定提供了技术支持，《中华人民共和国道路交通安全法》第一百一十九条：“本法中下列用语的含义：……（二）“车辆”，是指机动车和非机动车。（三）“机动车”，是指以动力装置驱动或者牵引，上道路行驶的供人员乘用或者用于运送物品以及进行工程专项作业的轮式车辆。（四）“非机动车”，是指以人力或者畜力驱动，上道路行驶的交通工具，以及虽有动力装置驱动但设计最高时速、空车质量、外形尺寸符合有关国家标准的残疾人机动轮椅车、电动自行车等交通工具。”《道路交通安全法实施条例》的第二章车辆和驾驶人中第一节机动车、非机动车，对机动车和非机动车的登记、号牌管理、报废、特殊车辆标记等相关内容作出规定。相关法律的规定为车辆属性鉴定提供了法律依据，而针对不同车辆，相关的国家标准和行业标准为车辆属性鉴定提供了鉴定依据和技术支撑，与此同时，这些依据某些条款的局限性和生产源头的不可控性，为车辆属性鉴定带来新的发展契机的同时也带来了争议和困扰。本研究对司法鉴定科学技术研究所司法鉴定中心道路交通事故技术鉴定研究室于 2012 年 1 月 ~2016 年 12 月接受委托并出具鉴定意见书的 2005 例车辆属性鉴定实际案例进行统计，并对所获取的数据进行回顾性的分

析，同时结合国内近几年出现的新型车辆的特点，对车辆属性鉴定的鉴定依据、鉴定过程和鉴定方法等主要问题进行研究，归纳鉴定要点和注意事项，为鉴定实践提供参考和思路。

（一）材料与方法

1. 材料

收集司法鉴定科学技术研究所司法鉴定中心道路交通事故技术鉴定研究室2012年1月~2016年12月车辆属性鉴定案例2 005例。收集标准：符合受理条件；被鉴定车辆技术参数明确；出具明确鉴定意见。

2. 方法

收集被鉴定车辆的品牌种类、车轮数量、驱动方式、蓄电池连接方式及输出电压、发动机缸体数量、工作燃料、车架钢印号和发动机钢印号位置、车身外廓尺寸、发动机缸体铸印标识的位置与品牌的关联、鉴定意见与技术参数的关联等信息进行统计，对所获得的数据进行回顾性分析，并对不同车辆类型的鉴定依据、鉴定过程和鉴定方法等进行比对。

车辆属性鉴定按照车轮不同，可以分为独轮车、两轮车、三轮车、四轮车和多轮车；按照驱动方式不同，可以分为人力骑行车辆和动力驱动车辆；按照工作燃料不同，可以分为内燃发动机（汽油、柴油、天然气或者液化石油气等）、电动机和混合动力等；按照标准定义不同，可以分为机动车和非机动车，其中机动车是指由动力装置驱动或者牵引，上道路行驶的供人员乘用或用于运送物品以及进行工程专项作业的轮式车辆，包括汽车及汽车列车、摩托车、拖拉机运输机组、轮式专用机械车及挂车；非机动车是指除机动车以外的其他车辆，一般包括自行车（含人力三轮车）、电动自行车、机动轮椅车及电动轮椅车等；按照使用范围不同，可以分为道路行驶车辆和非道路行驶车辆，其中道路行驶车辆是指根据法律规定可以在道路上行驶的车辆，包括悬挂法定号牌可以在道路上行驶的机动车和非机动车，也包括部分经过申请核准在道路上暂行的厂内机动车辆，而非道路行驶车辆是指在指定区域内从事运输作业和行驶的且不适用于公安部门、农机部门管理的机动车辆，如汽车吊车、液体罐车、工程车、洒水车、装载机、大型翻斗车、大型叉车等厂内机动车辆。

（二）结果

1. 基本情况

司法鉴定科学技术研究所司法鉴定中心道路交通事故技术鉴定研究室2012年1月~2016年12月共出具鉴定意见书10 799份，其中2 005例车辆属性鉴定意见书，约占18.59%。2 005例中两轮车1 251例（占62.39%），三轮车731例（占36.46%），四轮车23例（占1.15%）。电动机共1 168例（占58.25%），内燃发动机共837例（占41.75%），其中2012年度，电动机205例，内燃发动机248例；2013年度，电动机297例，内燃发动机232例；2014年度，电动机315例，内燃发动机146例；2015年度，电动机272例，内燃发动机115例；2016年度，电动机79例，内燃发动机96例。

2. **技术参数**

2 005 例车辆属性鉴定意见书中的车辆均为未悬挂法定号牌车辆。悬挂法定号牌车辆一般不列入鉴定范围，有特殊鉴定需求的除外。由表 3.1 和表 3.2 可知，从品牌种数来看，除去不知厂牌的车辆，电驱动车辆的品牌种类数总和至少为 185 种，而内燃发动机驱动车辆的品牌种类数总和至少为 108 种。从驱动方式和工作燃料来看，电驱动两轮车和电驱动三轮车具有电驱动或者电驱动与人力骑行并存两种驱动方式，其中仅使用电动机驱动的车辆约占 80%；内燃发动机驱动的两轮车和三轮车的工作燃料具有唯一特定性，但种类一般有三种，其中工作燃料为汽油的约占 90%；电驱动四轮车仅具有电驱动方式，而内燃发动机驱动的四轮车工作燃料具有唯一特定性，但种类一般只有两种，其中工作燃料为柴油的约占 95%。

表 3.1　电驱动车辆

类型	品牌种数		驱动方式%	
两轮车	> 110		≥ 1	
	品牌明确	不知厂牌	电驱动	电驱动 + 人力骑行
			80%	20%
三轮车	> 70		≥ 1	
	品牌明确	不知厂牌	电驱动	电驱动 + 人力骑行
			80%	20%
四轮车	> 5		=1	
	品牌明确	不知厂牌	电驱动	
			100%	

表 3.2　内燃发动机驱动

类型	品牌种数		工作燃料%		
两轮车	> 85		=1		
	品牌明确	不知厂牌	汽油	柴油	天然气或者液化气
			90%	5%	5%
三轮车	> 21		=1		
	品牌明确	不知厂牌	汽油	柴油	天然气或者液化气
			90%	7%	3%
四轮车	> 2		=1		
	品牌明确	不知厂牌	汽油	柴油	
			5%	95%	

电驱动车辆鉴定过程中，需要准备的设备、器材工具一般有钢圈尺、游标卡尺、称、万用表、行驶速度测试仪、照相机等；内燃发动机驱动车辆鉴定过程中，需要准备的设备、器材工具一般有钢圈尺、游标卡尺、称、拆检发动机工具套组、行驶速度测试仪、照相机等。不同驱动方式车辆根据委托要求不同，可以按照需要准备相应的设备和器材工具。

3. **分析说明**

对不同驱动方式的车辆采集相应的技术参数后进行分析，对电驱动车辆，一般依据 GB 17761—1999《电动自行车通用技术条件》3 定义和 5 技术要求相关条款，GB/T 12996—2012《电动轮椅车》3 术语和定义以及 5 要求相关条款，SN/T 1658—2005《电动代步车安全技术条件》3 术语和定义以及 4 技术要求相关条款来进行认定。而依据 GB 7258—2012《机动车运行安全技术条件》3 术语和定义，常用 3.1 条款，GA 802—2014《机动车类型 术语和定义》3 术语和定义，常用 3.2 条款，GB 3565—2005《自行车安全要求》3 术语和定义，常用 3.1 条款来排除。对内燃发动机驱动的车辆，一般依据 GB 7258—2012《机动车运行安全技术条件》3 术语和定义、GA 802—2014《机动车类型术语和定义》3 术语和定义和 GB/T 16178—1996《厂内机动车辆安全检验技术要求》3 车辆分类来认定。而依据 GB 12995—2006《机动轮椅车》3 术语、定义和缩略语，GB 17284—1998《汽油助力自行车》（此标准于 2012 年 10 月 30 日被废止）3 术语和定义来排除。

对于特殊车辆，其中具有多种驱动方式的车辆，对收集的技术参数分析时，应对出厂时和出厂后使用过程中的变化进行分析评判；对工作燃料改变的车辆，应对改变前后的区别进行分析评判；对增加驱动方式的车辆，应对增加前和增加后的区别进行分析评判；对仅外廓尺寸和结构改变的车辆，应对关键性技术参数进行分析评判。

4. **鉴定意见**

依据分析说明，不同车辆的车辆属性鉴定意见见表 3.3。

表 3.3 不同车辆的车辆属性鉴定意见对比情况

类型	例数	鉴定意见
电驱动两轮车	509	符合电动自行车定义
		不符合电动自行车技术标准
		出厂时符合电动自行车技术标准
		符合机动车定义
电驱动三轮车	651	符合机动车定义
		经过改装
		经过加装
电驱动四轮车	8	符合机动车定义
		符合电动轮椅车定义

（续表）

类型	例数	鉴定意见
燃油和燃气二轮车	742	属于两轮轻便摩托车
		属于两轮普通摩托车
燃油和燃气二轮车	742	符合机动车定义
		符合汽油助力自行车定义
		经过改装（工作燃料气改油）
		未经过改装
燃油三轮车	80	属于正三轮轻便摩托车
		属于正三轮摩托车
		符合机动轮椅车定义
		符合机动车定义
		符合载货汽车中三轮汽车定义
燃油四轮车	15	符合机动车定义
		符合厂内机动车辆（某种车型）定义
		符合叉车定义
		符合拖拉机运输机组定义
		符合载货汽车中低速载货汽车定义
		符合某种专用机械车定义
		符合某种专用操作平台定义

（三）讨论

本研究中，2012 年 1 月 ~2016 年 12 月，电驱动车辆的委托鉴定量明显多于内燃发动机驱动车辆的委托鉴定量，并且 2014 年形成高峰，而 2016 年出现回落。分析认为，影响此类鉴定的主要因素有以下几个方面：其一，社会需求变化的影响，电驱动车辆具有轻便、快捷、环保等优点，购买电驱动车辆的消费群体增多，从而提高了使用过程中发生道路交通事故的概率；其二，法律法规存在的某些空白影响，因政策上的优惠或者限制，导致电驱动车辆更有发展空间；其三，交通整治专项行动的影响，需要处罚的车辆大部分需要进行司法鉴定来确定其车辆属性，来作为处罚的依据之一，同时经过严格管控治理后，未获取法定号牌的车辆不再出现在道路上行驶，自然鉴定量就出现下滑；其四，诉讼过程中的必要环节影响，在定罪量刑上，必须先确定车辆属性的情况；其五，舆论导向的影响，低速电动四轮车等新生事物的出现，引发全社会关注和热议，导致车辆属性鉴定对象的变化；其六，其他鉴定机构对此类鉴定的分流影响，导致本鉴定中心此类鉴定委托量的减少；其七，社会的进步和发展，新兴多元化的租车服务势必影响车辆类型的转变。

1. **电驱动车辆属性鉴定的主要问题**

本研究结果显示，电驱动车辆的品牌多样，纷乱复杂，其中还包括50%以上没有明确品牌的车辆，而电驱动两轮车的数量最多。未悬挂法定号牌就在道路上行驶，必然带来安全隐患。在车辆属性鉴定过程中，必须对不同车辆存在的主要问题明确化，其中被鉴定的电驱动两轮车存在的主要问题是：其一，不符合电动自行车最高车速应不大于20 km/h 的规定，在实际行驶速度上也几乎完全舍弃 15 km/h 的底线；其二，人力骑行功能不具备，存在出厂时只有脚踏安装孔、脚踏曲柄、齿轮、链条等单一配备，或存在出厂时均配备相关部件，但使用过程中均拆除或者部分拆除，甚至存在出厂时就不配备相关部件；其三，不符合电动自行车电动机额定连续输出功率应不大于 240 W 的规定；其四，不符合电动自行车蓄电池的标称电压应不大于 48 V 的规定；其五，不符合电动自行车整车质量应不大于 40 kg 的规定；其六，不符合电动自行车其他技术要求；其七，不符合电动自行车的定义；其八，不符合电动轮椅车的定义。被鉴定的电驱动三轮车存在的主要问题是：其一，参见上述被鉴定的电驱动两轮车存在的所有问题；其二，具备人力骑行装置，可以实现骑行功能，但不符合自行车和电动自行车的定义。被鉴定的电驱动四轮车存在的主要问题是：其一，参见上述被鉴定的电驱动两轮车存在的所有问题；其二，是否符合纯电动汽车的定义；其三，是否符合其他机动车的定义或者技术要求；其四，关注低速电动车相关标准的制定、发布和国家相关法律法规文件的出台。

2. **内燃发动机车辆属性鉴定的主要问题**

本研究结果显示，内燃发动机车辆中除两轮车的品牌种类较多且存在不知厂牌的情况外，三轮车和四轮车基本品牌明确且比较集中单一。在车辆属性鉴定过程中，被鉴定的内燃发动机两轮车存在的主要问题是：其一，发动机缸体上未检见工作容积铸印标识；其二，发动机工作容积与车身喷涂标识、车辆铭牌排量标识不符合；其三，是否符合机动车中某一种两轮车的相关定义或者技术要求；其四，工作燃料是否发生改变；其五，车架、发动机等主要部件是否经过改装或者更换。被鉴定的内燃发动机三轮车存在的主要问题是：其一，参见上述被鉴定的内燃发动机两轮车除其三以外存在的所有问题；其二，是否符合机动轮椅车的定义或者技术要求；其三，是否符合机动车中某一种三轮车的相关定义或者技术要求；其四，是否符合厂内机动车辆的相关定义或者技术要求。被鉴定的内燃发动机四轮车存在的主要问题是：其一，参见上述被鉴定的内燃发动机三轮车除其三以外存在的所有问题；其二，是否符合机动车中某一种四轮车的相关定义或者技术要求；其三，是否同时具备电驱动和内燃发动机驱动等多种驱动方式。

3. **车辆属性鉴定的鉴定意见表述**

本研究结果显示，电驱动车辆的鉴定意见表述一般有 7 种，而内燃发动机车辆的鉴定意见表述一般有 14 种，其中电驱动两轮车属性鉴定意见表述中存在表述不明的情况，例如，出现表述为“被鉴定的某某车辆不符合电动自行车定义及相关技术标准”的鉴定意见，并未明确被鉴定的电驱动两轮车是电动自行车、电动轮椅车或是其他类型的车，也未明确是机动车还是非机动车。而内燃发动机车辆具有一个明确的鉴定意见。不同驱动方式车辆的鉴定意见表述中，都存在加装和改装的情况，例如，人力三轮车出厂时符合 GB 3565—2005《自行车安全要求》中 3.3 送货车的定义，在使用过程中、发生事故后、鉴定人鉴定时，人力三轮车加装了内燃发动机，且该内燃发动机的工作容积符合机动车中某一种车的相关技术要求，鉴定只能客观描述和记录这种情况，而无法解决事故发生时，当事人采取的是人力骑行还是内燃发动机驱动，所以鉴定意见表述为“被鉴定的某某车辆存在加装或者改装”，而在分析说明里面指出具体加装或者改装的部件。

4. 车辆属性鉴定的思考和建议

本研究结果显示，车辆属性鉴定的鉴定量几乎达到全部鉴定量的 1/5，应引起足够的重视。车辆属性鉴定的整个鉴定过程具有鉴定依据明确；鉴定过程科学规范且参数指标可以量化；分析说明依据相关标准的具体条款对应清晰；鉴定意见基本不存在争议等特点。相对于经验，车辆属性鉴定意见更科学客观，有较强的说服力。但也正是因为这些优势，鉴定过程容易被简单化，也容易滋生消极懈怠的鉴定风气，在此类鉴定过程中，一定要避免发生以下几种情况：其一，仅靠图文资料作出鉴定意见（此处不适用于图文资料里有详细技术参数，且委托方证明来源真实可靠的情况）；其二，将车身上的标识、车辆铭牌或者车辆合格证等的某一些参数单独作为鉴定依据作出鉴定意见；其三，凭经验对外观相同的车辆不经过拆检发动机、测量发动机缸径和活塞工作行程、计算发动机工作容积而鉴定车辆的属性；其四，使用单一的鉴定标准和鉴定方法，进入车辆属性鉴定的误区，存在出具不正确鉴定意见的风险。

综上所述，车辆属性鉴定必须建立在获取被鉴定车辆详细技术参数和相关技术要求的基础之上，且要求鉴定人熟识和掌握相关的法律法规文件以及标准、技术规范、业界大多数专家认可的技术方法手段等，同时需要关注和了解社会科技发展带来的变革，列出鉴定重点，出具科学客观的鉴定意见，更好地为司法实践服务。

第二节　道路交通事故车体痕迹鉴定的鉴定过程

一、道路交通事故车体痕迹鉴定的鉴定依据

目前，我国对于道路交通事故现场、车辆勘验和伤亡人员检验等方面已有一系列较为完备的标准，在道路交通事故鉴定方面发挥着较大的作用。为满足道路交通事故处理中必须对道路交通事故中相关痕迹进行鉴定的需要，道路交通事故车体痕迹鉴定根据不同项目的需要选择适宜的鉴定依据。

例 3.3　20××年××月××日××时××分，一辆广和牌重型专项作业车（以下简称甲车）与上海绿亮电动自行车（以下简称乙车）涉嫌在某处发生事故。委托方要求对甲车与乙车及其当事人是否发生过碰撞进行鉴定。

根据 GA/T 1087—2013《道路交通事故痕迹鉴定》，参照 GA 41—2014《道路交通事故痕迹物证勘验》有关条款及检验方法，对甲乙两车及乙车当事人事发时所穿衣物的痕迹进行检验，并对乙车当事人事发时所穿外套背侧提取的红色、白色附着物（以下简称检材 1），乙车左后视镜支架上提取的红色、白色附着物（以下简称检材 2），乙车右前导流罩上提取的红色、白色附着物（以下简称检材 3），甲车右侧护栏上提取的漆片（以下简称样本 1），乙车左前导流罩上提取的蓝色附着物（以下简称检材 4），乙车左转向把护套左下角提取的蓝色附着物（以下简称检材 5），甲车前保险杠右侧提取的蓝色油漆（以下简称样本 2）及甲车右前门上提取的蓝色油漆（以下简称样本 3）进行微量物质比对检验，并结合提供材料，对甲车与乙车及其当事人是否发生过碰撞作出鉴定意见。

车辆及乙车当事人事发时所穿衣物痕迹检验所见如下。

（1）甲车：车架钢印号为×××。右前门外侧距地高 107 cm 见细条状刮擦痕，表面蓝色涂层局部呈减层，局部黏附黑色物质；右前侧转向灯灯罩距地高 98 cm~104 cm 缺损；前保险杠右侧距地高 54 cm~74 cm 见多处条状刮擦痕，方向不一，表面蓝色涂层呈减层；右前轮外侧胎侧见 10 cm×5 cm 擦痕，表面黑色物质呈减层，局部黏附污垢，该痕迹形成方向与地面呈平行位置时距地高 64.5 cm~69.5 cm；右侧护栏距地高 42 cm~77 cm、距其前端 7 cm~208 cm 范围内见刮擦痕，表面红色和白色涂层局部呈减层，多处黏附黑色物质，其中距地高 42 cm~52 cm、距其前端 70 cm~208 cm 范围内见片状泥灰擦拭痕，表面红色和白色涂层局部呈减层，局部黏附黑色物质。

（2）乙车：电机号为×××。车身左侧检见多处倒地挫印痕；右后视镜缺失；右前导流罩缺损，其外侧距地高 50 cm~67 cm 见刮擦痕，表面黑色涂层局部呈减层，多处黏附红色和白色物质；左后视镜缺失，其支架距地高 105 cm 见黏附红色和白色物质；左转向把护套距地高 91 cm~92 cm 见擦痕，局部黏附蓝色物质；左前导流罩缺损，其中距地高

56.5 cm~58 cm 见刮擦痕，表面黑色涂层局部呈减层，局部黏附蓝色物质；左前减震器距地高 32 cm~37 cm 见表面污垢剥离；前轮挡泥板左前部缺损；其他各部均未检见异常痕迹。

（3）乙车当事人事发时所穿衣物：黑色羽绒外套，背侧距其下缘 0 cm~39 cm 见擦挫痕，延伸至左肩后侧，局部挫碎，其中距其下缘 12 cm~35 cm 见黏附红色和白色物质；长裤臀部距其下缘 40 cm~87 cm 见挫痕，局部挫碎。

微量物质比对检验如下。

经检验并结合显微镜观察，发现检材 1 附着物有红色和白色两种，其中红色附着物为两层，即一层为红色，另一层为白色；白色附着物为单层。检材 2 附着物有红色和白色两种，均为单层。检材 3 附着物有红色和白色两种，均为单层。样本 1 漆片有两层，第一层为白色；第二层为红色。经相互比较检验发现，检材 1 红色附着物的红色层、检材 2 红色附着物、检材 3 红色附着物与样本 1 漆片第二层红色油漆的颜色一致；检材 1 白色附着物及红色附着物的白色层、检材 2 白色附着物、检材 3 白色附着物与样本 1 漆片第一层白色油漆的颜色一致。

经傅里叶变换红外光谱仪检验，检材 1 红色附着物的红色层、检材 2 红色附着物、检材 3 红色附着物与样本 1 漆片第二层红色油漆的红外光谱均一致；检材 1 白色附着物及红色附着物的白色层、检材 2 白色附着物、检材 3 白色附着物与样本 1 漆片第一层白色油漆的红外光谱均一致。

经扫描电镜 / x 射线能谱仪检验，检材 1 红色附着物的红色层、检材 2 红色附着物、检材 3 红色附着物与样本 1 漆片第二层红色油漆中均检出碳、氧、铝、硅、硫、钡、钛和铁等主要元素；检材 1 白色附着物及红色附着物的白色层、检材 2 白色附着物、检材 3 白色附着物与样本 1 漆片第一层白色油漆中均检出碳、氧、铝、硅和钛等主要元素。

经检验并结合显微镜观察：检材 4 附着物为蓝色，质韧；检材 5 附着物为蓝色，量少，呈颗粒状；样本 2 油漆为蓝色，单层，质较韧；样本 3 油漆为蓝色，单层，质较韧。经相互比较检验发现，检材 4 与样本 2 颜色相似，质地不同；检材 5 与样本 3 颜色相似，质地不同。

经红外光谱仪检验，检材 4 蓝色附着物与样本 2、样本 3 蓝色油漆的红外光谱不同；检材 5 蓝色附着物与样本 2、样本 3 蓝色油漆的红外光谱不同；样本 2 与样本 3 蓝色油漆的红外光谱一致。

根据以上检验结果，经综合分析，鉴定人认为：检材 1 红色附着物的红色层、检材 2 红色附着物、检材 3 红色附着物与样本漆片第二层红色油漆的颜色一致、红外光谱一致，检出的主要元素一致，两者是同种类油漆；检材 1 白色附着物及红色附着物的白色层、检材 2 白色附着物、检材 3 白色附着物与样本漆片第一层白色油漆的颜色一致、红外光谱一致，检出的主要元素一致，两者是同种类油漆。检材 4 蓝色附着物与样本 2 蓝色油漆的外观特征不同，红外光谱不同，两者不是同种类物质；检材 5 蓝色附着物与样本 3 蓝色油漆的外观特征不同，红外光谱不同，两者不是同种类物质。

乙车当事人尸体检验所见如下。

尸长 154 cm；胸前区散在擦挫伤；左臀部青紫，范围 4 cm × 1 cm，局部波动感，范围 15 cm × 15 cm；骨盆扪及骨折；左大腿内上方青紫，范围 12 cm × 6 cm；右大腿后上方散在擦挫伤。

甲乙两车及乙车当事人事发时所穿衣物所检见的痕迹，结合乙车当事人尸体检验报告书中所述的损伤情况及微量物质比对检验的结果分析，符合乙车及其当事人在向左倒地过程中和倒地后，其左前部和右侧前部及乙车当事人身体与甲车右侧护栏相碰撞形成的特征，但乙车及其当事人在倒地前是否与甲车右侧前部发生过碰撞进行判断的依据不足。

本例鉴定是重新鉴定，争议的焦点是乙车及其当事人在倒地前是否与甲车右侧前部发生过碰撞，第一次鉴定认定乙车倒地前其前轮左侧与甲车右前轮外侧发生碰撞致其倒地，但从痕迹的特征和甲乙两车行进的方向分析，甲车右前轮外侧的擦痕与乙车前轮左侧相碰擦在角度、痕迹特征等方面均难以印证，甲车右前门外侧的细条状擦痕及前保险杠右侧的擦痕，在附着物、痕迹特征等方面均不能反映乙车车身部件、附件为其造痕体，因而认定乙车及其当事人在倒地前是否与甲车右侧前部发生过碰撞进行判断的依据不足。

所以，进行此类鉴定时，一定要在发现痕迹的基础上，重点分析痕迹的特征，并结合微量物质比对检验，对车辆的碰撞形态进行鉴定。

例 3.4　20×× 年 ×× 月 ×× 日，一辆宝马轿车（以下简称甲车）与一辆未见悬挂号牌旭申电驱动二轮车（以下简称乙车）在某处发生事故，造成乙车当事人死亡。事发时，乙车当事人的交通行为方式（骑行或者推行）不明，委托方要求对乙车当事人的交通行为方式（骑行或者推行）进行鉴定。

根据 GA/T 1087—2013《道路交通事故痕迹鉴定》、GA/T 944—2011《道路交通事故机动车驾驶人识别调查取证规范》及 SF/Z JD 0101001—2016《道路交通事故涉案者交通行为方式鉴定》，参照 GA 41—2014《道路交通事故痕迹物证勘验》标准有关条款及检验方法，对甲乙两车的痕迹进行检验。

车辆痕迹检验所见如下。

（1）甲车：车辆识别代号为 ×××。前风窗玻璃以距其左边缘 6 cm、距其下缘 41 cm 为中心见放射状碎裂；左后视镜断裂缺失；左前照灯灯罩缺损；左前翼子板后部凹陷变形；车身左侧距地高 31 cm~103 cm、距车前端 15 cm~253 cm 范围内见撞击刮擦痕，表面银色涂层局部呈减层，局部黏附黑色和红色物质；前保险杠距地高 55 cm 以下、距车左端 0 cm~68 cm 范围内见撞击刮擦痕，表面银色涂层局部呈减层，局部黏附黑色物质和铁锈。

（2）乙车：电机号为 ×××。后视镜缺失；仪表台脱位，呈悬吊状；前轮变形；右前减震器变形；车身饰罩大面积缺失，残留部分颜色为黑色。

乙车当事人尸表检验所见如下。

尸长 170 cm，顶枕部在 9 cm×9 cm 范围内见多处片状头皮擦挫伤，额面部在 16 cm×12 cm 范围内见散在多处片状皮肤擦挫伤。双侧肋骨扪及多发性骨折，骨盆扪及骨折，左髂部在 8 cm×2 cm 范围内见点、片状皮肤擦伤，右髂部见 3.5 cm×2.5 cm 皮肤擦挫伤，右臀部见 6 cm×2.5 cm 皮肤擦伤。双侧胸腔穿刺见血性液体。左手虎口周围见 3 cm×2 cm 皮肤青紫伴 1 cm×0.6 cm 皮肤擦伤，左手食指掌指关节处见 1 cm×0.5 cm、0.3 cm×0.3 cm 皮肤擦伤，左大腿中上段外后侧见 20 cm×12 cm 皮肤擦挫伤其内伴一长 9 cm 已缝合创，左小腿下段内侧见 7 cm×5 cm 点、片状皮肤擦挫伤。右手腕尺侧见

4 cm × 2 cm 皮肤擦伤，右手中、食指掌指关节处见 4 cm × 4 cm 皮肤青紫；右膝部外侧见 2 cm × 1.5 cm、1 cm × 0.4 cm 皮肤擦伤，右膝部内下方见 1 cm × 0.3 cm 皮肤擦伤，右腘窝见 2.5 cm × 1 cm 皮肤擦伤，右胫腓骨下段骨折处见环状擦挫伤。右小腿胫、腓骨下段扪及骨折，右小腿下段见散在条、片状皮肤擦挫伤，右外踝见 3 cm × 1 cm 皮肤擦伤。

甲乙两车所检见的痕迹，结合乙车当事人尸体检验报告书综合分析，符合甲车正面左部先与乙车右侧前部发生碰撞，然后乙车右侧（含其当事人）再与甲车左侧相碰撞形成的特征。

根据乙车当事人右小腿下段及右踝部的损伤形态、损伤程度，结合委托人提供的现场照片、现场图、车辆检验照片等材料，认为乙车当事人右小腿下段及右脚踝部的损伤符合钝性外力作用所致，其右脚踝处的损伤在甲车和乙车踏板右外侧之间，遭受撞击、挫擦并发生一定程度的旋转时可以形成。

乙车当事人右胫腓骨下段及右踝部的损伤位置偏低，事发时若呈站立行走姿态（位于乙车左侧）与甲车发生碰撞不易形成。

乙车当事人右下肢的损伤，具有环状特征，单面受力难以形成，结合甲乙两车的碰撞形态分析，符合事发时乙车当事人右下肢处于甲乙两车间碰撞、挤压形成的特征，因此乙车当事人呈骑跨乙车姿态可以成立。

本例鉴定的关键有两点：其一，甲车与乙车及其当事人的碰撞过程；其二，乙车当事人右下肢损伤的特征及形成的原因。案例充分说明，判断交通事故中当事人交通行为方式的鉴定，是一个综合判断的过程，是多学科交叉合作的过程。

二、道路交通事故车体痕迹鉴定的鉴定方法

（一）是否与其他车辆发生过碰撞痕迹鉴定的鉴定要点

是否与其他车辆发生过碰撞痕迹鉴定是对发生过碰撞的涉嫌事故车辆与其他客体物（人体、车辆、地面或者其他固定物等）的相关痕迹进行勘验、检验、分析后，从而对涉嫌事故车辆与其他客体物（人体、车辆、地面或者其他固定物等）是否存在相互关系作出判断的鉴定类型。

是否与其他车辆发生过碰撞痕迹鉴定主要分为车与车、车与人、车与其他客体物（地面或者其他固定物等）是否存在相互关系的鉴定。

1）汽车与汽车是否发生过碰撞鉴定的具体要求

（1）按照前侧、左侧、后侧、右侧及上侧的顺序对车顶进行检验，对嫌疑痕迹，以与地距离、与车体左端或者右端距离来固定，同时记录痕迹的形态、走向及物质增减的情况，需要拍摄照片的，应放比例尺拍摄细目照片。

（2）对前、后风窗玻璃进行检验，观察前、后风窗玻璃损坏的形态（破裂、放射状碎裂、不规则碎裂、塌陷状碎裂等），对放射状碎裂，以与地距离或者与其左或右边缘距离、与其上或下缘距离为中心来固定，同时记录碎裂处的受力方向（从外向内、从内向外等）及物质增减的情况，需要拍摄照片的，应放比例尺拍摄细目照片。

（3）有选择地对前围（发动机舱盖）、进气罩、前部灯具、前保险杠、左后视镜、

左侧车门、左侧前后翼子板、驾驶室左踏脚、货厢前侧、货厢左侧、左侧防护栏、左侧轮胎、货厢左侧相邻其他部件、货厢后侧、后部灯具、后保险杠、货厢右侧、右侧防护栏、右侧轮胎、右侧前后翼子板、货厢右侧相邻其他部件、右后视镜、右侧车门、驾驶室右踏脚进行检验。对嫌疑痕迹，以与地距离、与车体左端或者右端距离来固定，若检见的痕迹是凹陷变形，以与地距离、与车体左端（前端）或者右端（后端）距离为中心（cm×cm）见凹陷变形来固定；若检见的痕迹是整体分离痕迹，则描述断离或者缺损，并在现场散落物被搜集的情况下，进行整体分离痕迹比对检验，同时记录痕迹的形态、走向及物质增减的情况，需要拍摄照片的，应放比例尺拍摄细目照片。

（4）根据以上所检见的痕迹，对部位、受力方向及附着物等方面进行比对分析。在痕迹相互印证的情况下，对需要进行微量物质比对检验分析的，进行微量物质比对检验分析，将微量物质比对检验分析的结果与痕迹检验结果相结合，综合判断汽车与汽车是否发生过碰撞。

2）汽车与摩托车是否发生过碰撞鉴定的具体要求

（1）汽车的检验参照1）中（1）~（3）执行。

（2）有选择地对摩托车的左后视镜、前挡风罩、转向把及离合器或者制动把左部（含把套）、仪表台、前导流罩、前照灯、左前减震器、前轮挡泥板、前轮、前保险杠左部（或者左前挡板）、油箱左侧（踏板左侧）、左侧操纵杆及踏板、鞍座左侧、左侧后围、书包架左侧、工具箱前侧、工具箱左侧、工具箱后侧、尾灯、后轮挡泥板、后轮、工具箱右侧、书包架右侧、右侧后围、油箱右侧（踏板右侧）、右侧操纵杆及踏板、前保险杠右部（或者右前挡板）、右后视镜、转向把及离合器或者制动把右部（含把套）、右前减震器等部件进行检验。对嫌疑痕迹，以与地距离来固定，若检见的痕迹是凹陷变形，以与地距离、与车体前端或者后端距离为中心（cm×cm）见凹陷变形来固定，若检见的痕迹是整体分离痕迹，则描述断离或者缺损，并在现场散落物被搜集的情况下，进行整体分离痕迹比对检验，同时记录痕迹的形态、走向及物质增减的情况，需要拍摄照片的，应放比例尺拍摄细目照片。

（3）根据以上所检见的痕迹，对部位、受力方向及附着物等方面进行比对分析。在痕迹相互印证的情况下，对需要进行微量物质比对检验分析的，进行微量物质比对检验分析，将微量物质比对检验分析的结果与痕迹检验结果相结合，综合判断汽车与摩托车是否发生过碰撞。

3）汽车与自行车是否发生过碰撞鉴定的具体要求

（1）汽车的检验参照1）中（1）~（3）执行。

（2）有选择地对自行车的转向把左部（含把套）、左制动把、前照灯、左前保险杠、左前叉、前轮挡泥板、前轮、三脚架左侧、左踏脚、鞍座左侧、书包架左侧（含其支撑杆）、左后叉、车身支撑架、尾灯、后轮挡泥板、后轮、书包架右侧（含其支撑杆）、右后叉、鞍座右侧、右踏脚、三脚架右侧、转向把右部（含把套）、右制动把、右前保险杠、右前叉等部件进行检验。对嫌疑痕迹，以与地距离来固定，若检见的痕迹是凹陷变形，以与地距离、与车体前端或者后端距离为中心（cm×cm）见凹陷变形来固定，若检见的痕迹是整体分离痕迹，则描述断离或者缺损，并在现场散落物被搜集的情况下，进行整体分离痕迹比对检验，同时记录痕迹的形态、走向及物质增减的情况，需要拍摄照片的，应放比例尺拍摄细目照片。

（3）根据以上所检见的痕迹，对部位、受力方向及附着物等方面进行比对分析。在痕迹相互印证的情况下，对需要进行微量物质比对检验分析的，进行微量物质比对检验分析，将微量物质比对检验分析的结果与痕迹检验结果相结合，综合判断汽车与自行车是否发生过碰撞。

4）汽车与电动自行车是否发生过碰撞鉴定的具体要求

（1）汽车的检验参照1）中（1）~（3）执行。

（2）电动自行车的检验参照2）中（2）和3）中（2）执行。

（3）根据以上所检见的痕迹，对部位、受力方向及附着物等方面进行比对分析。在痕迹相互印证的情况下，对需要进行微量物质比对检验分析的，进行微量物质比对检验分析，将微量物质比对检验分析的结果与痕迹检验结果相结合，综合判断汽车与自行车是否发生过碰撞。

5）其他类型车辆之间是否发生过碰撞鉴定的具体要求

参照1）~4）执行。

6）汽车与行人是否发生过碰撞鉴定的具体要求

（1）按照前侧、左侧、后侧、右侧及上侧的顺序对车顶进行检验。对嫌疑痕迹，以与地距离、与车体左端或者右端距离为中心（cm×cm）见凹陷变形来固定，同时记录痕迹的形态、走向及物质增减的情况，着重检验是否有生物检材（血迹、毛发、人体组织等）、衣物纤维及泥灰擦拭痕，注意观察衣物的颜色、形态并与嫌疑痕迹进行比对，需要拍摄照片的，应放比例尺拍摄细目照片。

（2）对前、后风窗玻璃进行检验，观察前、后风窗玻璃损坏的形态（破裂、放射状碎裂、不规则碎裂、塌陷状碎裂等），对放射状碎裂，以与地距离或者与其左或右边缘距离、与其上或下缘距离为中心来固定，同时记录碎裂处的受力方向（从外向内、从内向外等）及物质增减的情况，着重检验是否有生物检材（血迹、毛发、人体组织等）、衣物纤维及泥灰擦拭痕，注意观察衣物的颜色、形态并与嫌疑痕迹进行比对，需要拍摄照片的，应放比例尺拍摄细目照片。

（3）对前围（发动机舱盖）进行检验。对嫌疑痕迹，以与地距离、与车体左端或者右端距离来固定，若检见的痕迹是凹陷变形，以与地距离、与车体左端或者右端距离为中心（cm×cm）见凹陷变形来固定，同时记录痕迹的形态、走向及物质增减的情况，着重检验是否有生物检材（血迹、毛发、人体组织等）、衣物纤维及泥灰擦拭痕，注意观察衣物的颜色、形态并与嫌疑痕迹进行比对，需要拍摄照片的，应放比例尺拍摄细目照片。

（4）有选择地对进气罩、前部灯具、前保险杠、左后视镜、左侧车门、左侧前后翼子板、驾驶室左踏脚、货厢前侧、货厢左侧、左侧防护栏、左侧轮胎、货厢左侧相邻其他部件、货厢后侧、后部灯具、后保险杠、货厢右侧、右侧防护栏、右侧轮胎、右侧前后翼子板、货厢右侧相邻其他部件、右后视镜、右侧车门、驾驶室右踏脚进行检验。对嫌疑痕迹，以与地距离、与车体左端或者右端距离来固定，若检见的痕迹是凹陷变形，以与地距离、与车体左端（前端）或者右端（后端）距离为中心（cm×cm）见凹陷变形来固定；若检见的痕迹是整体分离痕迹，则描述断离或者缺损，并在现场散落物被搜集的情况下，进行整体分离痕迹比对检验，同时记录痕迹的形态、走向及物质交换的情况，着重检验是否有生物检材（血迹、毛发、人体组织等）、衣物纤维及泥灰擦拭痕，注意观察衣物的颜色、形态并与嫌疑痕迹进行比对，需要拍摄照片的，应放比例尺拍摄细目照片。

（5）对行人的损伤情况进行检验，并对行人所穿衣物及所携物品进行检验，对嫌疑部位，以与其足底距离或者距其上、下缘距离来固定，同时记录损伤及痕迹的形态、走向及物质增减的情况，需要拍摄照片的，应放比例尺拍摄细目照片。

（6）根据以上所检见的痕迹，并结合行人的损伤情况（着重检验直接撞击伤），在痕迹与人体损伤相互印证的情况下，对需要进行微量物质比对检验分析的，进行微量物质比对检验分析，将微量物质比对检验分析的结果与痕迹检验结果相结合，从而确定汽车与行人是否发生过碰撞。

7）摩托车与行人是否发生过碰撞鉴定的具体要求

（1）有选择地对摩托车的左后视镜、前挡风罩、转向把及离合器或者制动把左部（含把套）、仪表台、前导流罩、前照灯、左前减震器、前轮挡泥板、前轮、前保险杠左部（或者左前挡板）、油箱左侧（踏板左侧）、左侧操纵杆及踏板、鞍座左侧、左侧后围、书包架左侧、工具箱前侧、工具箱左侧、工具箱后侧、尾灯、后轮挡泥板、后轮、工具箱右侧、书包架右侧、右侧后围、油箱右侧（踏板右侧）、右侧操纵杆及踏板、前保险杠右部（或者右前挡板）、右后视镜、转向把及离合器或者制动把右部（含把套）、右前减震器等部件进行检验。对嫌疑痕迹，以与地距离来固定，若检见的痕迹是凹陷变形，以与地距离、与车体前端或者后端距离为中心（cm×cm）见凹陷变形来固定；若检见的痕迹是整体分离痕迹，则描述断离或者缺损，并在现场散落物被搜集的情况下，进行整体分离痕迹比对检验，同时记录痕迹的形态、走向及物质增减的情况，着重检验是否有生物检材（血迹、毛发、人体组织等）、衣物纤维及泥灰擦拭痕，注意观察衣物的颜色、形态并与嫌疑痕迹进行比对，需要拍摄照片的，应放比例尺拍摄细目照片。

（2）对行人的损伤情况进行检验，并对行人所穿衣物及所携物品进行检验。对嫌疑部位，以与其足底距离或者距其上、下缘距离来固定，同时记录损伤及痕迹的形态、走向及物质增减的情况，需要拍摄照片的，应放比例尺拍摄细目照片。

（3）根据以上所检见的痕迹，并结合行人的损伤情况（着重检验直接撞击伤），在痕迹与人体损伤相互印证的情况下，对需要进行微量物质比对检验分析的，进行微量物质比对检验分析，将微量物质比对检验分析的结果与痕迹检验结果相结合，从而确定摩托车与行人是否发生过碰撞。

8）自行车与行人是否发生过碰撞鉴定的具体要求

（1）有选择地对自行车的转向把左部（含把套）、左制动把、前照灯、左前保险杠、左前叉、前轮挡泥板、前轮、三脚架左侧、左踏脚、鞍座左侧、书包架左侧（含其支撑杆）、左后叉、车身支撑架、尾灯、后轮挡泥板、后轮、书包架右侧（含其支撑杆）、右后叉、鞍座右侧、右踏脚、三脚架右侧、转向把右部（含把套）、右制动把、右前保险杠、右前叉等部件进行检验。对嫌疑痕迹，以与地距离来固定，若检见的痕迹是凹陷变形，以距地距离、与车体前端或者后端距离为中心（cm×cm）见凹陷变形来固定，若检见的痕迹是整体分离痕迹，则描述断离或者缺损，并在现场散落物被搜集的情况下，进行整体分离痕迹比对检验，同时记录痕迹的形态、走向及物质增减的情况，着重检验是否有生物检材（血迹、毛发、人体组织等）、衣物纤维及泥灰擦拭痕，注意观察衣物的颜色、形态并与嫌疑痕迹进行比对，需要拍摄照片的，应放比例尺拍摄细目照片。

（2）对行人的损伤情况进行检验，并对行人所穿衣物及所携物品进行检验，对嫌疑部位，以与其足底距离或者与其上、下缘距离来固定，同时记录损伤及痕迹的形态、走向及物质增减的情况，需要拍摄照片的，应放比例尺拍摄细目照片。

（3）根据以上所检见的痕迹，并结合行人的损伤情况（着重直接撞击伤），在痕迹与人体损伤相互印证的情况下，对需要进行微量物质比对检验分析的，进行微量物质比对检验分析，将微量物质比对检验分析的结果与痕迹检验结果相结合，从而确定自行车与行人是否发生过碰撞。

9）其他类型车辆与行人是否发生过碰撞鉴定的具体要求

参照6）~8）执行。

10）汽车与其他客体物（地面或者其他固定物等）是否发生过碰撞鉴定的具体要求

（1）按照前侧、左侧、后侧、右侧及上侧的顺序对车顶进行检验。对嫌疑痕迹，以与地距离、与车体左端或者右端距离为中心（cm×cm）见凹陷变形来固定，同时记录痕迹的形态、走向及物质增减的情况，需要拍摄照片的，应放比例尺拍摄细目照片。

（2）对前、后风窗玻璃进行检验。观察前、后风窗玻璃损坏的形态（破裂、放射状碎裂、不规则碎裂、塌陷状碎裂等），对放射状碎裂，以与地距离或者与其左或右边缘距离、与其上或下缘距离为中心来固定，同时记录碎裂处的受力方向（从外向内、从内向外等）及物质增减的情况，需要拍摄照片的，应放比例尺拍摄细目照片。

（3）有选择地对前围（发动机舱盖）、进气罩、前部灯具、前保险杠、左后视镜、左侧车门、左侧前后翼子板、驾驶室左踏脚、货厢前侧、货厢左侧、左侧防护栏、左侧轮胎、货厢左侧相邻其他部件、货厢后侧、后部灯具、后保险杠、货厢右侧、右侧防护栏、右侧轮胎、右侧前后翼子板、货厢右侧相邻其他部件、右后视镜、右侧车门、驾驶室右踏脚进行检验，对嫌疑痕迹，以与地距离、与车体左端或者右端距离来固定，若检见的痕迹是凹陷变形，以与地距离、与车体左端或者右端距离为中心（cm×cm）见凹陷变形来固定；若检见的痕迹是整体分离痕迹，则描述断离或者缺损，同时记录痕迹的形态、走向及物质增减的情况，需要拍摄照片的，应放比例尺拍摄细目照片。

（4）对其他客体物（地面或者其他固定物等）进行检验。对嫌疑痕迹，以与地距离来固定，若存在附着物、散落物，以（cm×cm）范围来固定；若检见的痕迹是整体分离痕迹，则描述断离或者缺损，同时记录痕迹的形态、走向及物质增减的情况，需要拍摄照片的，应放比例尺拍摄细目照片。

（5）根据以上所检见的痕迹，对部位、受力方向及附着物等方面进行比对分析，在痕迹相互印证的情况下，对需要进行微量物质比对检验分析的，进行微量物质比对检验分析，将微量物质比对检验分析的结果与痕迹检验结果相结合，综合判断汽车与其他客体物（地面或者其他固定物等）是否发生过碰撞。

11）摩托车与其他客体物（地面或者其他固定物等）是否发生过碰撞鉴定的具体要求

（1）有选择地对摩托车的左后视镜、前挡风罩、转向把及离合器或者制动把左部（含把套）、仪表台、前导流罩、前照灯、左前减震器、前轮挡泥板、前轮、前保险杠左部（或者左前挡板）、油箱左侧（踏板左侧）、左侧操纵杆及踏板、鞍座左侧、左侧后围、书包架左侧、工具箱前侧、工具箱左侧、工具箱后侧、尾灯、后轮挡泥板、后轮、工具箱右侧、书包架右侧、右侧后围、油箱右侧（踏板右侧）、右侧操纵杆及踏板、前保险杠右部（或者右前挡板）、右后视镜、转向把及离合器或者制动把右部（含把套）、右前减震器等部件进行检验。对嫌疑痕迹，以与地距离来固定，若检见的痕迹是凹陷变形，以与地距离、与车体前端或者后端距离为中心（cm×cm）见凹陷变形来固定；若检见的痕迹是整体分离痕迹，则描述断离或者缺损，同时记录痕迹的形态、走向及物质增减的情况，需要拍摄照片的，应放比例尺拍摄细目照片。

（2）对其他客体物（地面或者其他固定物等）进行检验。对嫌疑痕迹，以与地距离来固定，若存在附着物、散落物，以（cm×cm）范围来固定；若检见的痕迹是整体分离痕迹，则描述断离或者缺损，同时记录痕迹的形态、走向及物质增减的情况，需要拍摄照片的，应放比例尺拍摄细目照片。

（3）根据以上所检见的痕迹，对部位、受力方向及附着物等方面进行比对分析。在痕迹相互印证的情况下，对需要进行微量物质比对检验分析的，进行微量物质比对检验分析，将微量物质比对检验分析的结果与痕迹检验结果相结合，综合判断摩托车与其他客体物（地面或者其他固定物等）是否发生过碰撞。

12）自行车与其他客体物（地面或者其他固定物等）是否发生过碰撞鉴定的具体要求

（1）有选择地对自行车的转向把左部（含把套）、左制动把、前照灯、左前保险杠、左前叉、前轮挡泥板、前轮、三脚架左侧、左踏脚、鞍座左侧、书包架左侧（含其支撑杆）、左后叉、车身支撑架、尾灯、后轮挡泥板、后轮、书包架右侧（含其支撑杆）、右后叉、鞍座右侧、右踏脚、三脚架右侧、转向把右部（含把套）、右制动把、右前保险杠、右前叉等部件进行检验。对嫌疑痕迹，以与地距离来固定，若检见的痕迹是凹陷变形，以与地距离、与车体前端或者后端距离为中心（cm×cm）见凹陷变形来固定；若检见的痕迹是整体分离痕迹，则描述断离或者缺损，需要拍摄照片的，应放比例尺拍摄细目照片。

（2）对其他客体物（地面或者其他固定物等）进行检验。对嫌疑痕迹，以与地距离来固定，若存在附着物、散落物，以（cm×cm）范围来固定；若检见的痕迹是整体分离痕迹，则描述断离或者缺损，同时记录痕迹的形态、走向及物质增减的情况，需要拍摄照片的，应放比例尺拍摄细目照片。

（3）根据以上所检见的痕迹，对部位、受力方向及附着物等方面进行比对分析。在痕迹相互印证的情况下，对需要进行微量物质比对检验分析的，进行微量物质比对检验分析，将微量物质比对检验分析的结果与痕迹检验结果相结合，综合判断自行车与其他物体（地面或者其他固定物等）是否发生过碰撞。

13）其他类型车辆与其他物体（地面或者其他固定物等）是否发生过碰撞鉴定的具体要求

参照10）~12）执行。

是否与其他车辆发生过碰撞痕迹鉴定对涉嫌事故车辆与其他客体物（人体、车辆、地面或者其他固定物等）的损坏部位、物质增减等进行检验比对，从而确定涉嫌事故车辆与其他客体物（人体、车辆、地面或者其他固定物等）之间是否存在相互关系。

是否发生过碰撞鉴定主要适用于不知道是否发生过碰撞、且不能确定如何碰撞的鉴定委托。

（二）碰撞形态鉴定的鉴定要点

碰撞形态鉴定是指对发生过碰撞的涉嫌事故车辆与其他客体物（人体、车辆、地面或者其他固定物等）的相关痕迹进行检验分析后，从而对涉嫌事故车辆与其他客体物（人体、车辆、地面或者其他固定物等）碰撞的部位、角度等做出判断的鉴定类型。

碰撞形态鉴定主要分为车与车、车与人、车与其他客体物（地面或者其他固定物等）的碰撞形态鉴定。

1）汽车与汽车碰撞形态鉴定的具体要求

（1）汽车的检验参照（一）中的1）中（1）~（3）执行。

（2）根据以上所检见的痕迹，对部位、受力方向及附着物等方面进行比对分析，从而确定两车什么部位发生过碰撞。

2）汽车与摩托车碰撞形态鉴定的具体要求

（1）车辆的检验参照（一）中的2）中（1）和（2）执行。

（2）根据以上所检见的痕迹，对部位、受力方向及附着物等方面进行比对分析，从而确定两车什么部位发生过碰撞。

3）汽车与自行车碰撞形态鉴定的具体要求

（1）车辆的检验参照（一）中的3）中（1）和（2）执行。

（2）根据以上所检见的痕迹，对部位、受力方向及附着物等方面进行比对分析，从而确定两车什么部位发生过碰撞。

4）汽车与电动自行车碰撞形态鉴定的具体要求

（1）汽车的检验参照（一）中的1）中（1）~（3）执行。

（2）电动自行车的检验参照（一）中的2）中（2）和（一）中的3）中（2）执行。

（3）根据以上所检见的痕迹，对部位、受力方向及附着物等方面进行比对分析，从而确定两车什么部位发生过碰撞。

5）其他类型车辆之间碰撞形态鉴定的具体要求

参照（一）中的1）~4）执行。

6）汽车与行人碰撞形态鉴定的具体要求

（1）汽车的检验参照（一）中的6）中（1）~（4）执行。

（2）对行人的损伤情况进行检验，并对行人所穿衣物及所携物品进行检验。对嫌疑部位，以与其足底距离或者与其上、下缘距离来固定，同时记录损伤及痕迹的形态、走向及物质增减的情况，需要拍摄照片的，应放比例尺拍摄细目照片。

（3）根据以上所检见的痕迹，并结合行人的损伤情况（着重检验直接撞击伤），从而确定汽车与行人哪个部位发生过碰撞。

7）摩托车与行人碰撞形态鉴定的具体要求

（1）摩托车的检验参照 7）中（1）~（2）执行。

（2）对行人的损伤情况进行检验，并对行人所穿衣物及所携物品进行检验。对嫌疑部位，以与其足底距离或者与其上、下缘距离来固定，同时记录损伤及痕迹的形态、走向及物质增减的情况，需要拍摄照片的，应放比例尺拍摄细目照片。

（3）根据以上所检见的痕迹，并结合行人的损伤情况（着重检验直接撞击伤），从而确定摩托车与行人什么部位发生过碰撞。

8）自行车与行人碰撞形态鉴定的具体要求

（1）自行车的检验参照 8）中（1）执行。

（2）对行人的损伤情况进行检验，并对行人所穿衣物及所携物品进行检验。对嫌疑部位，以与其足底距离或者与其上、下缘距离来固定，同时记录损伤及痕迹的形态、走向及物质增减的情况，需要拍摄照片的，应放比例尺拍摄细目照片。

（3）根据以上所检见的痕迹，并结合行人的损伤情况（着重检验直接撞击伤），从而确定自行车与行人哪个部位发生过碰撞。

9）其他类型车辆与行人碰撞形态鉴定的具体要求

参照 6）~ 8）执行。

10）汽车与其他客体物（地面或者其他固定物等）碰撞形态鉴定的具体要求

（1）汽车的检验参照 10）中（1）~（3）执行。

（2）对其他客体物（地面或者其他固定物等）进行检验。对嫌疑痕迹，以与地距离来固定，若存在附着物、散落物，以（cm × cm）范围来固定；若检见的痕迹是整体分离痕迹，则描述断离或者缺损，同时记录痕迹的形态、走向及物质增减的情况，需要拍摄照片的，应放比例尺拍摄细目照片。

（3）根据以上所检见的痕迹，对部位、受力方向及附着物等方面进行比对分析，从而确定汽车与其他客体物（地面或者其他固定物等）哪个部位发生过碰撞。

11）摩托车与其他客体物（地面或者其他固定物等）碰撞形态鉴定的具体要求

（1）摩托车的检验参照 11）中（1）执行。

（2）对其他客体物（地面或者其他固定物等）进行检验。对嫌疑痕迹，以与地距离来固定，若存在附着物、散落物，以（cm × cm）范围来固定；若检见的痕迹是整体分离痕迹，则描述断离或者缺损，同时记录痕迹的形态、走向及物质增减的情况，需要拍摄照片的，应放比例尺拍摄细目照片。

（3）根据以上所检见的痕迹，对部位、受力方向及附着物等方面进行比对分析，从而确定摩托车与其他客体物（地面或者其他固定物等）哪个部位发生过碰撞。

12）自行车与其他客体物（地面或者其他固定物等）碰撞形态鉴定的具体要求

（1）自行车的检验参照 12）中（1）执行。

（2）对其他客体物（地面或者其他固定物等）进行检验。对嫌疑痕迹，以与地距离来固定；若存在附着物、散落物，以（cm×cm）范围来固定，若检见的痕迹是整体分离痕迹，则描述断离或者缺损，同时记录痕迹的形态、走向及物质增减的情况，需要拍摄照片的，应放比例尺拍摄细目照片。

（3）根据以上所检见的痕迹，对部位、受力方向及附着物等方面进行比对分析，从而确定摩托车与其他客体物（地面或者其他固定物等）哪个部位发生过碰撞。

13）其他类型车辆与其他客体物（地面或者其他固定物等）碰撞形态鉴定的具体要求

参照10）~12）执行。

碰撞形态鉴定主要对涉嫌事故车辆与其他客体物（人体、车辆、地面或者其他固定物等）的损坏部位、物质交换等进行检验比对，从而确定涉嫌事故车辆与其他客体物（人体、车辆、地面或者其他固定物等）之间的相互关系。

碰撞形态鉴定主要适用于已发生过碰撞，但不能确定如何碰撞的鉴定委托。

（三）道路交通事故痕迹鉴定相关的其他鉴定类型的鉴定要点

涉嫌事故参与者交通行为方式鉴定对涉嫌事故车辆与其他客体物（人体、车辆、地面或者其他固定物等）的损坏部位、物质增减等进行检验比对的基础上，结合其他相关材料分析，对涉嫌事故参与者的交通行为方式（驾乘关系、骑行或者推行、行人的姿态等）进行鉴定的鉴定类型。

（1）具体方法参照司法部司法鉴定科学技术研究所鉴定技术规范SF/Z JD 0101001—2016《道路交通事故涉案者交通行为方式鉴定》执行。

（2）此类鉴定主要适用于已发生过碰撞，但不能确定涉嫌事故参与者的交通行为方式（驾乘关系、骑行或者推行、行人的姿态等）的鉴定委托。

车架钢印号或者发动机钢印号真伪识别鉴定对涉嫌事故车辆的车架钢印号或者发动机钢印号与登记注册时的车架钢印号或者发动机钢印号拓印进行比对检验、判断是否为同一的鉴定类型。

（1）将涉嫌事故车辆车架钢印号或者发动机钢印号进行拓印，并固定在记录纸上或者摆放比例尺拍照固定，然后与车辆管理单位提供的原始档案中的车架钢印号或者发动机钢印号进行比对检验。

（2）此类鉴定主要适用于判断涉嫌事故车辆是否套牌的鉴定委托。

车速鉴定对涉嫌事故车辆事发前、事发时或者事发后的行驶速度进行鉴定的鉴定类型，车速鉴定是建立在明确涉嫌事故车辆碰撞形态的基础上进行的鉴定。

（1）具体方法参照GB/T 33195—2016和GA/T 1133—2014执行。

（2）此类鉴定主要适用于判断涉嫌事故车辆行驶速度的鉴定委托。

涉嫌事故人员事发时是否行走在人行横道线上、事发时路口信号灯情况鉴定、轮胎检验鉴定等其他鉴定类型，均是建立在明确涉案车辆碰撞形态的基础上进行的鉴定。

道路交通事故痕迹鉴定是道路交通事故技术鉴定中的一种鉴定类型，具有举足轻重的作用。道路交通事故痕迹鉴定的全过程应细致、客观，应严格遵守相关的法律、法规，在不受干扰的情况下独立完成。道路交通事故痕迹鉴定应运用科学的手段和方法，采用先进的技术，配备相应的勘验工具和器材，并注意与其他相关专业的相互配合。受理道路交通事故痕迹鉴定的机构和人员，应具备法定的鉴定资格，取得司法行政机关颁发的《许可证》和《执业证》，能掌握并熟练运用痕迹学、法医学、车辆工程学、力学、交通工程学等相关专业知识。

在进行道路交通事故车体痕迹鉴定过程中，必须遵循以下原则。

（1）成立原则。相关证据均可以相互印证，能确定道路交通事故涉嫌事故方相互逻辑关系的原则，即涉嫌事故车辆与其他客体物（人体、车辆、路面或其他固定物等）发生碰撞构成事故。

（2）排除原则。相关证据均不能相互印证，不能确定道路交通事故涉嫌事故方相互逻辑关系的原则，即涉嫌事故车辆与其他客体物（人体、车辆、路面或其他固定物等）未发生碰撞不能构成双方事故、多方事故或者只能构成单方事故。

（3）以痕迹勘验和检验为核心原则。在众多证据中，以痕迹勘验和检验的结果分析作为分析判断的核心，其他证据材料作为参考和辅助工具。

三、道路交通事故车体痕迹鉴定的鉴定意见

在道路交通事故车体痕迹鉴定中，车辆与行人之间的关系鉴定是比较复杂综合的一种鉴定类型，而车辆碾压人体鉴定是其中较为典型的鉴定，要综合车辆痕迹、人体痕迹特征及现场环境等因素作出综合分析判断，归属于道路交通事故车体痕迹鉴定大类。在鉴定过程中种属认定和同一认定或单独出现或同时出现，这与每个鉴定中委托方所提供材料的充分性及现场勘验是否到位有着密不可分的关系。本节通过实际案例，应用痕迹检验技术，总结出车辆碾压人体鉴定的具体方法及鉴定意见的表述。

（一）材料与方法

1. 案例与检材

例 3.5 20×× 年 ×× 月 ×× 日，邓 ×× 在某处附近涉嫌被一辆货车碾压致死，肇事车辆驶离现场。

例 3.6 20×× 年 ×× 月 ×× 日，一辆重型半挂列车涉嫌在 ×× 处与刘 ×× 发生事故，刘 ×× 死亡。事故现场变动。

以上两起道路交通事故，车辆均移动过，现场条件存在缺陷，委托方均要求对受检车是否碾压过人体（邓 ××、刘 ××）进行鉴定。其中检材为货车、邓 ×× 事发时所穿长裤、邓 ×× 案中涉案轮胎；重型半挂列车、刘 ×× 事发时所穿衣物、刘 ×× 尸体。

2. 方法

1）道路交通事故痕迹检验、鉴定的一般方法

道路交通事故痕迹鉴定是指根据案情需要，对与事故相关的现场、车辆、伤亡人员进行勘验和检验，依据勘验和检验的痕迹进行综合分析，并作出涉案车辆与其他客体物（人体、车辆、路面或其他固定物等）相互关系判断的书面结论的过程。道路交通事故

痕迹包括车体痕迹、人体体表痕迹、路面痕迹、固定物及其他客体物痕迹等，其中车体痕迹是指道路交通事故发生时，遗留在涉案车辆（包括机动车、非机动车和其他车辆）上的一切物质变化，如表面刮擦、几何变形、整体分离、物质增减等；人体体表痕迹是指道路交通事故发生时，遗留在交通事故参与者人体体表（含活体、尸体）和衣物（含其他携带物）上的一切物质变化，如表皮剥脱、体表色变、创伤、畸形（骨折）、附着物及衣物（含其他携带物）破损、附着物等；路面痕迹是指道路交通事故发生时，遗留在现场路面上的一切物质变化，如轮胎的滚印、压印、拖印、侧滑印，擦、挫、划痕，散落物、附着物及液迹（血迹、水迹、油迹或其他不明液迹）等；固定物及其他客体物痕迹是指道路交通事故发生时，遗留在现场固定物（如路灯杆、护栏、树木等）上的一切物质变化，如断裂、缺损、物质的增减等。其他客体物包括动物、飞石等。在进行道路交通事故痕迹鉴定过程中，一般如下进行：

（1）仔细阅读委托书，并与委托方进行沟通，明确委托要求。

（2）从委托方处获取交通事故发生的过程及其他相关信息，简单制订痕迹鉴定计划，并确定痕迹勘验的重点和关键，签订合同。

（3）择机、及时开展痕迹勘验。

（4）对于实物痕迹已经失灭，无法再行勘验和检验的，可以视情况参考生效的先期勘验记录，并以照片为主。

（5）根据痕迹勘验情况，对痕迹的形成与否及接触形态，从部位、形态、受力方向及附着物等方面提出分析意见，并在鉴定意见书中阐明。

（6）鉴定意见必须科学、客观、公正，并以书面形式及时提交给委托方；不能出具鉴定意见的要向委托方说明原因。

2）车辆碾压人体鉴定的方法

（1）车体痕迹勘验。勘验车体痕迹，应记录车辆的唯一性编号或特征。勘验车体上的各种痕迹，包括擦痕、挫痕、划痕、凹陷变形、弯折变形、扭曲变形、缺损、离断及物质交换时产生的加层和减层等，应记录其所处部位、几何尺寸、显现印迹、受力方向及有无物质交换，如需提取交换物质的，应按照相关程序规定进行提取，带回实验室进行比对检验。区别车体上各种痕迹的新旧程度，发现与鉴定所需相关的痕迹，按照从上向下、从左至右的顺序对这些痕迹的形态进行描述和记录。在车辆碾压人体鉴定中，对车体痕迹的勘验尤其要注意车体底盘、车辆轮胎的勘验，寻找具有与软性客体物（如人体）发生接触形成的特征性痕迹，如布纹擦痕、泥灰擦痕等，同时纤维、血迹、组织物等物证也是重点勘验的部分。

（2）人体体表痕迹勘验。勘验人体痕迹，应验明身份；不知名的，应记录体表特征信息。按照从外到里、先衣着后体表的顺序进行。勘验衣着痕迹，包括织纹、擦痕、挫痕、划痕、缺损、物质交换时形成的加层和减层痕迹，并记录痕迹所在的部位、几何尺寸、显现印迹、受力方向及有无物质交换，如需提取交换物质或生物检材的，应按照相关程序规定进行提取、检验。勘验人体体表痕迹，包括表皮剥脱、体表色变、创伤、畸形（骨折）、附着物，并记录所处的部位、几何尺寸、特征性印痕、受力方向等，对需要进行生物检材比对检验的，按照相关程序规定进行提取、检验。在车辆碾压人体鉴定中，对人体体表痕迹的勘验尤其要注意轮胎花纹印痕在衣物或者体表上的表现形式，对几何尺寸、分布排列要进行详细的观察和记录。

（3）路面痕迹勘验。勘验路面痕迹，应确定其在事故现场的位置，设定基准点和基准线勘验轮胎痕迹，应分别勘验轮胎形成的滚印、压印、拖印、侧滑印，分辨轮胎花纹印的特征类型，并记录每条轮胎痕迹在路面上的相对位置。勘验路面其他痕迹，包括人体或其他物体在路面形成的擦痕、挫痕和划痕、散落物、附着物和液迹，记录其在路面上的相对位置，需要进行微量物质及生物检材比对检验的，按照相关程序规定进行提取、检验。在车辆碾压人体鉴定中，对路面痕迹的勘验尤其要注意轮胎花纹在事故现场的表现，对几何尺寸、分布排列及与人体、血迹的相对位置要进行详细的观察和记录。

（4）综合评判。综合车体、人体、路面等痕迹勘验的结果，对存在的有效信息进行过滤，并对有效信息进行选择、花纹比对、重合等分析，从而对车辆与人体之间的关系作出评判。

（二）结果与分析

1. 案例一

（1）受检轮胎（见图 3.13）品牌为 ANLUN 的全钢丝子午线轮胎，生产批号为 3022820122，规格为 9.00R20，型号为 AL68。轮胎已老化，轮胎钢圈局部已生锈。

轮胎胎冠花纹为组合型花纹，胎面总宽为 19.9 cm，两边为基本等距排列的类马齿形凹槽、凹槽尺寸约为 2.0 cm × 2.8 cm，两凹槽间距约为 4.0 cm；中间为三条纵向不等边波浪形凹槽，边长约为 2.1 cm 和 3.8 cm，其中两边的凹槽宽约为 0.5 cm，中间的凹槽宽约为 0.4 cm，凹槽之间的间距约为 3.0 cm。轮胎胎冠局部见约为 17.0 cm × 21.0 cm 不规则剥脱，花纹缺损，钢丝帘线层暴露；胎冠凹槽部位不同程度向周边扩展、造成不规则缺损。

（a）受检轮胎外观照

（b）受检轮胎胎冠花纹照

图 3.13　受检轮胎

（2）某公安局刑事科学技术鉴定中碾压形成的轮胎印迹布长条白布一块，其上印有一个轮胎碾压形成的完整的轮胎印迹（见图 3.14），其长度大于轮胎整圈滚压的长度，能反映整个轮胎的花纹特征。局部伴有另一平行的轮胎印迹。通过实验，将受检轮胎碾压形成的印痕与贵州省铜仁地区公安局刑事科学技术鉴定中碾压的轮胎印迹布上轮胎印痕进行比对，在花纹形态、几何尺寸，排列关系上均相同，是同一个轮胎碾压形成的轮胎印痕。因轮胎印迹布上的胎冠花纹印是案发不久进行现场实验形成，更能真实反映受检轮胎的花纹特征，鉴定人选择其作为样本备检。该轮胎印迹表现为胎面印总宽为19.5 cm，两边为基本等距排列的类马齿形凹槽、凹槽尺寸约为 2.0 cm × 2.8 cm，两凹槽间距约为 3.8 cm；中间为三条纵向不等边波浪形凹槽，边长约为 2.1 cm 和 3.8 cm，其中两边的凹槽宽约为 0.45 cm，中间的凹槽宽约为 0.3 cm，凹槽之间的间距约为 3.8 cm。轮胎印中部局部见不规则空缺。

图 3.14　受检轮胎印迹全观照

（3）邓 × × 事发时所穿长裤（见图 3.15）。颜色为深灰色，已剪过，黏附的血迹已干，形成硬块。拉链扣位于向上 1/3 处。腰间所系皮带于皮带头处齐根断离，末端定位孔套在皮带头定位销上。长裤腰部见干稀泥附着；右裤腿前内侧距其下缘 0.0 cm~19.0 cm、29.0 cm~53.0 cm 范围内见两处间距规则的干稀泥印，其中距其下缘 29.0 cm~53.0 cm 范围内见一组较为清晰、完整的轮胎花纹印，花纹印内布料略有折叠，花纹印两边为基本等距排列的类马齿形凹槽印，凹槽尺寸约为 1.5 cm × 3.3 cm，两凹槽间距约为 3.6 cm，其中位于下侧的凹槽明显，中间为三条纵向不等边波浪形凹槽印，边长约为 2.1 cm 和 3.9 cm，其中两边的凹槽宽约为 0.5 cm，中间的凹槽宽约为 0.35 cm，凹槽之间的间距约为 3.8 cm。该轮胎花纹未检见具有可参考的唯一性特征，也未检见重叠的轮胎印。

图 3.15　邓 × × 事发时所穿长裤花纹印痕照

（4）道路交通事故现场图及交通事故现场勘验笔录（摘要）。现场道路为乡村公路，砂石路面，一般弯。事故路段是上坡路段，坡度为 5%，路面微湿，道路全宽 2.65 m，视距为 50 m。现场有一具男性尸体（见图 3.16）。死者双脚缩卷，其右脚旁边 0.01 m 处有一只脱落在路面上的绿色解放鞋，解放鞋距内坎道路边的距离为 1.6 m。死者的头部紧靠外坎道路的边上，道路外坎与路面的垂直高度为 0.9 m。死者左脚距外路坎边的距离为 0.43 m。死者的右脚胫腓骨骨折，路面上有 0.3 m×1.1 m 的血迹。死者右大腿内侧的外裤上有 0.08 m×0.07 m 的波浪形状的轮胎花纹痕迹，边缘呈“锯齿”形。现场采用三角定位法测量，定位点为道路内坎一窑洞门口外端底部的第一块石头。死者的头部、左脚和右脚距定位点的距离分别为 4.1 m、4.2 m 和 3.2 m。

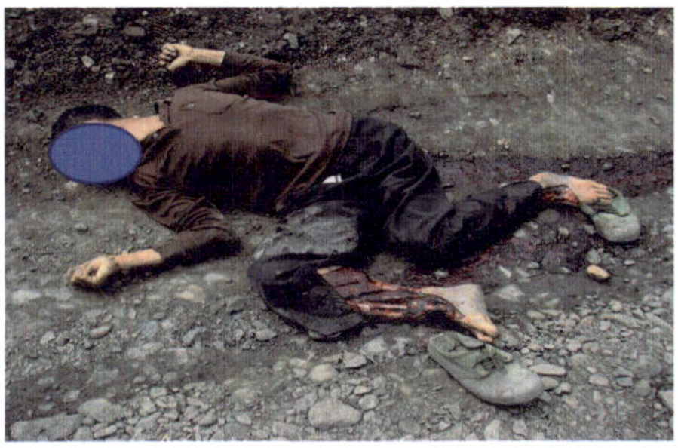

图 3.16　邓 ×× 现场照

（5）邓 ×× 尸体检验报告书（摘要）。上身穿咖啡色长袖扣领 T 恤衫，下身穿灰色西裤，脚穿绿色解放鞋。解放鞋两只分别紧贴左右脚掌，鞋面无碾压痕迹。右裤大腿内侧见 8 cm×7 cm 轮胎压痕。死者头颅未见明显损伤。胸部有 5 cm×3 cm 皮肤擦伤，会阴破裂，右侧睾丸露出体外，盆骨骨折。右小腿沿踝关节上 2 cm 皮肤呈环形断裂，前、内侧 32 cm×8 cm 皮肤裂开，腓肠肌裸露，胫腓骨开放性骨折，右脚掌背侧踝关节至大脚拇指近端皮肤破裂，右大腿内侧 16 cm×13 cm 皮肤擦伤，皮下淤斑；左小腿前侧 13 cm×8 cm 皮肤破裂，比目鱼肌等肌腱外露，左大腿后侧有 22 cm×11 cm 皮肤擦伤。死者邓 ×× 生前因交通事故致疼痛性休克、失血性休克、盆骨骨折、胫腓骨骨折而死亡。

（6）提供材料中的照片。一辆蓝色的货车［见图 3.17（a）］，其右后轮为双轮胎，其内、外轮胎胎冠花纹和另一辆红色的货车［见图 3.17（b）］的左、右前轮胎的胎冠花纹均为横向凹槽，与邓 ×× 裤子上的轮胎花纹印明显不同。右后轮为双轮胎，其内、外轮胎胎冠花纹与邓 ×× 裤子上的轮胎花纹印相似。

（a）蓝色货车轮胎照

（b）红色货车轮胎照

图 3.17　货车轮胎对照

（7）现场照片。面向寨英方向为上坡，邓 ×× 头向右上方倒地呈仰卧状；双下肢弯曲并向右着地，左脚的外侧见干稀泥附着，局部可见类马齿形凹槽印，足背以上见巨大裂创，皮肤向内卷曲，皮瓣形成方向由前向后；右脚的内侧见干稀泥附着，局部可见类马齿形凹槽印，足背以上见巨大裂创；左鞋内侧鞋面局部撕裂、附着血迹；左裤管上段外侧缝线撕开，可见其内大腿皮肤擦伤；左裤管下段外侧见干稀泥附着。

综合以上检验，分析如下：

（1）根据委托方提供的照片，结合道路交通事故现场图及交通事故现场勘验笔录分析，邓 × × 体位是向上坡方向仰面倒地，不排除受到向上坡方向的外力致其倒地的可能性。

（2）邓 × 盆骨、双下肢损伤严重，从其创伤程度、涉及面及现场情况分析，符合遭受重载车辆的并排双轮胎一次碾压形成的特征，碾压时由邓 × × 身体的左部向右部滚动，由此判断车辆的行驶方向为上坡，碾压的轮胎为右后轮的双排轮胎。

（3）邓 × × 事发时所穿长裤检见的轮胎花纹印与受检轮胎形成的轮胎花纹印，在花纹形状、排列规则上具有一般特征上的一致性，虽然其反映的几何尺寸有一定差别，考虑为事发时特定条件下可以形成，但由于邓 × × 事发时所穿长裤所检见的轮胎花纹印缺乏细节性特征的比对条件，因此上述两轮胎印可以认为是同种类花纹轮胎所形成，但缺乏唯一性认定的技术条件。

（4）邓 × × 事发时所穿长裤检见的两个轮胎花纹印，虽然其中一个较为完整，另一个仅为局部印迹，但已经能够反映出其一般性特征与某公安局刑事科学技术鉴定中碾压形成的轮胎印迹布上两轮胎花纹印一致，也与刘 × × 所驾（红色）货车右后轮双排轮胎胎冠花纹的特征一致（见图 3.18）。

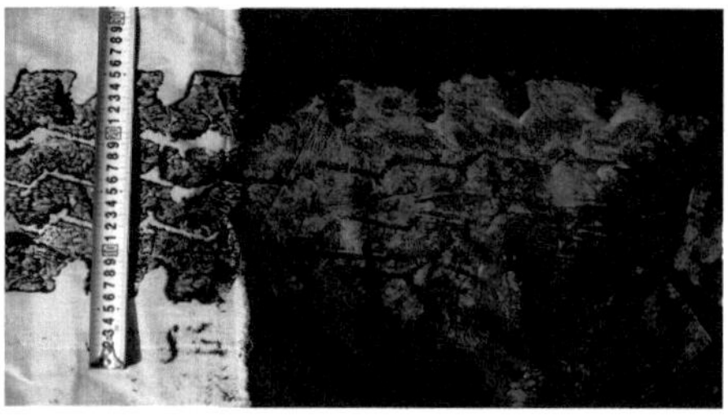

图 3.18　轮胎花纹印痕（印迹布与邓 × × 事发时所穿长裤）比对照

2. **案例二**

（1）受检车辆［见图 3.19（a）］。牵引车车架钢印号为 × × ×，半挂车车架钢印号为 × × ×。

货厢左侧距地高 143 cm~153 cm、距第四轴轴心前方 103 cm~160 cm 范围内见片状泥灰擦拭痕，受力方向从前向后下。第四轴（半挂车第一轴）左侧轮为双轮胎，品牌均为德瑞宝，型号均为 DRB862，规格均为 12R22.5，轮胎胎冠两边花纹均为规则排列马齿状凹槽，凹槽最宽处约为 2.2 cm，长约为 4.2 cm，两个凹槽的间距约为 4 cm~5.5 cm，中间为三条纵向布置的波浪状凹槽，顶端呈乳突状。第五轴（半挂车第二轴）左侧轮为双轮胎，其中外侧轮胎品牌为 Maximpie，型号为 MS600，规格为 12R22.5，轮胎胎冠花纹组合类型及尺寸均与第四轴左侧轮胎相同；内侧轮胎品牌为 ROADLUX，规格为 12R22.5，轮胎胎冠两边为长约 8 cm 的横向曲折状凹槽，凹槽宽约 1.4 cm，两凹槽间距为 3.7 cm~4.8 cm 不等。第六轴（半挂车第三轴）左侧轮为双轮胎，品牌均为双鑫，型号均为 GF766，规格均为 12R22.5，轮胎胎冠花纹均过度磨损，其花纹均为纵向直条布置，胎冠与胎肩结合部（轮胎边缘）未设置凹槽，呈连续状边缘。上述各组轮胎的接地宽度均约为 59 cm［见图 3.19（b）］。

（a）受检车全观照　　（b）受检车左侧后轮外观照

图 3.19　受检车

（2）刘 × × 尸体及其事发时所穿衣物。背部中上侧距足底 143 cm~146 cm 见一处横向 9 cm × 2.5 cm 皮肤擦伤，受力方向从左向右。背部、腰部见大面积条带状表皮剥脱伴皮下出血，其中可见能分辨的四组较为清晰的花纹印痕，四组花纹印痕排列不规则，局部有交叉覆盖；背中部见三处条块状中空型皮下出血，类马齿状，从左上至右下呈线性排列，大小分别为 4 cm × 1.8 cm、3 cm × 2 cm、2.8 cm × 1.6 cm，间距为 3 cm~5.8 cm 不等（下称一号痕）；背下部见 40 cm × 2 cm 条带状横行皮下出血，基本呈水平直线状（下称二号痕）；腰部见 30 cm × 10 cm 条块状皮下出血，从左上至右下呈线性排列，大小分别为 6 cm × 2 cm、7 cm × 2.2 cm、9 cm × 2 cm，间距均为 4 cm（下称三号痕）；右侧腰部另见一枚 3 cm × 2.5 cm 马齿状皮下出血（下称四号痕）［上述见图 3.20（a）］。右大腿畸形肿胀，右大腿下段外后侧见刺创；左小腿下段畸形，有骨擦感。外套为藏青色，领子内侧见男夏训练服字样，袖口绣有“police”字样。背侧偏右距其下缘 41 cm~43 cm 见 1.5 cm × 1 cm 破口；下摆左后部从左向右第二枚金属搭扣左侧边缘向外弯折［见图 3.20（b）］；左袖管后侧距其下缘 9 cm~34 cm 见擦挫痕，局部挫碎。长裤为藏青色，裤长为 109 cm，左、右裤腿内外缝线均崩裂，皮腰带于定位孔处断裂。

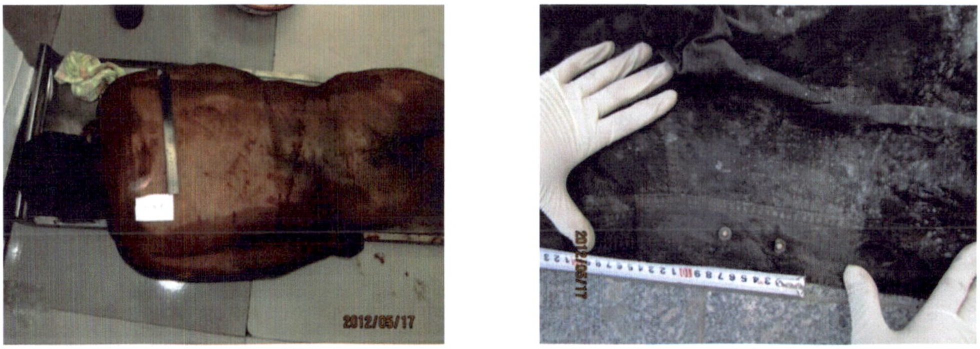

（a）刘 × × 身体后侧花纹印痕照　　（b）刘 × × 外套金属搭扣变形照

图 3.20　刘 × × 尸体及其事发时所穿衣物

（3）道路交通事故现场图及道路交通事故现场勘验笔录。事故地点位于某处距满世运煤线交叉路口 150 m 处，该道路呈南北走向，道路中心无防护栏，该道路为柏油路面，路面宽为 710 cm，现场勘验以道路东侧边缘线为基准线。受检车头北尾南停于道路外东侧土路上，该车第一轴左轮距基准线为 40 cm，第六轴左轮距基准线为 100 cm，该车后方土路上见长 3 450 cm 的弧状轮胎印。刘 ×× 头东北脚西南，呈仰卧姿态，其右脚位于受检车第六轴以南 2 530 cm 处。

（4）刘 ×× 尸体检验报告书（摘要）。体长 187 cm，口腔、鼻腔有泡沫状液体溢出。从左乳下 10.5 cm、右乳下 10 cm 水平位置，至会阴部 47 cm，延伸至两侧大腿上部 58 cm 的范围内，整个胸腹部有大范围、横向走形的、多处条片状表皮剥脱伴皮下出血，右侧胸腔塌陷畸形，盆骨骨折畸形，阴囊青紫肿胀。后背部两肩胛中部距脚跟 142 cm 处有 8 cm×2 cm 表皮剥脱伴皮下出血，整个背部以下及臀部在上下 52 cm 范围有不同程度、横向走形的、条索状表皮剥脱伴皮下出血，其单个条索状表皮剥脱宽约 1.5 cm，条与条之间距离约 4 cm。右前臂后外侧有 29 cm×7.5 cm 表皮剥脱伴皮下出血，整个两腿部有散在、点状表皮剥脱伴皮下出血，右大腿外侧近膝关节处有 3 cm×4 cm 开放性裂创，右股骨中段骨折畸形。

综合以上分析：

（1）刘 ×× 尸体背部中上侧距其足底 143 cm~146 cm 的擦伤，与受检车左侧距第四轴轴心前方 103 cm~160 cm 范围内的片状泥灰擦拭痕，在部位高度、受力方向等方面可以互相印证，不排除刘 ×× 与受检车货厢左侧发生过碰擦的可能性。

（2）刘 ×× 尸体腰背部、臀部［见图 3.21（b）］及下肢的损伤面较大，损伤严重，符合重型汽车双排布置的轮胎碾压所形成的特征，其中所检见的四组较完整的花纹印痕，能反映三种不同花纹轮胎的局部花纹特征。经与受检车第四、五、六轴左侧轮中三种轮胎胎冠花纹［见图 3.21（a）］进行比对，虽然在尺寸上略有差异（与车辆运动、人体体位等因素相关），但在花纹形态、排列和连续性等方面均可以相互印证，其中一号痕和四号痕可以由受检车第四轴左侧轮胎碾压形成，二号痕可以由受检车第六轴左侧轮胎碾压形成，三号痕可以由受检车第五轴左内侧轮胎碾压形成。再结合受检车在现场实施调头和刘 ×× 事发时所穿衣服的痕迹综合分析，符合调头过程的受检车第四、五、六轴左侧轮碾压呈俯卧姿态的刘 ×× 身体形成的特征。

（a）

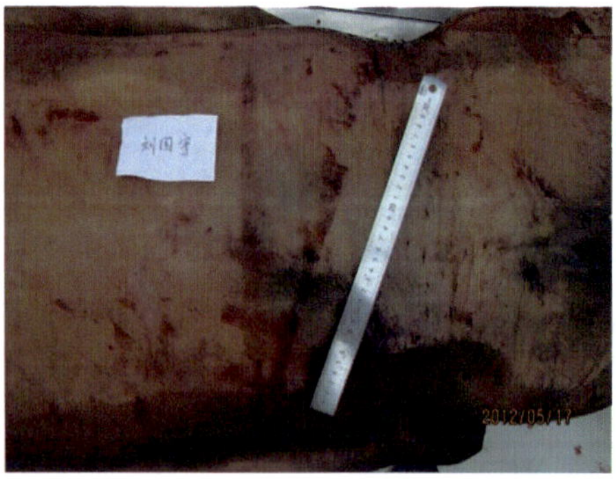

（b）

图 3.21　三组花纹组合的比对照

（三）结论

这是刘××遭受碾压的案件实践工作中车辆碾压人体的经典案例，综合运用了多种痕迹检验鉴定技术及法医学知识。轮胎的检验在车辆碾压人体鉴定过程中占有重要的位置。一般对轮胎的检验分为以下四个方面。

其一，车辆参数特征的检验，包括测量车辆的轴距、轮距、胎面宽度、轮胎直径、最小转弯半径、内轮差、车辆的前悬和后悬等参数。

其二，轮胎花纹特征的检验，一般分为以下几步：第一，检验轮胎的花纹形态特征，观察轮胎花纹形状和花纹块的大小、沟槽深度等；第二，检验轮胎花纹的组合特征；第三，检验几个轮胎痕迹的花纹组合特征；第四，检验轮胎花纹的沟底形态特征。

其三，轮胎胎面磨损特征检验，包括磨损形态的检验，如磨损的部位、形状和类型；磨损程度的检验，包括磨损的面积、磨损量的测量；轮胎磨损与装载、前轮定位、轮胎气压、行驶特点等方面的关系。

其四，轮胎胎面机械损伤特征检验，在地面轮胎痕迹的滚印中，胎面的机械损伤特征具有同一认定的特性。因此，在检验嫌疑车辆的轮胎时，要检验轮胎损伤的类型、损伤部位、损伤程度和形状，进行精确的测量和比对。必要时可以进行路面实验或者进行轮胎胎面花纹的拓印，制作样本进行比对检验。

在对轮胎进行检验的基础上，结合人体损伤特征，综合各种鉴定条件，对车辆与人体之间的关系进行分析，从而作出碾压或者排除碾压的专业判断。

第三节　道路交通事故车体痕迹鉴定的鉴定委托

一、道路交通事故车体痕迹鉴定的委托事项

2016 年 5 月 1 日实施的《司法鉴定程序通则》（以下简称《通则》）中对进一步完善司法鉴定文书规范作出规定。根据鉴定实践的需要，《通则》修订版对鉴定文书的种类、内容、出具等作了进一步完善。《通则》修订版明确，司法鉴定机构决定受理鉴定委托的，应当与委托人签订司法鉴定委托书，并对司法鉴定委托书的内容进行了修改完善；强调司法鉴定机构和司法鉴定人应当按照统一的文本格式制作司法鉴定意见书；增加了对有瑕疵的司法鉴定意见书进行补正的条件和补正措施。在第二章司法鉴定的委托与受理，作出如下规定：

第十一条　司法鉴定机构应当统一受理办案机关的司法鉴定委托。

第十二条　委托人委托鉴定的，应当向司法鉴定机构提供真实、完整、充分的鉴定材料，并对鉴定材料的真实性、合法性负责。司法鉴定机构应当核对并记录鉴定材料的名称、种类、数量、性状、保存状况、收到时间等。

诉讼当事人对鉴定材料有异议的，应当向委托人提出。

本通则所称鉴定材料包括生物检材和非生物检材、比对样本材料以及其他与鉴定事项有关的鉴定资料。

第十三条　司法鉴定机构应当自收到委托之日起七个工作日内作出是否受理的决定。对于复杂、疑难或者特殊鉴定事项的委托，司法鉴定机构可以与委托人协商决定受理的时间。

第十四条　司法鉴定机构应当对委托鉴定事项、鉴定材料等进行审查。对属于本机构司法鉴定业务范围，鉴定用途合法，提供的鉴定材料能够满足鉴定需要的，应当受理。

对于鉴定材料不完整、不充分，不能满足鉴定需要的，司法鉴定机构可以要求委托人补充；经补充后能够满足鉴定需要的，应当受理。

第十五条　具有下列情形之一的鉴定委托，司法鉴定机构不得受理：

（一）委托鉴定事项超出本机构司法鉴定业务范围的；

（二）发现鉴定材料不真实、不完整、不充分或者取得方式不合法的；

（三）鉴定用途不合法或者违背社会公德的；

（四）鉴定要求不符合司法鉴定执业规则或者相关鉴定技术规范的；

（五）鉴定要求超出本机构技术条件或者鉴定能力的；

（六）委托人就同一鉴定事项同时委托其他司法鉴定机构进行鉴定的；

（七）其他不符合法律、法规、规章规定的情形。

第十六条　司法鉴定机构决定受理鉴定委托的，应当与委托人签订司法鉴定委托

书。司法鉴定委托书应当载明委托人名称、司法鉴定机构名称、委托鉴定事项、是否属于重新鉴定、鉴定用途、与鉴定有关的基本案情、鉴定材料的提供和退还、鉴定风险，以及双方商定的鉴定时限、鉴定费用及收取方式、双方权利义务等其他需要载明的事项。

第十七条　司法鉴定机构决定不予受理鉴定委托的，应当向委托人说明理由，退还鉴定材料。

道路交通事故车体痕迹鉴定的委托必须遵守《通则》的相关规定，而同时道路交通事故车体痕迹鉴定又有自身的特殊性，在委托事项上一般包含以下几个内容：其一，车辆痕迹鉴定，包括事发时是否与其他车辆发生过接触、车辆之间是否发生过接触、车辆是否与现场固定物发生过接触等；其二，车辆碰撞形态鉴定，包括车辆之间碰撞的具体部位、多辆车碰撞的顺序、车辆与现场固定物及其他车辆之间碰撞的顺序、车辆碰撞时的状态和角度以及是否存在变道迹象、车辆事发时是处于停止还是行驶状态、车辆事发时是倒车状态还是前行状态、两车是否是尾随碰撞形态等；其三，车辆安全技术状况及与事故的关系鉴定，包括车辆制动系统、转向系统、灯光装置、信号标识、防护装置、轮胎、后视镜及其他与事故有可能相关安全装置事发时的状态及与事故发生之间是否存在因果关系；其四，车辆属性鉴定，包括独轮车、二轮车、三轮车、四轮车及多轮车的车辆类型判断以及与非机动车或者机动车之间的匹配关系；其五，车辆事发时行驶速度鉴定，包括利用地面痕迹、利用视频资料、利用 CDR 记录模块等材料或者利用现场实验的方法获取车辆事发时行驶速度信息的鉴定；其六，车辆事发时进入路口对应的信号灯指示状态的鉴定，包括利用事发路口或附近区域提取的视频资料、利用其他车辆行车记录设备、利用现场有关痕迹等对车辆事发时进入路口对应的信号灯指示状态进行分析计算等；其七，当事人事发时的交通行为方式的鉴定，包括行人事发时的姿态（如站立、站立行走、蹲踞、躺卧等）、非封闭式车辆（如自行车、助力车、摩托车等）当事人事发时处于骑行或者推行的姿态、车辆当事人事发时的位置（驾乘关系）等；其八，根据道路交通事故调查需要、根据起诉、审判需要提出的鉴定，包括现场路面条件是否符合使用要求、现场道路弯道设计是否符合相关标准、起火原因调查、车辆安全气囊是否存在故障等。

道路交通事故车体痕迹鉴定委托事项因其归属司法鉴定范畴问题，一直是讨论的热点，也是鉴定机构和鉴定人需要认真对待和呼吁上层亟待解决的重要问题，其具有以下几个特点：其一，覆盖专业多样化，包括痕迹学、物理学、汽车工程学、化学、法医学、法学、道路安全等多门学科和专业，需要形成一个团队共同完成鉴定工作；其二，执业范围多元化，包括物证类、法医类、声像资料类等，要求鉴定机构是具有多项项目资质综合性鉴定机构；其三，鉴定人队伍参差不齐，人才输入途径狭窄化，包括少部分高校相关专业培养的学生、公安机关、检察机关退休的痕迹类工程师、汽车修理行业工人或者技师、保险定损人员等，而高校目前未单独设置道路交通事故技术鉴定相关专业，大部分痕迹类专业人才从事社会鉴定机构的鉴定人通道狭窄，而汽车工程类专业人才则涌入汽车制造行业较多，专门从事道路交通事故车体痕迹鉴定的法医也非常稀少。下面介绍一下，在委托过程中出现的分包情况流转表如表 3.3 所示。

表 3.3　道路交通事故技术鉴定研究室鉴定材料流转表

本室鉴定意见书文号：司鉴中心 [　] 交鉴字第　号

受理方	刑事技术研究室	法医物证研究室
送检材料（部位、数量、形状等）	□同司鉴中心 [____] 微鉴字第____号鉴定意见书鉴定协议书 □或如下：	□同司鉴中心 [____] 物检字第____号鉴定意见书鉴定协议书 □或如下：
送检交接	□同鉴定协议书 □委托人签名 / 日期： 受理人签名 / 日期：	□同鉴定协议书 □委托人签名 / 日期： 受理人签名 / 日期：
中止 / 检毕处理	□委托人取回 □消耗用尽 □受理方保存____个月后按规定处理	□委托人取回 □消耗用尽 □受理方保存____个月后按规定处理
	委托人签名 / 日期： 受理人签名 / 日期：	委托人签名 / 日期： 受理人签名 / 日期：
备注	委托人取回鉴定材料后的处理： □邮寄返还 邮寄单号： ________________ □入库保存 处理人签名 / 日期：	委托人取回鉴定材料后的处理： □邮寄返还 邮寄单号： ________________ □入库保存 处理人签名 / 日期：

在合同评审过程中，鉴定机构一定要实事求是，根据自身的条件，全面评审本机构鉴定人是否有能力完成委托项目的相关内容，不做超范围执业，也不做能力范围之外的鉴定。

从道路交通事故车体痕迹鉴定目前的形势和发展来看，需要行业内部统一思想，合作共进，开创属于自身发展的专门学科体系和发展目标。

二、道路交通事故车体痕迹鉴定计划的制订

鉴定机构决定受理道路交通事故车体痕迹鉴定相关委托项目以后，《司法鉴定程序通则》有如下规定。

第十八条　司法鉴定机构受理鉴定委托后，应当指定本机构具有该鉴定事项执业资格的司法鉴定人进行鉴定。委托人有特殊要求的，经双方协商一致，也可以从本机构中选择符合条件的司法鉴定人进行鉴定。委托人不得要求或者暗示司法鉴定机构、司法鉴定人按其意图或者特定目的提供鉴定意见。

第十九条　司法鉴定机构对同一鉴定事项，应当指定或者选择二名司法鉴定人进行鉴定；对复杂、疑难或者特殊鉴定事项，可以指定或者选择多名司法鉴定人进行鉴定。

第二十条　司法鉴定人本人或者其近亲属与诉讼当事人、鉴定事项涉及的案件有利害关系，可能影响其独立、客观、公正进行鉴定的，应当回避。司法鉴定人曾经参加过同一鉴定事项鉴定的，或者曾经作为专家提供过咨询意见的，或者曾被聘请为有专门知

识的人参与过同一鉴定事项法庭质证的，应当回避。

第二十一条　司法鉴定人自行提出回避的，由其所属的司法鉴定机构决定；委托人要求司法鉴定人回避的，应当向该司法鉴定人所属的司法鉴定机构提出，由司法鉴定机构决定。委托人对司法鉴定机构作出的司法鉴定人是否回避的决定有异议的，可以撤销鉴定委托。

鉴定机构指派相关鉴定人开展鉴定工作。

鉴定人在接到相关委托指令以后，根据案卷的相关材料，制订鉴定计划。一般情况下，其一，将委托方提供的道路交通事故现场图、现场勘验笔录及其他真实反映现场的相关材料作为鉴定的依据；特殊情况下，鉴定人应对事故现场进行勘验或复核。其二，准备相应的设备和仪器，痕迹勘验一般需要准备卷尺、标签、比例尺、显微设备和光源，车辆安全技术状况检验、鉴定，需要准备制动测试设备和灯光检测设备、转向系统检验设备、举升设备及其他工具套组等。其三，根据案情，对事故车辆车体及相关部件、人体以及与事故有关的物件等与地面接触而遗留在交通事故现场的印迹进行有针对性的检验，标明痕迹形态、方向及其在事故现场中的位置。其四，对涉案车辆的痕迹进行检验。对车辆外观的检验，应遵循正面—左面—后面—右面、先上面后下面的逆时针先上后下的方法，对车体表面的碰撞刮擦痕迹及车体附着物进行检验；根据鉴定需求，对车辆内部进行检验，应遵循从前面向后面，从下面向上面的检验顺序。标明痕迹形态、方向及其在车体上的位置。对在交通事故中与车辆、道路、物体接触，遗留在人体衣着和体表上的印迹进行检验，标明痕迹形态、方向及其在人体或衣物上的位置。其五，对涉案者（一般指行人）事发时所携物品的痕迹进行检验，标明痕迹形态、方向及其位置。对遗留在交通事故现场，能够证明交通事故真实情况的物品或物质进行检验。包括：损坏脱离的车辆零部件、玻璃碎片、油漆碎片、橡胶碎片、车辆装载物、结构性土沙碎块、人体抛落在地面上的穿戴物品和携带物品、人体被分离的器官组织，从其他物体上掉落在地面上的树皮、断枝、水泥及石头碎块等。标明散落物形态及位置，视情况与其他物体进行比对。对在交通事故中形成，黏附在事故车辆、人体、路面及其他物体表面能证明交通事故真实情况的物质进行检验。包括：油漆、油脂、塑料、橡胶、毛发、纤维、血迹、人体组织、木屑、植物枝叶及尘土等微量附着物质。对需要应用微量物证、生物物证等技术进行印证的，应对相关材料进行提取、检验。即时记录检验时间、地点及可能影响检验结果的环境、过程等有关情况。其六，即时记录检验时看到（得出）的状况及参数，要求字迹清晰可辨，涂改规范。签注检验日期和检验员姓名，并按鉴定文书编号相应编号，留存归档。其七，对鉴定中需要进行勘验的痕迹拍照，照相的具体要求参见 GA 50—2014《道路交通事故现场勘验照相》中痕迹勘验照相。照相应用数码相机，相片像素应在 500 万以上，数码信息不得修改，并应及时保存信息归档。

道路交通事故技术鉴定是指以事故车辆为鉴定主体，由具备鉴定资格的专门技术人员，采用科学的技术方法和手段，对委托方提出的鉴定要求，作出鉴定意见的鉴定。汽车是指由动力驱动，具有四个或四个以上车轮的非轨道承载的车辆，主要用于载运人员或货物（物品）、牵引载运货物（物品）的车辆或特殊用途的车辆、专项作业等，还包括与电力线相连的车辆，如无轨电车；整车整备质量超过 400 kg 的不带驾驶室的三轮车辆；整车整备质量超过 600 kg 的带驾驶室的三轮车辆。汽车是由成千上万个零件组成的结构较为复杂的交通工具，汽车的具体构造总体上由发动机、底盘、车身以及电气与电子设备四大部分组成。发动机是汽车的动力装置，一般由机体组、曲柄连杆机构、配气机构、供给系统、冷却系统、润滑系统、点火系统和起动系统组成；而底盘是汽车的基体，一般发动机、车身、电气与电子设备及各种附属设备都安装在底盘上，主要是由传动系统、行驶系统、转向系统和制动系统四大部分组成；车身主要由发动机舱盖、车身外廓及副车架、货车的驾驶舱、货厢以及特殊用途汽车上的特殊作业设备等；电气及电子设备主要是指蓄电池和发电机、发电机点火设备及起动设备、照明和信号装置、仪表、空调、刮水器、音像设备、门窗玻璃的电动升降设备、导航系统、电控燃油喷射、电控点火设备、电控自动变速设备、电子防抱死制动设备、电子驱动防滑设备、车门锁的遥控及自动防盗报警设备等。火灾痕迹，从狭义上讲，是指在火灾现场中，由于烟、热、火焰综合作用在材料上而形成的；从广义上讲，是指在火灾调查过程中，将火灾发生和发展的过程中，由于火灾或者人为的作用等，在物体上留下的印迹称为火灾痕迹。这些印迹是指由于火灾中某种行为或者事件引起的一切宏观和微观的环境和物质变化，检验、鉴定过程中，可以依据这种变化的事实以及客观物质内在的因果关系，分析火灾的过程。汽车火灾鉴定是道路交通事故技术鉴定中的一种较为复杂的鉴定类型，一般来讲，起火点和起火原因是委托方关注的焦点，同时也会关注助燃物，最终是想要解决汽车起火与事故之间关系的问题。引发汽车火灾的原因多种多样，一般可以分为自燃和外界作用造成的燃烧两种，其中自燃或者自发燃烧是一个专门术语，用于描述因材料自身的放热性引发的着火过程。自燃的原因一般由于自然力作用和内部线路老化、接触不良、短路、过负荷等引起的电气故障火灾或者汽车供油系统油品泄漏火灾、汽车排气系统火灾、汽车制动系统火灾、燃气汽车出现漏气点引发的火灾；而道路交通事故中碰撞、人为纵火等也会造成火灾。汽车火灾鉴定就是寻找起火原因与事故关系的鉴定类型，本书将着重论述汽车火灾鉴定的鉴定方法和鉴定过程。鉴定人需要针对委托方提出的鉴定要求，制订相应的鉴定方案，为作出科学客观的鉴定意见提供重要条件。

（一）汽车火灾痕迹勘验

在火灾现场中，火灾痕迹可能展现为由于火灾作用而形成的痕迹、由于人员活动而形成的痕迹、由于自然力的作用而形成的痕迹或者由于电气故障而造成的痕迹，这些痕迹可能是孤立存在的，也可以是相伴而生的，或者是同时出现在一起火灾现场中。火灾作用形成的痕迹是指在火灾发生和发展过程中，由于燃烧、烟熏、热辐射以及由火灾引起的倒塌、碰撞等破坏作用，导致物质发生化学、物理变化而形成的痕迹。依据可燃物的类型和燃烧特性，将火灾分为 A、B、C、D、E、F 六类，即：A 类火灾是指固体物质火灾；B 类火灾是指液体或者可熔化的固体物质火灾；C 类火灾是指气体火灾；D 类火灾是指金属火灾；E 类火灾是指带电火灾，物体带电燃烧的火灾；F 类火灾是指烹饪器具内烹饪物（如动植物油脂）火灾。汽车火灾并不能单纯地归为这六类中的某一类，汽车火灾较为复杂，在汽车火灾现场中，也同样存在以上几种情况，所以在勘验过程中，要特别关注。

1. 方法

1）静态勘验和动态勘验

根据勘验中是否触动现场物品，可将现场勘验分为静态勘验和动态勘验。

静态勘验是指勘验人员在不加触动现场物品的情况下，观察现场物体由于火灾的产生、蔓延和扩大引起的变化，观察各种痕迹的特征、所在位置及相互关系，并对其进行固定和记录。动态勘验是指勘验人员在静态勘验的基础上，对怀疑与火灾事实相关的痕迹、物品等进行翻转、移动的全面勘验、检查，其目的是深入地分析、研究痕迹的形成原因及其对火灾事实的证明作用。

在汽车火灾痕迹勘验过程中，从不增加无关人员活动痕迹和尽可能保护物证的角度出发，一般先进行静态勘验再进行动态勘验。

2）顺序勘验

道路交通事故痕迹鉴定中车体痕迹鉴定勘验时应区别车体上各种痕迹的新旧程度，发现与鉴定所需相关的痕迹，按照从下向上、从左向右的顺序对这些痕迹的位置、形态进行描述和记录。根据勘验的先后顺序不同，汽车火灾痕迹勘验过程中可以按照从前向后、从左向右、从下向上、从外向内的勘验顺序进行。

2. 过程

（1）向当事人了解火灾情况。内容包括时间、地点、行驶状态、天气、最先起火点、起火前有无异常、采取了哪些措施等，注意甄别当事人可能提供的虚假证言。

（2）静态勘验。在不触动现场车辆及物品的前提下围绕车辆进行观察，主要工作为：其一，全面观察车辆的烟痕分布位置和形态；其二，从整体上观察火势的蔓延方向；其三，观察车辆位置、地形及地面有无可燃物烧后残留物及周围树、墙等有没有烟熏、火烤和燃烧的痕迹；其四，车辆有无人为用工具破坏的痕迹；其五，车辆玻璃有无人为破坏碎裂的痕迹；其六，现场有无引燃物和液体燃烧的痕迹；其七，观察起火形成的图形痕迹，特别是“V”形痕迹。

（3）解决上述问题后，拍摄方位照和概貌照进行固定。

（4）动态勘验。是在静态勘验的基础上，鉴定人进入车内，移动车辆部件及物品进行检查。主要工作为：其一，发现隐蔽的、细小的痕迹物证，如残留物、熔珠等；其二，进一步寻找能准确确定起火点、起火物和起火原因的依据；其三，对现场进行重点和细目照相；其四，提取需要进一步检验的物证。

（5）分析评判。根据勘验的结果，结合物证检验的结果进行综合分析，对火灾的原因及与事故之间的关系进行评判。

（6）鉴定意见。对委托方提出的鉴定委托事项作出鉴定意见。一般来讲，汽车火灾鉴定的主要委托事项为汽车火灾起火原因鉴定。

（二）起火点及起火原因分析

1. 起火点判断

在汽车火灾鉴定中，确定起火点是确定起火原因和事件性质的关键，也是火灾鉴定中的一个难点。由于火灾本身的损毁、救火时破坏，自然力的破坏、证人作伪证等因素，往往确定起火部位较为容易，但要确定起火原因，且取得充分的证据，往往极为困难。从企业维权角度看，能查明原因更好，虽然不能查明准确原因，但能排除质量问题，同样可以达到目的。

1）根据火灾烟熏痕迹确定

火灾烟熏痕迹是指物质燃烧过程中产生的游离碳及其他灰烬附着在物体的表面或侵入物体孔隙中形成的一种形态。根据火灾现场烟熏痕迹所在的部位和方向来确定起火点所在的位置，主要是通过大火产生的烟雾遗留在承痕体上的痕迹进行分析。火灾中最能表明起火点的烟熏痕迹为“V”形烟熏痕迹。“V”形痕迹底端一般为起火点。

2）根据燃烧程度确定

燃烧程度严重的地方，大多是起火点的地方。原因在于：燃烧的时间相对比较长；可燃物多或有助燃引火物，有时要通过微量物证分析的一般方法来进行分析。判断燃烧程度的方法是根据常见的不同材料的燃烧特点来进行分析的。在汽车火灾中常见的几种材料是金属、玻璃及木材等。

（1）金属。汽车火灾中金属表面油漆层被烧变化为：变色—裂痕—起泡—碳化—脱落。金属本身的变化为表面氧化变化，主要反映在颜色变化上，一般为红色。强度变化反映为倒塌；弹性变化反映为失去弹性；熔化变形反映为变形、熔化；组织结构变化反映为金相显微镜中的晶格变化。

（2）玻璃。汽车火灾中玻璃的热变形，玻璃不是晶态固体，而是固体液体，无固定熔点，其内部的原子无序排列，将玻璃慢慢升温，玻璃一般在470℃左右开始变形、740℃左右软化，但不流淌，随着温度升高，黏度降低，开始出现流淌现象，在1 100~1 300℃完全融化成液体状态。

（3）木材类。汽车部件中存在木材的一般是内饰，也有可能是遗留在现场的助燃物。由于着火原因复杂，有明火、辐射、传导受热等，基本规律是看炭化层的形态和厚薄。一般情况下，燃烧时间长，炭化层的裂纹较深，较宽，炭块呈波浪状，形成馒头状炭化痕迹。

3）根据火灾蔓延方向确定

火由起火点向外部空间扩展称为蔓延，蔓延也遵循热的辐射、传导、对流三种方式，由温度高处向温度低处扩展。火的蔓延方式是由中心向四周扩展和由一端向另一端扩展。

（1）根据物体烧损的程度确定。一般地，物体烧损重的是迎火面，轻的是背火面。因为迎火面直接与火相接触，而背火面往往通过热的传导会产生性状的变化。

（2）根据物体的倒塌方向确定。火灾现场物体倒塌规律是：上下一样大的可燃物向迎火面倒塌，因为受热均匀，迎火面首先受损；上大下小的向背火面倒塌，重力学原理可以解释这一现象；可燃物先烧的地方先塌陷，先塌陷的地方先烧。

（3）根据短路的熔珠确定。在汽车电气火灾中短路是最常见的故障形态。短路会在电线的端点及地面上形成熔珠。除短路外，高温燃烧也会形成熔珠。要区分不同熔珠的特点，确定是否为一次短路熔珠，一次短路熔珠的部位为短路起火点。

4）通过对火灾残留物的检验确定

对疑为起火点位置的火灾残留物或疑为引火物的物质进行检验分析，主要是对残留物进行实物提取、粘取、刮取等，要注意提取对照样本。

2. 起火原因分析

1）道路交通事故引起的汽车火灾

在道路交通事故中，汽车发生碰撞、侧翻、挫滑、旋转等情况，易导致电气线路发生短路起火，特别是夜间电气系统中灯光装置使用情况下更易于发生此类火灾；易于导致车体油箱、油泵、油管破裂，造成喷油，当遇到发动机高温或电火花时可以起火，甚至可以造成爆炸起火；易于造成运输化学危险物品的起火燃烧；易于造成车内可燃物移位，当遭遇发动机或者排气管高温时起火等。

2）电气故障引起的汽车火灾

电气系统及电气设备是汽车的重要组成部分，也是汽车火灾的主要火源。一般情况下电气线路因汽车的长期使用而出现磨损、开裂及其他形式的损坏，在遭受较强撞击或者行驶过程中，由于与金属导体发生接触或者液体泄漏致使接插部位绝缘性能下降、遭受挤压导致插件松动或者断裂，特别是蓄电池引出线和起动机电缆等未经线路保护装置的线路都容易产生电弧，导致起火；汽车行驶过程中发生振动或者颠簸，导致汽车电气线路与电气连接处松动，从而增大了电阻，因接触不良导致局部过热，甚至接触点松动打火；当电气线路因接入额外功率过大的电气设备导致超过一定负荷时，就会导致导线高温过热而引发火灾；蓄电池与发电机并联共同向汽车用电设备供电，当其发生内部故障和外部故障时容易引起火灾。一般来讲，故障是指蓄电池过度充电、蓄电池外壳破损、蓄电池过热、电解液冰冻膨胀、活性物质在蓄电池底部沉积过多或者蓄电池上放置金属物质、金属导电物落入正负极极板之间等。目前各种新能源汽车的发展，特别是电动汽车的发展，此类汽车火灾事故鉴定应引起更多的关注。

3）机械故障引起的汽车火灾

发动机、制动系统及汽车轮胎是汽车的重要组成部件。当发动机的润滑系统缺油时，摩擦产生高温，接触可燃物易引发火灾；当轴承、活塞、汽缸壁、齿轮箱等部件由于磨损或者制造缺陷产生过度摩擦，也可引燃润滑油造成火灾。而制动系统故障时，易于造成部件之间摩擦而造成过热，高温可能会引燃泄漏的液压油、轮胎或者制动液。当汽车轮胎由于充气不足、超载或者两者同时综合作用时，造成轮胎散热过慢，在汽车不间断高速运行过程中，易于造成轮胎自燃。

4）供油系统故障引起的汽车火灾

汽车在使用过程中，由于老化、腐蚀、振动、碰撞等出现管路接头松动、油路破裂或油开关关闭不严等情况，使燃油泄漏，在遭遇明火或电弧火花时易于造成火灾，特别是泄漏黏性较高的机油、润滑油，黏附在高温部件如排气管上也容易引发起火。另外，当发生化油器回火时，也可能引燃汽油造成火灾，但随着现代汽车的发展，化油器已经逐渐被淘汰。

5）排气系统引起的汽车火灾

排气系统主要由排气管、消声器、催化转换器及尾管构成。当法兰松动或者受腐蚀、破损时，造成高温废气喷出，高温废气与可燃物发生接触，就易于造成燃烧，形成火灾。而排气系统构件过热，与泄漏的油液或者地面可燃物发生接触，都可能造成火灾。

6）遗留火种或者纵火引起的汽车火灾

汽车内饰大部分都是可燃物或者助燃物，车内明火或者车外侵入的火种都可能造成火灾。还有一种情况属于人为破坏纵火行为，借助于助燃剂、助燃物等用火源点燃造成汽车火灾。

7）其他原因引起的汽车火灾

电动汽车在充电过程中或者汽车在维修过程中，不当操作易于引起汽车火灾；而以燃气作为燃料的汽车由于燃气的泄漏也易于引起爆炸起火。

（三）鉴定实践

1. 简要案情

××年××月上午，在×市盘龙城横店铁路编组站发生一起重型专项作业车自燃事故。委托方要求鉴定重型专项作业车起火原因。

2. 检验过程

检验重型专项作业车［见图3.22（a）］：该车为白色“星马华菱牌”重型专项作业车。

该车驾驶室整体烧毁，在烧毁的保险盒附近的多根导线上可见熔珠［图3.22（b）］，将其中一处熔珠用锡包埋，经打磨抛光后，置于扫描电镜（ISI-SX-40型、电压20 kV、92倍）下观察，熔珠截面可见多个大小不一的孔洞，其中最大的一个孔洞位于熔珠的中心部位，直径约为250 μm，熔珠内部组织结构松散，无杂质［图3.22（c）和（d）］。

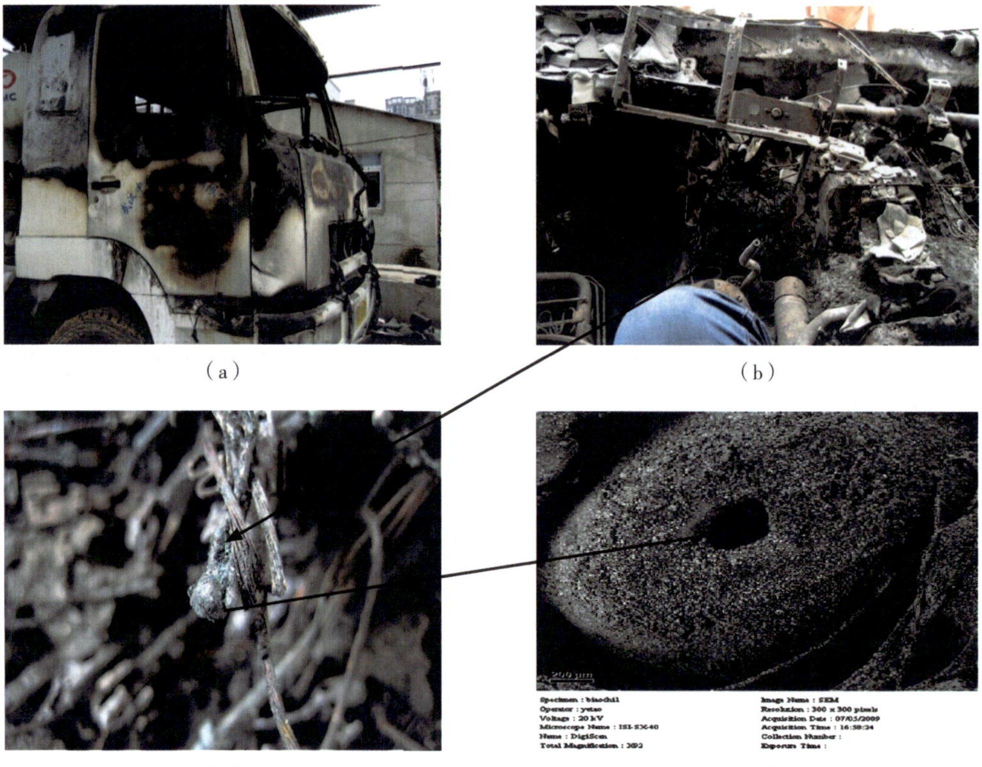

（a）（b）（c）（d）

图3.22　重型专项作业车

3. 分析说明

根据对重型专项作业车上提取的熔珠的检验情况分析：熔珠截面可见多个大小不一的孔洞，熔珠内部组织结构松散，无杂质，根据GB 16840.1—1997《电气火灾原因技术鉴定方法第4部分：金相法》，在形态上符合导线一次短路所形成的痕迹特征。由此说明，应是重型专项作业车保险盒附近的导线短路，导致重型专项作业车起火燃烧。

4. **鉴定意见**

重型专项作业车保险盒附近的导线短路，导致重型专项作业车起火燃烧。

三、道路交通事故车体痕迹鉴定的实施步骤

《司法鉴定程序通则》部分规定如下。

第二十二条　司法鉴定机构应当建立鉴定材料管理制度，严格监控鉴定材料的接收、保管、使用和退还。司法鉴定机构和司法鉴定人在鉴定过程中应当严格依照技术规范保管和使用鉴定材料，因严重不负责任造成鉴定材料损毁、遗失的，应当依法承担责任。

第二十三条　司法鉴定人进行鉴定，应当依下列顺序遵守和采用该专业领域的技术标准、技术规范和技术方法：

（1）国家标准；

（2）行业标准和技术规范；

（3）该专业领域多数专家认可的技术方法。

第二十四条　司法鉴定人有权了解进行鉴定所需要的案件材料，可以查阅、复制相关资料，必要时可以询问诉讼当事人、证人。经委托人同意，司法鉴定机构可以派员到现场提取鉴定材料。现场提取鉴定材料应当由不少于二名司法鉴定机构的工作人员进行，其中至少一名应为该鉴定事项的司法鉴定人。现场提取鉴定材料时，应当有委托人指派或者委托的人员在场见证并在提取记录上签名。

第二十五条　鉴定过程中，需要对无民事行为能力人或者限制民事行为能力人进行身体检查的，应当通知其监护人或者近亲属到场见证；必要时，可以通知委托人到场见证。对被鉴定人进行法医精神病鉴定的，应当通知委托人或者被鉴定人的近亲属或者监护人到场见证。对需要进行尸体解剖的，应当通知委托人或者死者的近亲属或者监护人到场见证。到场见证人员应当在鉴定记录上签名。见证人员未到场的，司法鉴定人不得开展相关鉴定活动，延误时间不计入鉴定时限。

第二十六条　鉴定过程中，需要对被鉴定人身体进行法医临床检查的，应当采取必要措施保护其隐私。

第二十七条　司法鉴定人应当对鉴定过程进行实时记录并签名。记录可以采取笔记、录音、录像、拍照等方式。记录应当载明主要的鉴定方法和过程，检查、检验、检测结果，以及仪器设备使用情况等。记录的内容应当真实、客观、准确、完整、清晰，记录的文本资料、音像资料等应当存入鉴定档案。

第二十八条　司法鉴定机构应当自司法鉴定委托书生效之日起三十个工作日内完成鉴定。鉴定事项涉及复杂、疑难、特殊技术问题或者鉴定过程需要较长时间的，经本机构负责人批准，完成鉴定的时限可以延长，延长时限一般不得超过三十个工作日。鉴定时限延长的，应当及时告知委托人。司法鉴定机构与委托人对鉴定时限另有约定的，从其约定。在鉴定过程中补充或者重新提取鉴定材料所需的时间，不计入鉴定时限。

第二十九条　司法鉴定机构在鉴定过程中，有下列情形之一的，可以终止鉴定：

（1）发现有本通则第十五条第二项至第七项规定情形的；

（2）鉴定材料发生耗损，委托人不能补充提供的；

（3）委托人拒不履行司法鉴定委托书规定的义务、被鉴定人拒不配合或者鉴定活动受到严重干扰，致使鉴定无法继续进行的；

（4）委托人主动撤销鉴定委托，或者委托人、诉讼当事人拒绝支付鉴定费用的；

（5）因不可抗力致使鉴定无法继续进行的；

（6）其他需要终止鉴定的情形。终止鉴定的，司法鉴定机构应当书面通知委托人，说明理由并退还鉴定材料。

第三十条　有下列情形之一的，司法鉴定机构可以根据委托人的要求进行补充鉴定：

（1）原委托鉴定事项有遗漏的；

（2）委托人就原委托鉴定事项提供新的鉴定材料的；

（3）其他需要补充鉴定的情形。补充鉴定是原委托鉴定的组成部分，应当由原司法鉴定人进行。

第三十一条　有下列情形之一的，司法鉴定机构可以接受办案机关委托进行重新鉴定：

（1）原司法鉴定人不具有从事委托鉴定事项执业资格的；

（2）原司法鉴定机构超出登记的业务范围组织鉴定的；

（3）原司法鉴定人应当回避没有回避的；

（4）办案机关认为需要重新鉴定的；

（5）法律规定的其他情形。

第三十二条　重新鉴定应当委托原司法鉴定机构以外的其他司法鉴定机构进行；因特殊原因，委托人也可以委托原司法鉴定机构进行，但原司法鉴定机构应当指定原司法鉴定人以外的其他符合条件的司法鉴定人进行。接受重新鉴定委托的司法鉴定机构的资质条件应当不低于原司法鉴定机构，进行重新鉴定的司法鉴定人中应当至少有一名具有相关专业高级专业技术职称。

第三十三条　鉴定过程中，涉及复杂、疑难、特殊技术问题的，可以向本机构以外的相关专业领域的专家进行咨询，但最终的鉴定意见应当由本机构的司法鉴定人出具。专家提供咨询意见应当签名，并存入鉴定档案。

第三十四条　对于涉及重大案件或者特别复杂、疑难、特殊技术问题或者多个鉴定类别的鉴定事项，办案机关可以委托司法鉴定行业协会组织协调多个司法鉴定机构进行鉴定。

第三十五条　司法鉴定人完成鉴定后，司法鉴定机构应当指定具有相应资质的人员对鉴定程序和鉴定意见进行复核；对于涉及复杂、疑难、特殊技术问题或者重新鉴定的鉴定事项，可以组织三名以上的专家进行复核。复核人员完成复核后，应当提出复核意见并签名，存入鉴定档案。

下面通过实际案例说明道路交通事故车体痕迹鉴定的实施步骤。

例 3.7　20×× 年 ×× 月 ×× 日 ×× 时 ×× 分，被鉴定的小型轿车在某处发生事故，事故造成车内人员四死一伤。委托方要求对被鉴定的小型轿车的事故形态进行鉴定。

参照 GA 41—2014《道路交通事故痕迹物证勘验》、GA/T 1087—2013《道路交通事故痕迹鉴定》有关条款及检验方法，对被鉴定车辆及事故现场的痕迹进行检验，并结合委托人提供的道路交通事故现场图、事故现场照片及事故现场附近监控视频等鉴定材料，对委托事项作出鉴定意见。

（一）对被鉴定车辆的痕迹进行检验

被鉴定车辆：车辆识别代号为 ×××。前保险杠缺失；车辆正面见撞击痕迹，其中正面左部距车辆左侧 0 cm~40 cm 范围内见向后较大距离的压缩变形，局部黏附水泥类物质，其邻近部位部件向左后方拉伸变形、损毁；冷凝器前侧见大面积刮擦痕迹伴向左后方拉伸、弯折变形；发动机舱盖前段见刮擦痕迹，其左前部弯折变形，表层黑色涂层呈减层，局部黏附水泥类物质；左前翼子板弯折变形，局部脱位；左前轮轮辋断裂、缺损伴向后移位，轮胎见多处不同长度的切割破口，局部洞穿；右前轮及右半轴脱落车体，前风窗玻璃隆起，并见大面积碎裂；左前车门撕裂变形。车辆各部未检见新近形成的与其他车辆发生刮擦、碰撞所形成的痕迹。

（二）对委托方提供的道路交通事故现场图及现场照片进行检验

现场道路南北南北走向，单行三车道，被鉴定车辆头西南尾东北停于从西向东第一、二车道内，车辆周边地面散落大量散落物，其东北部见一逃生梯道，该逃生梯道墙壁见撞击、刮擦痕迹，该逃生梯道南部墙壁蓝白护板脱落。

（三）根据需要对事故现场进行复勘

现场位于沪陕高速进沪方向隧道内，道路南北方向，单行三车道，道路东侧水泥墙外侧面下段见 210 cm 长轮胎印，局部叠加，该轮胎印南部见一逃生梯道，呈“[”形，该梯道口长约 500 cm，该“[”形梯道东侧面、南侧面及梯道南部邻近部位水泥墙见大面积刮擦痕迹，范围 98 cm × 270 cm，外层水泥类物质呈减层，局部黏附黑色物质，其中东侧面轮胎印，呈弧形，北高南低，“[”形梯道南侧面及其转角部距地高 0 cm~98 cm 见撞击、刮擦痕迹，该侧面宽约 40 cm。

（四）对委托方提供的事故现场附近监控视频进行检验

视频文件名为 20170410-134843-08 隧道下行定焦 C113-C128-11-161600，mp4 格式，监控视频画面上显示“2017-04-10 沪陕高速 下行 K31+747”、“C123 XK31+747”等字样。视频画面连续，按时间顺序，视频画面依次显示以下内容：

14:12:59 许，被鉴定车辆从画面下侧驶入画面；

14:13:02~14:13:03 许，被鉴定车辆左侧车轮与该车左侧水泥墙接触，并见一股气浪；

14:13:04 许，被鉴定车辆远离其左侧水泥墙；

14:13:05 许，被鉴定车辆再次与其左侧水泥墙靠近并发生碰撞；

14:13:06~14:13:07 许，被鉴定车辆发生逆时针旋转并最终停止于事故现场。

（五）对上述检验的情况进行分析

被鉴定车辆各部未检见新近形成的与其他车辆发生刮擦、碰撞所形成的痕迹，结合事故现场附近监控视频，未见事发时被鉴定车辆与其他车辆发生过刮擦、碰撞。

根据被鉴定车辆与事故现场“[”形梯道处检见的痕迹，从痕迹部位、类型、附着物、受力情况及痕迹形成机理等方面比对、分析，两者上述局部部位可以形成互为承痕客体与造痕客体之间的关系，其中被鉴定车辆正面左部与“[”形梯道南侧碰撞为重。

根据事故现场附近监控视频所示情况，结合事故现场东侧水泥墙外侧面轮胎印分析，被鉴定车辆左侧车轮先驶过事故现场东侧水泥墙外侧后，离开该段墙并继续向前行驶一定距离，其正面左部与现场“[”形梯道南侧发生近垂直碰撞，两者碰撞后被鉴定车辆发生逆时针旋转，并停止于最终位置所形成的事故形态成立。

（六）根据分析的情况得出鉴定意见

被鉴定的小型轿车正面左部与现场“[”形梯道南侧发生近垂直碰撞，两者碰撞后该小型轿车发生逆时针旋转，并停止于最终位置所形成的事故形态可以成立；且不支持事发时该小型轿车与其他车辆发生过刮擦、碰撞。

（七）整理照片进行说明

被鉴定车辆及事故现场照片见图 3.23~ 图 3.25。

（a）前观照

（b）正面左部痕迹照

（c）左观照

（d）右后观照

（e）左前轮痕迹照

图 3.23　被鉴定车辆照片

（a）复勘照

（b）东侧水泥墙外侧面轮胎印

（c）“［”形梯道部痕迹照

（d）“［”形梯道南侧面痕迹照

图 3.24　事故现场照片

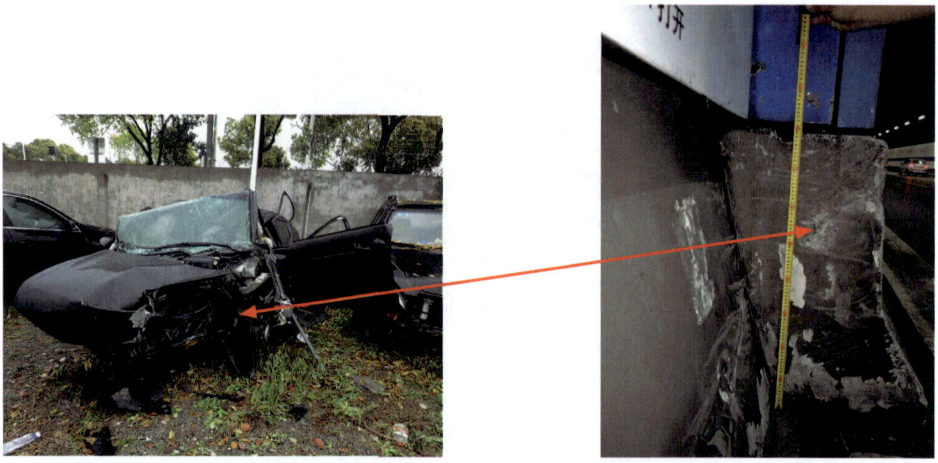

图 3.25　被鉴定车辆正面左部痕迹与现场“[”形梯道南侧面痕迹比对照

例 3.8　20××年××月××日××时××分，三一牌重型非载货专项作业车与绿源牌电驱动两轮车在某路口处发生交通事故。委托方要求对两车的碰撞形态进行鉴定。

参照 GA 41—2014《道路交通事故痕迹物证勘验》，并根据 GA/T 1087—2013《道路交通事故痕迹鉴定》有关条款及检验方法，对两车的痕迹进行检验，并对委托事项作出鉴定意见。

（一）对两车车体痕迹进行检验

三一牌重型非载货专项作业车，车架钢印号为×××。右前轮轮胎外侧胎侧局部见刮擦痕迹，表面黑色物质呈减层，局部呈轮胎花纹样。第二轴外侧胎侧局部见条状刮擦痕迹。第三轴差速器右部下侧见喷溅状血迹。第三轴右外侧轮胎内侧胎侧局部黏附血迹及人体组织。第四轴差速器下侧局部见刮擦痕迹。第四轴右内侧轮胎内侧胎侧局部黏附血迹及人体组织。

绿源牌电驱动两轮车，车架钢印号为×××。车辆前部饰罩大部缺损。左前减震器下部及前轮轮胎左侧胎侧见刮擦痕迹，局部黏附黑色物质。后部车架扭曲变形，后部饰罩大部缺损。车辆右侧凸出部位多处检见倒地痕迹。

（二）对两车的痕迹进行分析

两车所检见的痕迹，在部位、附着物等方面均可以相互印证，符合三一牌重型非载货专项作业车右侧前部与绿源牌电驱动两轮车左侧前部发生碰撞，致该电驱动两轮车及其当事人倒地进入该非载货专项作业车车底遭受其第三、四轴右侧轮轮胎碾压所形成的特征。

（三）根据分析作出鉴定意见

三一牌重型非载货专项作业车右侧前部与绿源牌电驱动两轮车左侧前部发生碰撞，致该两轮车及其当事人倒地进入该非载货专项作业车车底遭受其第三、四轴右侧轮轮胎碾压可以成立。

（四）整理照片进行说明

作业车及电驱动两轮车照片见图 3.26 和图 3.27。

（a）前观照　　（b）右前轮轮胎外侧胎侧痕迹

图 3.26　作业车照片

（a）前观照　　（b）前轮左部痕迹

图 3.27　电驱动两轮车照片

例 3.9　20× × 年 × × 月 × × 日 × × 时 × × 分，甲车（斯柯达小型轿车）与乙车（未见悬挂号牌永久 28 英寸男式自行车）在某处发生交通事故。委托方要求对甲乙两车的碰撞形态及乙车当事人黄 × × 事发时的交通行为方式进行鉴定。

（一）摘要委托方提供的相关材料

黄 × × 体表损伤检验报告书——× × 中心 [201 ×] 病交检字第 × 号

资料摘要：据 × 市 × 医院无名氏（黄 × ×）入院记录（住院号：478869）记载：

入院时间：20× ×－× ×－× ×　20:18。

主诉：车祸致头部外伤 1 小时余。

现病史：患者入院前 1 小时遭遇车祸，伤及头部，昏迷史不详，头痛头晕明显，无恶心呕吐，无四肢抽搐，无大小便失禁，无寒战发热。被送至我院就诊，查头胸腹部、颈椎 CT 提示右侧额颞顶硬膜外血肿，蛛血，右侧颞骨及额骨骨折伴颅内少许积气，鼻骨骨折，C7 左侧横突骨折。拟“头部外伤：右侧额颞顶硬膜外血肿，蛛血，右侧颞骨及额骨骨折，鼻骨骨折，C7 左侧横突骨折”收入病房。

体格检查：T 37.6℃，P 88 次 / 分，R 20 次 / 分，BP 117/71 mmHg。额部长约 10 cm 不规则皮肤裂伤，左上眼睑长约 2 cm 不规则皮肤裂伤，结膜正常，巩膜无黄染，双瞳孔等大、等圆，右：2.5 mm，左 2.5 mm，双眼瞳孔对光反射灵敏。右侧外耳道流血，无乳突压痛，听力测试无障碍。唇部长约 2 cm 不规则皮肤裂伤，口唇黏膜正常，扁桃体无肿大……

初步诊断：颅脑外伤为右侧额颞顶硬膜外血肿，蛛血，右侧颞骨及额骨骨折；多处皮肤裂伤；鼻骨骨折；C7 左侧横突骨折。

损伤检验：额顶部见纱布包扎。左上眼睑及左眼外侧见长 5 cm 已拆线皮肤疤痕伴散在点、条状皮肤结痂痕，左颧部外侧经左耳前至左下颌缘见多处条、片状皮肤脱痂痕，左下唇见长 2.5 cm 已缝合创口。左前臂上段伸侧见 2 cm × 0.5 cm 皮肤脱痂痕，左手背见多处点、片状皮肤结痂痕；左大腿内后侧见广泛性皮肤青紫，左大腿下段外侧见 3 cm × 0.5 cm 皮肤结痂痕，左膝部前外侧及左小腿上段前外侧在 9 cm × 5 cm 范围内见散在点、片状皮肤结痂痕，左小腿外侧见广泛性皮肤青紫伴黄绿色变，左外踝周围见 10 cm × 8 cm 皮肤青紫，左足背见 1 cm × 0.8 cm 皮肤结痂痕。右手食指掌指关节背侧见 2 cm × 1 cm 皮肤结痂痕，右下肢见纱布包扎及夹板固定。

（二）鉴定依据和鉴定过程

参照 GA 41—2014《道路交通事故痕迹物证勘验》、GA/T 1087—2013《道路交通事故痕迹鉴定》、SF/Z JD 0101001—2016《道路交通事故涉案者交通行为方式鉴定》有关条款及检验方法，对提供材料进行检验，并作出鉴定意见。

（三）对甲乙两车的车体痕迹进行检验

甲车，车辆识别代号为 ×××。前风窗玻璃距其上缘 17 cm、距其右缘 3 cm 为中心呈放射状碎裂，局部黏附黑色毛发；右前翼子板距地高 72 cm~73 cm 见刮擦痕迹，表层白色涂层呈减层，局部黏附褐色铁锈类物质；前保险杠右转角距地高 20 cm~70 cm 见刮擦痕迹，表层白色涂层呈减层，局部黏附黑色物质、蓝色物质，其中距地高 22 cm~50 cm 见黑色轮胎印迹。

乙车，车架钢印号为 ×××。后轮及后轮挡泥板后部向前扭曲变形，后轮挡泥板后侧距地高 40 cm~58 cm 见刮擦痕迹，表面褐色铁锈类物质及陈旧黏附的蓝色物质呈减层；后轮后侧距地高 23 cm~63 cm 向前扭曲变形。

（四）对委托方提供的道路交通事故现场图进行解读

甲车头东尾西停于现场；乙车右倒于甲车西侧路面，其前轮距甲车右后轮 4 530 cm；乙车南侧相邻路面见一处 50 cm × 20 cm 血迹；乙车西侧路面见该车长 1 150 cm 倒地挫印。

（五）对上述检验情况进行分析

甲乙两车所检见的痕迹，在部位、附着物等方面均可以互相印证，结合黄 ×× 体表损伤检验报告书中所述的损伤情况分析，符合甲车右前部与乙车后侧及乙车当事人黄 ×× 相碰撞形成的特征。

根据甲车与乙车及其当事人黄 ×× 的碰撞形态，结合乙车当事人黄 ×× 体表损伤检验报告书中对其损伤情况的描述和道路交通事故现场图中对甲乙两车及血迹相对位置分析，符合黄 ×× 事发时呈骑跨乙车姿态与甲车发生碰撞被摔抛所形成的特征。

（六）根据上述分析得出鉴定意见

斯柯达小型轿车右前部与未见悬挂号牌永久 28 英寸男式自行车后侧及该自行车当事人黄 ×× 发生过碰撞，事发时，黄 ×× 呈骑跨该自行车姿态可以成立。

（七）整理照片进行说明

两车现场照片如图。

（a）甲车前观照　　（b）甲车痕迹照

图 3.28

（a）乙车前观照　　（b）乙车痕迹照

图 3.29　甲乙两车

通过以上案例分析，道路交通事故车体痕迹鉴定的实施步骤一般包括以下几个方面：其一，明确委托事项；其二，了解案情，搜集相关案件信息；其三，明确鉴定依据，制订鉴定方案；其四，对委托提供的有关资料进行摘要；其五，对被鉴定车辆的车体痕迹进行检验；其六，对委托方提供的相关鉴定材料进行检验；其七，对检验的结果进行分析；其八，对分析的情况进行综合，得出鉴定意见；其九，对相关照片进行整理附录，说明鉴定情况。

参考文献

应朝阳，周天佑，等. 2012. GB 7258. 机动车运行安全技术条件.

侯心一，李丽莉，等. 2013. GA/T 1087—2013. 道路交通事故痕迹鉴定.

姜兰华，赵奎星，等. 1996. GB/T 16178. 厂内机动车辆安全检验技术要求.

刘义祥. 2012a. 火灾痕迹与检验. 北京：中国石化出版社.

刘义祥. 2012b. 火灾调查. 北京：机械工业出版社.

阮志诚，陈直青. 2005. GB 3565—2005. 自行车安全要求.

徐立根. 2011. 物证技术学. 北京：中国人民大学出版社.

姚松经，郑巍. 2008. GB/T 4968—2008. 火灾分类.

应朝阳，刘雪梅，等. 2014. GA 802—2014. 机动车类型 术语和定义.

Quintiere J C. 2010. Fundamentals of Fire Phenomena. 北京：化学工业出版社.

第四章　道路交通事故现场勘验与车体痕迹鉴定

第一节　道路交通事故现场的概述

一、道路交通事故现场的含义

现场，从字面上理解，即：① 发生案件或事故的场所以及该场所在发生案件或事故时的状况：保护现场，以便进行调查。② 直接从事生产、工作、实验的场所。现场是一个时空概念（现具有时间的含义，场具有空间的含义），或者说是一个时间范围以内的空间概念。一般地，现场是指人们从事某种活动或者发生某种事件的地方。在现实生活中，存在多种多样的现场，有人为因素形成的现场，也有自然因素形成的现场。现场是指发生事故的车辆和伤亡人员以及同事故有关痕迹的所在地点。勘验，从字面上理解，即在采矿或工程施工以前，对地形、地质构造、地下资源蕴藏情况等进行实地调查，也称为勘察。现场勘验有特定的范围和领域，是侦破刑事案件的一个重要环节，在刑事侦查工作中具有非常重要的作用。在现场勘验中，应遵循《刑事诉讼法》的规定，认真完成现场勘验的任务。现场勘验是一项法定的侦查措施。现场勘验是在刑事案件发生以后，侦查人员为了发现侦查线索，搜集犯罪证据，查明犯罪事实，依据法律规定，运用一定的策略方法和技术手段，对与犯罪有关的场所、物品、人身、尸体等进行勘验、检查，对事主、被害人、知情群众进行调查访问。现场勘验的任务主要是查明事件性质、查明犯罪活动情况、发现和提取犯罪证据、记录现场情况等，而对现场勘验的要求是及时、全面、细致、客观；充分依靠群众；严格遵守国家的法律和制度。现场勘验离不开现场保护，现场勘验也离不开有效的组织指挥。现场勘验的基本程序包括：受理报案、赶赴现场后的常规处置、现场勘验活动的开展以及结束勘验。

根据《中华人民共和国道路交通事故安全法》对“交通事故”给出了明确的定义：交通事故，是指车辆在道路上因过错或者意外造成的人身伤亡或者财产损失的事件。《中华人民共和国道路交通事故安全法》中第五章“交通事故处理”的相关规定如下。

第七十条　在道路上发生交通事故，车辆驾驶人应当立即停车，保护现场；造成人身伤亡的，车辆驾驶人应当立即抢救受伤人员，并迅速报告执勤的交通警察或者公安机关交通管理部门。因抢救受伤人员变动现场的，应当标明位置。乘车人、过往车辆驾驶人、过往行人应当予以协助。

在道路上发生交通事故，未造成人身伤亡，当事人对事实及成因无争议的，可以即行撤离现场，恢复交通，自行协商处理损害赔偿事宜；不即行撤离现场的，应当迅速报告执勤的交通警察或者公安机关交通管理部门。

在道路上发生交通事故，仅造成轻微财产损失，并且基本事实清楚的，当事人应当先撤离现场再进行协商处理。

第七十一条　车辆发生交通事故后逃逸的，事故现场目击人员和其他知情人员应当向公安机关交通管理部门或者交通警察举报。举报属实的，公安机关交通管理部门应当给予奖励。

第七十二条　公安机关交通管理部门接到交通事故报警后，应当立即派交通警察赶赴现场，先组织抢救受伤人员，并采取措施，尽快恢复交通。

交通警察应当对交通事故现场进行勘验、检查，收集证据；因收集证据的需要，可以扣留事故车辆，但是应当妥善保管，以备核查。

对当事人的生理、精神状况等专业性较强的检验，公安机关交通管理部门应当委托专门机构进行鉴定。鉴定结论应当由鉴定人签名。

第七十三条　公安机关交通管理部门应当根据交通事故现场勘验、检查、调查情况和有关的检验、鉴定结论，及时制作交通事故认定书，作为处理交通事故的证据。交通事故认定书应当载明交通事故的基本事实、成因和当事人的责任，并送达当事人。

第七十四条　对交通事故损害赔偿的争议，当事人可以请求公安机关交通管理部门调解，也可以直接向人民法院提起民事诉讼。

经公安机关交通管理部门调解，当事人未达成协议或者调解书生效后不履行的，当事人可以向人民法院提起民事诉讼。

第七十五条　医疗机构对交通事故中的受伤人员应当及时抢救，不得因抢救费用未及时支付而拖延救治。肇事车辆参加机动车第三者责任强制保险的，由保险公司在责任限额范围内支付抢救费用；抢救费用超过责任限额的， 未参加机动车第三者责任强制保险或者肇事后逃逸的，由道路交通事故社会救助基金先行垫付部分或者全部抢救费用，道路交通事故社会救助基金管理机构有权向交通事故责任人追偿。

第七十六条　机动车发生交通事故造成人身伤亡、财产损失的，由保险公司在机动车第三者责任强制保险责任限额范围内予以赔偿；不足的部分，按照下列规定承担赔偿责任：

（一）机动车之间发生交通事故的，由有过错的一方承担赔偿责任；双方都有过错的，按照各自过错的比例分担责任。

（二）机动车与非机动车驾驶人、行人之间发生交通事故，非机动车驾驶人、行人没有过错的，由机动车一方承担赔偿责任；有证据证明非机动车驾驶人、行人有过错的，根据过错程度适当减轻机动车一方的赔偿责任；机动车一方没有过错的，承担不超过百分之十的赔偿责任。

交通事故的损失是由非机动车驾驶人、行人故意碰撞机动车造成的，机动车一方不承担赔偿责任。

第七十七条　车辆在道路以外通行时发生的事故，公安机关交通管理部门接到报案的，参照本法有关规定办理。

道路是指公路、城市道路和虽在单位管辖范围但允许社会机动车通行的地方，包括广场、公共停车场等用于公众通行的场所。道路交通事故在台湾地区应包含以下因素：① 必须发生在道路上（属“公路法”所称之道路）；② 一方一定是车辆（含慢车）；③ 一方车一定是行驶中（有驾驶行为）；④ 一方必须是死亡或受伤或产生财损；⑤ 不得为故意之行为；⑥ 不得涉及刑事案件。道路交通事故现场是指发生道路交通事故的地点及与道路交通事故有关范围的空间场所。道路交通事故现场是由道路交通事故发生的地点、各种痕迹物证、散落物、道路条件和与道路交通事故有关的房屋、车辆、物体、人、畜、天气条件以及自然因素等构成的。而本书认为，道路交通事故现场是指道路交通事故发生时人、车、路、固定物等组成的空间位置关系。这里所说的车，即车辆，包括机动车和非机动车。机动车是指以动力装置驱动或者牵引，上道路行驶的供人员乘用或者用于运送物品以及进行工程专项作业的轮式车辆。非机动车是指以人力或者畜力驱动，上道路行驶的交通工具，以及虽有动力装置驱动但设计最高时速、空车质量、外形尺寸符合有关国家标准的残疾人机动轮椅车、电动自行车等交通工具。在轨道内运行的火车、城铁、地铁等不属于《中华人民共和国道路交通事故安全法》中所称为的“车辆”。道路交通事故现场和其他案件现场一样，可以分为原始现场和变动现场。原始现场是指现场的肇事车辆和伤亡人员及有关物体没有收到认为的或者重大的自然力破坏的现场，这类现场由于现场各种现象保持着原始的状态，痕迹物证完好无损，所以能比较真实地反映肇事的全过程。其具有两种特点：其一，肇事车辆和有关痕迹物证或物体比较分散，现场范围大；其二，肇事车辆和有关痕迹物证或物体比较集中。而变动现场比较复杂，是指由于自然条件的影响或由于排除险情、抢救人员的需要，或者由于其他人为原因造成的导致原始状态受到部分或者全部改变或者毁坏的现场。一般存在以下几种情况：① 抢救伤员，变动了伤者或者血迹原有的位置；② 执行任务的消防、救护、警备、工程抢险车肇事后因任务需要驶离现场；③ 由于天气或者其他自然条件的影响，导致现场痕迹物证自然消亡或者部分消失、改变的情况；④ 主要交通干道或繁华地区发生的事故，需要及时排除交通拥堵、移动肇事车辆以及相关物体而导致的现场变动；⑤ 肇事者弃车或者逃逸，以及故意毁坏事故现场的痕迹物证；⑥ 其他人员进入现场做出的破坏和改变；⑦ 其他车辆进入现场导致现场痕迹物证的改变。

道路交通事故现场还可以分为主体现场和关联现场，其中主体现场是指道路交通事故发生的主要场所，关联现场是指道路交通事故发生的有关场所。例如，一辆轿车撞击行人后驶离现场，撞击行人的现场就是主体现场；而驶离现场一段距离后，其车底拖带的行人的衣物散落，此处就是关联现场。又如，一辆货车撞击一辆自行车后驶离现场，撞击自行车的现场就是主体现场，随后驶离现场后，其行驶一段距离熄火停车，其车体上嵌有自行车部件散落的地点，就是关联现场。道路交通事故现场还可以分为真实现场和伪装现场，顾名思义，可以是将真实的道路交通事故现场伪造成凶杀案现场，混淆视听；更可能是凶杀案现场伪造成道路交通事故现场来掩盖不可告人的秘密。真实现场是指犯罪嫌疑人作案后对于自己反映在现场上的犯罪行为未加任何掩饰的现场；伪装现场是指犯罪嫌疑人作案后，为了掩盖其犯罪行为、转移侦查视线或者嫁祸于人而故意将现场加以伪装，这种故意将现场的某种原始状况加以伪装、掩盖的现场就是伪装现场。例如，一辆轿车蓄意谋害当事人，伪装成交通事故，在现场证据搜集过程中就需要排除干扰痕迹物证，获得案件的真实情况。2017 年威海校车起火案件，造成 13 人死亡，看似是道路交通事故，但通过交通事故鉴定专家、火灾专家、刑事案件处理专家的勘验和分析，最终找出真凶，结果证明这是校车司机报复社会、纵火杀人案件，与台湾旅游巴士纵火案件如出一辙。

道路交通事故痕迹鉴定是一个循环验证的过程，当事方、委托方及鉴定机构三方的交流和碰撞一直贯穿在道路交通事故痕迹鉴定的过程中。同时，道路交通事故痕迹鉴定还具有随机性、多变性和可控性的特点，随机性表现在委托方随机、委托项目随机、鉴定方法随机、鉴定机构随机、鉴定人随机等；多变性表现在道路事故本身具有不可逆转性，在鉴定过程中，变化因素随时存在，受保存条件、运输条件等诸多因素的影响；而可控性的特点是遵循客观规律，道路交通事故痕迹鉴定的意见是科学客观的，鉴定人可以根据实际情况控制是否受理、采用什么有效的方法、获得什么样的信息、出具什么样的鉴定意见等。道路交通事故痕迹鉴定总体来讲是道路交通事故调查的深入和延续，同时也是道路交通事故重建的基础，现场勘验是基础，痕迹鉴定也是基础，它是现场勘验成果的细化和组合。交通事故痕迹属于什么痕迹呢？一般来说，等于 90°的痕迹为静态痕迹，能很好地体现造痕客体的特征；而大于或者小于 90°的痕迹为动态痕迹，道路交通事故痕迹大部分为动态痕迹，不能很好地体现造痕客体的形象结构特征，但可以很好地反映车辆的运动轨迹和车辆之间的相对运动过程。目前开展的道路交通事故痕迹鉴定的项目有：① 车辆轮胎痕迹检验；② 车辆轮胎损坏原因及其与交通事故之间关系鉴定；③ 利用制动拖印判断车辆行驶速度鉴定；④ 认定车辆碰撞点鉴定；⑤ 车辆行驶状态鉴定；⑥ 与轮迹相关的其他鉴定；⑦ 车辆痕迹及安全技术状况检验、鉴定，其中包括利用车辆特征进行的车辆属性鉴定；⑧ 车辆品牌、类型鉴定；⑨ 车辆是否发生过碰撞鉴定；⑩ 车辆具体碰撞部位鉴定；⑪ 车辆安全技术状况及其与交通事故之间的关系鉴定；⑫ 道路交通事故参与者交通行为方式鉴定（如驾乘关系、骑行或者推行、行人姿态等）；⑬ 与车辆痕迹相关的其他鉴定，其中包括利用视频图像中痕迹进行的车辆行驶速度和信号灯的鉴定。

二、道路交通事故现场的要素

道路交通事故等级划分标准，是事故处理和统计工作中都要涉及一个重要问题。国务院发布的《道路交通事故处理办法》第六条规定，“根据人身伤亡或者财产损失的程度和数额，交通事故分为轻微事故、一般事故、重大事故和特大事故。”具体标准由公安部制定。为了适应事故处理中对交通事故责任者的行政处罚、追究刑事责任和收取事故处理费的需要，并与最高人民法院、最高人民检察院就《关于严格依法处理道路交通肇事案件的通知》等有关标准尽量协调起来，道路交通事故分为以下四类：

（1）轻微事故，是指一次造成轻伤 1 至 2 人，或者财产损失机动车事故不足 1 000 元，非机动车事故不足 200 元的事故。

（2）一般事故，是指一次造成重伤 1 至 2 人，或者轻伤 3 人以上，或者财产损失不足 3 万元的事故。

（3）重大事故，是指一次造成死亡 1 至 2 人，或者重伤 3 人以上 10 人以下，或者财产损失 3 万元以上不足 6 万元的事故。

（4）特大事故，是指一次造成死亡 3 人以上，或者重伤 11 人以上，或者死亡 1 人同时重伤 8 人以上，或者死亡 2 人同时重伤 5 人以上，或者财产损失 6 万元以上的事故。

从道路交通事故统计的角度出发，根据《交通事故统计暂行规定》中第二章“统计范围和周期”相关规定如下。

第五条　各级公安机关交通管理部门应当对下列在道路上发生的交通事故进行信息采集，并录入信息系统进行统计和分析：

（1）造成人员死亡的事故；

（2）造成人员重伤或者轻伤的事故；

（3）适用一般程序处理的财产损失事故。

第六条　各级公安机关交通管理部门应当对适用简易程序处理的交通事故起数，以及接到报案并处理的路外交通事故起数、死伤人数和直接财产损失数额进行统计。

第七条　下列情形不属于交通事故统计范围：

（1）渡口内发生的事故以及铁道路口内车辆或行人与火车发生的事故；

（2）军事演习、体育竞赛时车辆发生的事故；

（3）利用交通工具故意伤害他人或者伤害自身的事件。

第八条　交通事故受伤人员于事故发生 7 天以后死亡的，不列入死亡人数统计范围。

因抢救治疗过程中发生医疗事故导致交通事故受伤人员死亡的；以及载运易燃易爆、剧毒、放射性等危险化学品的车辆发生交通事故后，因燃烧、爆炸以及危险化学品泄漏导致人员伤亡的，不列入交通事故伤亡人数统计范围。

上述道路交通事故等级划分和统计的规定，对道路交通事故鉴定的研究起着重要的基础支撑作用，下面进一步阐述道路交通事故现场的构成要素。

道路交通事故现场的构成要素通常包括：时间、空间、当事人的交通行为、车、物等 5 项。在这五个要素中，时间和空间属于道路交通事故案件存在的形式，是道路交通事故现场的必备要素；当事人的交通行为属于道路交通事故的核心要素，只有当事人参与的道路交通事故，才能称为交通事故，但未来无人驾驶车辆如何界定这一问题，需要进一步研究和探讨；车和物是道路交通事故现场的参与要素，处于基础地位。五个要素中的时间是指道路交通事故发生的时间，包括公安机关交通管理部门接到报警的时间，一般道路交通事故现场图上的案发时间是公安机关交通管理部门接到报警的时间，交警作为委托方委托鉴定时，提供的案情摘要的时间一般比报警时间稍早一些或者保持一致，所以鉴定机构的鉴定人对案发时间的理解，需要与委托方进行充分的沟通和确认；空间是指道路交通事故发生的空间场所，是可以观察和量化的地方和地点，具体的位置信息可以通过基准点和基准线来测量和准确定位，既包括道路交通事故发生前后与道路交通事故有关的痕迹、物证存在的场所，又包括交通参与者为避免事故发生而采取措施时遗留下痕迹、物证的场所，还包括道路交通事故发生时第三方参与所产生痕迹物证的场所；当事人的交通行为是指发生道路交通事故前、发生道路交通事故时和发生道路交通事故后当事人进行的与道路交通事故有关的活动，例如，道路交通事故发生后醉酒的行人离开现场时对肇事车辆进行的破坏，导致现场散落物发生变化，且车辆的碰撞痕迹也发生改变；车、物则是道路交通事故现场的一部分，是道路交通事故现场勘验的对象，是各种痕迹、物证的承载体，有的其本身就是认定道路交通事故成因的重要证据，其中特别是车，车体痕迹的承载体，现场散落物的分离体，也是道路交通事故形态的本原体。这些要素的客观存在及它们之间通过特定的交通行为发生的损害后果，构成了各种各样的道路交通事故现场。

在处理道路交通事故案件过程中，总结出来的构成道路交通事故必须同时具备以下四个要素和三个常规条件，其中构成道路交通事故的四个要素是：事故必须是发生在道路上的；事故必须是因违章行为造成的；事故必须要有损害后果；当事人在主观上必须有过失。而三个常规条件是：当事人各方中至少有一方使用车辆，如果各方都是行人而发生的事故，则不构成道路交通事故；至少有一方车辆是在运动中，如果行人自己撞在停止的车辆上，则不认为是交通事故；必须具有交通性质，非交通性质造成的事故，如军事演习、体育竞赛等活动中发生的事故，均不属道路交通事故。交通事故不仅是由特定的人员违反交通管理法规造成的，也可以是由于地震、台风、山洪、雷击等不可抗拒的自然灾害造成的。现在常见的飞石或落物砸伤汽车等“意外”，2004 年 5 月 1 日后也属于交通事故。但是要注意：本项规定不包括铁路道口火车与车辆发生的人身伤亡或者财产损失事件的处理。在道路上发生交通事故，未造成人身伤亡，当事人对事实及成因无争议的，可以即行撤离现场，恢复交通，自行协商处理损害赔偿事宜。这意味着，一些交通事故可以由双方当事人协商“私了”，而不必通过公安机关交通管理部门处理，加快了事故处理的效率。

例 4.1 有助于了解和分析道路交通事故现场的要素，特别是鉴定过程中事故现场图所记录的现场情况以及鉴定人在根据这些情况计划实施的现场实验环节，体现了要素对鉴定的意义。

例 4.1 20×× 年 ×× 月 ×× 日 ×× 时，行人李 ×× 在某处被一辆机动车碰撞，造成李 ×× 当场死亡，事发后肇事车逃逸，经办案民警勘验，在李 ×× 事发时所穿长裤上发现蓝色油漆，经排查，仅有甲车（未见悬挂号牌五征牌三轮汽车）、乙车（悬挂鲁 R-××× 号牌五征牌三轮汽车）与丙车（悬挂鲁 08-××× 号牌五征牌三轮汽车）三辆机动车具备肇事条件。根据事故调查需要，委托方要求对甲车、乙车、丙车中是哪辆车与行人李 ×× 发生过碰撞进行鉴定。

（一）鉴定过程

1. 鉴定方法

根据 GA/T 1087—2013《道路交通事故痕迹鉴定》，并参照 GA 41—2014《道路交通事故痕迹物证勘验》有关条款及检验方法，对甲、乙、丙三车及李 ×× 事发时所穿长裤的痕迹进行检验，并结合委托人提供的其他材料，对委托事项作出鉴定意见。

2. 检验所见

1）甲车

车架钢印号为 ××××。

车辆正面右部下裙边前侧距地高 54.0 cm~56.0 cm、距车右端 23.0 cm~32.0 cm 范围内见擦痕，表面污垢和蓝色涂层局部呈减层（邻近部位提取部分蓝色涂层作为样本 1 备检）；前围右转角距地高 89.0 cm~118.0 cm 向后移位；右前照灯内框左部距地高 92.0 cm~99.0 cm 范围内碎裂、移位；前风窗玻璃右刮水器刮片距地高 136.0 cm~139.0 cm

碎裂，显露金属杆件；右后视镜距地高 119.0 cm~176.0 cm，向左移位，其底座内侧距地高 126.0 cm~128.0 cm 范围内见片状布纹样擦痕。右后视镜底座左侧相邻部位距地高 122.0 cm、距车右端 16.0 cm 为中心见 13.0 cm × 7.0 cm 凹陷变形，边缘平滑，未检见硬物刮擦痕迹。

车辆左、右后轮轮胎均为“三角牌 8.25R16LT”轮胎，胎宽约为 17.0 cm，其胎冠花纹为三组纵向水波形凹槽组合花纹，其中位于两侧的花纹向内的顶端见乳突状凹槽。左、右后轮轮胎内侧胎缘间距约为 114.0 cm，外侧胎缘间距约为 148.0 cm，车辆左、右后轮均未见新近形成的拆装痕迹。

2）乙车

车架钢印号为 ××××。

车身颜色为蓝色，在车辆正面右下部提取部分蓝色涂层作为样本 2 备检。车辆各部分均未检见异常痕迹。

车辆左、右后轮轮胎均为“heng shin TiRE 8.25R20 CR969”轮胎，其胎冠花纹为三组纵向水波形凹槽组合花纹，宽约为 13.0 cm，花纹顶端均检见乳突状凹槽。左、右后轮轮胎内侧胎缘间距约为 134.0 cm，外侧胎缘间距约为 183.5 cm，车辆左、右后轮均未见新近形成的拆装痕迹。

3）丙车

铭牌摘录出厂编号为 ××××。

车身颜色为蓝色，在车辆正面右下部提取部分蓝色涂层作为样本 3 备检。车辆各部分均未检见异常痕迹。

车辆左后轮轮胎为“朝阳牌 8.25R16LT”轮胎，其胎冠花纹为三组纵向水波形凹槽组合花纹，宽度约为 17.0 cm，其中两侧凹槽宽度比中间凹槽宽度稍宽。车辆右后轮轮胎为“GOODRIDE 8.25R16LT”轮胎，其胎冠花纹为三组纵向水波形凹槽组合花纹，宽度约为 17.0 cm，其中位于两侧的花纹向内的顶端见乳突状凹槽。左、右后轮轮胎内侧胎缘间距约为 138.0 cm，外侧胎缘间距约为 172.0 cm，车辆左、右后轮均未见新近形成的拆装痕迹。

4）李 ×× 事发时所穿长裤

长裤颜色为灰色，裤长约为 93.0 cm。左裤腿后侧距其下缘 8.0 cm~23.0 cm 范围内见点状血迹附着；右裤腿前内侧距其下缘 52.5 cm~55.0 cm 范围内见刮擦痕迹，其中 2.5 cm × 9.0 cm 范围内见黏附蓝色物质和污垢（提取部分蓝色附着物作为检材备检）；右裤腿前侧距其下缘 9.5 cm~15.0 cm 范围内见血迹附着。

5）道路交通事故现场图及现场照片

现场道路南北走向，事故现场位于道路中央隔离带西侧，李 ×× 头北脚南呈仰卧姿态倒于道路中央隔离带附近，其上半身由衣物覆盖，其所穿长裤右裤腿见蓝色横向刮擦痕迹，李 ×× 西南部路面见拖擦痕迹，其南部路面见两条南北向新近形成的制动拖印，东侧一条长 1 510.0 cm，西侧一条略短，此两条拖印内缘相距 118.0 cm，每条拖印宽约 14.0 cm，均由四条纵向条状花纹（三条槽沟）组成，单条纵向条状花纹宽 3 cm，相邻两条间距约 1.0 cm。

（二）现场制动实验

将甲、乙、丙三车在干燥的沥青路面分别进行制动实验，实验结果如下。

1. **甲车**

车辆左、右后轮均能形成拖印，其中右后轮较左后轮略长，两条拖印内缘相距 118.0 cm，每条拖印宽约 13.0 cm，单条均由四条纵向条状花纹（三条槽沟）组成。

2. **乙车**

车辆左、右后轮均能形成拖印，其中右后轮较左后轮略长，两条拖印内缘相距 152.0 cm，每条拖印宽约 13.0 cm，单条均由四条纵向条状花纹（三条槽沟）组成。

3. **丙车**

车辆左后轮能产生制动拖印，右后轮未见制动拖印，车辆跑偏，左后轮制动拖印宽约 14.0 cm，其由四条纵向条状花纹（三条槽沟）组成，其中中间两条较宽。

（三）微量物证鉴定

微量物证鉴定意见书——××中心 [20××] 微鉴字第 ××号

将提取的检材与样本 1~3 送中心刑事技术研究室进行微量物证检验、鉴定，结果摘录如下。

本鉴定依据 SF/Z JD 0203001—2015 规范进行。

经在显微镜下检验发现，检材附着物为蓝色。样本 1~3 蓝色油漆均有两层：第一层为蓝色漆，第二层为灰色漆。经相互比较检验，检材蓝色附着物与样本 1~3 第一层蓝色漆的外观特征一致。

经 Nicolet iN10 显微红外光谱仪检验：检材蓝色附着物与样本 1 第一层蓝色漆的红外光谱一致，而与样本 2 第一层蓝色漆、样本 3 第一层蓝色漆的红外光谱有差异。

经 Quanta 650-Apollo X 扫描电镜 /X 射线能谱仪检验：检材蓝色附着物与样本 1 第一层蓝色漆中均检出碳、氧、硫、钛和钡等主要元素。

根据以上检验结果，鉴定人认为：检材蓝色附着物与样本 1 第一层蓝色漆的外观特征一致，红外光谱一致，检出的主要元素一致，两者是同种类油漆；检材蓝色附着物与样本 2 第一层蓝色漆、样本 3 第一层蓝色漆的红外光谱不同，不是同种类油漆。

（四）书证摘要

物证检验报告——（×）公（×）鉴（毒）字 [20××]××号

检验意见：

李××裤子上附着的蓝色漆样物质（检材编号 LH-250-01-150630）与姬××驾驶的五征牌机动三轮车上的蓝色漆片（检材编号 LH-250-02-150630）元素成分一致，油漆种类相同。

李××裤子上附着的蓝色漆样物质（检材编号 LH-250-01-150630）与鲁 08×××号机动三轮车上的蓝色漆片（检材编号 LH-250-03-150630）元素成分不一致；油漆种类相同，但红外光谱有差异。

李 ×× 裤子上附着的蓝色漆样物质（检材编号 LH-250-01-150630）与鲁 R××× 机动三轮车上的蓝色漆片（检材编号 LH-250-04-150630）元素成分不一致，油漆种类不相同。

（五）分析说明

（1）根据甲车右前照灯内框左部、前风窗玻璃右刮水器刮片、右后视镜底座内侧及右后视镜底座左侧相邻部位所检见的痕迹，从痕迹部位、纵向空间排列关系及痕迹形成机理等方面分析，符合该车上述部位（正面右部）与软性客体（如直立状态的人体）发生碰撞所形成的特征，该车上述部位（正面右部）与硬质客体物发生碰撞，不能形成所检见痕迹特征。

（2）乙丙两车车体均未检见与软性客体（如人体）发生碰撞所形成的痕迹特征。

（3）将道路交通事故现场图及现场照片所示两条制动拖印与甲、乙、丙三车后轮的测量数据及现场制动实验结果进行比对，从后轮内缘宽度等方面进行分析，乙丙两车后轮不能形成道路交通事故现场图及现场照片所示两条制动拖印，而甲车可以形成。

（4）李 ×× 事发时所穿长裤右裤腿前内侧所检见痕迹（黏附蓝色物质），符合其与其他客体物（如车辆）发生刮擦所形成的特征，接触性沾染不能形成，再结合对甲、乙、丙三车两次微量物证检验结果分析，李 ×× 事发时所穿长裤右裤腿前内侧与甲车车体发生碰擦可以形成，而与乙丙两车发生碰擦均不能形成。

（5）综上所述，甲、乙、丙三车中，甲车正面右部与直立状态的行人李 ×× 发生过碰撞成立，同时可以排除乙丙两车与行人李 ×× 发生过碰撞的可能性。

（六）鉴定意见

涉案的三辆车中，未见悬挂号牌五征牌三轮汽车与行人李 ×× 发生过碰撞成立。

三、道路交通事故现场的特点

道路交通事故现场的主要特点：事故现场存在的客观性和现场状态的可变性；事故现场现象的暴露性与因果关系的隐蔽性；事故现象的整体性和形成的阶段性；事故现场的共同性和个别现场的特殊性。本书认为，道路交通事故现场的五个构成要素，决定了道路交通事故现场的特点，主要表现在以下几个方面。

（1）事故现场储存着有关事故构成要素的所有信息。任何事件都不能离开具体的时间和空间以及相关的条件。事故现场是事故处理、事故鉴定的基础，其体现在：其一，车辆及其他参与者行驶、行走、运行的轨迹，尤其是地面轮胎印痕、血迹位置、散落物位置、车辆部件在地面挫划印痕，关注和锁定这些印痕之间的相对位置关系等；其二，排除干扰印痕和物体，主要是由于道路交通事故现场的特殊性，为了保障道路的通畅，道路交通事故现场往往需要快速处置，现场物证和现场痕迹都存在被干扰和污染的可能性；其三，基准点和基准线按照规定选取，并能正确测量，真实反映在道路交通事故现场图上，同时，在到达现场后，需要进行全方位的拍摄，尽最大的可能来保存现场的信息。

（2）事故现场保留着事件的痕迹、物证等证据。事故现场是最好的保管空间，它完好地体现和保留着事件的痕迹、物证等证据。根据这个特点，需要现场勘验人员做到以下几个方面：其一，快速有效率。重视事件发生的时间，快速出警、快速记录、快速撤离，这些行为可以有效地保护现场物证不被破坏，抢救生命，同时也可以避免再次伤害以及交通的畅通，与此同时，鉴定人也需要快速做出反应，搜集需要鉴定的有关信息；其二，重视质量取证，科学规范取证。现场所搜集的证据，一定要符合相关法律法规和程序的规定进行取证，否则不能为后续起诉发挥重要的作用，反而会导致不能为受害方伸张正义，其中鉴定人与委托方的交接也需要有相应的规范进行指导；其三，防范污染痕迹、物证的行为；其四，保证物证搜集的全面性和可靠性。现场物证能提取的均需要提取完毕，由于事故现场的特殊性，被鉴定车辆需要被转移，在运送过程中，一些物证存在灭失的可能性。

（3）事故现场具有客观性，同时也很脆弱，容易发生变化和遭受破坏。事故现场是客观真实可靠的，但同时也很脆弱，容易发生变化和遭受破坏，这就需要现场勘验人员做到以下几个方面：其一，适时封闭现场，对物证进行采集；其二，做好安全防护，且对交通进行有效疏导，以防止其他车辆进入事故区域，破坏现场；其三，对现场施救的车辆进行管理和前期教育培训，减少现场被破坏的可能性，同时，要求配合提取拍照，记录施救人员的位置。

下面通过例 4.2 和例 4.3，对道路交通事故现场在事故鉴定中的体现进行说明。

例 4.2 20×× 年 ×× 月 ×× 日 ×× 时 ×× 分，被鉴定的未见悬挂号牌雅马哈牌机动两轮车在某处发生交通事故。委托方要求对李 ××、吕 ×× 两人中谁是事发时的驾驶员进行重新鉴定。

（一）鉴定过程

1. 鉴定方法

根据 GA 41—2014《道路交通事故痕迹物证勘验》、GA/T 1087—2013《道路交通事故痕迹鉴定》、GA/T 944—2011《道路交通事故机动车驾驶人识别调查取证规范》、SF/Z JD 0101001—2016《道路交通事故涉案者交通行为方式鉴定》有关条款及检验方法，对鉴定材料进行检验，并作出鉴定意见。

2. 检验所见

1）被鉴定车辆

车架钢印号为 ××××。右后视镜前上侧见挫痕。左后视镜前侧见挫痕。转向把右把手端部前侧见挫痕，表面黑色材料向后堆积。右制动把弓曲变形，其端部见 3 处挫痕，分别位于前外面、后侧下表面、后侧上表面。右制动把内端前侧见挫痕。仪表台前侧饰罩左部缺损，其残部、前照灯灯罩左上缘及左转向灯灯罩上缘见挫痕。右前转向灯支架断裂呈悬吊状，灯罩外侧见挫痕。前轮挡泥板右前部见 14.0 cm×4.0 cm 范围挫痕。前轮轮胎右侧局部见挫痕。油箱右侧前上部见 8.0 cm×4.0 cm 的凹陷变形，凹陷变形深部见点片状刮擦痕迹。油箱右侧后部见上下方向的挫痕。右侧中部饰罩见 20.0 cm×4.0 cm 范围前后方向挫痕，其后侧相邻鞍座部分撕裂，后侧相邻减震器上部（含螺栓）见挫痕。

右制动踏脚外缘及其相邻踏脚杆外缘见挫痕，其中踏脚杆向后移位。三元催化器外侧见挫痕。后座右踏脚杆向后移位、变形，外侧见挫痕。车辆右侧后上部车架未见挫痕。中撑向右移位。

2）李 ×× 及其相关损伤照片

身高 168 cm，坐高 88 cm。自事发后左颞部肿胀。右肘部内侧见 2.0 cm × 1.0 cm 皮肤瘢痕。左肩峰后侧见 2.5 cm × 1.5 cm 皮肤瘢痕。右外踝见两处皮肤瘢痕，大小分别为 2.0 cm × 1.5 cm、2.0 cm × 1.0 cm。左足第一跖骨克氏钉固定在位。左足拇趾背侧见长 6 cm 线状弧形皮肤瘢痕。左踝后侧见 1.5 cm × 0.5 cm 皮肤瘢痕。

3）吕 ×× 及其相关损伤照片

身高 171 cm，足底至耻骨联合 83 cm。额部右侧见 3.0 cm × 3.0 cm 皮肤瘢痕。右颧部见 4.0 cm × 4.0 cm 皮肤瘢痕。颏部偏右见 2.5 cm × 1.0 cm 皮肤瘢痕。右肩峰见 3.0 cm × 2.0 cm 皮肤瘢痕。右锁骨见 2.5 cm × 2.0 cm 散在皮肤瘢痕。右肘部桡侧见 2.0 cm × 2.5 cm 皮肤瘢痕。右前臂中上段背侧见 6.0 cm × 0.5 cm 线状皮肤瘢痕。右前臂下段背侧见 4.0 cm × 5.0 cm 散在皮肤瘢痕。右前臂下段屈侧见 5.0 cm × 2.5 cm 皮肤瘢痕。右手小指掌指关节背侧见 0.5 cm × 0.5 cm 皮肤瘢痕。左上臂夹板固定在位。左前臂中段内侧见 2.0 cm × 0.5 cm 皮肤瘢痕。左前臂下段背侧见两处皮肤瘢痕，大小分别为 3.0 cm × 2.0 cm、2.0 cm × 1.5 cm。左髂前上棘处见 2.5 cm × 0.5 cm 皮肤瘢痕。右大腿中上段外侧见 11.0 cm × 5.0 cm 散在皮肤瘢痕，呈条片状。右膝前见两处皮肤瘢痕，大小分别为 3.5 cm × 2.0 cm、0.5 cm × 0.5 cm。左大腿下段前侧 9.0 cm × 7.0 cm 范围内散在斜行条片状皮肤瘢痕。左膝外侧见 3.5 cm × 2.5 cm 皮肤瘢痕。

4）吕 ×× 事发时所携挎包

品牌为 ZARA KYDA。底部边角见 12.0 cm × 5.0 cm 范围挫痕，表面黑色材料局部剥脱，堆积在边缘缝线处，局部形成孔洞；相邻包面距下缘 0 cm~3 cm 见长 9 cm 的挫痕，方向从下向上；相邻包面距下缘 6 cm~17 cm、距其侧边的链条 3 cm~16 cm 范围内见散在片状挫痕，方向从下向上；相邻拉链锁扣上侧见挫痕。

5）道路交通事故现场图及现场照片

现场道路呈东西走向，案发起点位于道路南侧山西烤漆门业门前的空地上。以由西向东的顺序发现有道路南侧空地上见一条轮胎侧滑印，长 220 cm，方向由西南向东北，侧滑印起点为道路南边缘 170 cm、终点为道路南边缘 140 cm。侧滑印终点东侧 320 cm 处起见一组两轮车倒地挫印，该组挫印全长 450 cm，按由北向南、由西向东顺序标记挫印为 a 号、b 号、c 号、d 号，a 号挫印起点距道路南边缘 90 cm，终止于道路南边缘，其起始段为黑色，后段为白色，挫印不连续，中间有一个间断；b 号挫印为白色，较宽，起始于 a 号挫印黑色起始段中间，终止于道路南边缘（始终位于 a 号挫印南侧），挫印不连续，中间有一个间断，a 号、b 号挫印的间断起始点相近；c 号挫印为黑色，起始于 a 号、b 号挫印间断以南，该挫印较短，不连续，中间有一个间断，b 号挫印与 c 号挫印之间见片状由西南向东北的擦痕，擦痕有顺时针旋转趋势，并延伸至道路南边缘；d 号挫印为白色，局部呈黑色，较窄，与 c 号挫印近似平行。a 号、b 号挫印间距和 c 号、d 号挫印间距均较小，b 号、c 号挫印间距较大。该组挫印南北侧见片状擦痕，擦痕起始于 c 号挫印间断处以南（正南方），终止于空地北侧一棵行道树处，行道树附近见一只红色女鞋。

空地东北侧道路上（种植油菜以北）见一块区域的血足印、少许由西向东挫痕、血痕及一块喷溅状血迹，区域中心距道路南边缘 220 cm。

6）事故现场附近监控视频

视频文件名为找郢街道西中石化对面 -CVR-2015-04-27 20-05-00-2015-04-27 20-30-59_0，格式为 MP4，哈希值（MD5）为 03DD4F720289A4BF80625EAED4338C6C。

监控视频图像上显示“2015-04-27”、“× ×”等字样。视频图像连续，按时间顺序，视频图像依次显示以下内容：

20:06:15 许起，图像中上部见一团火光，接着当事人李 × × 随被鉴定车辆出现在图像该部，并从西向东滑移，滑移过程中，被鉴定车辆呈右倒状态，大致为头北尾南向东运动。最终被鉴定车辆位于李 × × 东北侧。

20:08:00 许起，李 × × 起身开始在现场徘徊、扶起、骑跨在被鉴定车辆上。

（二）分析说明

（1）根据被鉴定车辆检见的痕迹，结合道路交通事故现场图、现场照片及事故现场附近监控视频分析，被鉴定车辆在由西向东的行驶过程中，驶入道路南侧的一块空地后因故发生侧滑，车辆向右倒地、滑移，车辆发生逆时针偏转，在此过程中当事人吕 × × 于空地处已与车辆分离，继续向东挫滑，与空地东侧行道树发生碰撞后停止。李 × × 随车向东北方向挫滑，停于空地东北侧道路上。

（2）事故现场空地上的挫印中的 a~d 号挫印与被鉴定车辆右踏脚杆、右侧制动踏杆、转向把右把手、右制动把的组合关系具有承痕体与造痕体的对应关系，结合吕 × × 在地面形成擦痕的起点位于挫痕的正南侧分析，吕 × × 被抛出时，被鉴定车辆仍呈头东尾西状态，而在被鉴定车辆倒地后未发生偏转的情况下，前座驾驶员比后座乘客易于被抛出。

（3）根据被鉴定车辆右制动把弓曲变形的痕迹分析，该车向右倒地过程中，车辆前部与地面发生过较重的碰撞，其前座驾驶员头面右部可与地面碰擦，形成相应损伤，比对当事人吕 × ×、李 × × 的体表损伤情况，结合道路交通事故现场图及现场照片分析，吕 × × 头面、四肢损伤符合其位于被鉴定车辆前座向右前倒地并向前挫滑所形成的损伤特征。

综上所述，吕 × × 是被鉴定车辆事发时的驾驶员可以成立。

（三）鉴定意见

吕 × × 是未见悬挂号牌雅马哈牌机动两轮车事发时的驾驶员可以成立。

例 4.3　20× × 年 × × 月 × × 日 × × 时 × × 分，甲车（皖 D- × × × 力帆牌小型轿车）与乙车（皖 D-K× × × 迈腾牌小型轿车）在某处发生事故。委托方要求对朱

××、张××两人中谁是甲车事发时的驾驶员进行重新鉴定。

（一）鉴定过程

1. 鉴定方法

根据GA 41—2014《道路交通事故痕迹物证勘验》、GA/T 1087—2013《道路交通事故痕迹鉴定》、GA 268—2009《道路交通事故尸体检验》、GA/T 944—2011《道路交通事故机动车驾驶人识别调查取证规范》、SF/Z JD 0101001—2016《道路交通事故涉案者交通行为方式鉴定》有关条款及检验方法，对委托方提供的鉴定材料进行检验，并对委托事项作出鉴定意见。

2. 检验所见

1）甲车

车辆识别代号为××××。

左前门车窗玻璃完整。左后翼子板上侧见擦拭样血迹和从前向后迸溅状血迹。前保险杠脱落，前侧见刮擦痕迹，表面浅色涂层呈减层，其支架右部距地高44 cm~58 cm见纵向撞击刮擦痕迹。发动机舱盖距其右20 cm~60 cm、距其前0 cm~9 cm范围内见刮擦痕迹，表面浅色涂层呈减层。发动机舱盖右部见刮擦痕迹，表面浅色涂层呈减层。前风窗玻璃上部撕裂脱开，前风窗玻璃内侧距其右边缘26 cm、距其上边缘25 cm见小点状疑似血迹附着（提取作为检材备检）。右前翼子板外侧见挫痕，右前轮外侧见刮擦痕迹，表面银色涂层呈减层。右后视镜断裂脱开。右前门前部见血迹附着（含右前门框），右前门门窗玻璃碎落，右前门框向下弯折变形（施救时形成），其外侧见刮擦痕迹。右前门呈锁止状态，其后部锁扣处见工具痕迹。右后翼子板外上侧见刮擦痕迹，表面浅色涂层呈减层，局部黏附黑色物质。右后轮外侧局部见刮擦痕迹，表面浅色涂层呈减层，局部黏附黑色物质。后备箱及右部相邻右后翼子板上平面见撞击刮擦痕迹，表面浅色涂层呈减层。车顶塌陷，蒙皮向前挤压变形，后风窗玻璃（内见深色贴膜）大面积碎落。

左A柱内侧距其外0 cm~22 cm、距左A柱上缘0 cm~33 cm范围内见大量黑色毛发附着，长2.0 cm~4.5 cm。右前门内侧拉手下部部件见从上向下挤压变形，局部破裂，其后部内饰见13 cm×7.5 cm擦痕，局部黏附血迹；右前门内侧前部见长7 cm纵向刮擦痕迹，方向从上向下。副驾驶座位前侧见滴落状血迹附着，前风窗玻璃右下角内侧相邻平台及右前门相邻位置见黏附大量血迹。副驾驶座位空间范围为（前后）39 cm×（高）45 cm。驾驶座遮光板后侧见疑似血痂样物质黏附。驾驶员座椅（靠背）后侧右部与车顶干涉变形，驾驶员座位基本正位未变形，副驾驶座位（靠背）后侧与车顶干涉，向右前方弯折变形。离合器操纵杆左侧见刮擦痕迹。

2）乙车

车辆识别代号为××××。

前保险杠缺损伴刮擦痕迹，表面黑色涂层呈减层，局部黏附浅色物质。右前照灯灯罩缺损，左前照灯灯罩缺损。发动机舱盖见从前向后撞击刮擦痕迹，表面黑色涂层呈减层，局部黏附浅色物质。进气罩右部缺损，大众商标脱落。前风窗玻璃以距其左边缘69 cm、距其下缘16 cm为中心见放射状碎裂，玻璃碎片上见硬质刮擦痕迹，表面黏附浅色物质，该刮擦痕迹由发动机舱盖上侧右部向上延伸形成。前风窗玻璃左部塌陷性碎裂。前风窗玻璃左部上侧局部散落有贴膜（深色）的玻璃碎片。左 A 柱见片状刮擦痕迹，表面黑色涂层呈减层，局部黏附浅色物质。左后视镜向后弯折变形，其饰罩见刮擦痕迹，表面黑色涂层呈减层，局部黏附浅色物质。左前翼子板外侧见撞击刮擦痕迹，表面黑色涂层呈减层，局部黏附浅色物质。左前翼子板前端向后弯折变形，局部嵌有长 10 cm~14 cm 黑色毛发。左前轮外侧见刮擦痕迹，其中胎侧见 2.2 cm × 1.7 cm 范围的刮擦痕迹，延伸至轮辋外侧。车身左侧距地高 35 cm~120 cm、距车后端 210 cm~320 cm 范围内见撞击刮擦痕迹，表面黑色涂层呈减层，局部黏附浅色物质。

3）朱 ×× 见 3.5 cm × 3.1 cm 挫痕，深色物质附着，端部见挫裂口长 3.0 cm。右肩部及右衣袖前侧见多处挫裂口，浸染血迹，局部黏附污垢，已挫碎。

4）张 ×× 事发时所穿衬衫

品牌为 valeldiwan，型号为 170/92A 40。右衣袖腋下在 16 cm × 15 cm 范围内见擦痕，方向紊乱。衬衫多处黏附血迹。

5）朱 ×× 体表损伤检验

身高 179 cm。右眼外眦外侧见 6.0 cm × 3.5 cm 皮肤瘢痕，其间可见纵行条状擦划伤痕。右下颌角前侧见散在点片状擦伤后瘢痕。右肩及右上臂前侧在 25 cm × 6 cm 范围内见多处近横行擦划伤愈合后瘢痕，其间可见条形划伤痕。右前臂桡侧见 10 cm × 6 cm 植皮术后愈合瘢痕，周边伴擦伤。左侧第 6 肋间见闭式胸腔引流术后切口（已愈合）。左腰部见大小约 4 cm × 2 cm 皮肤颜色改变。余处未见损伤。

6）朱 ×× 损伤照片

双眼结膜下充血，以右颧弓为中心见大片状皮肤擦伤，表面结痂。右肩及右上臂前侧见条片状皮肤擦伤，其间伴横行划伤，表面结痂。右前臂植皮术后纱布包扎。左手背掌指关节处见多处小片状皮肤擦伤，表面结痂。左侧腰背部见较大面积挫伤，皮肤呈暗紫色改变。左侧行胸腔闭式引流引出血液。

7）张 ×× 尸表检验

尸长 174 cm。颜面部右眼球凸出，上下眼睑肿胀，右眼外眦外侧见 3.5 cm × 1.2 cm 挫擦伤，中间伴有 1.7 cm 浅表创口。口、鼻腔内见有血液。右面颊见点片状擦伤，面部见散在玻璃碎片。右胸壁见 22 cm × 6 cm 皮下青紫。双手背见散在小点片状皮肤擦伤。右手小鱼际处见片状擦伤。左大腿中段前侧见 4.5 cm × 2 cm 创口，无生活反应。

8）道路交通事故现场图及现场照片

现场道路为东西走向北半幅，全宽 18 m，以道路右（北）侧绿化带南侧边缘线为基准线，以绿化带内路灯杆为基准点，多云，路面性质为沥青。甲车头东北尾西南停于现场，其右前轮、左后轮距基准点分别为 9.1 m、13.1 m。乙车头西北尾东南位于甲车东侧，其右侧前、后轮距基准线分别为 9.0 m、9.6 m。甲车右前轮距乙车左前轮 2.5 m。甲车西侧有一当事人倒卧在地。图示甲车由西向东行驶，乙车由东向西行驶。道路中心为隔离护栏，护栏局部破损，附近南侧路面见甲车轮胎侧滑印。

张 ×× 着浅色上衣、灰色长裤，端坐在副驾驶座，左手佩戴手表置于驾驶座和副驾驶座中间操作平台上，身体上部呈弓曲状，身体后侧上部局部与车顶相接触，头部朝下位于副驾驶座前方平台上，面部见血迹附着。甲车右前门车窗玻璃碎落。朱 ×× 着深色上衣、米色长裤坐在副驾驶室门外地面上。

9）事故现场附近监控视频

视频文件名为 chn220150530153608，格式为 IFV，哈希值（MD5）为 649F5008140BFBA1BD9A11C39E91D306。

监控视频图像上显示“JADO CHINA”“2015/05/07”等字样。视频图像连续，按时间顺序，视频图像依次显示以下内容：

15:37:34，甲车在图像右上部由右向左（由西向东）运动，该车发生逆时针偏转、侧滑，其前部撞击道路中心隔离栏后，车辆进入对向车道，同时车辆向右侧翻；丙车位于甲车右侧，该车行驶状态未见异常。

15:37:35，甲车继续向右侧翻，并呈车身左侧朝上、右侧朝下状，其车身右侧似与地面发生接触，待该车向右顺时针翻转刚过 90° 时，其车顶与对向驶来的乙车前部发生碰撞。

15:37:36，甲车车顶受力后，车辆由顺时针翻转变为逆时针翻转，碰撞瞬间，乙车车身右侧为腾空状态，右前门窗部见一白色物体（疑似人体）。

15:37:37，甲车受力发生由东向西运动（呈车身左侧朝上、右侧朝下状），最终车身右侧接地翻倒在事故现场上。

10）手机拍摄救援视频

视频文件名为 5.30 手机拍摄现场救援视频，格式为 MP4，哈希值（MD5）为 D5C0D4FEFA2A54089CE442A7DED53A33。

甲车呈车身右侧接地翻倒状，张 ×× 位于甲车副驾驶位置，上身右侧紧贴右前门内侧，其右手似位于右前门上部外侧，未见其上下肢呈扭曲状。朱 ×× 上半身位于车外，并与地面接触，其胸腹部上见一段护栏。朱 ×× 小腿部位于甲车副驾驶位置（张 ×× 身体后侧）。

11）法医物证学检验

法医物证学检验报告书——司鉴中心 [20××] 物检字第 ×× 号

将提取的检材送中心法医物证实验室进行检验，检验报告摘录如下：经人血红蛋白金标试剂条检测，“皖 D-×××”副驾驶室对应前风窗内侧的疑似血迹（检材）呈阴性反应，提示其上不含人血斑。

（二）资料摘要

1. 张 ×× 死后 CT 检查报告单——某医院 CT 号：09530，检查时间：20××-6-10

1）影像

（1）脑内实质液化、坏死；

（2）胸腹部多发混合性创伤：两侧多发肋骨骨折、胸骨中上段、左侧锁骨及右侧肩胛骨多发骨折伴两侧血气胸及创伤性湿肺、皮下积气；气管内及两侧支气管积血；心脏大血管及腹腔重要脏器体积明显缩小；L1-L4 椎体左侧横突骨折。

（3）腹腔积液。

（4）颈椎椎体 CT 平扫未见明显异常。

2）入院诊断

右侧额叶脑挫裂伤、右小脑挫伤、右侧额颞硬膜下血肿、右侧枕骨骨折、右面部皮肤裂伤。

2. 朱 ×× 住院病案——某医院住院号：1513997

1）入院诊断

（1）双侧多发性肋骨骨折（左 1、2、6、7，右 1）；

（2）两下肺挫伤；

（3）左侧创伤性血气胸；

（4）右侧创伤性血胸；

（5）创伤性皮下气；

（6）鼻骨骨折；

（7）筛骨纸板骨折；

（8）两侧上颌窦积液；

（9）右前臂软组织挫伤伴缺损；

（10）头面部及全身多处软组织挫伤。

2）补充诊断

左侧锁骨骨折。

3）会诊单

会诊日期为 2015 年 5 月 30 日，对右前臂损伤的描述为右肘前外侧可见一约 5 cm×8 cm 大小皮肤软组织缺损，部分肱桡肌缺失，创面污染严重，流血不止，满布石块玻璃等异物。

（三）分析说明

（1）根据甲乙两车所检见的痕迹，结合道路交通事故现场图、现场照片及现场视频分析，甲车由西向东行驶至事发路段时，车辆因故发生逆时针偏转、侧滑，其前部撞击道路中心隔离护栏后，车辆向右发生侧翻、滑移，并进入对向车道，其车顶部又与由东向西行驶的乙车前部发生碰撞，最终甲车车身右侧倒地侧翻在事故现场上可以成立。

（2）根据事故形态，甲车在逆时针偏转、侧滑及顺时针翻转过程中，车内前排人员会向右移动。结合事故现场附近监控视频及救援视频分析，朱 ×× 应于甲乙两车发生碰撞后从甲车右前窗部抛出（未完全脱离甲车），同时车顶向下变形、副驾驶座靠背前倾致副驾驶位置空间变小。由事故现场照片及救援视频分析，事发后张 ×× 处于副驾驶位，其下肢位于副驾驶下部位置。

（3）假设张 ×× 为驾驶员，在车辆发生逆时针偏转、侧滑的过程中，其上身会向右移动，但其下肢不易脱离驾驶员位置；考虑甲车在侧翻、碰撞过程中，副驾驶舱空间变小的情况，张 ×× 的下肢也不易进入副驾驶下部位置。

（4）假设朱 ×× 为驾驶员，其头面部右侧、右前臂肌肉的部分缺失，并且有石块玻璃碎片附着及其衬衫挫碎磨损等情况，符合其被抛出时与地面拖擦时形成的特征。而张 ×× 的各部损伤也不具备其由驾驶座位置变换到副驾驶位置上所形成的特征，但其头面部的损伤符合与甲车右 A 柱内侧及其邻近右前门部碰撞时所形成；其两侧多发肋骨骨折、胸骨中上段、左侧锁骨、右侧肩胛骨多发骨折及 L1–L4 椎体左侧横突骨折等，符合甲乙两车碰撞时，甲车副驾驶位置空间变小，其与甲车副驾驶位置部件碰撞所形成。

（5）假设朱 ×× 位于副驾驶座位置，其在向右运动过程中因受右前门限制，其左腰部不易与甲车部件形成大面积挫伤。

综上所述，朱 ×× 是甲车事发时的驾驶员可以成立。

（四）鉴定意见

朱 ×× 是皖 D–××× 力帆牌小型轿车事发时的驾驶员可以成立。

第二节 道路交通事故现场勘验

一、道路交通事故现场勘验的方法

道路交通事故现场勘验，是指公安机关交通管理部门依法运用科学的方法和技术手段对与道路交通事故有关的时间、地点、道路、人身、车辆、物品、牲畜等进行的勘验、检查，以及当场对当事人和有关人员进行的调查访问，并将所得结果客观、完整、准确记录下来的活动。

现场勘验主要为了：其一，查明事件性质，如此事件是属于道路交通事故案件，还是属于刑事案件，一般情况，更倾向于道路交通事故案件，处理起来更能体现当事人利益，特别是经济赔偿方面，但也必须建立在现场勘验，证据充分的基础上；其二，查明犯罪活动情况，主要是为了查明作案时间、犯罪地点、犯罪嫌疑人情况、犯罪行为及后果、实施侵害行为的过程、现场上的反常情况等；其三，发现、提取犯罪证据，主要为了确认犯罪嫌疑人、揭露与证实犯罪的相关证据；其四，记录现场情况。现场勘验过程中，主要采取的方法一般有：第一，观察，充分运用各种感觉器官，进行周密的感受和观察；运用比较的方法进行观察，主要是对现场发现的物体和情形进行梳理比较和分析；设身处地，从发案时的条件进行观察。第二，进行推断和不断验证，在搜寻痕迹、物证的基础上，进行有依据的推理和分析。第三，技术检验，这一手段是将痕迹、物证量化的重要方法之一，如利用激光三维扫描仪，比对显微镜、扫描电镜、红外光谱等设备进行进一步的检验、鉴定。第四，现场搜索，扩大现场搜索范围，对现场周围地带进行公开搜查，可以发现有效的证据。在必要的情况下，需要对现场进行复勘，即复验和复查，是补充侦查的重要举措之一。道路交通事故现场勘验是道路交通事故处理工作的基础，对于全面分析道路交通事故原因，准确认定道路交通事故责任，进行行政处罚乃至对于道路交通事故损伤赔偿调解工作都有重要意义。

通过现场勘验，事故处理民警一般会根据现场情况制作如下的道路交通事故现场图如图 4.1 所示。

在鉴定人在鉴定过程中，对道路交通事故现场勘验情况应非常重视，且提取需要的现场信息作为鉴定的依据之一，下面通过例 4 .4 来说明。

例4.4 20× × 年 × × 月 × × 日 × × 时 × × 分, 甲车(鲁 P–8× × × 轻型普通货车) 在 × 路由西向东行驶至 × 路路口处时，与王 × × 驾驶的鲁 P– × × × 大客车由南向北行驶发生碰撞，致贺 × ×、李 × ×、丁 × × 抢救无效死亡，姚 × × 受伤（摘自鉴定委托书）。委托方要求对发生事故时，甲车内当事人贺 × ×、李 × ×、丁 × ×、姚 × × 四人中谁是驾驶人进行鉴定。

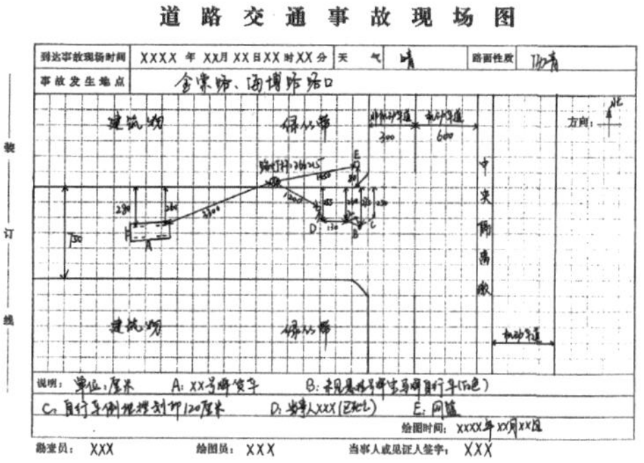

图 4.1　道路交通事故现场图

（一）鉴定过程

1. 鉴定方法

根据 GA/T 1087—2013《道路交通事故痕迹鉴定》、GA 268—2009《道路交通事故尸体检验》、GA/T 944—2011《道路交通事故机动车驾驶人识别调查取证规范》及 SF/Z JD 0101001—2016《道路交通事故涉案者交通行为方式鉴定》，并参照 GA 41—2014《道路交通事故痕迹物证勘验》有关条款及检验方法，对被鉴定车辆的痕迹、死亡人员尸体及受伤者进行检验，并结合委托人提供的其他相关材料，作出鉴定意见。

2. 检验所见

1）甲车

车辆识别代号为 ××××。

车辆前部向左歪斜，其正面见破损，向后挤压变形，以右部为甚，右前轮向后移位。发动机舱盖、前保险杠脱落，其内部部件变形外露。前风窗玻璃大面积碎裂并向外脱落，以其距左端 66 cm、距下缘 46 cm 为中心放射性碎裂，以其内侧面右下部见一小撮黑色毛发，长 7 cm~9 cm。仪表盘破裂变形，大部分碎裂、脱落。方向盘向右前倾斜变形。驾驶座位向前移位明显，靠背向后倾斜；中央文件箱破碎、向右移位；副驾驶座靠背左部向前扭曲凹变，头枕脱落。右侧 A 柱向外弯折变形，前后车门均受力变形，右前门显著，其中右前门内饰板前部向外凹陷变形。驾驶座安全带处于拉伸松弛状态，接近安全带插片处的安全带过度拉伸形成褶皱，磨损显著，其他安全带未见异常。后排座位脱失，车顶内侧距前沿 23 cm~68 cm、距其右沿 25 cm~32 cm 见由后向前的条带形软性擦印。

2）乙车

车辆识别代号为 ××××。

车身左侧距左后轮轮心向前 25 cm~237 cm、距地高 155 cm 以下范围内见大面积刮擦痕迹并向内凹陷变形，表层银色涂层呈减层，局部黏附黑色、橙色物质，凹陷变形处前缘见灯框形印痕，其后缘变形显著并伴有局部破损。左后外侧轮胎外侧胎侧局部见撞击刮擦痕迹。

3）道路交通事故现场图及现场照片

事故现场位于十字路口，甲车头东偏北尾西偏南停于交叉路口内，其前方见车辆散落物，其南侧地面见刮擦痕迹。乙车头北尾南位于甲车西南侧北侧路口。

4）贺 ×× 尸表检验

尸体未完全解冻，已更换寿衣。发黑，长约 8 cm。右侧面颊部在 19 cm × 11 cm 范围内见大面积皮肤擦伤，中间伴有细小、浅表创口；其右眉弓上方、下颌角见已缝合挫裂创口。右侧锁骨上下在 11 cm × 9 cm 范围内见多处条片状擦伤，胸骨上窝及左侧心前区见片状皮下出血伴部分表皮剥脱，大小 3 cm × 2.5 cm。双手背散在多处条片状皮肤擦伤。

5）李 ×× 尸表检验

尸体未完全解冻，已更换寿衣。发黑，细卷，长约 6 cm。右额顶部、右侧颜面部在 33 cm × 10 cm 范围内见条片状擦伤，其间伴有纵行划伤及挫裂创口。颈部右侧见 13 cm × 1.2 cm 挫裂创口。右侧季肋部见 17 cm × 7 cm 条片状皮肤擦伤，沿肋弓走行。右上肢见多处大面积擦挫伤。

6）丁 ×× 尸表检验

尸体未完全解冻，已更换寿衣。发黑，稀疏，长约 3 cm。前额向上至顶部在 18.5 cm × 5.5 cm 范围内见多处片状擦挫伤。双眼上下眼睑及鼻根部有多处挫裂创口，已被黑色丝线缝合。右侧锁骨上方见散在条片状皮肤擦伤，左手腕部曲侧见片状擦挫伤。右股骨下段骨折畸形。

7）姚 ×× 体表检验

左侧上下眼睑见 6 处缝合创口，左颧弓一处缝合创口。前胸壁见左上右下斜行带状擦挫伤，表面结痂并部分脱落，左上起自左肩峰内侧，右下止于右侧季肋部近右侧腰部，长度 58 cm，带状损伤最宽处位于左肩峰内侧，皮肤颜色改变区宽度 4.5 cm~5.0 cm，余处宽度 2.0 cm~3.5 cm 不等，痂皮较厚尚未脱落的部分位于左锁骨下第 2、3 肋骨处及右乳头内下侧第 5~8 肋骨处。胸骨柄中下段胸部正中见大片状皮下出血恢复期颜色改变，呈浅黄褐色，大小约 7.5 cm × 7.0 cm。右侧髂前上棘处见 10 cm × 5 cm 挫伤。右手背在 8.5 cm × 6.5 cm 范围内见多处条片状擦划伤，表面结痂，部分脱落。右前臂背外侧 10 cm × 4 cm 擦挫伤，表面结痂，部分脱落。左膝关节周围见多处小片状擦伤及皮下青紫，左小腿内侧中上段见片状皮下青紫。四肢长骨无骨折。

（二）资料摘要

1. 贺 ×× 法医学尸体检验意见书——（×）公（刑）鉴（尸）字 [20××]×× 号

衣着检查：死者上穿白蓝色方格短袖 T 恤，腰扎黑色皮腰带，下身灰色长裤，双足赤足。

尸表检验：死者是中年男性，发育正常，营养中等，尸长 163 cm，头发长 8.0 cm，色黑。尸斑位于身体背部未受压处，呈暗红色，指压不褪色，尸僵中等强度。头颅无畸形，口、鼻、右外耳道有血迹，口唇苍白，左颧颊处广泛皮肤擦伤伴细小条状划伤，左额部 3.0 cm × 1.0 cm 皮挫裂创，右眉弓处纵斜行皮挫裂伤长 10 cm，右额部 3.0 cm 长皮挫裂创，额部正中 5.0 cm × 2.5 cm 皮肤擦伤，右前胸上端与胸骨柄处 5.0 cm × 4.0 cm 皮肤擦伤，胸骨柄上方 1.5 cm × 0.8 cm 皮肤擦伤，右锁骨中段处 2.0 cm × 2.0 cm 皮肤擦伤，左胸前乳头 8.0 cm × 5.0 cm 范围内点状皮下出血，右腹部外侧 10.0 cm × 1.0 cm 皮肤擦伤，右肩关节前散在多处条状皮肤擦伤 4.0 cm × 0.5 cm、1.0 cm × 0.2 cm 大小不等，右肘关节 2.0 cm × 2.0 cm 皮肤擦伤，左肩关节前 1.0 cm × 0.3 cm 皮肤擦伤，左前臂中段内侧 10.0 cm × 1.0 cm 两处皮擦伤，右小腿前中段 8.0 cm × 0.2 cm 皮肤擦伤，右小腿上段外侧 4.0 cm × 2.0 cm 皮肤擦伤，左足第一跖趾关节处 9.0 cm × 5.0 cm 皮下出血。余未见明显损伤。

尸体解剖：切开头皮，见右额部 7.0 cm × 2.0 cm 头皮下血肿，锯开颅骨，左额叶 2.0 cm × 1.0 cm 蛛网膜下腔出血，左颞枕部 8.0 cm × 8.0 cm 蛛网膜下腔出血，颅底部未见异常。切开胸腹部皮肤及皮下组织，胸骨柄处 8.0 cm × 4.0 cm 肌肉内出血，左侧第 2~6 肋骨骨折，右侧第 3~10 肋骨骨折，左肺挫伤，双侧胸腔积血 2 000 ml，脾蒂处挫碎，范围 4.0 cm × 3.0 cm，脾脏膈面一长 3 cm 裂创，腹腔积血 1 000 ml。余未见明显异常。提取颅腔血 6 ml 备检。

分析论证：根据尸体检验情况结合交通事故案情，死者尸体上的损伤均是由钝性外力作用所致，损伤的部位和性质符合交通事故损伤特点，交通事故可以形成。根据尸体检验情况及案情分析，较大的钝性外力作用于头胸腹部，造成多发肋骨骨折，脾脏严重破裂，大量胸腹腔积血，致创伤性、失血性休克死亡。

鉴定意见：贺 × × 是因交通事故致创伤性、失血性休克死亡。

2. 李 × × 法医学尸体检验意见书——（ × ）公（刑）鉴（尸）字 [20 × ×] × × 号

衣着检查：死者衣物已更换，身穿寿衣。

尸表检验：死者是老年男性，发育正常，营养中等，尸长 174 cm，头发长 6 cm，色黑。尸斑位于身体背部未受压处，呈暗红色，指压不褪色，尸僵中等强度。头颅无畸形，右面部敷料包扎，右眼上下睑肿胀瘀血，右额部至右眉弓外侧纵行 6.0 cm × 1.5 cm 皮肤裂创，右眉弓外侧至右唇外侧斜行 15.0 cm × 3.0 cm 皮肤擦划伤，右唇外侧 10.0 cm × 9.0 cm 皮肤擦划伤，右颈部横行 11.0 cm × 2.0 cm 皮肤擦伤伴 3.0 cm × 1.5 cm 皮肤裂伤，右腹外侧 17.0 cm × 2.0 cm 皮肤擦伤，右肩关节前至右肩胛骨处 30.0 cm × 6.0 cm 皮肤挫擦伤，右上臂上段外侧 15.0 cm × 4.0 cm 皮肤挫裂伤，右上臂中段外侧 5.0 cm × 2.0 cm 皮肤挫裂伤，皮瓣形成，右前臂、右肘、右上臂下段外侧广泛散在条状皮肤擦划伤及擦挫伤，右前臂中段外侧 5.0 cm × 0.6 cm、4.0 cm × 0.4 cm 皮肤挫裂伤，右腕关节骨折，右手背横行 3.0 cm × 0.5 cm 皮肤裂伤，左肩关节骨折，左前臂远段外侧散在多处条状皮肤擦伤，右膝部散在多处条状 4.0 cm × 0.2 cm、0.5 cm × 0.1 cm 大小不等皮肤擦伤，右小腿下段散在皮肤擦伤，左膝部 7.0 cm × 4.0 cm 皮肤擦伤，左小腿前上段 4.0 cm × 0.6 cm 皮肤擦伤。余未见明显异常。

尸体解剖：切开头皮，可见右额部 6.0 cm × 4.0 cm 头皮下血肿，锯开颅骨，可见左右额顶叶、左颞枕部及颅底部广泛性硬膜下出血及蛛网膜下腔出血。余未见明显异常。提取颅腔血 6 ml、心脏血 10 ml 备检。

分析论证：根据尸体检验情况结合交通事故案情，死者尸体上的损伤均是由钝性外力作用所致，损伤的部位和性质符合交通事故损伤特点，交通事故可以形成。根据尸体检验情况及案情分析，较大的钝性外力作用于头部，造成广泛性硬膜下出血及蛛网膜下腔出血，致严重颅脑损伤死亡。透胸腹部，造成多发肋骨骨折，脾脏严重破裂，大量胸腹腔积血，致创伤性、失血性休克死亡。

鉴定意见：李 × × 是因交通事故致严重颅脑损伤死亡。

3. 丁 × × 法医学尸体检验意见书——（ × ）公（刑）鉴（尸）字 [20 × ×] × × 号

衣着检查：死者衣物已更换，裸体。

尸表检验：死者是中年男性，发育正常，营养中等，尸长 164 cm，头发长 3 cm，色黑。尸斑位于身体背部未受压处，呈暗红色，指压不褪色，尸僵中等强度。头颅无畸形，额部敷料包扎，额部正中 6.0 cm × 6.0 cm 皮肤擦伤，右眉弓处一长 6.5 cm 缝合创，右上睑一长 5 cm 皮肤裂伤并 3.0 cm × 1.0 cm 皮肤缺失，左上睑至鼻根部一长 7 cm 横行缝合创，颈部可触及皮下气肿，左锁骨中部偏内斜向内下方可见 11.0 cm × 4.0 cm 皮肤压痕，色苍白，右肩关节处 7.0 cm × 3.0 cm、4.0 cm × 3.0 cm 皮肤擦伤，右前臂中上段外侧两处 3.0 cm × 1.0 cm 皮肤擦伤，右股骨下段骨折，左腕关节处 3.0 cm × 1.0 cm、1.0 cm × 0.6 cm 皮肤擦伤。余未见明显异常。

尸体解剖：切开头皮，可见额顶部广泛性头皮下血肿，右颞肌内出血，范围 8.0 cm × 1.5 cm，锯开颅骨，可见左右顶部硬膜下出血，各 6.0 cm × 5.0 cm，颅底部及小脑部广泛硬膜下及蛛网膜下腔出血，颅底部未见异常。切开胸部皮肤及皮下组织，右第 3 肋骨近胸骨处 2.0 cm × 1.0 cm 肌肉内出血，左第 1、2 肋间肌锁骨中线处 2.0 cm × 2.0 cm 肌肉间出血，左第 3、4 肋间锁骨中线处 2.0 cm × 2.0 cm 肌肉间出血，左第 6、7 肋间锁骨中线处 2.0 cm × 2.0 cm 肌肉间出血，胸骨体平第 3、4 肋间隙处横行骨折，双侧胸腔积血 2 000 ml，双肺被压缩至 1/2，左侧第 1~6 肋骨肋弓处骨折，右侧第 1、2 肋弓处骨折，左侧肺门处挫裂伤，双侧纵膈广泛性挫伤及血肿。余未见明显异常。提取颅腔血 10ml、胸腔血 10 ml 备检。

资料摘要：据某市脑科医院第 120174 号住院病历记载：患者丁 × × 因外伤后意识不清面部流血 50 余分钟于 20 × × 年 08 月 11 日 23 时 27 分入院。查体显示：昏迷状态，双眼睑、鼻根及额部见大小约 10.0 cm × 8.0 cm 皮肤撕脱伤，颈前见约 3 cm 皮肤裂伤，右肩部及右上臂可见数十处大小不等皮肤裂伤，刺痛无睁眼，双侧瞳孔圆形等大，直径约 2.5 cm，光反射消失，前胸可及握雪感，颈软，无抵抗，左手腕部畸形，右大腿成角畸形，右膝关节反常活动，双侧巴氏征（－）。头胸腹部 CT 显示：蛛网膜下腔出血、脑挫裂伤、多发肋骨骨折、气胸、胸腔积液、肺挫伤、肺不张、皮下气肿。入院诊断：头部外伤、蛛网膜下腔出血、脑挫裂伤、多发肋骨骨折、气胸、胸腔积液、肺挫伤、肺不张、皮下气肿。入院后于 20 × × 年 08 月 12 日 02 时 20 分至 03 时 10 分行双眼及头面部清创缝合术，患者于 20 × × 年 08 月 12 日 02 时 20 分突然出现心跳停止，自主呼吸停止，立即予以胸外心脏按压，呼吸机辅助呼吸，同时给予呼吸兴奋剂、肾上腺素、循环三联反复静推，电除颤两次，积极抢救 57 分钟，患者于 20 × × 年 08 月 12 日 03 时 55 分宣布临床死亡。

分析论证：根据尸体检验情况结合交通事故案情，死者尸体上的损伤均是由钝性外力作用所致，损伤的部位和性质符合交通事故损伤特点，交通事故可以形成。根据尸体检验情况并结合住院病历及案情分析，较大的钝性外力作用于头胸部及四肢，造成广泛性硬膜下及蛛网膜下腔出血，多发肋骨骨折，大量胸腔积血，致严重颅脑损伤，创伤性失血性休克死亡。

鉴定意见：丁 ×× 是因交通事故致严重颅脑损伤、创伤性失血性休克死亡。

4. 姚 ×× 某市脑科医院住院病历——住院号：120178

专科情况：患者神志欠清，精神差，双侧瞳孔等大等圆，直径 3 mm，对光反射灵敏，左眼周软组织伤口长约 6 cm，边缘不规则并流血，双侧鼻腔有血性分泌物，双耳无分泌物，胸腹部一长约 60 cm 斜行皮肤挫伤并有渗液，双侧胸部压痛明显，未及骨擦音，双肺呼吸音粗，腹膨软，上腹部稍压痛，无腹肌紧张及反射痛，肝脾肋下未及，腹部叩诊鼓音，肠鸣音稍弱，四肢可见广泛软组织挫伤。

颅脑 CT 及肋骨三维 CT：右额叶脑挫伤，左眶内壁骨折并鼻旁窦积液，胸骨骨折，双肺渗出性病变，双侧胸腔积液，双下叶肺不张，左侧第 2、3 肋骨骨折，右侧第 6~8 肋骨骨折。

（三）分析说明

（1）根据被鉴定甲乙两车所检见痕迹，结合道路交通事故现场图及现场照片所示情况分析，符合甲车正面与乙车左侧后部发生碰撞所形成的特征，甲车正面右部受力显著。

（2）根据甲乙两车的碰撞形态及甲车正面、车内部件损坏的受力方向和毁损程度分析，甲车撞击乙车时力量巨大、速度骤减、毁损变形严重；根据碰撞运动力学原理，发生碰撞时车内驾乘人员由于惯性会向右前方与车内物体发生二次碰撞，造成车内部件毁损和驾乘人员不同特征的损伤。

（3）检验见驾驶座安全带处于过度拉伸状态，安全带插片两侧形成褶皱，磨损显著，驾驶座位向前移位明显以及方向盘向右前倾斜变形等，结合甲车当事人贺 ××、李 ××、丁 ×× 三具尸体的尸表检验、姚 ×× 体表损伤检验及其住院病例中记载的专科情况，四人中只有姚 ×× 前胸壁见有左上右下斜行带状损伤、胸骨柄中下段胸部正中见大片状皮下出血恢复期颜色改变等情况分析，其胸部损伤符合典型的安全带（驾驶员侧）损伤及方向盘损伤的特征。

（4）另检见甲车中央文件箱破碎并向右移位，结合姚 ×× 右侧髂前上棘处挫伤，也符合姚 ×× 与中央文件箱左侧发生撞击所形成的特征，而车内其他乘员损伤不具有位于驾驶员座位形成的损伤特征。因此，姚 ×× 为事故发生时驾车人可以成立。

（四）鉴定意见

综上所述，姚 ×× 是鲁 P-××× 黄海牌轻型普通货车事故发生时的驾驶人可以成立。

二、道路交通事故现场勘验的重点

道路交通事故现场勘验的重点主要表现在以下几个方面：第一，抓住事故的中心点，向外围辐射勘验。通常情况下以人、车为中心向散落物辐射勘验，如一辆轿车撞击一位老人，勘验的中心位置在老人和轿车相对位置区域展开，主要注意观察车辆的损坏情况、车辆在地面遗留的痕迹、血迹的位置等，而这些需要定位的信息关键是找好基准点和基准线。第二，搜集、提取和保存现场散落物。现场散落物是事故的重要物证，可以反映事发时车辆的各种状况，且可以研究车辆与道路其他参与者之间的关系。第三，现场生物检材的发现、显现、提取、记录和保存。生物检材的检验、鉴定过程中，同一认定的基础和条件较好，如果可以获得此类重要的物证，将帮助案件的顺利开展，对保障受害方权益发挥重要的作用，同时，由于生物检材受天气及外界环境的影响比较大，因而早发现、早提取、早检验，符合生物检材的特性和规律。第四，现场保护的开展。现场保护是保护现场的重要举措，需要有序的指挥和开展。第五，现场证人的寻找和筛选。有一些逃逸事故的当事人离开后，会回到现场作出一些误导的行为和举措，这个对事故调查人员提出极高的要求，甄别真伪，筛选重点显得极为重要。下面通过例 4.5 来说明道路交通事故现场勘验的重点与鉴定相结合的情况。

例 4.5　20×× 年 ×× 月 ×× 日 ×× 时，李 ×× 驾驶沪 D-××× 陕汽牌重型半挂牵引车及其拖挂的沪 A-××× 挂通华牌半挂车与行人顾 ×× 在某处发生事故。根据调查需要，委托方要求利用提供的监控视频对事发时行人顾 ×× 是否出现在沪 D-××× 陕汽牌重型半挂牵引车及其拖挂的沪 A-××× 挂通华牌半挂车的驾驶员李 ×× 的视野范围内进行鉴定。

（一）鉴定过程

1. 鉴定方法

参照 GA/T 1133—2014《基于视频图像的车辆行驶速度技术鉴定》及 GB/T 12979—2008《近景摄影测量规范》的有关条款及检验方法，对提供的视频图像进行检验，并结合事发现场复勘情况及其他相关鉴定材料，对委托事项作出鉴定意见。

2. 检验所见

1）被鉴定车辆驾驶员李 ××

身高 170 cm；站立时双眼距地高度 158 cm；坐高 126 cm（椅面距地高 41.5 cm），此时双眼距地高度 108 cm。

2）被鉴定车辆

牵引车车辆识别代号为 ××××。

工作人员（身材与李 ×× 相当）模拟驾驶被鉴定车辆，头部靠在驾驶座靠背上，驾驶座椅面距地高 183 cm；仪表台前挡板上缘距地高 220 cm，距工作人员眼睛的水平距离约 70 cm，距前轮轮心的纵向水平距离 110 cm。车宽 249 cm。工作人员双眼中心距左 A 柱右内缘 36 cm，距左后视镜外缘 70 cm。左后视镜左边缘、左 A 中右内缘仪表台前挡板上端近似在同一平面上。左、右前照灯光照区域后缘间距约为 180 cm，到车辆前轴的纵向距离约为 188 cm。

3）视频 A

视频文件名为复件 1-02-R-150703233909，格式为 MP4，哈希值（MD5）为 A2ABB65C7F47C1823B49DE69E3F7B285。

监控视频图像上显示“CAMO1”、“20××-07-03 星期五”等字样。视频图像连续，按时间顺序，视频图像依次显示以下内容：

23:39:20 许起，被鉴定车辆在图像左上部起步，并由上向下行驶，此时行人顾 ×× 在图像右上部背对着该视频摄像头站立；

23:39:21 许起，行人顾 ×× 在图像右上部转身并由上向下奔跑，开始奔跑阶段同时向被鉴定车辆驾驶员示意；

23:39:26 许起，行人顾 ×× 由上向下进入图像中部通道，被鉴定车辆位于其身后；

23:39:28 许，被鉴定车辆与行人顾 ×× 发生碰撞。

选取视频中能够辨认行人顾 ×× 在奔跑过程中（进入通道）脚着地的帧图像作为参考帧，共 16 帧图像，分别为 23:39:26 第 5、14、17 帧图像，23:39:27 第 5、10、15、22 帧图像。

分别在上述图像中用黄色点标定出行人顾 ×× 着地脚在地面上的运动轨迹；用绿色点标定出被鉴定车辆左前照灯在地面上的光照区域后缘的运动轨迹；用蓝色点标定出被鉴定车辆右前照灯在地面上的光照区域后缘的运动轨迹。

4）视频 B

视频文件名为 1-02-R-150914141543，格式为 H264，哈希值（MD5）为 9F56E54E12545706C63D184D9AEA1AF7。

监控视频图像上显示“CAMO1”“20××-09-14 星期一”等字样。

视频 B 与视频 A 为同一摄像头不同时间拍摄，选取视频中某帧图像，并用红点标定出鉴定人在事发现场复勘时在地面上选取、标记出的参考点。

5）视频 C

视频文件名为复件 1-01-R-150703233635，格式为 MP4，哈希值（MD5）为 887968C5BFA2C55D98F9C251A2A5F135。

监控视频图像上显示“CAMO1”“2015-07-03 星期五”等字样。视频图像连续，按时间顺序，视频图像依次显示以下内容：

23.37:22 许起，被鉴定车辆在图像右上部起步，并由右向左行驶，此时行人顾 ×× 在图像右上部侧背对着该视频摄像头站立；

23:37:23 许起，行人顾 ×× 在图像右上部转身并由右向左奔跑，开始奔跑阶段同时向被鉴定车辆驾驶员示意；

23:37:28 许起，行人顾 ×× 由上向下进入图像左中部通道，被鉴定车辆跟在其身后；

23:37:30 许，被鉴定车辆与行人顾 ×× 发生碰撞。

选取视频中能够辨认行人顾 ×× 在奔跑过程中脚着地的帧图像作为参考帧，共 11 帧图像，分别为 23:37:21 第 2 帧图像，23:37:25 第 2、8、10 帧图像，23:37:26 第 7、10 帧图像，23:37:27 第 1、3、6、10 帧图像，23:37:28 第 2 帧图像。

分别在上述图像中用黄色点标定出行人顾 ×× 着地脚在地面上的运动轨迹；用绿色点标定出被鉴定车辆左前照灯在地面上的光照区域后缘的运动轨迹；用蓝色点标定出被鉴定车辆右前照灯在地面上的光照区域后缘的运动轨迹。

6）视频 D

视频文件名为 1-01-R-150914142003，格式为 H264，哈希值（MD5）为 0B9CF967

43576C2148CDC77CA10FE690。

监控视频图像上显示“CAMO1”“20××-09-14 星期一”等字样。

视频 D 与视频 C 为同一摄像头不同时间拍摄，选取视频中某帧图像，用红色点标定出鉴定人在事发现场复勘时在地面上选取、标记出的参考点。

7）行人顾 ×× 尸表检验鉴定意见书——×× 中心 [20××] 病交鉴字第 ×× 号

衣着检查：上身穿蓝色长袖工作服；下身着黑色长裤（右大腿上段外侧裤缝撕裂，皮带扣前侧见硬质擦痕），黑色平脚短裤；脚穿蓝色丝袜，蓝色布鞋。

尸长 163 cm，发育正常，营养一般。

8）比对检验

将视频 A、B 中所选取帧图像中的四种颜色的点拼合在一张图像上，以红色标定点为参考点，如图 4.2 所示。

（a）　　　　（b）

图 4.2　视频截图（1）

根据 GB/T 12979—2008《近景摄影测量规范》中直接线性变换原理，利用 PC-RECT 进行投影变化操作，并通过测量得到各参考帧中车辆前照灯光照区域后缘与行人顾 ×× 着地脚的相对距离。

当行人顾 ×× 位于车辆前侧位置时，在视频图像中可以观察到在行人顾 ×× 着地脚位置的时段内，其着地脚距车辆左、右前照灯光照区域后缘连接线的垂直距离如表 4.1 所示。

表 4.1　垂直距离（1）

参考帧	行人（黄色）	着地脚	左前照灯（绿色）	右前照灯（蓝色）	距离 /m
39-26（5）	1	右	1	1	0.63
39-26（14）	2	左	2	2	0.57
39-26（17）	3	右	3	3	0.99
39-27（5）	4	左	4	4	0.88
39-27（10）	5	右	5	5	0.8
39-27（15）	6	左	6	6	0.88
39-27（22）	7	左	7	7	0.64

对视频 C、D 采取相同操作，得出结果如图 4.3 所示。

（a）　　　　（b）

图 4.3　视频截图（2）

当行人顾 ×× 位于车辆左侧位置时，在视频图像中可以观察到行人顾 ×× 着地脚位置的时段内，其着地脚分别到车辆左、右前照灯光照区域后缘的距离：

表 4.2　垂直距离（2）

参考帧	行人（黄色）	着地脚	左前照灯（绿色）	距离 /m	右前照灯（蓝色）	距离 /m
37–21（2）	1	—	1	8.85	1	10.49
37–25（2）	2	—	2	2.58	2	4.49
37–25（8）	3	—	3	1.99	3	3.63
37–25（10）	4	左	4	1.77	4	3.58
37–26（7）	5	左	5	2	5	3.71
37–26（10）	6	右	6	1.76	6	3.38
37–27（1）	7	左	7	1.74	7	3.37
37–27（3）	8	右	8	1.28	8	2.99
37–27（6）	9	左	9	1.36	9	2.77
37–27（10）	10	—	10	0.89	10	2.66
37–28（2）	11	左	11	0.78	11	2.36

注：“—”代表不可辨识。

（二）计算分析

（1）根据勘验所见，综合考虑驾驶员坐姿、座椅等情况分析，若事故发生时事故车辆驾驶员李 ×× 呈正常驾驶姿态，其眼睛高度（视高）约为 243 cm~248 cm。根据行人顾 ×× 尸表检验鉴定意见书中记录的尸体长度，分析其行进时的高度约为 160 cm。结合以上数据及事故车辆局部测量数据，利用三角形相似原理计算得出，事故车辆驾驶员李 ×× 呈正常驾驶姿态状态下，行人顾 ×× 在事故车辆前照灯光照区域后缘前侧 104 cm 至车辆前侧的区域内，存在行人顾 ×× 不出现在驾驶员李 ×× 的视野范围内的可能性。

（2）根据图像处理之后所得测量数据，当行人顾 ×× 在视频 A 中位于事故车辆前侧时，可以观察到的视线范围内，其着地脚到事故车辆左、右前照灯光照区域后缘连线的垂直距离均小于 104 cm。因此，当行人顾 ×× 在视频 A 中位于事故车辆前侧时，存在行人顾 ×× 不出现在驾驶员李 ×× 的视野范围内的可能性。

（3）根据勘验所见，综合考虑驾驶员坐姿、座椅等情况分析，若事故发生时事故车辆驾驶员李 ×× 呈正常驾驶姿态，其眼睛与左后视镜外缘与左 A 柱右内缘形成一个遮挡的夹角区域。当行人顾 ×× 位于该遮挡区域范围内，存在行人顾 ×× 不出现在驾驶员李 ×× 的视野范围内的可能性。

（4）根据图像处理之后所得测量数据，利用 CAD 制图软件，依次描绘出视频 C 中行人（黄色点）与车辆及左右前照灯在地面上的光照区域后缘的相对位置。若事故发生时事故车辆驾驶员李 ×× 呈正常驾驶姿态，除在 23:37:21 第 2 帧图像上，存在行人顾 ×× 出现在驾驶员李 ×× 的视野范围内的可能性，其余可视参考图像帧中，存在行人顾 ×× 不出现在驾驶员李 ×× 的视野范围内的可能性。

（三）鉴定意见

事故发生时若沪 D-××× 重型半挂牵引车及其拖挂的沪 A-×× 挂半挂车驾驶员李 ×× 呈正常驾驶姿态，除在 23:37:21 第 2 帧，存在行人顾 ×× 出现在李 ×× 的视野范围内的可能性，其余可视参考图像帧中，存在行人顾 ×× 不出现在李 ×× 的视野范围内的可能性。

三、道路交通事故现场勘验的记录

道路交通事故现场勘验的记录一般分为文字、图谱和声像资料。文字记录包括：现场勘验过程中，实时记录的现场勘验笔录、记录以及相关说明；因搜集和补充现场材料，对当事人、现场知情人及离开现场的目击证人进行询问而形成的现场勘验询问笔录；遵从相关法律、法规及标准的规定，对卷宗进行充分完善的相关文字记录。图谱记录包括：对交通事故现场车体痕迹进行勘验，对车体痕迹进行标注和表示的图谱；对交通事故现场人员损伤情况进行描述和说明的图谱；对道路交通事故现场进行记录，形成的道路交通事故现场图如图 4.5 所示，其分为手绘和计算机制作（如图 4.4 所示）两种。声像资料记录包括：到达事故现场，对事故现场情况进行拍照记录，一般包括概貌照、局部照、细目照等，其中重点部位的细目照非常重要，具体要求参照 GA 50—2014《道路交通事故现场勘验照相》中相关规定执行；对现场情况进行摄像记录；对相关人员进行询问所采集的声音记录；复勘现场，对现场进行的声像资料记录。

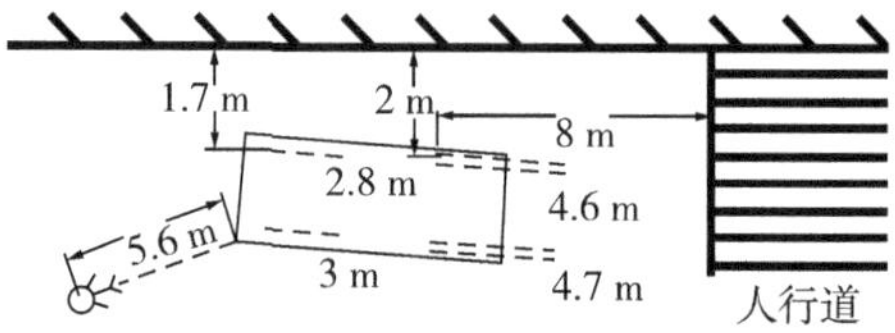

图 4.4　现场图

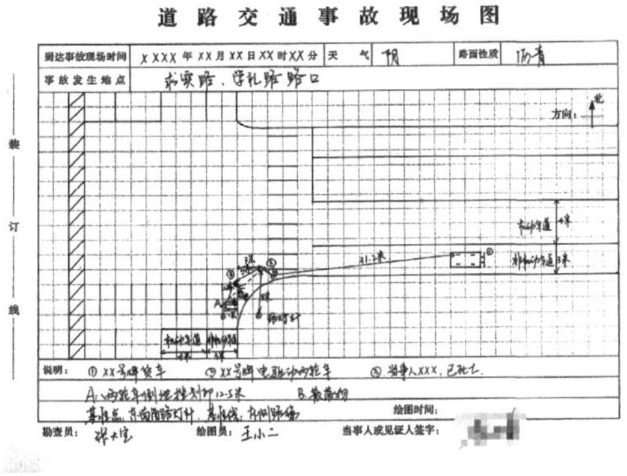

图 4.5　道路交通事故现场图

利用道路交通事故现场勘验记录进行道路交通事故车体痕迹鉴定的案例（例 4.6 和例 4.7）如下。

例 4.6　20× × 年 × × 月 × × 日 × × 时 × × 分，沪 A–× × × × 桂林大宇 GDW6105G 大型普通客车在某处与行人张 × × 发生交通事故。根据事故调查需要，委托方要求对事故发生时上述车辆与行人张 × × 碰撞点是否在人行横道内进行鉴定。

参照 GB/T 33195—2016《道路交通事故车辆速度鉴定》有关条款及检验方法，结合道路交通事故现场图等提供材料，对委托事项进行鉴定。

（一）资料摘要

1. 道路交通事故现场图示

事故现场路面为干燥沥青路面。受检车辆头北尾南停于由南向北的车行道内，其右前轮后侧地面见长 930 cm 制动痕迹，其右前轮距其南侧人行横道北边缘 310 cm。受检车南侧人行横道宽 520 cm。张 × × 头北脚南倒于受检车北侧地面，其右足距受检车左前轮 1 030 cm、距南侧人行横道北边缘 1 340 cm、距南侧人行横道南边缘 1 860 cm。

2. 张 × × 尸体检验报告书示

尸长 167 cm。顶枕部见 10 cm × 6 cm 头皮擦挫伤。左手中指掌指关节背侧见 1.5 cm × 0.5 cm 皮肤擦伤；左小腿上段外侧见 5.5 cm × 2.5 cm 皮肤青紫。

3. 被鉴定车辆安全技术状况检验报告书示

车轴前风窗玻璃左侧破碎，左刮水器杆有碰撞痕迹，前面部左侧凹瘪变形。前轴制动力和为 23 750 N，占轴荷的 73.7%，制动力差为 14.6%，后轴制动力和为 39 570 N，占轴荷的 57.2%，制动力差为 6.2%，制动力总和为整车质量的 62.4%。

4. 被鉴定车辆技术参数查询

前悬 2 240 mm，后悬 3 160 mm。

（二）分析与计算

（1）根据道路事故现场图分析，被鉴定车辆在由南向北行驶的过程中，与行人张 × × 身体发生过碰撞，碰撞后行人做抛物运动，车辆继续向前运动，形成最终的事故现场形态。事故发生过程中，被鉴定车辆采取了制动措施，并在地面上留下了制动痕迹。由于被鉴定车辆与行人质量相差悬殊，根据动量定理可知，碰撞对被鉴定车辆的速度几乎未发生影响。由功能原理有下式成立：

$$\frac{1}{2}mv_2^2 - \frac{1}{2}mv_1^2 = -mg\phi s$$

其中，m 为受检车质量，v_1 为该车在制动痕迹起点时的速度，v_2 为受检车在制动痕迹终点时的速度，其值为 0，s 为制动距离，ϕ 为受检车制动纵滑附着系数，g 为重力加速度。

根据道路交通事故现场图，结合被鉴定车辆安全技术状况检验报告书，本次鉴定中，ϕ 取 0.62，s 取 9.30 m。将参数代入上式整理计算得

$$v_1 = \sqrt{2 \times g \times \phi \times s} = \sqrt{2 \times 9.8 \times 0.62 \times 9.30} \approx 10.63 \text{ m/s}$$

被鉴定车辆事故发生时（制动前）的速度约为 10.63 m/s。

（2）设车辆碰撞前瞬时速度为 v_c，碰撞后行人的速度为 v_p。人体为柔性物体，并且与车辆质量相差悬殊，由动量定理可知，车辆与行人发生碰撞后速度几乎未发生变化，同时，行人以与车辆相同的速度做抛物运动。根据以上分析，有下式成立：

$$v_c = v_p$$

$$L_p = v_p\sqrt{\frac{2h}{g}} + \frac{v_p^2}{2\mu_p g}$$

其中，h 为行人的质心高度，μ_p 为人体在地面上滑行时的摩擦系数，x 为碰撞点与人体最后停止位置之间的距离。根据张 × × 尸体检验报告及道路交通事故现场图，本次鉴定中取 μ_p 为 0.52、h 为 0.94 m，假设 $v_p = v_1$，将参数代入上式整理计算得

$$L_{pmax1} = v_1\sqrt{\frac{2h}{g}} + \frac{v_p^2}{2\mu_p g} \approx 15.74 \text{ m}$$

被鉴定车辆采取了制动措施，v_1 为该车在制动痕迹起点时的速度，其速度随着制动距离递减，直至静止，因此 $v_p = v_1$，上式计算所得 L_{pmax1} 为最大抛距，张 × × 碰撞时位置应在其现场倒地位置以南 15.74 m 范围内（受检车行驶轨迹上）。

（3）根据事故形态及行人平抛运动原理，有下式成立：

$$v = \sqrt{2g} \times \mu_p \times \left(\sqrt{h + \frac{x}{\mu_p}} - \sqrt{h}\right) \times 3.6$$

其中，x 为碰撞点与人体最后停止位置之间的距离，根据现场测量，张 × × 右足距受检车左前轮 1 030 cm，结合车辆技术参数，最小抛距 x_1 为 806 cm。将参数代入上式整理计算得

$$v_{min} = \sqrt{2 \times 9.8} \times 0.52 \times \left(\sqrt{0.94 + \frac{8.06}{0.52}} - \sqrt{0.94}\right) \approx 7.10 \text{ m/s}$$

实际上，被鉴定车辆和行人碰撞后仍减速向前运动，最终停止在事故现场图中的位置，所以，实际的抛距 x 值大于 x_1（8.06 m）。因此，车辆碰撞前的瞬时速度要大于 7.10 m/s。

又因为被鉴定车辆经制动减速停于路面，其速度要大于 7.10 m/s，其离停止点距离必然大于 $v_p^2/2\phi g$。将参数代入得被鉴定车辆与行人碰撞点距停止点距离大于 4.15 m，即

被鉴定车辆与行人碰撞点在人行横道北侧 1.19 m 以南。

（4）假设张 ×× 与被鉴定车辆碰撞点在人行横道北边缘至人行横道北侧 1.19 m 范围内，则被鉴定车辆与行人碰撞点在人行横道北边缘时速度最大，该速度为 $\sqrt{2\times g\times \phi\times s}=\sqrt{2\times 9.8\times 0.62\times 5.34}\approx 8.06\ \mathrm{m/s}$，相应张 ×× 最大抛距为 $v_1\sqrt{\dfrac{2h}{g}}+\dfrac{v_p}{2\mu_p g}\approx 9.90\ \mathrm{m}$。结合张 ×× 现场位置距离该区域距离 12.21 m，明显大于 9.90 m，则可以排除张 ×× 与被鉴定车辆碰撞点在此范围内的可能性。

根据以上情况结合道路交通事故现场图分析，被鉴定车辆与张 ×× 事发时的碰撞点在道路交通事故现场图所示人行横道内。

（三）鉴定意见

沪 A-××× 桂林大宇 GDW6105G 大型普通客车与行人张 ×× 事发时碰撞点在人行横道内可以成立。

例 4.7 20×× 年 ×× 月 ×× 日 ×× 时 ×× 分，苏 E-J××× 江淮牌小型轿车涉嫌在某路段与倒地的顾 ×× 发生事故。根据事故调查需要，委托方要求对上述车辆与倒地的顾 ×× 是否发生过碰撞进行鉴定。

（一）鉴定过程

1. 鉴定方法

参照 GA 41—2014《道路交通事故痕迹物证勘验》、GA/T 1087—2013《道路交通事故痕迹鉴定》有关条款及检验方法，对被鉴定车辆的痕迹进行检验，并结合委托人提供的相关材料，作出鉴定意见。

2. 检验所见

被鉴定车辆的识别代号为 ××××。车身四周未检见新近形成的与软性客体（如人体）的碰擦痕迹。车架从前向后第一根横梁右端下侧见擦拭痕迹，表面泥灰呈减层，局部黏附疑似血迹（提取作为检材备检）及数根疑似毛发，该疑似毛发呈花白色，长约 2 cm；发电机左侧下部见片状擦拭痕迹，表面泥灰呈减层，局部黏附纤维物质。

事故现场照片显示：顾 ×× 头发花白。

（二）资料摘要

1. 顾 ×× 尸体检验报告——（×）公（物）鉴（尸检）字 [20××]×× 号

颜面部血迹附着；左颞部见 2.2 cm×0.8 cm 挫裂伤；右侧外耳道出血；右面部见 4.0 cm×3.5 cm 擦伤；下颌缘右侧见 2.0 cm×0.5 cm、1.0 cm×0.5 cm 挫裂伤；右颈部见散在性擦伤。右髂部见 4.0 cm×1.5 cm 擦伤。

2. 顾 ××DNA 检验报告——× 公刑法物 [20××]×× 号

（1）送检物证及样本：标识为“顾 ×× 血迹”的检材。

（2）检验要求：DNA 检验。

（3）DNA 检验结果如表 4.3 所示。

表 4.3 DNA 检验结果

编号	D8S1179	D21S11	D7S820	CSF1PO	D3S1358	TH01	D13S317	D16S539
2622-1	10/15	29/31	10/11	12	15/16	6/9	8/12	9/11
编号	D2S1338	D19S433	VWA	TPOX	D18S51	D5S818	FGA	Amelogenin
2611-1	18/25	—	17/19	8	13/15	13	21/25	X/Y

（三）法医物证学检验

法医物证检验报告书——××[20××]物检字第×号

提取的检材送鉴定中心法医物证鉴定室进行检验，检验结果如下：

"苏 EJ×××"江淮牌小型轿车车架第一横梁（从前向后）右端下侧提取物的 DNA 分型结果见表 4.4。

表 4.4 提取物 DNA 分型结果

基因座	客车车架第一横梁（从前向后）右端下侧提取物
D19S433	15.2，15.2
D5S818	13，13
D21S11	29，31
D18S51	13，15
D3S1358	15，16
D13S317	8，12
D7S820	10，11
D16S539	9，11
CSF1PO	12，12
Penta D	8，11
vWA	17，19
D8S1179	10，15
TPOX	8，8
Penta E	13，19
TH01	6，9
D12S391	18，20
D2S1338	18，25
FGA	21，25
Amelogenin	X，Y

（四）分析说明

根据被鉴定车辆所检见的痕迹，结合顾 ×× 尸体检验报告所述体表损伤情况、事故现场照片、顾 ×× DNA 检验报告结果和在被鉴定车辆上提取物的法医物证检验结果综合分析，符合处于倒地状态的顾 ×× 遭受该车底盘碰撞挤压所形成的特征。

（五）鉴定意见

处于倒地状态的顾 ×× 遭受苏 E-J××× 江淮牌小型轿车底盘碰撞挤压可以成立。

第三节　道路交通事故现场勘验与车体痕迹鉴定

一、道路交通事故现场勘验与车体痕迹鉴定的关系

道路交通事故现场勘验与车体痕迹鉴定的关系表现在以下几个方面：其一，道路交通事故现场勘验是车体痕迹鉴定的基础，现场勘验的文字、图谱及声像资料等记录对车体痕迹鉴定提供了解案情的前提条件，为制订鉴定计划打下基础，但必须避免先入为主。其二，车体痕迹鉴定为道路交通事故现场勘验提出建议和完善依据，在车体痕迹鉴定过程中，鉴定人对事故现场相关材料进行检验和对现场进行复勘时，会从鉴定的角度对现场勘验提出更高的要求，发现并协助交通事故处理方查漏补缺，对道路交通事故现场勘验的进一步精细化起到促进作用。其三，道路交通事故现场勘验和车体痕迹鉴定是事故处理中不同的环节和不可或缺的重要步骤。目前并没有明确限定必须是具有某种资格的人来进行这两种活动，一般来讲，道路交通事故现场勘验由交警完成，车体痕迹鉴定由鉴定机构指派的鉴定人完成。其四，道路交通事故现场勘验和车体痕迹鉴定的规范化和标准化进程，将促进整个社会相关领域法治的完善和进步。

车体痕迹鉴定运用在道路交通事故现场勘验成果的过程中，并不是一帆风顺的，且道路交通事故现场勘验的详细程度将影响车体痕迹鉴定的最终鉴定意见。相关案例如例 4.8 所示。

例 4.8　20×× 年 ×× 月 ×× 日 ×× 时，甲车（鲁 A-Y××× 东南牌小型轿车）与乙车（鲁 M-××× 欧铃牌中型普通货车）在某路口发生交通事故。根据事故调查需要，委托方要求对甲乙两车的碰撞形态及两车在现场路面的碰撞位置进行重新鉴定。

（一）鉴定过程

1. 鉴定方法

根据 GA 41—2014《道路交通事故痕迹物证勘验》、GA/T 1087—2013《道路交通事故痕迹鉴定》有关条款及检验方法，对甲乙两车的痕迹进行检验，并结合委托人提供的其他鉴定材料，对委托事项作出鉴定意见。

2. 检验所见

1）甲车

车辆识别代号为 ××××。

部分部件已拆卸待修。前保险杠右部缺损，断口内侧见横向纵形刮擦痕迹，受力方向从左前向右后，表面亮白色涂层局部呈减层。发动机舱盖右侧见撞击刮擦痕迹，受力方向从前向后，表面亮白色涂层局部呈减层，局部黏附红色、白色物质。右前翼子板缺失，其支架中部上侧见撕裂口，受力方向从前向后，表面白色涂层局部呈减层，局部黏附黑

色物质。左右前照灯均缺失。右后视镜缺失。右前轮胎品牌为“WANLI”，规格为“195/60R16 89H”，其轮辋外侧及轮胎外侧胎侧见撞击刮擦痕迹，表面银色和黑色物质呈减层，局部黏附黑色物质；轮胎外侧见五处割裂口，其中四处割裂口已穿透。右前门外侧见刮擦痕迹，受力方向从前向后，表面亮白色涂层局部呈减层，局部黏附蓝色和黑色物质，其门拉手见捆绑红色布条，局部见刮擦痕迹，表面红色物质呈减层。风窗玻璃及门窗玻璃大面积碎落。右A柱及右前门门框检见撞击刮擦痕迹，受力方向从前向后，向后下方挤压变形，表面亮白色涂层局部呈减层。车顶右部向左后方挤压变形，局部撕裂。右后门把手前部见黏附毛发和组织物，局部见滴落状血迹，右后门门框后部见黏附血迹和油状物质。右尾灯部分缺失。

2）乙车

车辆识别代号为××××。

前风窗玻璃碎落。右后视镜移位。前保险杠右侧及右前转角见大面积擦痕，延伸至右前门下部及右前翼子板前部，黏附黑色物质。驾驶室右前转角及下部相邻的右前照灯灯罩距地高108 cm~117 cm范围内见撞击刮擦痕迹，表面白色涂层局部呈减层。右前转向灯脱位，呈悬吊状。右前轮外侧见刮擦痕迹，其轮胎外侧见刮擦痕迹，表面黑色物质呈减层；轮辋外侧固定螺栓见刮擦痕迹，表面银色物质呈减层，局部黏附黑色和银色物质。驾驶室右前门、右踏脚及右前翼子板距地高55 cm~112 cm见撞击刮擦痕迹，受力方向从前向后，表面白色涂层、蓝色物质局部呈减层，局部黏附亮白色和红色物质。蓄电池箱前外侧见刮擦痕迹。货厢前栏板右部见刮擦痕迹，受力方向从前向后，表面白色涂层局部呈减层，局部黏附亮白色物质。货厢右侧栏板撕脱，其前端向后挤压变形，伴刮擦痕迹，表面白色涂层和红色物质局部呈减层，局部黏附亮白色物质。传动轴前端脱位。右后轮钢板弹簧前部松动，右后轮定位异常，右后轮前、后挡泥板缺损。

3）道路交通事故现场图及现场照片

现场道路为东西走向，路面宽4 000 cm，以道路北侧路缘为基准线，甲车头西尾东停于道路北侧路面，其右前轮距基准线1 620 cm，右后轮距基准线1 580 cm，甲车前侧钩挂一长方形货车车厢栏板类部件，其右侧前后门窗玻璃均缺失。乙车头西北尾东南停于事故现场，其左前轮位于中央双实线处，其右前轮距基准线1 920 cm，右后轮距基准线2 320 cm。甲车南部、中央双实线北侧地面见一条长1 690 cm的印痕，其起点距基准线1 930 cm，终点距基准线2 000 cm。甲车西侧地面见一条弧形挫划印，其弧口指向西北方向，其西端距基准线1 820 cm，东端位于甲车与长方形货车车厢栏板类部件连接部的临近部位地面。现场散落物散落集中区域可分为三部分，以乙车前轴为参考点，其西偏北邻近部位地面主要散落颗粒较小的玻璃碎片，其北部及东偏北部散落有车窗玻璃密封圈、小型车辆风窗玻璃类、小型车辆翼子板类及其他锈蚀部件等，其东南部、中央双实线南侧部位地面散落白色片状碎片。

（二）分析说明

（1）根据甲车右侧部件与乙车右侧部件所检见的痕迹，在部位、附着物、受力方向及痕迹形成机理等方面均可以互相印证，两者上述部位可以形成互为承痕体与造痕体之间的关系，符合甲车右侧与乙车右侧发生碰撞所形成的特征。结合道路交通事故现场图及现场照片中对甲乙两车最终停止位置的描述分析，乙车右前部与甲车右前门及右前轮的碰撞为第一碰撞点，碰撞时，乙车相对甲车向西南方偏移角度较大，乙车发生顺时针偏转，而甲车发生逆时针旋转，甲车前保险杠、右前翼子板、车顶、右后门等还与乙车右侧蓄电池箱、货厢前栏板右部、货厢右侧栏板、右后轮挡泥板等发生碰撞。

（2）根据道路交通事故现场图及现场照片所示散落物散落情况，结合甲乙两车缺损部件其他特征分析，乙车前轴西偏北邻近部位地面散落的颗粒较小的玻璃碎片应为甲车前风窗玻璃散落，乙车前轴北部及东偏北部散落物应来自于甲乙两车，乙车前轴东南部、中央双实线南侧部位地面散落物应主要来自于甲车，上述三处散落物主要集中区域位于中央双实线南北侧车道位置。

（3）根据上述甲乙两车碰撞形态及散落物散落分布情况，结合甲乙两车的行驶方向综合分析，甲乙两车在现场路面的碰撞位置进行判断的依据不足，无法给出明确的意见。

（三）鉴定意见

综上所述，鲁 A-Y××× 东南牌小型轿车右侧与鲁 M-××× 欧铃牌中型普通货车右侧发生过碰撞成立；但对上述两车在现场路面的碰撞位置进行判断的依据不足。

二、道路交通事故现场勘验与车体痕迹鉴定的结合

在车体痕迹鉴定过程中，对道路交通事故现场勘验的信息特别关注，且将两者某些需求进行融合。在交通事故鉴定实践中，如何确定两车碰撞时各自在道路上的位置，其主要的技术手段可以分为两种：一是以现场痕迹为基础的综合分析判断；二是以视频、图像为基础的事故现场重建。本节列举了两个实际案例即例 4.9 和例 4.10，分别阐述上述两种方法的技术要点，供从事道路交通事故相关工作的专业人员探讨。

道路交通事故鉴定的目的是尽可能地还原事故的真相，为事故的责任认定提供技术服务。在一些两车碰撞事故中，会涉及两车碰撞时各自在道路上的位置争议，而对于这一争议的鉴定又通常是比较困难的。根据作者长期工作的积累，认为解决上述难题的主要技术手段有以下两种：一是以现场痕迹（包括地面痕迹和车体痕迹）为核心的综合分析判断；二是以视频、图像为核心的事故现场重建。本节阐述上述两种方法的技术要点，并分别列举实际案例即例 4.9 和例 4.10 供从事道路交通事故相关工作的专业人员探讨。

确定两车碰撞时行驶轨迹，涉及车体之间碰撞的部位、车体之间碰撞的角度、车辆轮胎与地面标志、标线间的相对位置关系、碰撞时车辆的行驶状态、车辆宽度、现场路面宽度等多方面要素及参数，因此必须首先确定碰撞形态，待基本还原整个碰撞过程，把现有的证据形成证据链，经过综合分析才能得出科学客观的鉴定意见。

（一）通过痕迹判断车辆行驶轨迹

1. 确定碰撞形态

痕迹是确定碰撞形态的基础，痕迹的寻找、比对和认定需要具备专业知识以及一定的工作经验，该方面在本节中不多赘述，需要注意的是碰撞形态的确定必须考虑到痕迹的四方面要素（部位、方向、形态和物质交换），最终明确两车碰撞的具体部位以及碰撞角度。

2. 确定在路面上的碰撞位置

在路面上的碰撞位置是指在碰撞过程中接触瞬间车辆（轮）在路面上的位置，即车体接触时在路面上的投影位置。由于碰撞是一个动态过程，在一段极短的时间内，碰撞初始位置势必会向主要的受力方向移动，因此事故现场车辆的停止位置或在过程中显示的轨迹不能作为碰撞时的位置来处理，但可以作为碰撞位置的追溯和推断的一个依据使用。

1）通过散落物分布确定

现场散落物包括车体散落的部件、车辆装载的货物、当事人随身携带的物品等。散落物的分布可以呈放射形、扇形、条线性等多种形态，这与碰撞瞬间的力度、方向以及碰撞后车辆的运动轨迹有关，不同的散落物分布形态，隐藏着不同的碰撞形态，需要具体分析。例如，所有散落物均分布在分道线的某一边，那么车辆碰撞时的位置应该在散落物所在一侧的可能性就会变大，多数情况下碰撞点就在该片散落物所在的范围内。但考虑到车辆碰撞时具有一定的速度、角度和质量，同时散落物也具有不同的形状、质地和离地高度，故物体散落到地面上会有延时，因此散落物在地面上的位置不能完全代表车辆的碰撞位置。值得注意的是，不同的散落物的证明力不同，例如，车辆在相同的碰撞条件下，滴落的油液相对于其他散落物，更能确定车辆碰撞时在路面上的位置。

2）通过路面痕迹确定

路面痕迹一般可以分为两类：一类是挫划痕，另一类是轮胎在行驶过程中留下的印痕。

挫划印是指车辆在碰撞后发生倾覆、划移或者机件损坏、变形接触地面形成的痕迹。轮胎印则是车辆在制动、侧滑或滚动时留下的印迹。由于挫划印形成的时间较车辆碰撞瞬间有所滞后，所以不能以此作为车辆碰撞时的位置来认定，而轮胎印则能客观地反映车辆实际在路面上的轨迹，只需要在整个轨迹上来确定哪个点是碰撞时形成的。

对于路面上有黄色或者白色标志、标线的现场，应该特别注意标志、标线上是否留有挫划印或者轮胎印，如果有，则要结合车辆痕迹检验，从车辆的部件和轮胎上查找痕迹或附着物进行比对，并以比对结果结合车辆的行驶方向为依据来认定其行驶轨迹及碰撞时在路面上的位置。

在汽车与两轮车（包括机动车和非机动车）的碰撞事故中，如果现场上同时留有汽车的轮胎痕与两轮车的倒地挫痕，则两条痕迹的反向延伸线的交点可能是碰撞点（要求碰撞后两车均为直线运动）。比较上述两种痕迹的证明力发现，挫划痕因为其产生的延时性只能用来作为确定碰撞位置的一个有力推断依据，而轮胎印则可以明确反映车辆的整个运动轨迹，其证明力最强。遗憾的是，实际案例中，轮胎印的发现及提取会由于自然及人为的因素，往往不能很好地实现。

3. **例 4.9**

1）案情简介

由北往南行驶的 A 车与由南向北行驶的 B 车发生碰撞，两车都有侵占对向车道的嫌疑。A、B 两车均为小型轿车。

2）现场情况

道路交通事故现场示意图如图 4.6 所示。道路为潮湿沥青路面，现场道路为南北走向，平直，道路中心为黄色单实线，双向各一条机动车道，两侧为非机动车道。图 4.6 以道路东侧边缘为基准线，A 车头西南尾东北停在东侧非机动车道和路外之间，其右前轮距基准线约 50 cm；B 车头东北尾西南停于 A 车南面西侧机动车道内，B 车左前轮距基准线 780 cm；A 车左前轮与 B 车左前轮的南北向垂直距离为 255 cm。B 车车头前方见 A 车前号牌，该号牌紧贴道路中心黄色单实线。B 车左前轮处向南有一条挫划痕迹，另一端位于东侧机动车道内，距基准线 550 cm。A、B 两车之间留有一大片区域的车辆残片散落物。

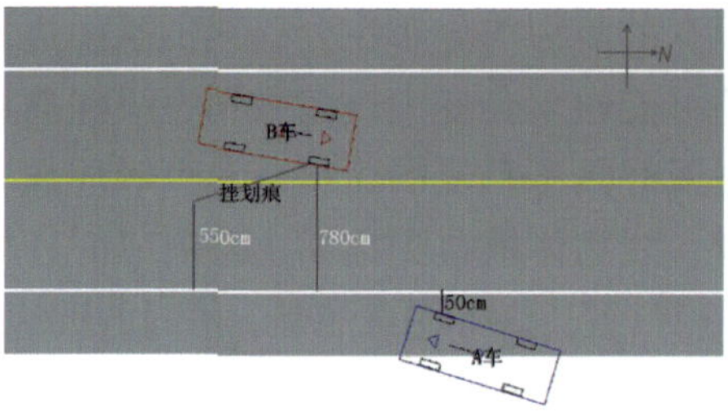

图 4.6　道路交通事故现场示意图

3）车辆情况

A 车车辆右前部向左后方压缩变形、破损，伴刮擦痕迹，变形区域前侧从右端起向左至总宽 2/3 处。B 车发动机舱盖前部弓曲变形，向右后方移位，变形区域伴刮擦痕迹，车身右前部向下坍塌。

4）分析意见

为明确碰撞时两车各自的行驶车道，先要通过 A、B 两车的车体痕迹确定两车的碰撞形态（部位与角度），还原碰撞时两车的相对位置关系。由车辆情况可知，两车的损坏情况均在车体的右前部，绘制碰撞形态示意图如图 4.7 所示。

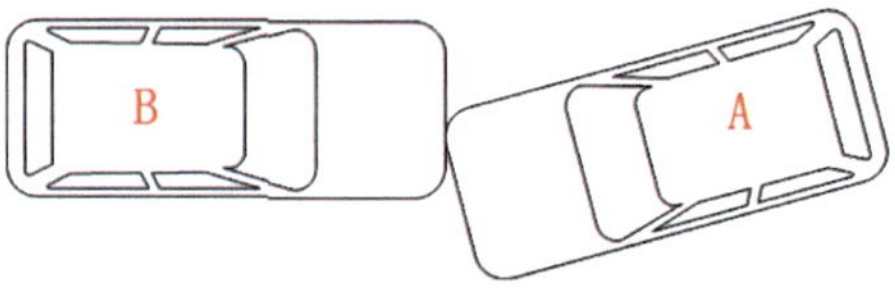

图 4.7　两车碰撞形态示意图

根据案情介绍，事发时 A 车由北向南行驶，B 车由南向北行驶。事故现场地面上有一条挫划痕，由现场勘验固定该痕迹为本次事故形成，而造痕体则一定来源于两车中的其中一辆车。该痕迹横跨在中心分道线上，一端位于 B 车右前轮附近地面处，假定该痕迹为 A 车车体某部所留，结合两车行驶方向，则痕迹北端为起点、南端为终点，与两车碰撞后所在现场的位置不符，反之，该挫划痕为 B 车车体某部所留，结合 B 车右前部向下坍塌情况及两车相对位置关系分析，该挫划印由碰撞后 B 车右前部（部件 / 轮辋）着地形成成立。故该挫划痕的方向为由南向北，则该起事故的碰撞点应当位于中心分道线的东侧，即 A 车占用了对向车道。由于挫划痕具体有一定的延时性，难以计算事发时两车的行驶速度，根据现有条件也无法得知该痕迹的造痕体为 B 车的哪个具体部件，故确定 B 车是否越过中心黄线进入西侧机动车道的依据不足。

综上所述，A 车位于东侧机动车道（侵占了对向车道）可以成立。同时认为确定 B 车是否越过中心黄线进入西侧机动车道的依据不足。

（二）通过视频、图像判断行驶车道

随着道路上的监控设备以及车载形成记录仪使用的逐步增加，越来越多的视频图像为鉴定工作提供了有利的鉴定条件，视频图像的运用加强了鉴定直观性、准确性。一般可以采用基于摄影测量的图像处理法以及视频图像比对法进行判断行驶车道，采用上述方法要求鉴定人员能够熟练运用如 Photoshop、PhotoMolder 等图像处理软件。

1. 基于摄影测量的图像处理法

该方法的目的在于标定出视频画面中车辆车轮与地面标线的相对位置关系。具体步骤为：首先截取视频中碰撞时的帧图像或适用的现场照片，在图像中的地面上寻找标定点，并在事故现场找到对应的标定点，测量各标定点间的间距，并对事故现场进行俯视摄影，获得俯视摄影图；然后利用计算机图像处理技术进行几何校正；最后利用计算机绘图技术，对校正后图像进行绘制得到鉴定所需要的数据。最终需根据所得结果并结合碰撞形态及其他参数进行综合评断得出鉴定意见。

2. 视频图像比对法

在事发时根据具体案件需要进行事故现场实验，再次利用同一设备拍摄视频，比对两段视频的内容，比对时要求两段视频拍摄的各个参数相同，如像素、分辨率、拍摄角度等。为了确定视频中的地面上的位置，建议拍摄实验视频时，在视频拍摄范围内，在地面上画坐标系，将视频中的地面坐标化、网格化，坐标点越多，得到的位置关系越准确。最终需根据所得结果并结合碰撞形态及其他参数进行综合评断得出鉴定意见。

3. 例 4.10

1）简要案情

A、B 两车同向行驶，A 车在左，B 车在右，两车均有侵占对方车道的嫌疑。A 车为重型专项作业车，车宽 2.4 m，B 车为电动自行车。A 车右侧护栏前部与 B 车左侧后部发生碰撞。

2）现场情况

道路交通事故现场示意图如图 4.8 所示。事故现场为南北走向，双向各一条机动车道，

两侧为非机动车道。下述车道宽度均不包含地面标线（分道线）的宽度：东侧非机动车道宽 1.85 m，东侧机动车道宽 3.5 m，分道实 / 虚线的宽度均为 0.15 m，其中道路中心分道线在道路中心地面接缝线的西侧，且道路中心分道线东边缘与道路中心地面接缝线近似重合。A 车头北尾南停于现场，其右侧前、后轮分别距道路东侧路边缘 2.5 m、2.4 m。B 车头北尾南左倒于被鉴定车辆东南侧的非机动车道内，其南侧路面上见一条长 5.1 m 的倒地挫痕，挫划痕起点位于非机动车道内。

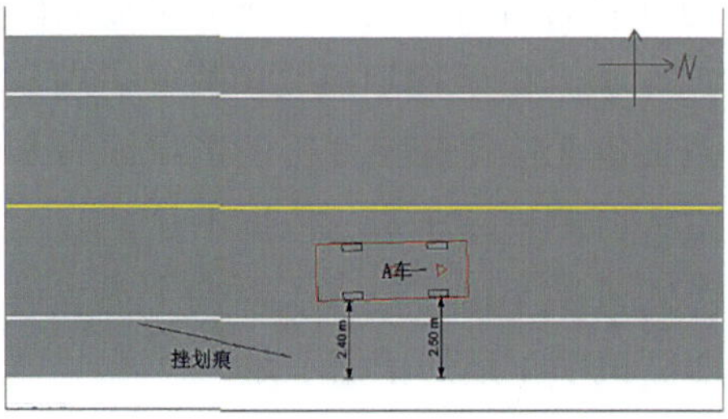

图 4.8　道路交通事故现场示意图

3）事故现场实验

将 A 车停止在事故现场东侧机动车道内，使其右侧轮外缘紧贴在东侧非机动车分道线西边缘上，并记录其左后轮外缘距道路中心分道线东边缘 / 道路中心地面接缝线的距离，以道路中心分道线东边缘 / 道路中心地面接缝线为 0 点、0.2m 为单位间隔在地面上作记号，开启 A 车左侧行车记录仪记录事故现场复勘情况。现场实验图如图 4.9 所示。

（a）现场实验图一

（b）现场实验图二

图 4.9　现场实验图

4）分析比对

事发时 A 车左侧车载行驶记录仪拍摄的视频中，视频画面左部为 A 车左侧车身局部。在事发时该车左后轮距离画面中部道路中心分道线 / 道路中心地面接缝线最远处时截取该帧图像，记作截图 M，如图 4.10（a）所示。截取事故现场实验时 A 车左侧车载行驶记录仪拍摄的视频中某帧图像，记作截图 N，如图 4.10（b）所示。

利用图像处理软件将截图 M、N 叠加，以截图 N 为参考图并结合实地测量结果标定现场相关特征点的位置。标定截图 N 中道路中心分道线东边缘 / 道路中心地面接缝线位于 0 点的位置，从 0 点以 0.2 m 为单位向左侧（A 车所在位置）测距，至 A 车左后轮外缘为 1.11 m，而截图 M 中道路中心分道线东边缘 / 道路中心地面接缝线位于 0 m~0.2 m 范围内。

在截图 N 中 A 车右侧轮外缘紧贴在东侧机非分道线西边缘上，即该车左后轮外缘距道路中心分道线东边缘 / 道路中心地面接缝线的距离最大，约为 1.11 m。而截图 M 中 A 车左后轮外缘及画面下缘车辆车体分别距离道路中心分道线东边缘 / 道路中心地面接缝线的距离明显小于截图 N 中对应的距离，即事发时 A 车行驶在道路东侧机动车道内，该车右侧轮外缘距离道路东侧机非分道线仍有一段距离，结合道路及车辆宽度等数据分析，该段距离最少约为 0.14 m。

（a）截图 M　　（b）截图 N

图 4.10　A 车左侧车载行驶记录仪拍摄视频截图

5）讨论

例 4.10 中虽然有电动自行车倒地挫划痕，但是该痕迹较孤立，唯一性不强，考虑痕迹产生的延时性，该延时性的产生可能有三方面原因：第一是电动自行车倒地花费的时间；第二是电动自行车在碰撞瞬间尚未完全倒地；第三是电动自行车车体某部与地面接触后并没有立即产生挫划痕。该案例表明，如果仅仅依靠该痕迹认定车辆行驶车道会出现鉴定意见的偏差，实验证明，该挫划痕的起点不是碰撞点，该起事故的碰撞点应位于专项作业车行驶的机动车道内。

（三）总结与展望

（1）通过痕迹判断车辆行驶车道作为该鉴定项目的一般方法，该方法的优点在于特征性痕迹的种类多，尤其是针对车体损坏严重的事故，可能找到的特征性痕迹越多，容易形成证据链。缺点在于特征性痕迹的唯一性不强，不确定度较大，有时只能定性，但不能定量，如果案件缺少痕迹支撑，则定性都困难。

（2）通过视频图像判断行驶车道作为该鉴定项目的新技术方法，首先应当有能够反应事故部分形态（车辆在路面上的部分位置）的监控视频，再挑选简便、适当的方法对图像进行处理、比对。该方法的优点在于能够准确定位车辆的具体位置，既能定性，又能定量，缺点在于受到视频图像本身像素、角度、内容的局限。

（3）确定在碰撞瞬间两车各自行驶的车道的方法和要点有很多，但这一鉴定事项又通常是难点，仍然有大量的此类案件无法解决，究其原因在于缺少鉴定条件。其一，痕迹是交通事故鉴定的基础，这就要求现场勘察必须做得细致，不放过任何蛛丝马迹。其二，随着监控视频的广泛运用，又出现了新的技术手段，摆脱了通过痕迹还原事故形态一家独大的局面，这一现象给了所有鉴定人启示，交通事故司法鉴定离不开新的思想、新的方法，只有不断创新，才能更好地重建交通事故现场。

三、道路交通事故现场勘验与车体痕迹鉴定的区别

道路交通事故车体痕迹鉴定是指对道路交通事故现场、车辆、人体及相关物体上的痕迹特征进行勘验、检查、比对、分析，判断其相互关系，并作出鉴定意见。车体痕迹鉴定是道路交通事故痕迹鉴定中的一种常见鉴定类型，主要对车辆与车辆、人体、道路环境等的关系进行分析判断。道路交通事故车体痕迹鉴定与道路交通事故现场勘验存在联系，同时也存在区别。以下以道路交通事故车体痕迹鉴定中交通事故中轮胎检验、鉴定来详细解读。

（一）交通事故中轮胎检验、鉴定概述

1. 交通事故中轮胎检验、鉴定的种类

交通事故中轮胎检验、鉴定是指事故发生时，与车辆轮胎相关的检验、鉴定项目，主要分为以下两类。

（1）轮胎痕迹鉴定。轮胎痕迹是以轮胎作为造痕客体，与其他客体物相互作用时，留在其他客体物表面上的结构形象痕迹。轮胎痕迹的特征主要与轮胎的外部结构、作用方式及作用力的大小有关。主要表现在地面轮胎印痕和人体、衣物、轮胎印痕等方面。同时在车辆之间发生接触的过程中，轮胎上也会遗留其他车辆的特征性痕迹，并发生物质交换。辨别、评判与轮胎痕迹之间关系的鉴定就是轮胎痕迹鉴定。

（2）轮胎损坏及与事故的关系鉴定。一起道路交通事故的发生，原因多种多样，其中轮胎在事故中充当重要的角色，轮胎失压、爆裂均可以影响车辆的操控稳定性，从而诱发事故的发生。评判轮胎损坏与事故发生之间关系、是否是诱发事故发生根本原因的鉴定就是轮胎损坏及与事故关系鉴定。

2. 交通事故中轮胎检验、鉴定的基本步骤

交通事故中轮胎检验、鉴定是根据相关检验、鉴定标准及技术规范，本着科学、客观的态度，反映轮胎的真实情况，依据轮胎检验的情况，作出公正的评判。其基本步骤分为以下五类。

（1）检验、鉴定前的准备工作。与委托方进行沟通，获取事故发生时与轮胎相关的一切信息，制订检验、鉴定方案，决定是否需要进行现场复勘。

（2）分别宏观检验。对现场轮胎痕迹和涉案车辆轮胎分别进行观察研究，记录轮胎品牌、型号，明确两者的特征性观察点，以便有目的的进行检验、鉴定。在车辆之间发生接触的案件中，对涉案轮胎的检验要更为详细一些，对轮胎胎侧和胎肩的痕迹进行检验，寻找碰擦形成的痕迹特征。

（3）特征比较检验。对现场轮胎痕迹和涉案车辆轮胎进行检验，寻找确定的各个

具有特征性的、可以互相印证的痕迹，并将事故形态联系起来加以分析比较，从而找出二者特征的符合点和差异点，加以综合评判，确定其异同。同时根据现场轮胎痕迹来分析涉案车辆轮胎事故发生时出现了哪种类型的异常情况。

（4）综合评判。在对现场轮胎痕迹及涉案车辆轮胎进行特征比较检验的基础上，对特征间的异同进行综合分析，同时对涉案车辆轮胎的损坏原因进行分析，有必要的话，可对某些物证进行理化检验，结合理化检验的结果，作出鉴定意见。

（5）制作鉴定书。鉴定人运用专门知识和技能，根据委托方提出的鉴定要求，得出明确的检验结果后，出具书面鉴定报告书，对不能出具鉴定意见的，应向委托方说明原因。

（二）交通事故中轮胎检验、鉴定方法

1. 轮胎痕迹鉴定的方法

轮胎痕迹是一种立体形象痕迹，对其检验主要采用特征比较检验方法，即将现场轮胎痕迹与车辆轮胎或者轮胎的实验样本进行比较，根据痕迹形成的方式、吻合程度等方面来确定痕迹能否形成，根据特征点的相互比较分析来确定是否为涉案车辆轮胎所留。

1）特征比对法

对现场轮胎痕迹和涉案车辆轮胎进行检验时，检验轮胎的花纹形态特征，观察轮胎花纹形状、花纹块的大小、沟槽深度等；检验轮胎花纹的组合特征；多个轮胎痕迹的花纹组合特征；检验轮胎花纹的沟底形态特征。可以将现场轮胎痕迹（图文资料）和实验样本（图文资料）置于同一视野内，对它们的特征进行比对研究；或者运用计算机软件，将两者进行重合比对研究，比较两者特征出现的方位、形状、大小、间距、分布关系等方面的异同情况。在比对检验过程中，尤其要注意观察轮胎在使用过程中形成的特征性损伤所产生的痕迹，这种痕迹具有唯一性。

2）特征测量法

车辆轮胎一般体积比较大，形成的同比例的印痕也范围大、特征明显，可以采用特征测量法进行检验。特征测量法是利用测量仪器（经过标定）对现场轮胎痕迹所反映的轮胎形象和涉案车辆轮胎的长度、宽度、直径、弧度、角度等方面进行测量，通过测量，分析特征的大小、位置关系等方面是否可以相互吻合。

3）理化检验法

车辆轮胎痕迹在形成过程中，在轮胎与车体、路面、人体、衣物及配饰等之间会形成物质交换，车体、路面、人体、衣物及配饰上往往会留有轮胎表面橡胶微粒，在某些情况下，留有轮胎在使用过程中黏附的外来物质，这种外来物质具有唯一性；而车辆轮胎上往往会留有车体、路面、人体、衣物及配饰上的某种物质（沥青、水泥、血迹、纤维等）或者附着物。通过理化检验分析，可以进行种类认定或者同一认定。理化检验法经常和其他检验方法同时使用。

2. 轮胎损坏及其与事故的关系鉴定的方法

轮胎是车辆的重要组成部分，是橡胶工业最重要的产品。轮胎的主要功能是承载负荷，向地面传递制动力、驱动力和转向力以及缓冲减振。轮胎对汽车性能具有

十分重要的影响，它不仅影响汽车行驶的安全性、经济性和平顺性，而且影响汽车的环保性能和运输效率。轮胎按结构特点可分为斜交轮胎和子午线轮胎。轮胎主要包括胎面、胎肩、胎侧和胎圈等。轮胎结构材料的名称有胎面胶、胎侧胶、帘布层、气密层、钢丝圈、胎圈包布、帘布层包布、带束（缓冲层）、辅助缓冲层等。轮胎在车辆行驶过程中出现异常情况，势必影响车辆操控的稳定性，也会在现场路面上遗留相应的痕迹，为了还原事实真相，必须对轮胎的损坏原因进行分析研究，一般采用以下方法。

1）痕迹检验法

运用痕迹检验的方法，对受检轮胎进行检验。一般先全面观察，受检轮胎安装于车辆的部位，胎冠花纹的深度是否符合相关规定，成色如何，进一步发现造成轮胎瘪气、失压的原因，即损坏部位，再重点检验损坏部位的形态特征，或是有明显的受尖锐物冲击刺割痕迹的割裂口，这种破口一般与尖锐物外形相对应，帘布层断端切口整齐，延伸部位有撕裂特征、胎冠橡胶表面有冲击留下的擦痕及附着物。还是显露帘布层、钢丝的爆裂口，这种破口一般分为两种，一种是胎冠脱层爆胎，主要表现在胎体上没有撞击痕迹，断口处有被烘烤的特征，胎体帘线端点发黑发硬，一般为斜交轮胎，主要是由于超速、超载、运距长、轮胎生热大、胎温过高而导致帘布层剥离、熔断帘线爆破；一种是胎冠遭受撞击爆胎，轮胎在高气压、高负荷或高速度状态下行驶，遭遇客体物撞击或者强行越过沟坎都可能会引起胎面爆开，一般胎冠断口呈“I”、“X”、“Y”形裂开，胎冠部分帘布层及钢丝显露，有内胎的轮胎内胎同时出现相似破口。确定破口形态以后，再分析破口形成的原因，一般前一种破口，属于异物碰撞、钩挂等方式形成，而后一种破口，属于自然爆裂形成的破口。在某种情况下，也有可能是由于轮胎胎冠上戳扎异物，如石子、钉子等，而造成失压，甚至瘪气，这种轮胎上并不形成明显的破口，但可能会造成车辆失控，在轮胎失压状态下，车辆在继续行进过程中，轮胎胎侧圆周方向形成摩擦碾压的损伤。轮胎本身的制造缺陷，也会造成事故，但这个一般不列入交通事故技术鉴定的范畴。

2）仪器分析法

运用轮胎检测仪，对轮胎的内部结构进行检验，对于事故中已损坏轮胎，主要检测其破口周围结构的早期变异和破损后形成的变异，并分析这种改变与破口形成之间的关系。

（三）案例分析

1. 例 4.11

1）案情简介

××年××月××日××时××分，一辆轻型自卸货车涉嫌在×地与行人发生交通事故。委托方要求对该行人交通事故现场轮胎痕迹是否为该轻型自卸货车轮胎所留进行鉴定。

2）鉴定过程

（1）道路交通事故现场图及事故现场照片如图 4.11 所示。图 4.11（a）中行人头南脚北俯卧于公路东侧路面，头距东侧路沿 105 cm，左脚距东侧路沿 100 cm。陈 × × 北侧路面上见两处轮胎滚印，为并排双轮所留，滚动方向与行人血迹喷溅的方向一致（由南向北），两处轮胎滚印与东侧路沿的距离由南向北分别为 65 cm 和 70 cm，两处轮胎滚印间距为 270 cm。其中位于东侧的轮胎滚印为由“Y”字形曲折花纹组成的血印，位于西侧的轮胎滚动印为两条纵向曲折波形花纹血印，在两条纵向曲折波形花纹间未检见纵向的沟槽印。

（a）事故现场　　（b）嫌疑车辆

图 4.11　事故现场及嫌疑车辆

（2）受检车辆的右侧后轮为双轮胎，轮胎的固定螺栓未检见有新近拆换形成的工具痕迹。右后外侧轮胎品牌为成山，规格为 8.25R16LT，胎冠花纹为以横向曲折花纹为主、纵向花纹为辅的组合花纹，每条横向沟槽有两个曲折点，其中每两条横向沟槽的曲折点由两条纵向沟槽连接，形成两个反向“Y”字形；轮胎胎侧见以三条同心圆组成的花纹。内侧轮胎规格为 8.25R16，胎冠花纹为以三条纵向曲折沟槽为主形成的花纹，其中每两条纵向沟槽曲折点顶端由横向“Z”字形沟槽连接；轮胎胎侧见以五条同心圆组成的花纹；胎冠两边外缘见规则排列的凹槽；从外向内第一条与第二条纵向曲折沟槽间见一条疑被异物割划形成的沟槽。

（3）受检车右后双轮轮胎压印实验。

① 实验场地：干燥水泥路面。

② 使用染色剂均匀喷涂在受检轮胎表面；将白色工程制图纸平铺在水泥路面上；驾驶受检车，将受检轮胎分别在白色工程制图纸上滚动一周，使表面轮胎花纹转印到白纸上。

③ 放置比例尺，拍照固定白色工程制图纸上的轮胎花纹印。

④ 实验采集的受检车右后双轮轮胎的压印：轮胎滚印周长为 264 cm。右后外侧轮胎胎冠的横向曲折沟槽宽为 0.5 cm~1.0 cm，两条沟槽对应曲折点顶端间距为 4.7 cm。右后内侧轮胎胎冠花纹为以三条纵向曲折沟槽为主形成的花纹，其中靠近外侧轮从外向内第一条沟槽内侧 0.5 cm~1.2 cm 范围内见一条纵向沟槽，该沟槽与胎冠三条纵向曲折沟槽趋于平行，沟槽宽约为 0.2~0.7 cm 不等，沟槽未形成圆周，两端相距约 11 cm 空缺。

（4）行人事发时所穿衣物（含提供的现场照片）。受检上衣为 YIKAIRUI 牌 L 号黑色皮夹克，其左肩部距袖口（左臂后片）35.0 cm~55.0 cm 范围内见由“Y”字形曲折花纹组成的泥灰印，横向曲折沟槽宽为0.3 cm~0.4 cm，每两条花纹曲折点顶端间距为4.7 cm；后背左上部距上衣下缘26.0 cm~72.0 cm范围内见双排斜向泥灰挫痕，每排挫痕分别由四条泥灰印组成，其中位于右部的印迹右端见五个纵向等距分布的类盾形泥灰印。受检裤子为露丝恋牌L号黑色牛仔裤，其裆部撕裂，左裤腿后侧见长17.0 cm的挫痕，局部撕裂，同部位见一条模糊泥灰印，事故现场照片显示，该范围内见三条纵向曲折波形纹印，两条纵向花纹曲折点顶端由横向“Z”字形花纹印连接，其他未检见有纵向疑似沟槽印迹。受检鞋为美也然牌皮靴，靴子底部见230字样，左鞋前帮撕裂豁开，其外侧距靴底见长44.0 cm的纵向泥灰挫痕。

（5）对内侧轮胎胎冠上附着的疑似人体血痕进行提取送检，经人血痕确证实验，该疑似血痕呈阴性反应。特征比对表见图4.12所示。

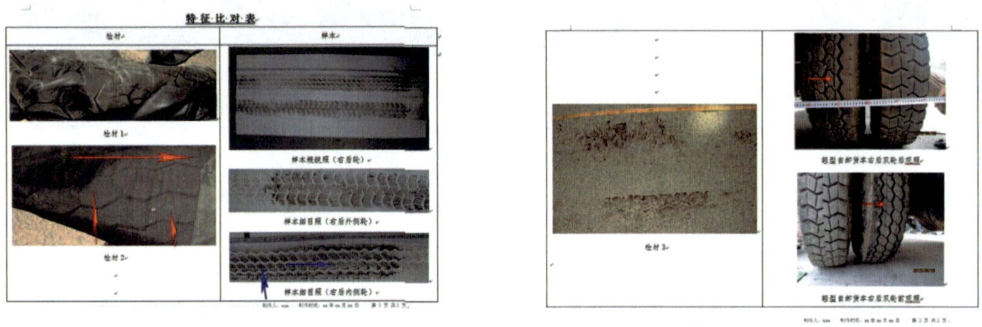

（a）行人衣物轮胎印和样本比对　　（b）现场轮胎印和受检车轮胎比对

图4.12　特征对比

3）书证摘要

行人死亡原因及死亡方式鉴定意见书为尸长160 cm，右侧胸部有一10.0 cm×15.0 cm挫伤，面部有一20.0 cm×12.0 cm开放性粉碎性骨折，右上臂骨折，骨盆粉碎性骨折，腹部有一30.0 cm×30.0 cm盲管创，内脏脱出；双侧肋骨多发性骨折，左手有一8.0 cm×10.0 cm剥脱伤，右上臂有一18.0 cm×8.0 cm挫裂创，左大腿有一20.0 cm×12.0 cm裂创。

4）结论

（1）根据道路交通事故现场图对行人与现场轮胎印相对位置的描述，结合事故现场照片中所反映的事故现场环境分析，现场轮胎印痕应为肇事车辆右侧轮胎所留，故只对受检车的右侧轮胎进行检验。

（2）实验采集的受检车的右后双轮轮胎的压印，可以真实、清晰反映受检车右后双轮轮胎胎冠花纹的特征，可以作为比对样本；委托方提供的行人交通事故现场轮胎印图文材料及行人事发时所穿衣物上所反映的轮胎印真实、清晰，可以作为比对检材。

（3）将检材与样本进行比对检验，在右后双轮轮胎胎冠花纹印的整体特征（花纹组合）、组合特征（内外分布）及与车辆行进方向的吻合度等方面均可以相互印证，行人交通事故现场轮胎痕迹为与轻型自卸货车右后双轮轮胎的同类型花纹轮胎所留。

（4）受检车右后内侧轮胎胎冠的上异物割划沟槽通过实验得到，在白色工程制图纸上能清晰反映其沟槽的特征；但检材上均未检见该沟槽，因此检材与样本不具备同一认定的条件。

综上所述，依据现有的检材与样本，判定行人交通事故现场轮胎花纹印是受检车轮胎所留的依据不足。

2. **例 4.12**

1）案情简介

××年××月××日××时××分，一辆江淮小型普通客车（以下简称受检车）在×地与一辆重型罐式车发生事故。事故现场发现受检车的左前轮和右后轮损坏，委托方要求对左前轮和右后轮的损坏原因进行分析鉴定，如图 4.13 所示。

（a）事故现场两车的最终位置　　（b）事故现场地面的轮胎印

图 4.13　事故现场

2）鉴定过程

如图 4.14 所示，左前轮品牌为 Giti，规格为 205/55R16 91V，陈色较新，轮胎瘪气，钢圈碎裂部分与轮胎分离，钢圈外缘局部见挫痕，局部堆积水泥类物质，轮胎外侧胎侧局部见总长约 13 cm 割裂口，切口断面周边平滑，其相邻钢圈局部黏附黑色物质。轮胎其他各部未见异常戳扎的痕迹。

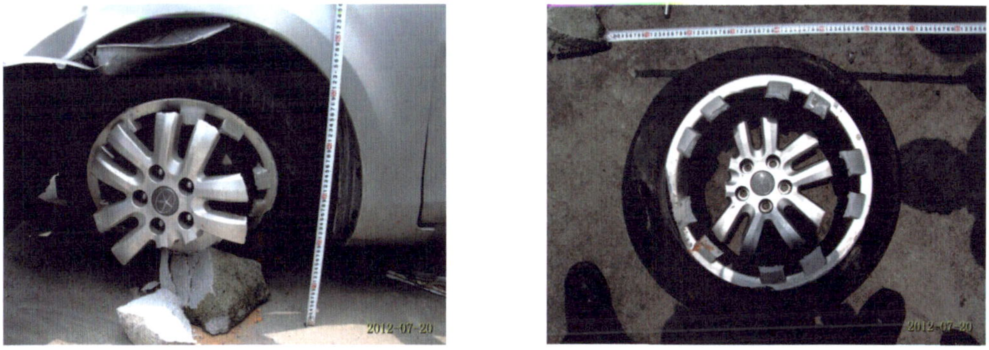

（a）左前轮外侧照　　（b）左前轮内侧照

图 4.14　大前轮

如图 4.15 所示，右后轮品牌为 Giti，规格为 205/55R16 91V，陈色较新，外侧胎侧见总长约为 17 cm 割裂口，切口断面周边平滑；内侧胎侧见总长为 18 cm 弧状割裂口，切口断面周边平滑，边缘黏附银色物质，其相邻钢圈外缘见擦痕，表面银色涂层呈减层，黏附黑色物质；钢圈外侧边缘见不规则分布点、块、片状敲击痕和挫痕。

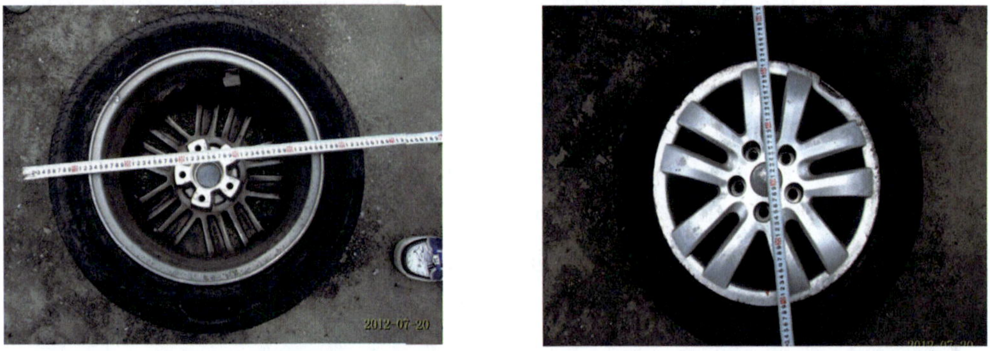

（a）右后轮内侧照　　（b）右后轮外侧照

图 4.15　右后轮

窨井盖如图 4.16 所示：材质为金属，规格为 60 cm × 49.5 cm。

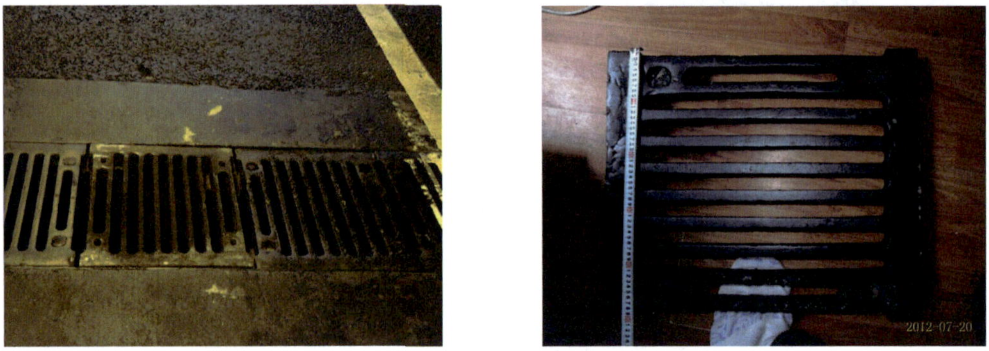

（a）现场复位照　　（b）外观照

图 4.16　现场窨井盖

道路交通事故现场图及事故现场照片示为受检车头东北尾西南位于西向东方向最南侧车道。东向西方向最南侧车道见两条轮胎印痕，其起点与中心隔离带相距分别为 230 cm 和 390 cm，均向西南方延伸，跨过中心隔离带，与西向东车道内受检车遗留的间断状轮胎印痕具有连续性；东向西方向最南侧车道两条轮胎印痕中北侧的轮胎痕内见一条由东北向西南方向的挫划痕，长 380 cm，其起点与中心隔离带相距 260 cm；东向西方向最南侧车道两条轮胎印痕中北侧的轮胎痕起点东侧见一块平放的窨井盖，窨井盖北侧见缺失一块窨井盖的窨井。

3）结论

（1）根据受检车的车身宽度及道路交通事故现场图及事故现场照片中所描述的轮胎印痕分析，其中长 380 cm 的硬挫划痕应为受检车的右后轮所留，符合受检车在与重型罐式车碰撞前，其右后轮已发生瘪气的异常；再结合事故现场窨井盖及窨井与受检车遗留的地面痕迹的相对位置综合分析，不能排除确定受检车右后轮是否因受窨井盖及窨井影响而造成瘪气，从而影响车辆操控稳定性。

（2）受检车左前轮胎的损坏情况符合事故中穿过中心隔离带、碰撞造成的后果，可以排除左前轮胎自然爆裂的可能性。

（四）总结

实际鉴定工作中，此类轮胎检验、鉴定还应注意以下问题：

第一，要特别重视现场勘验和检验，对在现场发现的轮胎印痕按照规定进行固定、提取，并对提取的轮胎印痕进行识别与分析。

第二，虽然在轮胎检验、鉴定过程中积累了一定的经验，但是适当引入仪器测量，取得量化指标，是必然趋势。

第三，轮胎技术起源于1845年的苏格兰，历史悠久，轮胎检验、鉴定作为道路交通事故技术鉴定的一种类型也不过十年左右的光景，所以在鉴定过程中要从现代汽车轮胎技术中获取宝贵的知识和经验，从而发展和完善轮胎检验、鉴定技术。

第五章　道路交通事故司法鉴定项目

第一节　引　言

一、研究背景

国内外项目管理学会、研究单位及大专院校的项目管理专业对项目管理进行了深入的研究，随着国际交流的日益频繁，人们逐渐形成一种共识，即项目已经不再局限于军用、民用等建设项目，它有更广阔的含义，一个组织或者一个机构的组建也是一个项目，甚至一篇文章的成型，也可以称为一个项目，项目管理的理论在更广阔的领域发挥指导作用，这也同时对项目管理的研究提出新的挑战，向更科学的方向发展。

随着国民经济的飞速发展，公路通车里程和车辆保有量不断增长，交通事故作为严重的世界性问题在我国表现得更为突出：自 1997 年因道路交通事故而死亡的人数全年超过 7 万以来，交通事故次数连年攀升，历年交通事故带来的人员伤亡、财产损失的增长率均超过 10%（只是 2003 年由于非典型性肺炎影响略有下降）；2002 年，全国发生的可统计的道路交通事故共 77 万多起，造成 109 381 人死亡，超过 56 万人受伤，直接经济损失超过 33 亿元；交通事故给整个社会带来的间接损失更是无法估量。就绝对数而言，我国已经成为世界上道路交通事故最多的国家之一，而且事故致死率比欧美发达国家要高出 10 倍以上。

大量的交通事故一方面带来了巨大的经济损失，另一方面也带来了诸多社会问题。交通事故事发公正、客观、科学、快速地得到处理已经成为社会关注的焦点，而如何保证交通事故的公正、客观、科学、快速处理则是社会各界，特别是交通事故科学工作者面临的紧迫课题。为此，国务院出台了《道路交通安全法》并于 2004 年的 5 月 1 日正式实施。新的法律、制度的出台为改善交通事故的处理现状提供了良好的社会基础和法律保障，同时，如何把信息技术为代表的高新技术应用在交通事故处理中，更好地体现新法律的精神，再现道路交通事故成为迫切需要解决的问题，交通事故技术鉴定应运而生。

结合道路交通事故技术鉴定的实际情况，综合运用数学、统计学、管理学、经济学等领域的研究成果分析各种风险因素及其影响之间的定量关系，揭示其间的数学变化规律，是道路交通事故技术鉴定领域面临的新的研究课题，也是促进和提高现代管理方法，化解经营风险的一个重要内容。

二、研究的目的和意义

我国司法鉴定机构的成立和不断壮大是法律不断完善的重要表现，对走出自侦自鉴、自诉自鉴、自审自鉴的旧体制起到推动作用，保证了法律的公正性和严密性。司法鉴定机构作为法律关系的第三方，提供技术支持，还原案件的本来面目，对整个案件的处理起到至关重要的作用，保护弱者，惩治犯罪。道路交通事故技术鉴定作为新型鉴定类型，处于新兴发展阶段，没有很好的范例可以借鉴，引入风险管理理论，提高鉴定结论的准确度，更好地为人民服务。

三、研究的特点

本研究有以下特点。

（1）研究的道路交通事故技术鉴定的现状：在摸索中建立，缺乏科学的项目管理的理论指导。

（2）研究的道路交通事故技术鉴定的特点：开展道路交通事故技术鉴定司法鉴定机构大小不一，鉴定项目的立项也存在差异，但要求的管理水平高，担负的责任重大。

（3）研究的服务对象的特点：维权意识强，影响面广。

（4）研究的技术难点：积累的数据少，此类研究尚未开展过。

（5）研究的新方法、新思路： 运用项目风险管理的理念，指导道路交通事故技术鉴定的研究，建立风险管理规划、风险管理方案及风险集成管理。

通过研究，建立一套数学模型，完善风险识别知识积累，定量计算出最优的风险管理方案，建立风险集成管理体系，实际指导道路交通事故司法鉴定，为这类鉴定项目的立项和实施提供参考。

四、研究的主要内容

本研究利用项目风险管理的基本原理，对道路交通事故司法鉴定立项及实施过程加以综合性分析，以得到影响安全诸因素与事故后果之间的定性与定量管理，并揭示出相关因素与后果之间的数学变化规律。

主要研究内容如下：

（1）对项目风险管理运用在道路交通事故司法鉴定项目中的可行性和前景进行研究。

（2）对道路交通事故司法鉴定立项的风险管理进行分析研究。

（3）对道路交通事故司法鉴定实施过程中的风险管理进行分析研究。

在项目风险管理研究领域，前人留下很多宝贵材料，但大多数都是工程领域的成就，对于司法鉴定领域的涉足几乎为零。对于尚未明确纳入司法鉴定三大领域的道路交通事故司法鉴定，更是一种新的尝试，项目风险管理的先进理念，对新兴的道路交通事故司法鉴定项目是很有指导意义的。

五、研究进展

（一）项目风险管理研究进展

随着信息技术的快速发展和广泛应用，项目所涉及的领域和范围越来越大，项目面临的风险日益复杂，有效把握项目风险管理是确保项目成功的关键因素。从 1974 年第四届世界项目管理大会起，把对项目的风险管理作为大会的四大主题之一。

项目风险管理是对项目全寿命期内遭遇到的能导致项目不良后果的风险进行管理，从而保证项目目标的实现。

风险管理问题起源于第一次世界大战后的德国。第一次世界大战后，战败的德国发生了严重的通货膨胀，造成经济衰退，因此提出了包括风险管理在内的企业经营管理问题。后来美国于1929~1933年卷入20世纪最严重的世界性经济危机，更使风险管理问题成为许多经济学家研究的重点。1931年，美国管理协会首先倡导风险管理，风险管理问题得到了理论探讨和在一些大企业的初步实践，但风险管理问题真正在美国工商企业中受到足够重视并得到推广则始于20世纪50年代。

1950年Mowbray等在*Insurance*一书中，较系统地阐述了风险管理的概念。

1975年美国成立了风险与保险管理协会。1978年日本成立风险管理学会。1983年在美国风险与保险协会上，世界各国学者共同讨论通过了“101条风险管理准则”，作为风险管理的一般准则，使风险管理更趋科学化和规范化。1987年，为推动风险管理理论在发展中国家的推广和应用，联合国出版了关于风险管理的研究报告：*The Promotion of Risk Management in Developing Countries*。

但是项目不同于一般的产品，这导致对项目的风险管理不完全同于对产品的风险管理。项目的复杂性、动态性、一次性、单件性、周期性等特点使得项目风险管理具有自身独有的特性。

在我国，风险管理的教学、研究和应用开始于20世纪80年代后期，从那时开始，企业经营领域和风险管理专著开始面世，在工程建设领域，风险分析的理论也开始应用，风险管理的课程已逐步走进一些大学的课堂。

项目风险管理是风险管理的一个新的领域。随着科学技术的飞速发展，社会环境瞬息万变，市场竞争日益激烈，使得现代大型工程项目的研制所涉及的不确定因素越来越多，面临的风险也越来越多。特别是高技术大型工程项目具有探索性强、技术复杂、经费投入规模大、竞争环境压力大的特征。因此，在研制过程中存在着各种不确定因素，充满极大的风险。项目一旦成功会带来巨大的社会、经济效益，但一旦因风险导致失败也会造成社会经济、政治等方面的重大损失。所以，项目风险管理受到项目管理者和利益相关者的高度重视。

美国20世纪60年代初开始在一些型号研制项目中开展风险管理，如在“阿波罗计划”中成功应用了风险管理技术，取得了巨大的成功，美国喷气推进实验室于1994年对“火星全球勘探者”探测器制订了风险管理计划。美国国家航空航天局（NASA）在1998年发布的NASA项目规程和指南《计划和项目管理过程与要求》中指出，计划或项目主管人员应将风险管理作为决策工具来保证项目在计划技术上的成功。2000年4月NASA又颁布了《风险管理规程和指南》文件，更详细地阐明了风险管理的基本过程以及风险管理计划制订和实施的基本要求。

我国对风险问题的研究始于风险决策。1991年，顾昌耀和邱菀华在《航空学报》上发表论文，对风险决策问题开展了研究，目前我国已出版了一些有关风险分析、风险管理的论著，以及项目风险管理的书籍。在工程实践方面，三峡工程项目、大亚湾核电站项目中应用了风险分析，特别成功的是神舟飞船的风险管理，并经过神舟一号至神舟六号研制后，形成了一套适合神舟飞船的风险管理方法。

（二）道路交通事故司法鉴定研究进展

道路交通事故司法鉴定是适应道路交通事故不断增加的压力产生的新型鉴定类型，对于真正意义上的道路交通事故司法鉴定来说，也就七八年的发展光景，早期道路事故司法鉴定主要是法医类和车辆技术检测类，但均没有严格定义为司法鉴定，只是例行公事地进行尸体体表检验、人体损伤级别评定及车辆安全技术状况检验等。

目前，道路交通事故司法鉴定已经形成一套较为完整的理论应用体系，主要技术内容包括法医类、痕迹物证、车辆性能类和事故再现技术。

由于生活水平的不断提高及法律法规的不断完善，需要对道路交通事故进行相对严格的管理要求。道路交通事故司法鉴定在市场需求旺盛的新形势下，如雨后春笋般在全国各地进行立项，但实施过程良莠不齐，这主要是没有引入项目风险管理理念，盲目立项带来发展的无序。

所以在对全国各地道路交通事故司法鉴定项目进行调研后，对道路交通事故司法鉴定的立项和实施过程均引入项目风险管理的理念，进行风险识别，并应用风险分析的工具和方法，对存在的风险进行应对和监控，形成一套方法，从而提供一种参考，减少不必要的损失，并对司法鉴定事业的发展作出一定的贡献。

六、本研究组织结构

本章依托项目风险管理理论，将项目风险管理的部分内容和方法引入道路交通事故司法鉴定项目的立项和实施过程中，进行分析和总结。

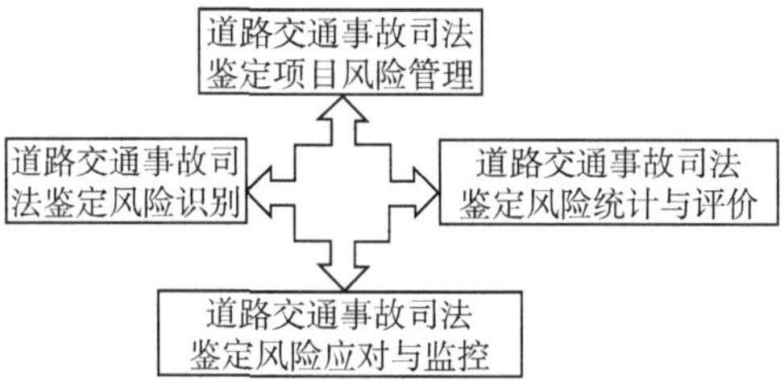

图 5.1　本研究组织结构图

第二节　道路交通事故司法鉴定的项目风险管理

一、道路交通事故司法鉴定项目风险管理

项目在当今社会经济发展过程中发挥着越来越重要的作用，项目管理逐渐成为管理学研究的焦点。在项目管理中，涉及的管理因素主要有两种：确定性因素和不确定性因素。风险存在于任何项目中，项目风险是一种普遍现象，并往往会给项目的推进和项目的成功带来负面影响。风险具有损失的不确定性、实际结果与预期的偏离、损伤的程度和可能性及风险构成因素作用的结果等特点。按照风险造成的后果，风险可以分为纯粹风险和投机风险；按照风险的可预测性可以分为已知风险、可预测风险、不可预测风险；按照风险对目标的影响可以分为工期风险、费用风险、质量风险、市场风险和技术风险；按照风险与外界的关系可以分为系统风险和非系统风险；按照项目行为主体产生的风险可以分为项目业主风险、政府风险、承包商风险、投资方风险、设计单位风险、监理单位风险、供货商风险、担保方风险和保险公司风险等。美国克洛曼在由 Seawrack 公司出版的《风险管理报告》一书中对企业风险的分类，达到对风险进行全面的认知的目的，将风险分为环境风险、过程风险和决策目标风险三类。只要掌握风险发生的因果关系，风险是完全可以管理的。项目风险管理是项目管理的重要内容之一，同时也日渐发展成为一门新兴学科。项目风险具有多样性、持续性、影响的全面性及规律性的特点。

从系统和过程的角度来看，项目风险管理是一种系统过程活动，是项目管理过程中的有机组成部分，涉及诸多因素，应用到许多系统工程的管理技术方法。根据美国项目管理学会的报告，风险管理有三个定义：

（1）风险管理是系统识别和评估风险因素的形式化过程。

（2）风险管理是识别和控制能够引起不希望变化的潜在领域和事件的形式、系统的方法。

（3）风险管理是在项目期间识别、分析风险因素，采取必要对策的决策科学与艺术的结合。

综上所述，项目风险管理是指项目管理团队通过风险识别、风险量化和风险控制，采用多种管理方法、技术和工具，对项目所涉及的各种风险实施有效的控制和管理，采取主动行动，尽量使风险事件的有利后果（带来的机会）最大，而使风险事件所带来的不利后果（威胁）降到最低，以最少的成本保证项目安全、可靠地实施，从而实现项目的总体目标。

（一）项目风险管理的基本过程

项目风险管理是一个过程，是项目管理的重要内容之一。在项目的生命期中持续不

断地控制风险是非常重要的。项目风险管理过程通常可以分为五个阶段：风险管理规划、风险识别、风险估计与评价、风险应对、风险监控。

（1）项目风险管理规划是规划和设计如何进行项目风险管理的过程，主要包括明确开展风险管理的行动方案和形式，提供风险管理的思想、途径和方法，确定风险判断的依据，选择适合风险管理的方法，是对风险管理活动的计划和实践形式进行决策的过程。主要考虑的因素有项目范围、项目管理计划、项目干系人、组织风险管理策略、预定的项目角色和职责、风险容忍度等。

（2）风险识别是指明确项目的不确定因素、风险来源、风险影响及其作用关系，并记录风险特征的过程，风险识别不是一次就可以完成的，应当在项目实施过程中自始至终地定期进行。它依据项目风险管理规划、项目规划、风险种类、历史资料及制约因素和假定来进行。通过收集资料、风险形势估计及风险识别三个步骤，并根据不同的工具来完成。

（3）风险定性分析是在风险识别之后，对已识别风险的影响和可能性大小的评估过程，并按照风险对项目目标潜在影响的轻重缓急给出风险排序，通过定性分析，可确定对具体风险采取应对措施，避免风险对项目目标的重大影响，其结果是指导风险应对行动的依据。常用的分析方法为对风险的概率与后果进行评估以对出现的偏差进行纠正。

（4）经过风险识别、风险定性分析之后，对排序在前的、具有重要影响的项目风险进行定量分析，定量评价风险概率和影响，以综合评价项目风险的整体水平，从项目总体上，用统计方法或专家经验评定等对关键风险的项目影响结果及概率进行详细量化，确定关键风险，为项目管理提供决策基础。

（5）风险应对规划是为增加项目实现目标的机会、减少风险造成的威胁及针对风险分析制定有效应对策略进行的一系列措施的活动。在风险定性分析和定量分析之后，对已识别风险运用有效的风险应对策略制定恰当应对措施，在组织层面上确认和指派相关个人或集体对认可的风险应对措施担负职责。它是风险应对的关键，也是应对活动的前期工作，需要提供应对风险的策略、过程及资料（如时间、人员、资金）等。由于项目过程中的不确定性，还应配合项目风险检测及时调整，协同风险监控共同完成项目风险管理。

（6）通过识别、分析和规划新风险，追踪已识别风险和观察清单的风险，重新分析现有风险，监测应急计划的出发条件，监测残余风险，审查风险应对策略的实施并评估其效力以实现风险监控。

（7）运用集成管理的思想、内容和方法，项目生命期的时间范畴、项目的内外部环境、组织风险管理成熟度着手，建立项目风险集成管理，增强评估和改进组织的项目风险管理能力，在组织和过程层面实现持续的项目风险管理。通过集成管理，实现避免组织管理风险，帮助管理组织的重大变革，提高管理的回报率，发觉管理过程中的潜在利益，满足日益增长的项目管理需求。

（8）提供决策建议的目的是在对风险和潜在原因的比较和排序，对风险控制方案的费用和效益评估的比较排序的基础上，提出相应合理的决策建议。

（二）项目风险管理规划

风险管理规划是规划和设计如何进行项目风险管理的过程。风险管理规划的主要内容包括风险管理人员、管理方法、风险管理的时间周期、风险的类型级别及说明、管理基准、风险的汇报形式、跟踪。

风险管理规划的过程可以概括为以下几个方面：

（1）分析项目目标、外部环境、项目资源等有关资料，并利用工作分解结构、风险核对表等工具，从风险的角度分析风险项目的主要特点。

（2）定义负责项目风险管理的机构和人员，明确各机构和人员的职责、审批权限。

（3）定义项目风险分析采用的主要技术、工具。

（4）定义项目风险的类型、级别，以及判定某些事件为风险的标准。

（5）确定项目风险的主要应对措施，以及应对风险所需的资源的数量和分配的预案。

（6）确定进行项目风险监控的时间周期或开始和结束日期、跟踪手段。如果有计算机辅助的风险信息管理系统，还需要定义汇报数据的格式与接口。

（7）编写有关文档。

项目风险管理规划的方法一般有风险管理图表法和项目工作分解结构法两种。

（三）项目风险识别分析技术与工具

在风险识别分析过程中通常借助专门的技术和工具，一般有以下几种。

1）流程图法

流程图是一种项目风险识别时常用的工具。流程图可以帮助项目识别人员分析和了解项目风险所处的具体项目环节、项目各个环节之间存在的风险以及项目风险的起因和影响。绘制流程图的主要步骤是：确定工作的起点和终点；确定工作经历的所有步骤和判断；按顺序连接成流程图。

2）德尔菲法

德尔菲法利用专家的智慧和经验来预测“可能出现的结果”，依据系统的程序，采用匿名发表意见的方式，即专家之间不得互相讨论，不发生横向联系，只能与调查人员发生关系，通过多轮次调查专家对问卷所提问题的看法，经过反复征询、归纳、修改，最后汇总成专家基本一致的看法，作为预测的结果。这对于识别项目的风险、判断风险可能产生的后果很有帮助。德尔菲法一般分为六个步骤具体实施：其一，组成专家小组，一般不超过 20 人；其二，向所有专家提出所要预测的问题及有关要求，并附上有关这个问题的所有背景资料，同时请专家提出还需要什么资料，然后由专家做书面答复；其三，各个专家根据他们所收到的资料，提出自己的预测意见，并说明自己是如何利用这些资料并提出预测值的；其四，将各位专家第一次判断意见汇总，列成图表，进行比对，再分发给各位专家，让专家比较，修改自己的意见和判断；其五，将所有专家的修改意见收集起来，汇总，再次分发给各位专家，以便做第二次修改，进行逐轮收集意见并为专家反馈信息是德尔菲法的主要环节，一般经过三四轮；其六，对专家的意见进行综合处理。

3）头脑风暴法

头脑风暴法是指团队的全体成员自发地提出主要主张和想法，可以分为直接头脑风暴法和质疑头脑风暴法，前者是在专家群体决策尽可能激发创造性，产生尽可能多的设想的方法；后者则是对前者提出的设想、方案逐一质疑，分析其现实可行性的方法。该方法来识别项目可能存在的风险以及集思广益地收集风险应对措施，以得到最优的风险应对方案等。其需要注意的要点如下：其一，预先准备；其二，良好的环境；其三，没有坏主意；其四，没有不值得回答的问题；其五，准备好扼杀自己的观点；其六，知道什么时候说什么话；其七，好记性不如烂笔头。

4）检查表法

检查表是管理中用来记录和整理数据的常用工具。基于以前类比项目信息及其他相关信息编制的风险识别核对图表，一般按照风险来源排列。其制作工程一般分为三步：其一，对问题有个准确的表述，确保达到意见统一；其二，确定资料搜集者和资料来源；其三，设计一个方便使用的检查表。

5）SWOT 技术

SWOT 是英文优势、劣势、机遇和威胁的缩写。SWOT 技术是一种环境分析方法，其主要目的是对项目的优势与劣势、机会和威胁各方面，从多角度对项目风险进行分析识别。其作用在于把外界的条件和约束同组织自身的优缺点结合起来，分析项目或企业所处的位置；可随环境的变化作动态系统分析，减少决策风险；是一种定性的分析工具，可操作性强；可以与多米诺法结合起来，针对机遇、挑战、优势、劣势为各战略决策打分。其一般分为五个操作步骤：其一，列出项目的优势和劣势，可能的机会与威胁，填入道斯矩阵的Ⅰ、Ⅱ、Ⅲ、Ⅳ区，如表 5.1 所示；其二，将内部优势与外部机会组合，形成 SO 策略，制定抓住机会、发挥优势的战略，填入道斯矩阵的Ⅴ区；其三，将内部劣势与外部机会组合，形成 WO 策略，制定利用机会克服弱点的战略，填入道斯矩阵的Ⅵ区；其四，将内部优势与外部威胁组合，形成 ST 策略，制定利用优势减少威胁的战略，填入道斯矩阵的Ⅶ区；其五，将内部劣势与外部挑战相组合，形成 WT 策略，制定弥补缺点、规避威胁的战略，填入道斯矩阵的Ⅷ区。其要点在于重在比较、长期积累和尊重现实。

表 5.1　道斯矩阵

	Ⅲ 优势 列出自身优势	Ⅳ 劣势 列出具体弱点
Ⅰ 机会 列出现有的机会	Ⅴ SO 战略 抓住机遇，发挥优势战略	Ⅵ WO 战略 利用机会，克服劣势战略
Ⅱ 挑战 列出正面的威胁	Ⅶ ST 战略 利用优势，减少威胁战略	Ⅷ WT 战略 弥补缺点，规避威胁战略

6）决策树法

决策树又称决策图，是一种树枝形状的结构，利用树枝形状的图像模型来表述项目风险评价问题，项目风险评价可直接在决策树上进行，一般有以下几个部分：其一，□——决策节点，从这里引出的分枝称为方案分枝，分枝数量与方案数量相同。决策节点表明从它引出的方案要进行分析和决策，在分枝上要注意方案名称。其二，○——状态节点，也称为机会节点，从它引出的分枝称为状态分枝或概率分枝，在每一分枝上注明自然状态名称及其出现的主观概率。状态分枝数量与自然状态数量相同。其三，△——结果节点，将不同方案在各种自然状态下所取得的结果（如收益值）标注在结果节点的右端。典型决策树结构如图 5.2 所示。

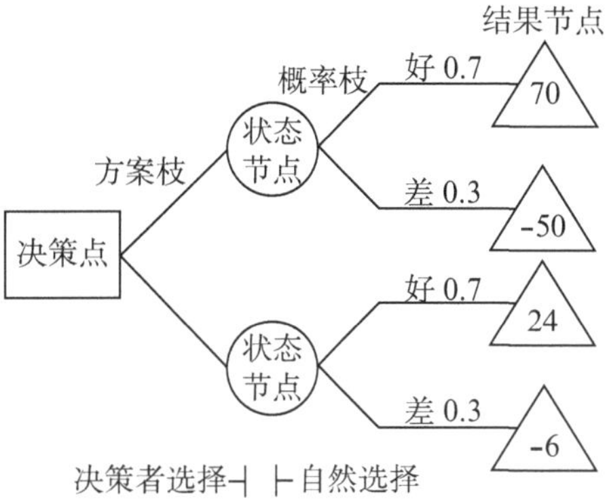

图 5.2　典型决策树结构

7）情景分析法

情景分析法是由美国 S11ELL 公司的科研人员 Pierr Wark 于 1972 年提出来的。它是根据发展趋势的多样性，通过对系统内外相关问题的系统分析，设计出多种可能的未来前景，然后用类似于撰写电影剧本的手法，对系统发展态势作出自始至终的情景和画面的描述。

8）层次分析法

层次分析法又称 AHP 法，是 20 世纪 70 年代美国学者 T. L. Saaty 提出的。层次分析法可以将无法量化的风险按照大小排出顺序，把它们彼此区分开来。层次分析法处理问题的基本步骤是：其一，确定评价目标，再明确方案评价的准则。根据评价目标、评价准则构造递阶层次结构模型。其二，应用两两比较法构造所有的判断矩阵。其三，确定项目风险要素的相对重要度。其四，计算综合重要度。一般常用的三种计算方法有幂法、和积法和方根法。

9）模糊综合评价法

模糊综合评价法是模糊数学在实际工作中的一种常用方法，可以用来对人、事、物进行全面、正面和定量的评价，因此它也是提高领导者决策能力和管理水平的一种有效方法。模糊综合评价法中的评价就是指按照指定的评价条件对评价对象的优劣进行评比、判断，综合是指评价条件包含多个因素。综合评价就是对受到多个因素影响的评价对象作出的全面评价，其主要步骤：其一，选定评价因素，构成评价因素集；其二，根据评价的目标要求，划分等级，建立备择集；其三，对各风险要素进行独立评价，建立判断矩阵；其四，根据各风险要素影响程度，确定其相应的权重；其五，运用模糊数学运算方法，确定综合评价结果；其六，根据计算分析结果，确定项目风险水平。

10）风险因素和驱动因子法

为了很好地识别和减少项目风险，项目管理者需要标识影响项目风险因素的风险驱动因子，通常，这些因素包括性能、成本、支持和进度。风险因素是以如下方式定义的：

性能风险，即产品能够满足需求且符合于其使用目的的不确定的程度。

成本风险，即项目预算能够被维持的不确定的程度。

支持风险，即软件易于纠错、适应及增强的不确定的程度。

进度风险，即项目进度能够被维持且产品能按时交付的不确定的程度。

每一个风险驱动因子对风险因素的影响均可分为四个影响类别，即可忽略的、轻微的、严重的、灾难性的。

11）敏感性分析

在项目的整个生命周期内，存在着各种不确定因素，而且这些因素对项目的影响程度也是不一样的，有些因素很小的变化就会引起项目指标较大的变化，甚至变化超过了临界点。临界点是指在该点处，所分析的因素使某项目备选方案从被接受转向被否决，直接影响原来的项目管理决策，这些因素称为敏感性因素；有些因素即使在较大的数值范围内变化，但只引起项目评价指标很小的变化甚至没有变化，这些因素就称为不敏感因素。敏感性分析就是指论证备选方案中一个或多个因素发生变化时，对整个项目经济评价指标所带来的变化程度的预测分析。一般分两步进行，即确定分析指标以及选定分析因素及其变化范围。其作用主要体现在以下几个方面：其一，了解项目的风险水平；其二，找出影响项目效果的主要因素；其三，发现敏感性因素可以承受的变动幅度；其四，比较分析各备选方案的风险水平，进行方案选优；其五，预测项目变化的临界条件或临界数值。确定控制措施或者寻求可替代方案。

12）组合分析法

项目活动大部分都涉及资金和盈利的问题，所以投资在项目活动中处于特殊地位。首先，项目所涉及的各种因素，如营销项目的产品、渠道、促销策略和定价等，它们相互之间在经济利益方面往往是矛盾的、不平衡的，只有通过资金的综合平衡和效益分析，把它们综合起来进行调整、平衡，才能形成一个统一的营销策略。其次，项目各因素组合可以形成多种经营方案，合理方案的优选，应从多方面衡量、评价。

13）故障树分析法

故障树分析是用于大型复杂系统可靠性、安全性分析和风险评价的一种方法。可用于项目的技术风险分析，分析项目的技术风险源，特别是工程项目的设计制造中可能存在的隐患和潜在的故障，即风险事件，可以作定性分析及定量分析，可计算系统及其各层次风险事件发生的概率和系统风险发生的模式，是风险管理的一种有效方法。一般按如下步骤进行：建立故障树；建立故障树数学模型；进行系统可靠性的定性分析；进行系统可靠性的定量分析。

14）随机模拟法

随机模拟法又称蒙特卡罗模拟法，是随机系统建模中刻画抽样实验的一门技术，它主要依据概率分布对随机变量进行抽样，然后将样本代入数学模型进行计算得到应变量的结果。随机模拟法是一种以概率统计理论和方法为基础的数值计算方法，它以是否适合于计算机上使用为重要标志。在项目风险管理中，常用随机模拟法来模拟仿真项目的进度。其一般过程为：其一，构造描述问题的概率过程；其二，实现从已知概率分布的抽样；其三，产生结果样本，进行统计分析。

15）不确定型项目风险估计方法

不确定型风险是指出现的各种状态发生的概率未知并且状态也不能完全确定的风险，这种情况下的项目风险估计称为不确定型风险估计。一般有以下几种原则：概率准则、乐观准则、悲观准则、最小后悔值准则等。

16）贝叶斯概率法

在非确定型项目风险估计环境下，项目风险估计是建立在对各种风险事件发生的可能性的基础上，这种可能性直接受项目环境各种因素变化的影响，存在着较大的风险；同时，项目风险事件的概率估计往往是在历史数据资料缺乏或不足的情况下作出的，这种概率称为先验概率。先验概率具有较强的不确定性，需要通过各种途径和手段来获得更为准确、有效的补充信息，以修正和完善先验概率。这种通过对项目进行更多、更广泛的调查研究或统计分析后，再对项目风险进行估计的方法，称为贝叶斯概率法。

17）主观评价法

主观评价法是利用专家的直觉、经验等隐性知识，直观地判断项目每一单个风险并赋予相应的权重。

18）类推法

类推法是通过不同事物的某些相似性类推出其他的相似性，从而预测出它们在其他方面存在类似的可能性的方法。

19）盈亏平衡分析法

盈亏平衡分析通常又称量本利分析或损益平衡分析，它是根据项目在正常生产年份的产品产量或销售量、成本费用、产品销售单价和销售税金等数据，计算和分析产量、成本和盈利三者之间的关系，从中找出它们的规律，并确定项目成本和收益相等时的盈亏平衡点的一种分析方法。一般分为线性盈亏平衡分析和非线性盈亏平衡分析。

20）进度与费用风险的网络分析技术

在项目管理中，进度风险与费用风险常常是伴随发生的，当项目的进度拖期风险发生时，不可避免地会影响项目的总成本，反之亦然。风险的网络分析是以项目的网络计划为基础的分析方法，首先对风险进行识别，确定网络计划的哪些工作存在风险，然后还需要分析这些任务的定量风险信息，最后再将这些信息用网络分析技术进行汇总，确定该项目费用、进度的不确定性的变化范围和变化规律，从而对项目的总体风险作出定量的评价。

（四）项目风险应对

项目风险应对是对项目风险提出处理意见和方法，主要依据有风险管理计划、风险排序、风险认知和可接受风险水平。其应对过程一般表现为根据风险识别和评价的结果，分析项目所处的外部和内部的政策、时间、资金、技术、人员、自然环境等各种条件，研究项目可利用的资源和能力，分析风险处理后应达到的目标，提出风险应对策略。该过程首先要进一步理解确认风险识别和评价的结果、分析项目所处的外部和内部的各种条件、研究项目可用于处理各种风险的资源和能力、分析项目目标和风险处理后应达到的目标。然后针对不同风险，研究提出相应的风险应对策略备选方案、分析各种风险应对策略方案的必要性和可行性，在假设采取风险应对方案的情况下，再次对项目风险进行识别和评价，分析预测风险应对策略方案的效果，判断是否达到风险处理要求，权衡各方面的因素，优化选择确定应对方案，并执行风险应对方案。为应对风险，可从消除风险因素、降低风险发生的概率和风险后果等级三个方面提出多种策略，一般有四种应对措施，即减轻风险、风险回避、风险转移、接受风险。

（五）项目风险监控

项目风险监控是通过对风险规划、识别、估计、评价、应对全过程的监视和控制，从而保证风险管理能达到预期的目标。其目的是考察各种风险控制行动产生的实际效果，确定风险减少的程度，监测残留风险的变化情况，进而考虑是否需要调整风险管理计划以及是否启动相应的应急措施。首先确定风险管理计划、风险应对计划，进行广泛的项目沟通以及附加的风险识别和分析，在此基础上进行项目评审。

采用系统方法、挣值法、项目风险预警、项目风险信息的采集、项目风险报告、项目风险监控系统等措施，评估风险控制行动产生的效果，及时发现和度量新的风险因素，跟踪、评估残余风险的变化和程度，监控潜在风险的发展，监测项目风险发生征兆以及提供启动风险应变计划的时机和依据，进行风险监控标准、应变措施、控制行动、变更请求、修改风险处理计划的分析和制定。

二、项目风险管理在道路交通事故司法鉴定领域应用前景

项目风险管理是项目管理的重要内容之一，同时也日渐发展成为一门新兴学科。项目的规模和复杂性日益增大，尤其是一些重大工程项目和科研项目规模大、涉及因素多、周期长、内外部联系复杂、投资大且风险较大。同时，由于项目的成败影响面大，所以对管理的要求相对较高，对项目仅仅实施规范化和标准化管理还远不能满足项目成本、质量和进度等方面的要求。而另外，经营活动中的不确定性和竞争的不断加剧，使对项目的风险进行管理、运用项目风险管理技术实施生产运营管理显得尤为重要。

司法鉴定项目作为维护司法公正、还原事实真相的法律参与方组成的司法鉴定机构进行的活动，涉及的关系人众多，且影响力巨大，需要利用司法鉴定人的个人能力，借助科学的理论和正确的标准、法律法规对发生在司法过程中的相关事实进行评价和界定，所以立项和实施过程中均需要引入项目风险管理的相关理论和方法，来保证项目的正常立项和顺利开展。

同时在司法鉴定项目中引入项目风险管理也是可行的。司法鉴定项目虽然具有自身的特殊性，但是它同其他工程项目一样，也是一个立项再实施的过程，并且具有的风险也是其他任何工程项目所无法比拟的。一种成熟的理论，必将指引司法鉴定项目成功进行。而道路交通事故司法鉴定是司法鉴定项目中的一个项目，所以项目风险管理在道路交通事故司法鉴定项目中同样适用可行。

道路交通事故司法鉴定作为司法鉴定中的一个研究领域，项目风险管理在道路交通

事故司法鉴定中同样具有必要性和可行性。

三、小结

项目在当今社会经济发展过程中发挥着越来越重要的作用，项目管理逐渐成为管理学研究的焦点。本章对道路交通事故司法鉴定的鉴定内容和实施过程进行了总结，通过分析项目风险管理的基本方法和应用特点，分析了项目风险管理在道路交通事故司法鉴定领域应用的必要性和可行性。

第三节　道路交通事故司法鉴定风险识别

一、道路交通事故司法鉴定项目概述

司法，通常是指依照国家法律对刑事、民事和行政案件实施侦查、起诉、审判、执行、监督的活动。司法鉴定是司法机关在诉讼活动中，按照刑事诉讼法、民事诉讼法、行政诉讼法的有关规定，为了查明案情，指聘具有鉴定人资格的鉴定人就案件中的专门性问题，通过观察、对照、比较、实验、验证等科学技术活动作出认定或判断。司法鉴定是一类特殊的科学技术鉴定，具有以下特点：

（1）鉴定的提起是在诉讼过程中，由司法机关决定或指聘，在特殊情况下，可以由当事人选择指定司法鉴定机构；

（2）鉴定的程序严格按照诉讼法的规定进行，也参照中国司法鉴定制度研究的部分规范进行；

（3）鉴定对象仅限于案件中所涉及的专门性问题，鉴定类型的发展也针对这些专门性问题而不断发展；

（4）鉴定主体必须是具有鉴定人资格的自然人，而不是任何鉴定组织和机构；

（5）鉴定结论以鉴定报告书的方式出具给委托方，作为法定证据之一出现在诉讼过程中。

司法鉴定的分类是规范司法鉴定工作的基础和标准之一。随着社会的发展，司法鉴定工作面对的各种专门性问题越来越广泛，越来越复杂，越来越专业化、国际化和技术化，因此，司法鉴定的领域也在随之不断发展和调整。目前大体分为三大类：第一类是传统的司法鉴定专门领域，如法医病理鉴定、法医临床鉴定、司法精神病鉴定、法医物证鉴定、法医毒物鉴定、司法会计鉴定、文书司法鉴定、痕迹司法鉴定和微量物证鉴定。第二类是近年来发展的司法鉴定的其他新领域，如计算机司法鉴定、建筑工程司法鉴定、声像资料鉴定、知识产权鉴定、价格鉴定等。以上两类涉及的领域均实行司法鉴定人执业资格制度。第三类属于已经开始进入司法实践，但条件尚不具备，暂时未实行司法鉴定人执业资格制度，如交通事故鉴定、医疗事故鉴定、专利纠纷鉴定、保险理赔、进出口商品检验检疫、重大安全事故、产品质量、科技成果鉴定等。第三类鉴定将随着今后的发展，如具备基本条件，有的将逐步纳入司法鉴定的执业领域。此外，还有一些个别鉴定，数量很少且往往与特殊的技能、绝活和经验相关，如古字画和文物鉴定等均难实行司法鉴定人执业资格，而只能采用司法机关临时审定聘任的方法。

司法鉴定随着社会经济的高速发展，将呈现更加生机勃勃的发展趋势。在传统司法鉴定类型不断完善的同时，新型的鉴定类型也在不断前行，是否还有新的鉴定类型的出现，与诉讼需求有很大的关系。交通事故技术鉴定就是一种新型的鉴定类型。

二、道路交通事故司法鉴定立项中的风险识别

随着社会的发展、科技的进步，带来了我国汽车工业的突飞猛进，但同时也导致了交通事故的大量发生。统计数据表明，我国交通事故死亡人数持续在高位徘徊，特别是自 2001 年起连续数年死亡人数突破 10 万大关，这使得我国成为汽车交通事故死亡人数最高的国家之一。交通事故的增加不仅给人们的生活、生产带来了巨大的损失，同时交通事故处理的公正性和公平性也对我国和谐社会的建设提出了严峻的考验。

交通事故的增加不仅给人们的生活、生产带来了巨大的损失，而且增大了交通事故处理部门的工作量。交通事故的处理包括事故现场勘验、事故分析和事故责任认定三部分。事故现场勘验完成的主要任务是现场测量（包括事故现场定位测量及事故现场各事故元素的测量）、绘制现场图、拍摄现场照片等，而责任认定则以事故过程分析的结果为依据，以《中华人民共和国道路交通事故安全法》等法律法规的规定为依据，作最后的事故处理。事故处理的一个重要环节，即事故分析过程，主要是根据事故现场的采集、记录、调查和分析，将事故涉及的车辆由碰撞后的终止位置反推回碰撞过程，再反推回碰撞前的运动状态，来分析事故原因。重现交通事故的发生过程对事故起因分析和快速、公正地裁定事故责任具有重要意义。因此，如何根据现场遗留痕迹反推碰撞接触时刻及碰撞前的车辆或人体状态（包括行人、自行车骑车人或车内人员）成为事故分析的重要目标。道路交通事故司法鉴定应运而生。

道路交通事故司法鉴定作为新兴鉴定类型，在进行过程中面临许多不确定因素，这些因素概括起来主要是技术因素、费用因素、时间因素、人力因素、管理因素，当然也涉及社会因素、文化因素、政治因素、经济因素、政策因素、法规因素、环境因素等。正是这些因素变化使项目开发具有风险。以往一般项目开发过程中，几乎不进行或很少进行项目风险管理。项目开发之前缺少风险管理规划，很少进行风险分析，或者只是对项目风险简单预测和规避预置；项目开发中，项目决策是多考虑项目的计划和代价，缺乏风险管理，没有完整配套的风险应对措施，无法进行风险控制和风险监督，难以风险决策；风险事件发生后只是凭经验进行事后处理。

项目风险定义为可能危及项目的潜在问题和事件，用问题和时间发生的可能性及其后果（经量化或评估）的综合影响来度量。道路交通事故司法鉴定需要通过不完全确定的过程，在确定的期限内，完成不完全确定的产品和服务的创造与实现。

项目风险管理旨在通过风险识别、风险量化、风险评价等风险分析活动，对风险进行规划、控制、监督，从而增大机会应对威胁。项目风险决策旨在风险事件（因素）存在的情况下，决策者从多个备选方案中选择一个决策价值最大或令人满意的方案。

道路交通事故司法鉴定作为尚未正式列入司法鉴定的项目，其立项过程更为复杂，很多突发的事件难以预料，能否顺利实现立项还具有很多不可预知性。但将项目风险管理理论和相关方法运用其中，可以正确指导，同时也使道路交通事故司法鉴定项目立项中的风险管理方法和流程显得清晰起来。在道路交通事故司法鉴定立项过程中，首先对立项过程中的各种风险进行识别，然后运用风险统计的方法，分析立项中什么是最大的

风险因素，最后进行风险的应对和监控。

（一）技术风险

在道路交通事故司法鉴定立项中存在诸多风险因素。一方面技术手段落后，例如，实验设计不充分、不合理、不科学；设计、试制、实验关系处理不当；实验手段落后；工业基础所限，新材料、新工艺、元器件不落实；技术后备措施不充足；技术含量不高，容易被替代；交叉技术多，难以平衡发展；关键技术手段落后等方面的原因，形成主要风险源之一。另一方面，信息获取和应用的障碍，如设计、技术规范不适当、不切实际；缺乏必要的技术资料和数据；技术交流平台尚未建立，资源无法共享；取得材料的渠道受限，技术结果不合格等，形成另一个主要风险源。

运用头脑风暴法，得出道路交通事故司法鉴定技术风险的表象包括：战术技术指标要求过高，不切实际，不尽合理，技术难度太大；技术继承与创新关系处理不妥；项目定义、需求分析不充分，项目当事人对其理解存在歧义，甚至误解；技术难度、复杂性认识不足，准备不足；技术设计存在缺陷、错误和遗漏；技术设计匹配协调性差，配套设计不够；关键技术、新技术未经充分验证；技术状态控制不到位；设计不成熟；具体实施的技术以经验为主，具有主观性，不能量化；新技术开发难度高等诸多方面。

下面从具体案例中分析道路交通事故司法鉴定立项中所存在的技术风险。

例 5.1　××年××月××日××时××分，一辆重型专项作业车（以下简称甲车）与一辆摩托车（以下简称乙车）在回业路、业东路路口处发生事故，事故造成摩托车当事人年纪轻的一人（以下简称 A）当场死亡，年纪大的一人（以下简称 B）受伤送医院抢救。摩托车的当事人是母女两人，因事故调查需要，对母女二人谁是摩托车事发时的驾车人进行鉴定。

车辆痕迹检验结果如下。

甲车：车身左侧护栏距地高 52 cm~120 cm、距其前端 100 cm~170 cm 范围内见撞击刮擦印，表面红色和白色涂层局部呈减层，显露内层黄色物质，局部黏附黑色和红色物质；第二、三轴左侧轮前挡泥板外侧变形，其中距地高 95 cm~126 cm、距其前端 45 cm 范围内见泥灰擦拭痕迹，第二轴左外侧轮外侧局部见擦印；第二轴左内侧轮胎胎肩花纹为回字形，外侧轮胎为翻新胎。

乙车：车身右侧检见多处倒地挫印；转向把断裂，右转向把及其相邻部件黏附黄色和白色物质；后视镜缺失；右前减震器变形；前红色导流罩大面积缺损；车架前部撕裂与车体分离；后围右侧饰罩缺失；鞍座垫前部撕脱；后座左部支架多处黏附血迹。

比对照片如图 5.3 所示。

尸体检验：A 死亡。其体表损伤检验，衣着检查：上身穿白色羽绒服，深蓝色线衫，紫色棉毛衫，粉红色胸罩；下身着黑色牛仔裤（右裤管上段、左裤管下段见规则花纹状印痕），紫色棉毛裤（右裤管前侧多处挫破口），蓝色三角短裤。

一般情况：身长 173 cm，发育正常，营养一般。

尸体现象：尸斑呈淡红色，分布于体表背侧未受压处，指压不褪色。冰冻缓解尸体。

头（面）部：发长 40 cm，发色黑，发型直；双侧眼睑闭合，口、鼻腔及右侧外耳道积血。全颅崩裂，额部见巨大开放性挫裂创，创腔内见颅骨粉碎性骨折，脑组

（a）甲车左内侧轮轮胎肩花纹为回字形

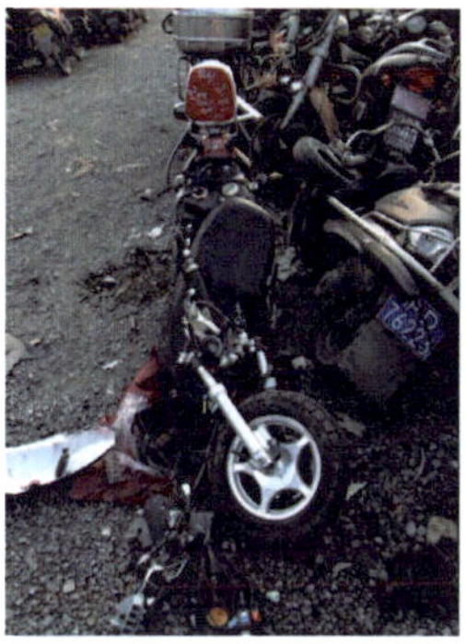

（b）乙车正面损坏照

图 5.3　比对照片

织外溢；下颌部见 9 cm × 6 cm 挫裂创，创腔内见上、下颌骨粉碎性骨折，面部左侧见散在片状皮肤擦挫伤。

颈（项）部：皮肤未见损伤痕迹。

躯干部：双侧肋骨、胸骨、双侧锁骨扪及多发性骨折，骨盆扪及多发性骨折，胸、腹部见散在点、条、片状皮肤擦挫伤（大者 28 cm × 25 cm、小者 0.5 cm × 0.5 cm），脐部右侧见 5 cm × 2.3 cm 挫裂创，右腰部见 23 cm × 8 cm 皮肤擦挫伤。

四肢：左上臂上段外侧 7 cm × 1 cm 皮肤擦挫伤，左手腕伸侧及左手背散在小片状皮肤擦挫伤；左大腿外侧散在条状、片状皮肤擦挫伤，左小腿下段外侧在 5 cm × 5 cm 范围内见散在条、片状皮肤擦挫伤，左下肢内侧见散在条、片状皮肤擦挫伤（大者 7 cm × 2 cm，小者 0.5 cm × 0.5 cm），左外踝及左足背见 13 cm × 5 cm 皮肤擦挫伤。右前臂下段伸侧至右手背见散在片状皮肤擦挫伤，右手背见 12 cm × 5 cm 挫裂创。右股骨中下段骨折，右大腿前外侧见较规则花纹状印痕（印痕宽为 3.7 cm、间距为 1.7 cm），右大腿根部内侧见长 7.2 cm 挫裂创，右大腿内后侧见散在条、片状皮肤擦挫伤，右小腿上段内侧见 4 cm × 1.5 cm 挫裂创，右小腿中段内侧见 12 cm × 7 cm 挫裂创，右内踝至右足底见 18 cm × 7 cm 挫裂创。

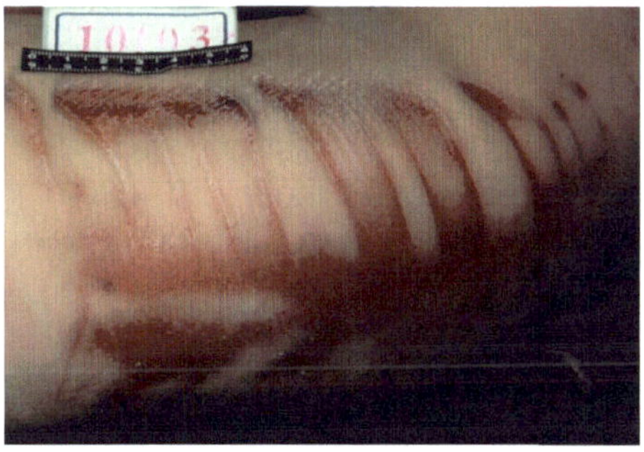

图 5.4　右大腿内侧见轮胎花纹印

体表损伤检验：B 受伤，其体表损伤检验摘自上海交通大学附属第一人民医院病史（住院号：60539）：右眼眶及颧部皮下软组织肿胀，右大腿有皮肤裂伤，颜面部肿痛。急诊 CT 示：右肺上叶、中叶及左肺上叶实变，考虑肺挫伤；右侧气胸；左侧数根肋骨弧度异常；右股骨转子间粉碎性骨折，右股骨干中段粉碎性骨折。右面颊见 5 cm × 2 cm 皮肤脱痂痕。左肘伸侧见 6 cm × 5 cm 皮肤青紫，左手腕屈侧见 5 cm × 1.5 cm 皮肤青紫；左膝部外侧见 1 cm × 0.3 cm 皮肤擦伤。右前臂下段屈侧见 1 cm × 0.5 cm 皮肤青紫，右手背掌指关节处散在片状皮肤脱痂痕；右大腿皮肤青紫、肿胀，右大腿上段纱布包扎。

道路交通事故现场图：甲车头东尾西，乙车位于甲车的西侧，其与甲车左后轮相距约 1 100 cm，A 头北脚南，位于乙车的东侧，与乙车接触。

讨论：判断乙车当事人 A、B 中谁是事发时的驾车人，首先要对甲乙两车的碰撞形态进行分析，这是作出正确判断的基础。甲乙两车所检见的痕迹，在部位、附着物等方面均可以相互印证，符合甲车左侧后部与乙车正面相碰撞形成的特征。其次，要结合其他相关材料进行综合分析。一般情况下，判断摩托车当事人谁是驾车人，可以从以下几个方面搜集相关的材料。其一，从道路交通事故现场图中对当事人位置描述进行分析，一般情况下，位于驾车人姿态的当事人因抓握把手而后与摩托车相分离，其落地位置与摩托车倒地位置的距离近于位于乘坐人姿态的当事人落地位置与摩托车倒地位置的距离，针对本例，因抢救需要，B 的落地位置已经无法确定，但 A 落地位置是 A 与乙车接触，符合 A 位于驾车人姿态最后与乙车分离形成的特征。其二，从摩托车当事人的损伤情况分析，一般情况下，位于驾车人姿态的当事人其胸腹部因与摩托车前部部件相碰撞而易于产生一定的损伤病理学改变，而位于乘坐人姿态的当事人其腰背部因与摩托车后部工具箱相碰撞而易于产生一定的损伤病理学改变。当然，这只是其中的一个方面，车辆之间不同的碰撞形态，摩托车当事人的损伤特点会存在差异，本例中根据甲乙两车碰撞形态的特点，乙车当事人中位于驾车人姿态的人损伤理应重于位于乘坐人姿态的人可以作为一个判断依据，这可以与 A 死亡的事实相印证。本例的一个特殊之处在于，利用轮胎花纹印作为判断摩托车驾车人的一个依据。根据甲乙两车的碰撞形态及甲车第二轴左内侧轮的轮胎花纹特征分析，位于驾车人姿态的人更易于遭受甲车第二轴左内侧轮碾压，这与 A 尸体检验报告书的相关描述及照片相印证。通过以上几点分析，事发时 A 是乙车的驾车人，B 是乙车的乘坐人可以成立。根据以上分析制作鉴定报告书。

从该案例中可以看出，由于道路交通事故司法鉴定存在多学科的交叉，需要痕迹专家和法医病理学专家相互合作从而作出综合分析，得出综合性的司法鉴定报告书，那么在没有法医支撑的道路交通事故鉴定中心中，就得借鉴其他鉴定中心的法医鉴定报告书，在交叉引用的过程中，报告内容的真实性需要识别，一旦作为鉴定报告的依据，就会存在很大的风险，导致鉴定结论错误，所以在道路交通事故司法鉴定立项过程中要着重考虑技术风险，培养和聘请司法鉴定人的过程中，要注意集思广益，全方位考量，增强司法鉴定人员的储备力量，从而保证立项的正常开展，顺利实现。

（二）费用风险

在道路交通事故司法鉴定立项的诸多风险因素中费用风险占有重要一席。如果在费用风险上进行仔细识别，必将带来事半功倍的效果。道路交通事故司法鉴定立项中的费用风险主要体现在预算和支出两大部分。

运用主观评价法，借助专家的直觉、经验等隐性知识，直观地判断出道路交通事故司法鉴定立项中的费用风险主要体现在以下方面：立项中费用估计不足；合同类型、费用模式不适应；采购策略不适宜；费用概算、分解、预算、分配不合理；费用拨付强度与任务不匹配；部分项目超支；不可预见费用太少或者不充足；延期引起成本增加；政策、政治成本未考虑（如通货膨胀、物价上涨、汇率浮动、税率变化等）；成本控制不严格；风险成本考虑不充足；费用支出没有得到很好的控制。

从以下案例中，可以看出道路交通事故司法鉴定立项中存在的费用风险因素：

（1）多车碰撞事故，其动漫模拟见图 5.5。

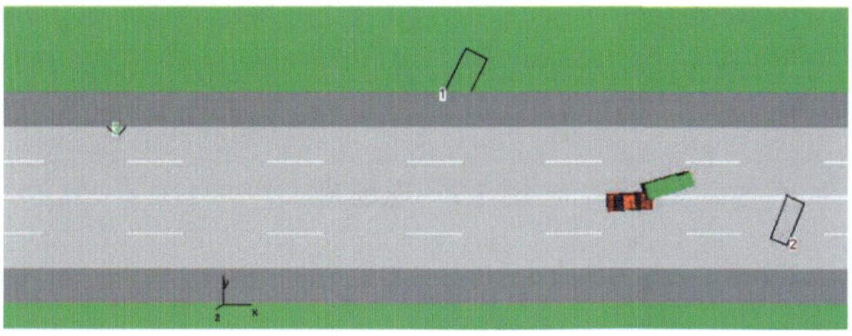

图 5.5　动漫模拟

（2）大客车－行人碰撞事故，事故现场照片见图 5.6。

图 5.6　事故现场照片

在道路交通事故司法鉴定中进行事故再现模拟时的费用开销是很大的，上面例子中用的假人模型及动漫模拟数据的修正，需要超级计算机进行 14 天的不断运算和修正，才能最终实现与事故现场更为接近的动漫模型，所以在道路交通事故司法鉴定立项过程中要把这些费用风险预算在计划书中，以免在实施过程中遇到财务上不必要的风险和麻烦。

（三）时间风险

道路交通事故司法鉴定立项中势必存在时间问题的考验，时间风险主要体现在以下方面：项目活动历时估计不足；项目活动安排、项目时间分解不科学；项目活动具有一次性、不具有完全重复性理解不够；项目生命周期性认识不足；进度计划编制不合理；进度控制不严；进度后备措施不充足；不可预知的时间耽搁未计算在内，早期预见不足；项目拖拉造成时间的浪费；项目开展过程不顺利，协调不畅；项目中的子项目预期不合理。

道路交通事故现场存在时效性，为了保证道路的通畅，第一现场不会像刑事案件一样可以封存很长的时间，可以定下心来仔细搜寻有利的线索，只能匆忙了事，所以事故现场很多证据在不经意间就流失了。同时，道路交通事故司法鉴定由各种鉴定项目组成，作出鉴定结论需要的时间是不一样的，在立项过程中这些因素都要考虑到，例如：

（1）车内乘客受伤情况分析，见图 5.7 ~ 图 5.10。

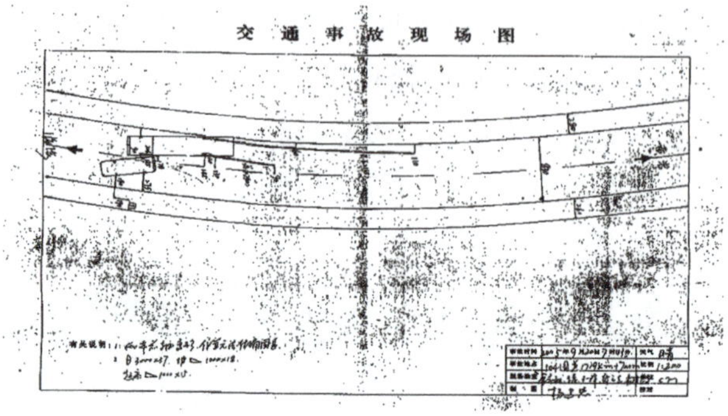

图 5.7　现场图

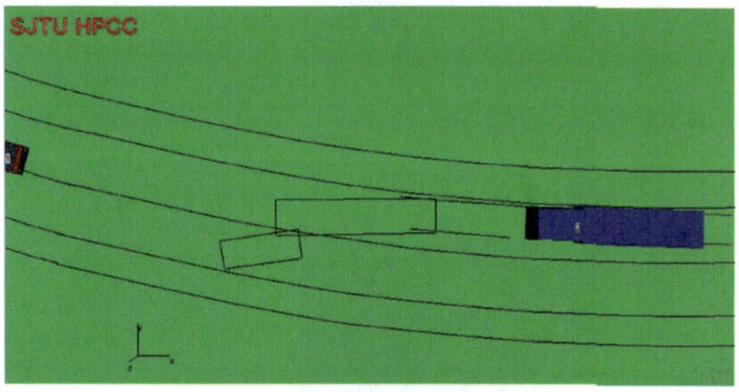

（a）动漫模拟

（b）假人模拟

图 5.8　模拟

（2）摩托车-车追尾碰撞事故

（a）车顶损坏照

（b）后侧左部损坏照

图 5.9　车辆照片

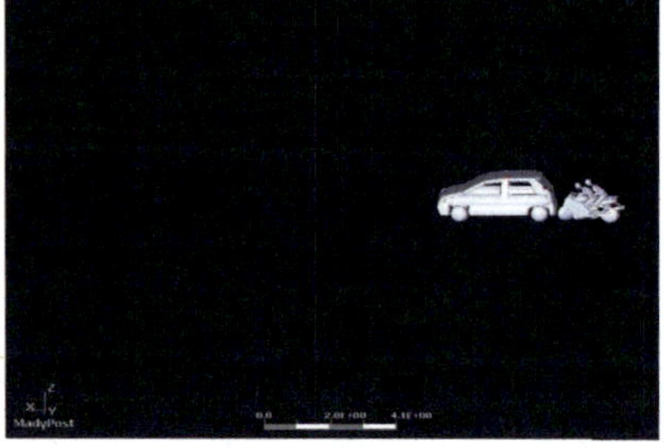

（a）动漫模拟 1

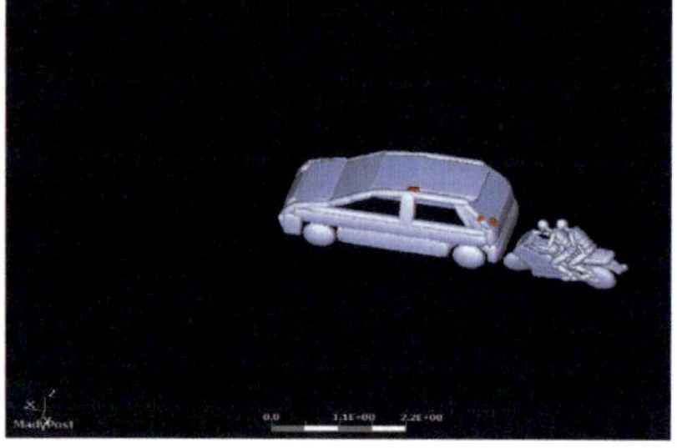

（b）动漫模拟 2

图 5.10　动漫模拟

以上案例中，在事故再现的模型制作过程中，首先要到事故停车场对受检车辆的损坏情况进行勘验，并做好相应的记录；其次要考虑到人的损伤因素，结合法医学的知识作出综合评判，就需要等法医对尸体进行勘验，并出具正式的鉴定报告书作为引用的材料；最后将车辆损坏的部位与人体损伤情况进行比对，局部是由人体什么部位对车辆造成了相对应的损坏。经过以上三个步骤后，还要鉴定人员进行报告书内容的甄别，才能最后进行事故再现的模型制作，所以耗时比较长，在道路交通事故司法鉴定立项过程中要充分考虑这些时间因素，司法鉴定人亦要有充分的思想准备，在最短的时间里作出可以充分说明事故真相的鉴定结论，以免因为估计不足，造成整个鉴定过程的延误。

（四）人力资源风险

道路交通事故司法鉴定立项中的人力资源风险主要包括如下方面：项目行政负责人、技术负责人、项目相关人选择不力，不能胜任工作；关键人员、高级职员离开、变化；人员素质、能力、结构、效率、品质不符合要求；人员使命感、责任感、危机感不足；项目人员更换，不具集中统一性，没有保持工作、责任的连续性；人员疾病、伤亡；项目人员不胜任、工作效率低，够资格、可选用人员短缺、不多；未形成有效的项目人员竞争机制、激励机制、约束机制、监督机制；项目人员职权、职责不清、不落实；项目人员未得到有效授权，集权与分权关系处理不当；人员培训、发展无保证，人才成长环境不完备；项目人员缺乏团队意识；项目人员对项目、项目当事人忠诚度降低；司法鉴定人员不稳定；项目司法鉴定人员个性差异；项目司法鉴定人员在技术观点上存在矛盾与差异；项目队伍不成熟；人际关系、项目社交不到位；人力分解不充分，人员配备使用不合理；项目人力资源管理制度不适应、不完善；项目负责人独断专行，不参考意见。

（五）管理风险

运用德尔菲法，利用专家的智慧和经验来预测“可能出现的结果”，经过分析，得出道路交通事故司法鉴定立项中的管理风险主要包括如下方面：司法鉴定管理机制、体制不适应；司法鉴定管理机构不合理，组织结构不适宜；司法鉴定机构决策、判断失误，或者没有决策判断能力；司法鉴定机构失职、失误、疏忽；项目范围、目标、可交付成果没有清楚定义，未被明确理解；项目立项管理目标与组织管理目标不协调、不相容；项目立项工作分解结构、资源分解结构不细致；项目立项计划分解不尽合理，计划不切实际、不充分、不落实；立项过程控制不适应；采购、外协控制不严；司法鉴定机构项目管理理念、方法、技术、工具、手段不先进、不适应；司法鉴定机构缺少风险管理规划、分析与决策；司法鉴定机构合同管理不当；司法鉴定机构缺乏并行工程理念和集成管理思想；全寿命管理不到位；客户关系管理不畅；缺少项目沟通管理；项目资源配置不合理；项目目标体系、评价体系、分配体系不健全；项目管理的组织文化不适宜，项目管理环境不相配套；项目管理中未实现任务、组织、人员统一，时间、费用、质量统一，责任、权力、利益统一，能力、贡献、权益统一；司法鉴定机构项目组织具临时不稳定性，易短期行为，忽视长远规划；项目要完成的是以前未曾做过的工作，具有独创性，项目人员对此认识、把握不够；司法鉴定机构尽可能接受了许多备选方案；司法鉴定机构未能在性能、时间、费用等因素之间做好权衡；对未来活动、事件定义模糊；无原型可供参鉴；司法鉴定机构研发项目太多、研发比例太高；没有开发合适的备份、意外方案；缺乏项目内、项目间、项目外的协调；缺乏恰当的政策和程序；缺乏经验，对问题认识肤浅不深，准备不充分；相关方、当事方需求变化；项目开发中存在前松后紧、前松懈后严谨，开发节奏不协调；供应方令人眼花缭乱、难以定夺，不具竞争条件，胜任者不充分；司法鉴定机构项目质量管理流于形式，项目质量策划、立法、计划、执行、控制、保证、监督、制约不到位；司法鉴定机构项目管理规范性不强；项目管理制度、流程、作业文件合理性、可执行性、落实不好；国家基础所限；没有形成系统的规范；司法鉴定机构管理内容具有复杂性。

（六）环境风险

道路交通事故司法鉴定立项中的环境风险表现在以下方面：社会大环境限制；自主性差，依赖性太强；类似项目、相关项目出现问题，波及本项目；某些关键子系统、材料来源单一，不具竞争性，甚至只此一家；侥幸心理因素存在，甚至迷信，不脚踏实地科学工作；司法鉴定机构某些规章限制；不能预期的政府、用户、项目相关方介入、干预；不可抗力；国家、政府政策变动；假想或假定的故意、阴谋破坏事件；当事方、相关方倒闭或破产；市场风险；运营风险；对此一时彼一时，此项目非往项目，每一个项目的开发都是一次风险演习、一次学习的机会等，缺乏深刻理解和运用；对环境预期不够；缺乏环境统筹意识。

三、小结

对道路交通事故司法鉴定项目进行总结和描述，运用项目风险识别工具及方法，采用头脑风暴法对道路交通事故司法鉴定中的风险因素逐一进行了分析。详细分析了道路交通事故司法鉴定中的风险源，并进行了识别及分析。

第四节　道路交通事故司法鉴定立项的风险统计

一、道路交通事故司法鉴定立项的风险评估

在司法鉴定领域，作为新兴的尚未正式纳入的道路交通事故司法鉴定项目，在立项之前对各种风险源进行统计分析，是非常必要的。运用风险统计的方法，对道路交通事故司法鉴定立项过程中的各种风险源进行统计分析，再运用模糊评价法对道路交通事故鉴定内容中的车辆安全技术状况鉴定与痕迹鉴定进行分析，得到最优的待选方案。

为了获得实际中各种风险源对道路交通事故鉴定的风险统计，搜集了道路交通事故鉴定的风险案例并对它们进行了详细的统计分析。风险案例的统计分析包括 453 个道路交通事故鉴定项目流产案例，其中国内案例 215 例，主要集中在 20 世纪 90 年代和 21 世纪初；国外案例 238 例，主要来自美国、欧洲和日本等国家和地区，时间主要从 20 世纪 70 年代到 90 年代末，项目种类以道路交通事故形态鉴定和车辆安全技术状况鉴定为主。发生流产的阶段主要是案源减少，人员流失，项目难以进行下去。

从以下几个案例分析道路交通事故司法鉴定立项过程中出现的各种风险。

例 5.2　车–行人碰撞事故［如图 5.11（a）］。由于涉及人体损伤，所以依据法医学的鉴定报告进行相关的分析，存在样本的风险源，要对鉴定报告书的相关内容进行识别，同时需要对委托方提供的现场图［如图 5.11（b）］中相关信息进行识别，这对道路交通事故司法鉴定人的个人素质要求极高，所以在立项过程中，对鉴定人的把握，势必影响道路交通事故司法鉴定项目的成败。

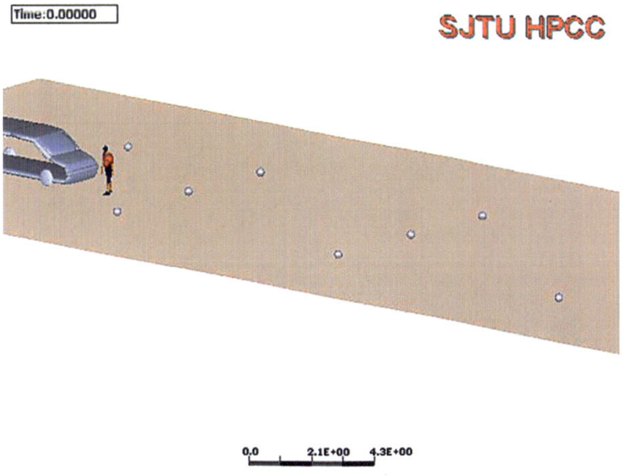

（a）动漫模拟

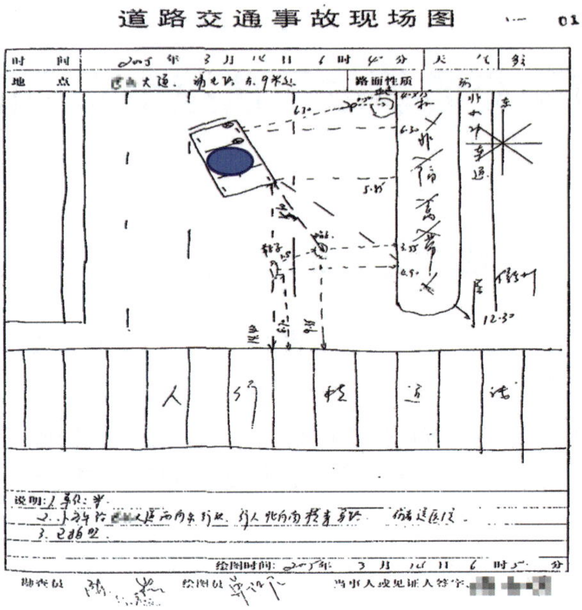

（b）现场图

图 5.11　事故鉴定样本

例 5.3　车–行人碰撞事故。在进行道路交通事故司法鉴定事故再现的研究过程中，先进技术软件的开发和运用［如图 5.12（a）（b）］具有举足轻重的作用，技术风险源也是一个重要的风险源，在风险统计过程中不可忽视。

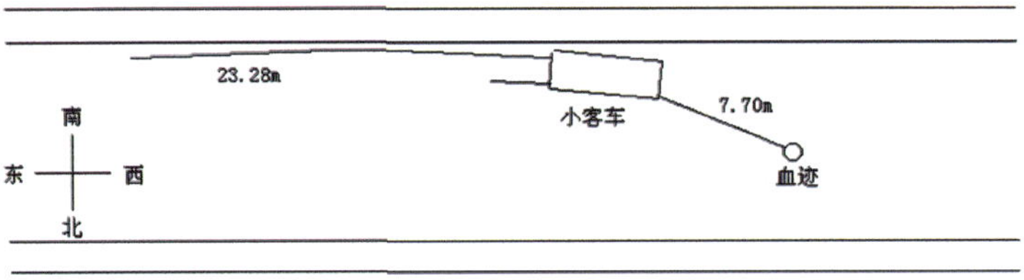

（a）现场图

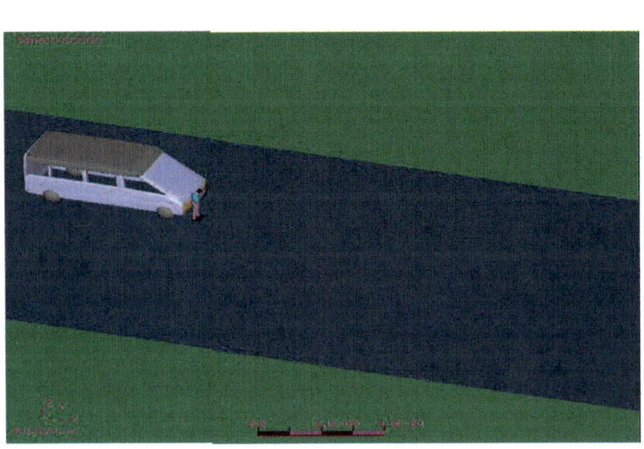

（b）动漫模拟

图 5.12　软件运用

例 5.4 多车-护栏碰撞事故（考虑车内人体损伤情况），存在现场固定物碰撞的道路交通事故司法鉴定的案例中，应积极进行事故现场相关数据的采集和测量，这显示出对设施及材料的要求。通过这些采集和测量，对数据进行处理分析。[如图 5.13（a）（b）（c）]

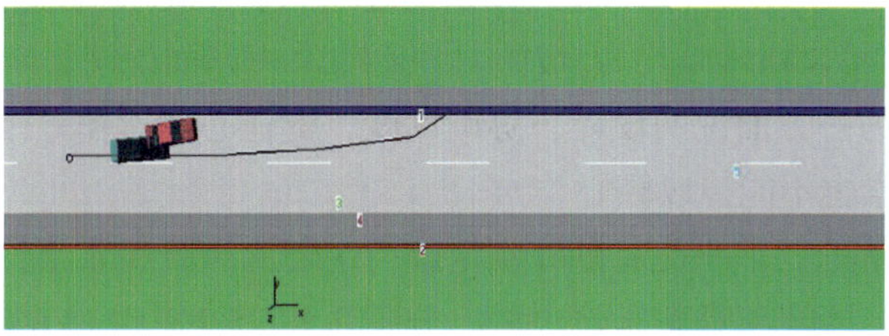

（a）动漫模拟

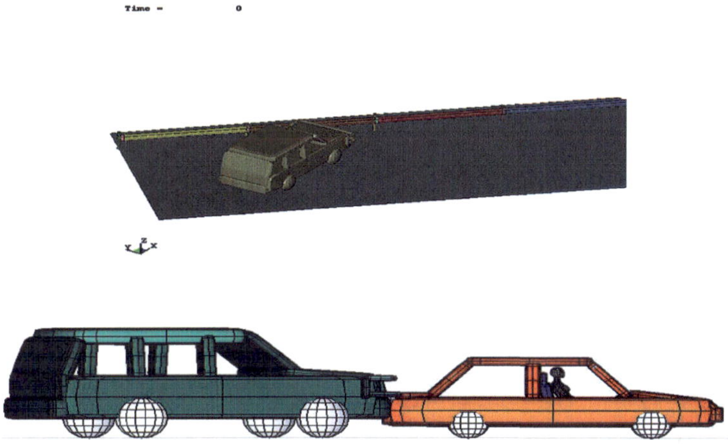

（b）动漫模拟

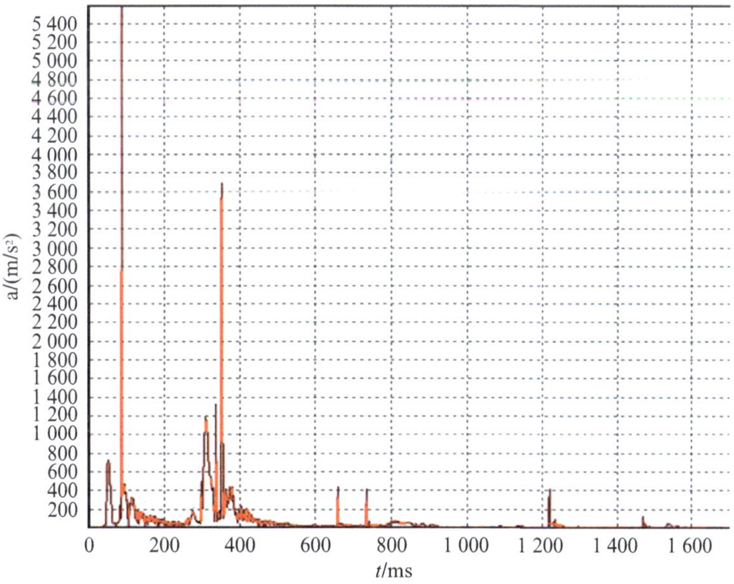

（c）动漫模拟及参数

图 5.13　动漫模拟

表 5.2 是国内外交通事故鉴定风险案例合并统计的结果。可以看出，整个交通事故鉴定项目进行过程中发生风险情况：设计风险最高，发生概率为 35.1%；责任心次之，发生概率为 14.5%；运作及协调调度风险发生概率均为 13.0%；人员能力风险为 10.5%；设施和材料分析分别为 6.1% 和 2.4%；其余的还有仪器 2.6%，自然风险 1.5%，组织风险 0.4%，政治风险和计划风险均为 0.2%。上述结果一方面说明影响交通事故鉴定项目的风险因素众多；另一方面说明设计、协调调度、责任心及运作等因素是最主要的影响因素，同时其他因素也不能掉以轻心。

由此得出如下结论：影响交通事故鉴定最为主要的风险因素是技术风险，它占到总风险的 61.1%；人力风险和管理风险次之，分别占到 25.2% 和 13.6%；另外环境风险的影响不可忽视。

表 5.2 国内外交通事故鉴定风险案例统计结果

风险种类	技术风险					管理风险			人力风险		环境风险		合计
	设计	仪器	运作	设施	材料	组织	计划	协调调度	责任心	能力	政治	自然	
发生次数	159	12	59	28	11	2	1	59	66	48	1	7	453
发生概率	0.351	0.026	0.130	0.061	0.024	0.004	0.002	0.130	0.145	0.105	0.002	0.015	1.000

二、道路交通事故司法鉴定风险的模糊评价法

道路交通事故司法鉴定实施过程的风险评价主要针对不同层次的司法鉴定机构开展道路交通事故司法鉴定，在进行比较选择中，道路交通事故司法鉴定项目可以同时有两个发展方向可供选择的方案：方案一是发展交通事故痕迹鉴定，方案二是发展交通事故安全技术状况鉴定。其发展前景有四种情况：很好、好、不太好、不好。相应的年度收益情况如表 5.3 所示，该项目应着重发展什么发展方向呢？

表 5.3 项目各备选方案收益

备选方案 \ 销售前景	很好	好	不太好	不好
痕迹鉴定	800	700	200	−200
安全技术状况鉴定	1 000	800	300	−300

通过研究，运用模糊评价法进行如下分析。

（1）建立因素集。因素集是影响评价对象的各种因素所组成的一个普通集合。

$$U = \{U_1, U_2, \cdots, U_n\} \tag{5.1}$$

式中，U 为因素集；U_i 为各影响因素。

以上这些因素一般具有不同程度的模糊性。考虑从“案件委托量”、“收益值”、“差错量”三个方面对这两种鉴定类型进行评价，从而构成项目风险评价因素集，即

$U=\{$案件委托量，收益值，差错量$\}$

（2）建立备择集。备择集是专家利用自己的经验和知识对项目因素对象可能作出的各种总的评判结果所组成的集合，用大写字母 V 表示，即

$$V=\{V_1,V_2,\cdots,V_n\} \tag{5.2}$$

式中，V_i 为各种可能的总评价结果。

模糊综合评价的最终结果就是要在综合考虑所有影响因素的基础上，从备择集中得出一相应的评价结果。专家对每个单因素的评价可分为很好、好、不太好、不好，即 $V=\{$很好，好，不太好，不好$\}$。

（3）建立模糊关系矩阵。即建立从 U 到 V 的模糊关系 R，即对单因素进行评价。采取专家评审打分的方法建立模糊关系矩阵 $R(r_{ij})$。由若干名专家对各因素 r_{ij} 进行评价：$r_{ij}=$选择 V 中某一因素评价结果的专家人数 / 总的专家人数得模糊关系矩阵 R 为

$$R=\begin{bmatrix} r_{11} & r_{12} & \cdots & r_{1n} \\ r_{11} & r_{12} & \cdots & r_{1n} \\ \vdots & \vdots & & \vdots \\ r_{m1} & r_{m2} & \cdots & r_{mn} \end{bmatrix} \tag{5.3}$$

就道路交通事故安全技术状况鉴定的案件委托量，假设有 30% 的顾客认为很好，60% 的顾客认为好，10% 的顾客认为不太好，没有顾客认为不好。于是，对因素“案件委托量”的评价为（0.3，0.6，0.1，0）。同样，对“收益值”、“差错量”的评价为（0.3，0.6，0.1，0）、（0.4，0.3，0.2，0.1），则评判矩阵为

$$R=\begin{bmatrix} 0.3 & 0.3 & 0.4 \\ 0.6 & 0.6 & 0.3 \\ 0.1 & 0.1 & 0.2 \\ 0 & 0 & 0.1 \end{bmatrix} \tag{5.4}$$

同理，可得到道路交通事故痕迹鉴定的评判矩阵为

$$R=\begin{bmatrix} 0.1 & 0.1 & 0.2 \\ 0.2 & 0.3 & 0.2 \\ 0.6 & 0.5 & 0.3 \\ 0.1 & 0.1 & 0.3 \end{bmatrix} \tag{5.5}$$

（4）建立权重集。权重集反映了因素集中各因素不同的重要程度，一般通过对各个因素 $u_i(i=1,2,\cdots,m)$ 赋予一相应的权数 $a_i(i=1,2,\cdots,m)$，这些权数所组成的集合为

$$A=\{a_1,a_2,\cdots,a_m\} \tag{5.6}$$

称为因素权重集，简称权重集。

权重的确定在项目风险综合评价中是一项非常重要的工作，同样，如果取不同的权重，那么最终的评判结果将会不一样。由于顾客背景（如职业、性别、年龄、经济状况等）

不同，他们对鉴定的“案件委托量”、“收益值”、“差错量”的重视程度也不一样，因此，应对这三个因素赋予不同的权重。权重的确定，一般由人们根据实际问题的需要主观地确定，也可按照确定隶属度的方法加以确定。设顾客对“案件委托量”、“收益值”、“差错量”赋予的权重分别为 0.3、0.3、0.4，即 $A = \{0.3,\ 0.3,\ 0.4\}^{\mathrm{T}}$。

（5）模糊综合评判。根据层次分析法，取查德算子为肼（∧，∨），则综合评价可表示为

$$B = W_0 R \tag{5.7}$$

权重集 W 可视为 1 行 m 列的模糊矩阵，式（5.7）按模糊矩阵乘法进行运算，有

$$B = (\omega_1, \omega_2, \cdots, \omega_m)\begin{bmatrix} r_{11} & r_{12} & \cdots & r_{1n} \\ r_{11} & r_{12} & \cdots & r_{1n} \\ \vdots & \vdots & & \vdots \\ r_{m1} & r_{m2} & \cdots & r_{mn} \end{bmatrix} = (b_1, b_2, \cdots, b_m) \tag{5.8}$$

式中，B 为模糊综合评价集；

$b_j(j = 1,\ 2,\ \cdots,\ n)$ 为模糊综合评价指标。

对 B 进行归一化处理，有

$$\bar{b}_i = \frac{b_i}{\sum_{i=1}^{m} b_i}$$
$$B = (\bar{b}_1, \bar{b}_2, \cdots, \bar{b}_n) \tag{5.9}$$

因此，对交通事故痕迹鉴定有

$$B = A_0 R_1 = \begin{bmatrix} 0.1 & 0.1 & 0.2 \\ 0.2 & 0.3 & 0.2 \\ 0.6 & 0.5 & 0.3 \\ 0.1 & 0.1 & 0.3 \end{bmatrix}\begin{bmatrix} 0.3 \\ 0.3 \\ 0.4 \end{bmatrix} = \begin{bmatrix} 0.2 \\ 0.3 \\ 0.3 \\ 0.3 \end{bmatrix} \tag{5.10}$$

归一化处理后，有

$$B = \{0.19,\ 0.27,\ 0.27,\ 0.27\}^{\mathrm{T}}$$

同理，对道路交通事故安全技术状况鉴定有

$$B_2 = R_2 A = \begin{bmatrix} 0.3 & 0.3 & 0.4 \\ 0.6 & 0.6 & 0.3 \\ 0.1 & 0.1 & 0.2 \\ 0 & 0 & 0.1 \end{bmatrix}\begin{bmatrix} 0.3 \\ 0.3 \\ 0.4 \end{bmatrix} = \begin{bmatrix} 0.4 \\ 0.3 \\ 0.2 \\ 0.1 \end{bmatrix} \tag{5.12}$$

计算结果表明，道路交通事故痕迹鉴定隶属于“很好”、“好”、“不太好”、“不好”的程度分别为 19%、27%、27%、27%；道路交通事故安全技术状况鉴定隶属于“很好”、“好”、“不太好”、“不好”的程度分别为 40%、30%、20%、10%。

（6）综合决策。以评价对象综合评价结果作为方案的状态概率，计算各方案的期望收益值并据此决策。

$$E_1 = 19\% \times 800 + 27\% \times 700 + 27\% \times 200 + 27\% \times (-200) = 341\text{（万元）}$$

$$E_2 = 40\% \times 1\,000 + 30\% \times 800 + 20\% \times 300 + 10\% \times (-300) = 670\text{（万元）}$$

由于 $E_2 > E_1$，所以应选择方案二，即开展道路交通事故安全技术状况鉴定项目。

由于道路交通事故安全技术状况鉴定开展的基础比道路交通事故痕迹鉴定的基础根基扎实，相关配套的政策法规及标准健全，所以开展道路交通事故鉴定项目首选开展道路交通事故安全技术状况鉴定，对于道路交通事故痕迹鉴定可以附带开展，先积累基础，再进行下一步的操作。当然，道路交通事故痕迹鉴定是反映事故形态重要的鉴定类型，也是不可忽视的。

中华人民共和国司法部司法鉴定科学技术研究所下设的道路交通事故技术鉴定研究室自 2001 年成立以来，逐渐发展成为全国道路交通事故司法鉴定领域的领军部门，从开始成立之初的车辆安全技术状况鉴定项目，到现在全面开展多种鉴定项目的成功案例来看，运用模糊评价的方法对道路交通事故司法鉴定项目的实施过程的分析是卓有成效的，是可以作为该项目实施的指导方法的。

三、小结

运用项目风险管理风险统计的方法，对道路交通事故司法鉴定立项进行风险统计分析，并运用项目风险管理模糊评价法，对道路交通事故司法鉴定实施过程中车辆安全技术状况鉴定与痕迹鉴定进行比较分析，并结合案例，得出车辆安全技术鉴定应先行实施的结论，为道路交通事故司法鉴定的新的方法。

第五节　道路交通事故司法鉴定立项的风险应对与监控

一、道路交通事故司法鉴定立项的风险应对

风险应对就是针对项目风险提出处理意见和方法。在对项目进行风险识别、定性定量估计和评价之后，得到项目风险发生的概率、损失严重程度。再根据项目的要求，决定应采取什么样的措施，以达到减少风险事件发生的概率和降低损失程度。

完成了道路交通事故司法鉴定立项的风险分析后，实际上就已经确定了项目中存在的风险，以及它们发生的可能性和对项目的冲击，因此可以对风险进行排序。然后根据风险性质和项目对风险的承受能力制订相应的防范计划，即风险防范对策。制订风险防范对策主要考虑以下四个方面的因素：可规避性、可转移性、可缓解性、可接受性。基本对策有三种形式，即风险控制、风险自留和风险转移，总的目标是减少风险的潜在损失。

风险控制是对使风险损失趋于严重的各种条件采取措施，进行控制而避免或减少发生风险的可能性及各种潜在的损失。风险控制对策有风险回避和损失控制两种形式。在道路交通事故司法鉴定立项过程中，制订安全计划，制订相应的作业指导书，进行规范性操作，可减少损失发生的机会或者降低所发生损失的严重性。

风险自留是一种重要的财务性管理技术，由自己承担风险所造成的损失。风险自留对策分计划性风险自留和非计划性风险自留两种。在道路交通事故司法鉴定立项过程中，风险自留主要在于人力资源上，在选择司法鉴定人过程中进行财务预算，主要是工资和奖金的增长预算，以及培训进修等支出的预算。

风险转移对策主要有合同转移和投保转移两种，在道路交通事故司法鉴定立项过程中，做好鉴定委托书，在委托书中做好免责条款，可以把部分风险转移到委托方；由于鉴定工作过程中的危险性，通过保险公司进行人身意外保险的投保，可以把部分风险转移给保险公司，同时也有利于项目的立项和发展。

（一）技术风险应对

道路交通事故司法鉴定立项过程中存在多种技术风险，运用风险应对的方法，对这些技术风险进行应对。主要应对措施如下：提出符合实际要求、合情合理的技术指标，降低技术难度；处理好技术继承和创新的关系；将项目定义清晰化，充分分析项目需求，使项目当事人充分理解项目；充分认识技术难度和复杂性，作出充分的准备；避免技术设计的缺陷、错误和遗漏；充分协调技术设计匹配；充分验证关键技术和新技术；定时控制技术状态；进行充分、合理和科学的实验设计；处理好设计、试制和实验的关系；

运用先进的实验手段；尽量落实新材料、新工艺和元器件；采用先进的关键技术手段；运用适当和切合实际的设计和技术规范；准备充足的技术后备措施；准备和搜集必要的技术资料和数据；成熟的设计；具体实施的技术尽量避免以主观经验为主，尽量量化；不断提高技术含量；整合交叉技术，争取平衡发展；敢于创新，投入新技术的开发；建立资源共享平台；道路交通事故司法鉴定在获取检材时充分审核，保障鉴定结果更接近科学。

在例 5.1 中，“×× 年 ×× 月 ×× 日 ×× 时 ×× 分，一辆重型专项作业车（以下简称甲车）与一辆摩托车（以下简称乙车）在回业路、业东路路口处发生事故，事故造成摩托车当事人年纪轻的一人（以下简称 A）当场死亡，年纪大的一人（以下简称 B）受伤送医院抢救。摩托车的当事人是母女两人，因事故调查需要，对母女二人谁是摩托车事发时的驾车人进行鉴定。”的案例中，首先要对两车的损坏痕迹进行勘验，其次要充分搜集可以相互印证的材料，尤其是法医的鉴定报告，最后对这些材料进行综合分析，这就要求在鉴定过程中储备相应的综合性人才，整合交叉技术，同时要有先进的设备，例如，运用 CT 对人体损伤进行全方位影印，可以得到很珍贵的一手资料，在得出此类案件结论的同时，在不断鉴定的过程中进行总结分析，形成一套这类鉴定的系列方法，来指导以后的技术工作。在车辆安全技术状况技术鉴定项目动态实验车辆过程中，早期采取落后的鉴定设备，安装和拆取时十分麻烦，耗时较长，不仅影响鉴定效率，而且鉴定结果因安装问题造成结论的误差。为提高效率，并保证鉴定结论的准确性，委托研究单位开发软件，现在运用新开发的 MBK-01（Ⅲ）B 型便携式制动性能测试仪，体积小巧，安装携带均方便，且数据经过论证，可以满足鉴定结论准确度的需求，因此在鉴定过程中，遇到技术风险问题，要不断开拓创新，从而不断提高鉴定结论的准确度。

（二）费用风险应对

道路交通事故司法鉴定立项过程中存在多种费用风险，运用风险应对的方法，对这些费用风险进行应对。主要应对措施如下：充分估计费用；作出适应合同类型的费用模式；采用适宜的采购策略；合理进行费用的概算、分解、预算和分配；采用匹配的费用拨付强度和任务；尽量不让项目超支；准备充足的费用以应对不可预见的费用支出；尽量按期完成项目，以免引起项目费用的增加；关注政策，减少政治成本的支出；严格控制成本支出；充分考虑风险成本；很好地控制费用成本的支出。

在“多车碰撞和大客车与行人的碰撞”的案例中，应客户的要求，进行事故再现的鉴定项目过程中，运用超级计算机进行为期 14 天的运算，并作出相应的模型，将花费大量的费用，因此在签订鉴定合同中，要事先将这些因素考虑进去，鉴定费做得高一些，以免造成不必要的损失。

（三）时间风险应对

道路交通事故司法鉴定立项过程中存在多种时间风险，运用风险应对的方法，对这些时间风险进行应对。主要应对措施如下：充分估计项目活动的时间；科学安排项目活动时间；把握好项目具有一次性的特点；充分认识项目生命周期性；合理编制项目进度计划；严格控制项目进度；准备充足项目进度的后备措施；早期预见不可预知的时间；严密控制项目的时间进度；顺利协调、开展项目；对项目中的子项目进行充分的预计。

在“车内乘客受伤情况分析和摩托车与车追尾碰撞事故”案例中，需要法医对尸体进行检验，对受伤的人的体表损伤进行检验；计算机进行事故再现数据模拟；道路交通事故痕迹专家对两车的碰撞形态进行勘验；法医物证 DNA 鉴定结论等工作，所有需要的条件得到满足以后，由道路交通事故鉴定人进行综合分析，判断谁是摩托车事发时的驾车人和乘坐人，这个过程是复杂而又有必经程序的。由此可见，综合鉴定项目需要耗费的时间是非常多的，因而在合同签订过程中，要在规定的 20 个工作日出具鉴定报告书的固定日期的基础上，充分考虑这些因素；要求鉴定人互相督促和监督，以免延误鉴定结论的最终作出；统筹安排鉴定项目，资源设备共享，以免因为设备紧张而延误鉴定过程的正常实施。

（四）人力资源风险应对

道路交通事故司法鉴定立项过程中存在多种人力资源风险，运用风险应对的方法，对这些人力资源风险进行应对。主要应对措施如下：选择适当的项目行政负责人、技术负责人和项目相关人员；储备备用人员，防止关键人员和高级职员离开造成混乱；不断培养人员的素质、能力，形成优良的品质；培养人员的使命感、责任感和危机感；尽量避免人员的更换；定期进行体检，避免人员生病；建立人员任用条例，避免项目人员不胜任、工作效率低造成鉴定工作受阻；建立有效的竞争机制、激励机制、约束机制及监督机制；落实项目人员职权和职责；对司法鉴定人进行授权，取得司法鉴定人执业资质；培养司法鉴定人团队意识；培养司法鉴定人对道路交通事故司法鉴定项目的忠诚度；保障司法鉴定人队伍的稳定；消除司法鉴定人的个性差异；充分利用司法鉴定人在技术观点上存在的矛盾与差异；培养成熟的项目队伍；培养人际关系；充分配备人力资源；建立完善的项目人力资源管理制度；建立项目负责人管理制度。

（五）管理风险应对

道路交通事故司法鉴定立项过程中存在多种管理风险，运用风险应对的方法，对这些管理风险进行应对。主要应对措施如下：建立适应时事的管理机制和体制；建立合理的管理机构，建立适应的组织结构；避免机构出现决策、判断失误；避免机构管理人员失职、失误和疏忽；清楚定义项目范围、目标、可交付成果；协调项目管理目标与组织管理目标，使之具有相容性；细致分解项目工作；合理分解项目计划，使计划切合实际，并充分落实；有效控制过程；严格控制采购和外协；运用先进的项目管理理念、方法、技术、工具、手段；制订风险管理规划、分析与决策；建立适当的合同管理；建立并行的工程理念和集成管理思想；建立到位的全寿命管理；建立通畅的客户关系；建立项目沟通管理模式；建立合理的项目资源配置；建立健全的项目目标体系、评价体系和分配体系；建立适宜的项目组织文化，建立配套的项目管理环境；在项目管理中实现任务、组织、人员统一，时间、费用、质量统一，责任、权力、利益统一，能力、贡献、权益统一；项目组织应重视长远规划；司法鉴定人应充分认识项目的独创性；统一进行备选方案；权衡好性能、时间和费用等因素；对未来活动和事件进行定义；创新且可以寻找相应的原型；要控制研发项目的数量，保障质量；开发合适的备份、意外方案；协调项目内、项目间、项目外；建立适当的政策和程序；总结经验，深入认识问题；协调项目开发节奏；有效选择供应方；避免项目质量管理流于形式；建立规范的项目管理规范；建立合理的作业文件、项目管理制度和流程；建立系统规范；将复杂的管理内容理清楚。

（六）环境风险应对

道路交通事故司法鉴定立项过程中存在多种环境风险，运用风险应对的方法，对这些环境风险进行应对。主要应对措施如下：减少环境限制对项目的影响；增强自主性，减少依赖性；减少类似项目和相关项目的影响；增强竞争性；用科学、脚踏实地的态度对待项目；减少规章限制；对政府、用户及相关方介入和干预进行预期分析；对不可抗力进行坚强的应对；获得国家、政府政策的变动信息；积极应对假想或假定的故意、阴谋破坏事件；积极应对当事方、相关方倒闭或者破产；积极应对市场风险；积极应对运营风险；深刻理解和运用项目的每一个机会；积极预期环境变化；统筹环境变化所造成的影响。

二、道路交通事故司法鉴定立项的风险监控

风险监控之所以非常必要，是因为时间的影响是很难预计的。一般来说，风险的不确定性随着时间的推移而减少，随着项目的进展，有关项目风险本来性质的信息、资料会越来越多；如果原来的项目风险识别、风险评价做得正确，那么原来的风险将量化得越来越准，由于项目风险这种发展和变化会随着项目管理人员进行的风险监控活动而变化，可以说风险监控过程也是一个不断认识项目风险的特征、不断修改项目风险监控策略的过程，存在于项目的整个生命周期中。

对项目风险的监控实际上是在监控项目的进展和项目的环境，目的在于核实项目的应对措施是否已按计划执行，实施是否达到预期。其实质是按照预先设定的措施，对新出现的以及随时间的推移而发生改变的风险因素进行分析、评估，同时制定出新的风险应对措施。无论预先计划好的策略和措施是否付诸实施，风险监控都不可缺少。

由于道路交通事故司法鉴定立项中的风险存在客观性和普遍性，在制订了全面风险管理计划后，风险并非不存在。在项目推进过程中，各种风险在性质和数量上都是不断变化的，有可能会增大或者衰退。因此，在项目整个生命周期中，需要时刻监控风险的发展与变化情况，并确定随着某些风险的消失而带来新的风险。

风险监控主要任务是采取应对风险的纠正措施以及全面风险管理计划的更新。在道路交通事故司法鉴定立项过程中，主要做以下两个方面的工作：其一，跟踪已识别技术风险、费用风险、时间风险、人力资源风险、管理风险、环境风险等风险的发展变化情况；其二，根据技术风险、费用风险、时间风险、人力资源风险、管理风险、环境风险等风险的变化情况及时调整全面风险管理计划，并对已发生的风险及其发生的遗留风险和新增风险及时识别、分析，并采取适当的应对措施。

在道路交通事故司法鉴定实施过程中，有些识别出的风险事件将会发生，有些事件则可能实际没有发生，也可能在事先并没有预料到的一些风险事件却在项目过程中发生了。而且，在整个项目过程中风险事件的发生概率和影响程度也不是一成不变的，必须实时地将这些风险变化记录下来，以便于道路交通司法鉴定项目的管理人员和决策者迅速做出反应。

在一般情况下，可以按照固定间隔时间进行风险报告。表 5.4 是道路交通事故司法鉴定风险报告，它报告的是在项目执行的每一个节点时各种风险的状况信息。

表 5.4 道路交通事故司法鉴定项目风险报告

编号	风险事项	风险变化情况	状况 / 意见
1	没有备份司法鉴定报告	风险得到一定缓解	将司法鉴定报告综合，指定备份件数
2	司法鉴定项目更新	风险减轻，风险等级由“中”降为“低”	数据已经审查，无须更新
3	司法鉴定项目备件和保障	风险减轻，风险等级由“高”降为“低”	备件清单已批准，无对策计划
4	司法鉴定项目经费申请的审批周期过长	风险得到一定缓解	
5	司法鉴定项目索赔	风险解除	问题得到解决
6	政府提供的设备缺乏后勤保障分析记录	无变化	承包商后勤保障分析计划提交，第二年重新安排进度
7	司法鉴定项目设备采购时机	风险减轻，风险等级由“高”降为“低”	进行工作分析确定定购买机会
8	司法鉴定项目设计成熟性	风险减轻，风险等级由“高”降为“低”	研究其他相关项目的成熟案例
9	司法鉴定项目事故再现系统故障	风险加重，风险等级由“低”升为“高”	计算机病毒引发风险问题

充分认识道路交通事故司法鉴定各种风险以后，进行项目风险报告后编制一套风险规避计划是必不可少的，运用审核检查等方法，对道路交通事故司法鉴定立项过程中的风险进行监控，以防止危及项目成败的风险发生，具体包括以下内容：道路交通事故司法鉴定立项过程中建立并及时更新项目风险列表及风险排序，项目管理人员应随时关注与关键风险相关因素的变化情况，及时决定何时采用什么风险应对措施；对道路交通事故司法鉴定立项过程中所有风险来源进行识别，并弄清每一来源中的风险因素；进行风险应对审计，随时关注风险应对措施实施的效果，对道路交通事故司法鉴定立项过程中残余的风险进行评估；建立报告机制，及时将项目中存在的问题反映到项目经理或者项目管理层；对于道路交通事故司法鉴定立项过程中已经识别出的关键因素的评估；定期召集项目干系人召开项目会议，对风险状况进行评估，并通过各方面对项目实施的反映来发现新风险；道路交通事故司法鉴定立项过程中关键风险识别和关于这些风险对于实现项目目标的影响说明；已经考虑的风险处理方法及要付出的代价；建议的风险规避策略，并列出解决每一风险的实施计划；将单独的规避计划进行总体综合；项目风险形势估计、风险管理计划和风险规避计划三者综合后形成一种总的策略；实施风险规避策略

所需的资源分配；风险管理的组织及其责任，在项目中安排风险管理组织，使之与整个项目协调的方式；开始实施风险管理的日期、时间安排等；道路交通事故司法鉴定立项过程中的风险已被规避及待使用的方法；道路交通事故司法鉴定立项过程中应急计划；道路交通事故司法鉴定立项过程中项目执行组织高层领导对风险回避计划的认同和签字；更新相关数据库，以利于今后类似项目的实施；在道路交通事故司法鉴定立项过程中引入第三方咨询，定期对项目进行质量检查，以防范更大的风险。

三、小结

道路交通事故的增加不仅给人们的生活、生产带来了巨大的损失，而且增大了道路交通事故处理部门的工作量。道路交通事故的处理包括事故现场勘验、事故分析和事故责任认定三部分。本章针对有关道路交通事故司法鉴定立项过程中存在的风险，提出了道路交通事故司法鉴定立项风险的应对及监控方法，通过对不同类型的风险进行风险应对与控制，降低了道路交通事故鉴定的风险。

第六节　结　论

本章针对道路交通事故司法鉴定项目，依托项目风险管理理论，对该项目进行分析研究从而建立风险评价模型，并进行风险应对和监控。综合上述章节，主要做了以下四部分的工作：

（1）项目在当今社会经济发展过程中发挥着越来越重要的作用，项目管理逐渐成为管理学研究的焦点。对道路交通事故司法鉴定的鉴定内容和实施过程进行了总结，通过分析项目风险管理的基本方法和应用特点，提出了项目风险管理在道路交通事故司法鉴定领域应用的必要性和可行性。

（2）对道路交通事故司法鉴定项目进行总结和描述，运用项目风险识别工具及方法，对道路交通事故司法鉴定立项中的各种风险进行识别及分析。

（3）运用项目风险管理风险统计的方法，对道路交通事故司法鉴定立项进行风险统计分析，并运用项目风险管理模糊评价法，对道路交通事故司法鉴定实施过程中车辆安全技术状况鉴定与痕迹鉴定进行比较分析，并结合案例，得出车辆安全技术鉴定应先行实施的结论，为道路交通事故司法鉴定的实施提供一定的参考。

（4）道路交通事故的增加不仅给人们的生活、生产带来了巨大的损失，而且增大了道路交通事故处理部门的工作量。道路交通事故的处理包括事故现场勘验、事故分析和事故责任认定三部分。针对有关道路交通事故司法鉴定立项过程中存在的风险，提出了道路交通事故司法鉴定立项风险的应对及监控方法。

本章的研究为开展道路交通事故司法鉴定项目在立项和实施过程方面提供了新思路，并为道路交通事故司法鉴定相关的研究奠定了基础。

参考文献

刘瑞珏，程亦斌，范利华. 2007. 法医临床学三期鉴定中的若干问题思考. 中国司法鉴定，（4）：39-41.

陈进. 2004. 项目管理在中小型企业的运用. 南宁：广西大学.

陈文伟. 1997. 决策与决策支持系统. 北京：清华大学出版社.

陈兴华，姜英会. 2006. 根治素质模型的“水土不服”. 人力资源，（6）：34-39.

陈忆九，陈建国. 2004. 交通事故中非机动车驾驶者交通行为方式鉴定. 法医学杂志，20（1）：29-30.

戴大双. 2004. 现代项目管理. 北京：高等教育出版社.

丁同强. 2005. 道路交通事故再现方法及模型研究. 长春：吉林大学博士学位论文.

杜志淳，霍先丹，等. 2002. 中国司法鉴定制度研究. 北京：中国法制出版社.

龚胜华. 2006. 项目管理在卷烟厂 ERP 项目中的应用研究. 南宁：广西大学.

郭波，龚时雨，谭云涛，等. 2008. 项目风险管理. 北京：电子工业出版社.

郭捷. 2007. 项目风险管理. 北京：国防工业出版社.
郭仲伟. 2003. 风险分析与决策. 北京：机械工业出版社.
胡世杰. 2006. 试论项目经理的管理素质. 大众科技，（1）：180-181.
黄辉，梁工谦，肖茂. 2005. 企业项目管理成熟度模型的构建与应用研究. 管理工程学报，2005，19（S1）：67-72.
李江. 2000. 交通事故力学. 北京：机械工业出版社.
李丽. 2001. 项目管理与项目经理的技能及策略选择. 公路，（11）：39-42.
李世蓉. 2000. 工程建设风险管理. 北京：中国建筑工业出版社.
廖黎明，张光明. 2007. 浅谈项目经理在项目实施中的地位、作用及培养. 中国建设信息，（2）：46-47.
林洋. 2001. 实用汽车事故鉴定学. 北京：人民交通出版社.
刘建军. 2001. 交通事故物证鉴定技术. 北京：中国公安大学出版社.
刘晓红，徐玖平. 2008. 项目风险管理. 北京：经济管理出版社.
刘艳. 2004. 现代教育项目及其运营模式研究. 管理评论，16（10）：58-62.
卢有杰，卢家仪. 1998. 项目风险管理. 北京：清华大学出版社.
吕文学，宋俊. 2007. 项目经理的领导力要素分析. 西安电子科技大学学报(社会科学版)，17（3）：35-39.
马彦琳，殷焕武. 2005. 国际工程项目经理能力素质分析. 煤炭企业管理，（4）：44.
邱菀华. 2003. 现代项目风险管理与实践. 北京：科学出版社.
时勘，王继承，李超平. 2002. 企业高层管理者胜任特征模型评价的研究. 心理学报，12（4）：306-311.
孙宝生. 2005. 浅析项目管理和项目经理. 科技情报开发与经济，15（21）：216-217.
王宏仓. 2004. 浅谈项目管理的发展趋势以及在发电企业应用的展望. 电力技术经济，20（3）：25-30.
王军，陈李斌. 2003. 项目经理角色的演变与发展. 化工技术经济，21（8）：33-34.
王卓甫. 2002. 工程项目风险管理——理论方法与应用. 北京：中国水利水电出版社.
姚翔，王垒，陈建红. 2004. 项目管理者胜任力模型. 心理科学，27（6）：1497-1499.
余雪杰，张丹. 2005. 如何成为一名优秀的项目经理. 内蒙古科技与经济，（1）：80-81.
张桂山. 2006. 试论项目管理中项目经理的素质. 建筑管理现代化，（4）：66-68.
张建华. 2007. 现代项目管理对项目经理的个人素质要求. 铁路工程造价管理，22(4)：52-55.
张欣莉. 2008. 项目风险管理 [M]. 北京：机械工业出版社.
赵琪. 2007. 项目管理成熟度模型在我国的探索研究. 广西轻工业，（12）：104-106.
邹明理. 1998. 司法鉴定概论. 成都：成都科技大学出版社.
Daniel B M. 1998. Implementing earned value easily and effectively. Project Management Journal，29（2）：79-88.
Peter W，Mark K，Jeffrey K A.2007. Influences of top management team incentives on firm risk taking. Strategic Management Journal，28（1）：81-89.

附　录

附录1 《中华人民共和国道路交通事故安全法》

（2003年10月28日第十届全国人民代表大会常务委员会第五次会议通过　根据2007年12月29日第十届全国人民代表大会常务委员会第三十一次会议《关于修改〈中华人民共和国道路交通安全法〉的决定》第一次修正　根据2011年4月22日第十一届全国人民代表大会常务委员会第二十次会议《关于修改〈中华人民共和国道路交通安全法〉的决定》第二次修正）

目　　录

第一章　总　则

第一条　为了维护道路交通秩序，预防和减少交通事故，保护人身安全，保护公民、法人和其他组织的财产安全及其他合法权益，提高通行效率，制定本法。

第二条　中华人民共和国境内的车辆驾驶人、行人、乘车人以及与道路交通活动有关的单位和个人，都应当遵守本法。

第三条　道路交通安全工作，应当遵循依法管理、方便群众的原则，保障道路交通有序、安全、畅通。

第四条　各级人民政府应当保障道路交通安全管理工作与经济建设和社会发展相适应。

县级以上地方各级人民政府应当适应道路交通发展的需要，依据道路交通安全法律、法规和国家有关政策，制定道路交通安全管理规划，并组织实施。

第五条　国务院公安部门负责全国道路交通安全管理工作。县级以上地方各级人民政府公安机关交通管理部门负责本行政区域内的道路交通安全管理工作。

县级以上各级人民政府交通、建设管理部门依据各自职责，负责有关的道路交通工作。

第六条　各级人民政府应当经常进行道路交通安全教育，提高公民的道路交通安全意识。

公安机关交通管理部门及其交通警察执行职务时，应当加强道路交通安全法律、法规的宣传，并模范遵守道路交通安全法律、法规。

机关、部队、企业事业单位、社会团体以及其他组织，应当对本单位的人员进行道路交通安全教育。

教育行政部门、学校应当将道路交通安全教育纳入法制教育的内容。

新闻、出版、广播、电视等有关单位，有进行道路交通安全教育的义务。

第七条　对道路交通安全管理工作，应当加强科学研究，推广、使用先进的管理方法、技术、设备。

第二章　车辆和驾驶人

第一节　机动车、非机动车

第八条　国家对机动车实行登记制度。机动车经公安机关交通管理部门登记后，方可上道路行驶。尚未登记的机动车，需要临时上道路行驶的，应当取得临时通行牌证。

第九条　申请机动车登记，应当提交以下证明、凭证：

（一）机动车所有人的身份证明；

（二）机动车来历证明；

（三）机动车整车出厂合格证明或者进口机动车进口凭证；

（四）车辆购置税的完税证明或者免税凭证；

（五）法律、行政法规规定应当在机动车登记时提交的其他证明、凭证。

公安机关交通管理部门应当自受理申请之日起五个工作日内完成机动车登记审查工作，对符合前款规定条件的，应当发放机动车登记证书、号牌和行驶证；对不符合前款规定条件的，应当向申请人说明不予登记的理由。

公安机关交通管理部门以外的任何单位或者个人不得发放机动车号牌或者要求机动车悬挂其他号牌，本法另有规定的除外。

机动车登记证书、号牌、行驶证的式样由国务院公安部门规定并监制。

第十条　准予登记的机动车应当符合机动车国家安全技术标准。申请机动车登记时，应当接受对该机动车的安全技术检验。但是，经国家机动车产品主管部门依据机动车国家安全技术标准认定的企业生产的机动车型，该车型的新车在出厂时经检验符合机动车国家安全技术标准，获得检验合格证的，免予安全技术检验。

第十一条　驾驶机动车上道路行驶，应当悬挂机动车号牌，放置检验合格标志、保险标志，并随车携带机动车行驶证。

机动车号牌应当按照规定悬挂并保持清晰、完整，不得故意遮挡、污损。

任何单位和个人不得收缴、扣留机动车号牌。

第十二条　有下列情形之一的，应当办理相应的登记：

（一）机动车所有权发生转移的；

（二）机动车登记内容变更的；

（三）机动车用作抵押的；

（四）机动车报废的。

第十三条　对登记后上道路行驶的机动车，应当依照法律、行政法规的规定，根据车辆用途、载客载货数量、使用年限等不同情况，定期进行安全技术检验。对提供机动车行驶证和机动车第三者责任强制保险单的，机动车安全技术检验机构应当予以检验，任何单位不得附加其他条件。对符合机动车国家安全技术标准的，公安机关交通管理部门应当发给检验合格标志。

对机动车的安全技术检验实行社会化。具体办法由国务院规定。

机动车安全技术检验实行社会化的地方，任何单位不得要求机动车到指定的场所进行检验。

公安机关交通管理部门、机动车安全技术检验机构不得要求机动车到指定的场所进行维修、保养。

机动车安全技术检验机构对机动车检验收取费用，应当严格执行国务院价格主管部门核定的收费标准。

第十四条　国家实行机动车强制报废制度，根据机动车的安全技术状况和不同用途，规定不同的报废标准。

应当报废的机动车必须及时办理注销登记。

达到报废标准的机动车不得上道路行驶。报废的大型客、货车及其他营运车辆应当在公安机关交通管理部门的监督下解体。

第十五条　警车、消防车、救护车、工程救险车应当按照规定喷涂标志图案，安装警报器、标志灯具。其他机动车不得喷涂、安装、使用上述车辆专用的或者与其相类似的标志图案、警报器或者标志灯具。

警车、消防车、救护车、工程救险车应当严格按照规定的用途和条件使用。

公路监督检查的专用车辆，应当依照公路法的规定，设置统一的标志和示警灯。

第十六条　任何单位或者个人不得有下列行为：

（一）拼装机动车或者擅自改变机动车已登记的结构、构造或者特征；

（二）改变机动车型号、发动机号、车架号或者车辆识别代号；

（三）伪造、变造或者使用伪造、变造的机动车登记证书、号牌、行驶证、检验合格标志、保险标志；

（四）使用其他机动车的登记证书、号牌、行驶证、检验合格标志、保险标志。

第十七条　国家实行机动车第三者责任强制保险制度，设立道路交通事故社会救助基金。具体办法由国务院规定。

第十八条　依法应当登记的非机动车，经公安机关交通管理部门登记后，方可上道路行驶。

依法应当登记的非机动车的种类，由省、自治区、直辖市人民政府根据当地实际情况规定。

非机动车的外形尺寸、质量、制动器、车铃和夜间反光装置，应当符合非机动车安全技术标准。

第二节　机动车驾驶人

第十九条　驾驶机动车，应当依法取得机动车驾驶证。

申请机动车驾驶证，应当符合国务院公安部门规定的驾驶许可条件；经考试合格后，由公安机关交通管理部门发给相应类别的机动车驾驶证。

持有境外机动车驾驶证的人，符合国务院公安部门规定的驾驶许可条件，经公安机关交通管理部门考核合格的，可以发给中国的机动车驾驶证。

驾驶人应当按照驾驶证载明的准驾车型驾驶机动车；驾驶机动车时，应当随身携带机动车驾驶证。

公安机关交通管理部门以外的任何单位或者个人，不得收缴、扣留机动车驾驶证。

第二十条　机动车的驾驶培训实行社会化，由交通主管部门对驾驶培训学校、驾驶培训班实行资格管理，其中专门的拖拉机驾驶培训学校、驾驶培训班由农业（农业机械）主管部门实行资格管理。

驾驶培训学校、驾驶培训班应当严格按照国家有关规定，对学员进行道路交通安全法律、法规、驾驶技能的培训，确保培训质量。

任何国家机关以及驾驶培训和考试主管部门不得举办或者参与举办驾驶培训学校、驾驶培训班。

第二十一条　驾驶人驾驶机动车上道路行驶前，应当对机动车的安全技术性能进行认真检查；不得驾驶安全设施不全或者机件不符合技术标准等具有安全隐患的机动车。

第二十二条　机动车驾驶人应当遵守道路交通安全法律、法规的规定，按照操作规范安全驾驶、文明驾驶。

饮酒、服用国家管制的精神药品或者麻醉药品，或者患有妨碍安全驾驶机动车的疾病，或者过度疲劳影响安全驾驶的，不得驾驶机动车。

任何人不得强迫、指使、纵容驾驶人违反道路交通安全法律、法规和机动车安全驾驶要求驾驶机动车。

第二十三条　公安机关交通管理部门依照法律、行政法规的规定，定期对机动车驾驶证实施审验。

第二十四条　公安机关交通管理部门对机动车驾驶人违反道路交通安全法律、法规的行为，除依法给予行政处罚外，实行累积记分制度。公安机关交通管理部门对累积记分达到规定分值的机动车驾驶人，扣留机动车驾驶证，对其进行道路交通安全法律、法规教育，重新考试；考试合格的，发还其机动车驾驶证。

对遵守道路交通安全法律、法规，在一年内无累积记分的机动车驾驶人，可以延长机动车驾驶证的审验期。具体办法由国务院公安部门规定。

第三章　道路通行条件

第二十五条　全国实行统一的道路交通信号。

交通信号包括交通信号灯、交通标志、交通标线和交通警察的指挥。

交通信号灯、交通标志、交通标线的设置应当符合道路交通安全、畅通的要求和国家标准，并保持清晰、醒目、准确、完好。

根据通行需要，应当及时增设、调换、更新道路交通信号。增设、调换、更新限制性的道路交通信号，应当提前向社会公告，广泛进行宣传。

第二十六条　交通信号灯由红灯、绿灯、黄灯组成。红灯表示禁止通行，绿灯表示准许通行，黄灯表示警示。

第二十七条　铁路与道路平面交叉的道口，应当设置警示灯、警示标志或者安全防护设施。无人看守的铁路道口，应当在距道口一定距离处设置警示标志。

第二十八条　任何单位和个人不得擅自设置、移动、占用、损毁交通信号灯、交通标志、交通标线。

道路两侧及隔离带上种植的树木或者其他植物，设置的广告牌、管线等，应当与交通设施保持必要的距离，不得遮挡路灯、交通信号灯、交通标志，不得妨碍安全视距，不得影响通行。

第二十九条　道路、停车场和道路配套设施的规划、设计、建设，应当符合道路交通安全、畅通的要求，并根据交通需求及时调整。

公安机关交通管理部门发现已经投入使用的道路存在交通事故频发路段，或者停车场、道路配套设施存在交通安全严重隐患的，应当及时向当地人民政府报告，并提出防范交通事故、消除隐患的建议，当地人民政府应当及时作出处理决定。

第三十条　道路出现坍塌、坑漕、水毁、隆起等损毁或者交通信号灯、交通标志、交通标线等交通设施损毁、灭失的，道路、交通设施的养护部门或者管理部门应当设置警示标志并及时修复。

公安机关交通管理部门发现前款情形，危及交通安全，尚未设置警示标志的，应当及时采取安全措施，疏导交通，并通知道路、交通设施的养护部门或者管理部门。

第三十一条　未经许可，任何单位和个人不得占用道路从事非交通活动。

第三十二条　因工程建设需要占用、挖掘道路，或者跨越、穿越道路架设、增设管线设施，应当事先征得道路主管部门的同意；影响交通安全的，还应当征得公安机关交通管理部门的同意。

施工作业单位应当在经批准的路段和时间内施工作业，并在距离施工作业地点来车方向安全距离处设置明显的安全警示标志，采取防护措施；施工作业完毕，应当迅速清除道路上的障碍物，消除安全隐患，经道路主管部门和公安机关交通管理部门验收合格，符合通行要求后，方可恢复通行。

对未中断交通的施工作业道路，公安机关交通管理部门应当加强交通安全监督检查，维护道路交通秩序。

第三十三条　新建、改建、扩建的公共建筑、商业街区、居住区、大（中）型建筑等，应当配建、增建停车场；停车泊位不足的，应当及时改建或者扩建；投入使用的停车场不得擅自停止使用或者改作他用。

在城市道路范围内，在不影响行人、车辆通行的情况下，政府有关部门可以施划停车泊位。

第三十四条　学校、幼儿园、医院、养老院门前的道路没有行人过街设施的，应当施划人行横道线，设置提示标志。

城市主要道路的人行道，应当按照规划设置盲道。盲道的设置应当符合国家标准。

第四章　道路通行规定

第一节　一般规定

第三十五条　机动车、非机动车实行右侧通行。

第三十六条　根据道路条件和通行需要，道路划分为机动车道、非机动车道和人行道的，机动车、非机动车、行人实行分道通行。没有划分机动车道、非机动车道和人行道的，机动车在道路中间通行，非机动车和行人在道路两侧通行。

第三十七条　道路划设专用车道的，在专用车道内，只准许规定的车辆通行，其他车辆不得进入专用车道内行驶。

第三十八条　车辆、行人应当按照交通信号通行；遇有交通警察现场指挥时，应当按照交通警察的指挥通行；在没有交通信号的道路上，应当在确保安全、畅通的原则下通行。

第三十九条　公安机关交通管理部门根据道路和交通流量的具体情况，可以对机动车、非机动车、行人采取疏导、限制通行、禁止通行等措施。遇有大型群众性活动、大范围施工等情况，需要采取限制交通的措施，或者作出与公众的道路交通活动直接有关的决定，应当提前向社会公告。

第四十条　遇有自然灾害、恶劣气象条件或者重大交通事故等严重影响交通安全的情形，采取其他措施难以保证交通安全时，公安机关交通管理部门可以实行交通管制。

第四十一条　有关道路通行的其他具体规定，由国务院规定。

第二节　机动车通行规定

第四十二条　机动车上道路行驶，不得超过限速标志标明的最高时速。在没有限速标志的路段，应当保持安全车速。

夜间行驶或者在容易发生危险的路段行驶，以及遇有沙尘、冰雹、雨、雪、雾、结冰等气象条件时，应当降低行驶速度。

第四十三条　同车道行驶的机动车，后车应当与前车保持足以采取紧急制动措施的安全距离。有下列情形之一的，不得超车：

（一）前车正在左转弯、掉头、超车的；

（二）与对面来车有会车可能的；

（三）前车为执行紧急任务的警车、消防车、救护车、工程救险车的；

（四）行经铁路道口、交叉路口、窄桥、弯道、陡坡、隧道、人行横道、市区交通流量大的路段等没有超车条件的。

第四十四条　机动车通过交叉路口，应当按照交通信号灯、交通标志、交通标线或者交通警察的指挥通过；通过没有交通信号灯、交通标志、交通标线或者交通警察指挥的交叉路口时，应当减速慢行，并让行人和优先通行的车辆先行。

第四十五条　机动车遇有前方车辆停车排队等候或者缓慢行驶时，不得借道超车或者占用对面车道，不得穿插等候的车辆。

在车道减少的路段、路口，或者在没有交通信号灯、交通标志、交通标线或者交通警察指挥的交叉路口遇到停车排队等候或者缓慢行驶时，机动车应当依次交替通行。

第四十六条　机动车通过铁路道口时，应当按照交通信号或者管理人员的指挥通行；没有交通信号或者管理人员的，应当减速或者停车，在确认安全后通过。

第四十七条　机动车行经人行横道时，应当减速行驶；遇行人正在通过人行横道，应当停车让行。

机动车行经没有交通信号的道路时，遇行人横过道路，应当避让。

第四十八条　机动车载物应当符合核定的载质量，严禁超载；载物的长、宽、高不得违反装载要求，不得遗洒、飘散载运物。

机动车运载超限的不可解体的物品，影响交通安全的，应当按照公安机关交通管理部门指定的时间、路线、速度行驶，悬挂明显标志。在公路上运载超限的不可解体的物品，并应当依照公路法的规定执行。

机动车载运爆炸物品、易燃易爆化学物品以及剧毒、放射性等危险物品，应当经公安机关批准后，按指定的时间、路线、速度行驶，悬挂警示标志并采取必要的安全措施。

第四十九条　机动车载人不得超过核定的人数，客运机动车不得违反规定载货。

第五十条　禁止货运机动车载客。

货运机动车需要附载作业人员的，应当设置保护作业人员的安全措施。

第五十一条　机动车行驶时，驾驶人、乘坐人员应当按规定使用安全带，摩托车驾驶人及乘坐人员应当按规定戴安全头盔。

第五十二条　机动车在道路上发生故障，需要停车排除故障时，驾驶人应当立即开启危险报警闪光灯，将机动车移至不妨碍交通的地方停放；难以移动的，应当持续开启危险报警闪光灯，并在来车方向设置警告标志等措施扩大示警距离，必要时迅速报警。

第五十三条　警车、消防车、救护车、工程救险车执行紧急任务时，可以使用警报器、标志灯具；在确保安全的前提下，不受行驶路线、行驶方向、行驶速度和信号灯的限制，其他车辆和行人应当让行。

警车、消防车、救护车、工程救险车非执行紧急任务时，不得使用警报器、标志灯具，不享有前款规定的道路优先通行权。

第五十四条　道路养护车辆、工程作业车进行作业时，在不影响过往车辆通行的前提下，其行驶路线和方向不受交通标志、标线限制，过往车辆和人员应当注意避让。

洒水车、清扫车等机动车应当按照安全作业标准作业；在不影响其他车辆通行的情况下，可以不受车辆分道行驶的限制，但是不得逆向行驶。

第五十五条　高速公路、大中城市中心城区内的道路，禁止拖拉机通行。其他禁止拖拉机通行的道路，由省、自治区、直辖市人民政府根据当地实际情况规定。

在允许拖拉机通行的道路上，拖拉机可以从事货运，但是不得用于载人。

第五十六条　机动车应当在规定地点停放。禁止在人行道上停放机动车；但是，依照本法第三十三条规定施划的停车泊位除外。

在道路上临时停车的，不得妨碍其他车辆和行人通行。

第三节　非机动车通行规定

第五十七条　驾驶非机动车在道路上行驶应当遵守有关交通安全的规定。非机动车应当在非机动车道内行驶；在没有非机动车道的道路上，应当靠车行道的右侧行驶。

第五十八条　残疾人机动轮椅车、电动自行车在非机动车道内行驶时，最高时速不得超过十五公里。

第五十九条　非机动车应当在规定地点停放。未设停放地点的，非机动车停放不得妨碍其他车辆和行人通行。

第六十条　驾驭畜力车，应当使用驯服的牲畜；驾驭畜力车横过道路时，驾驭人应当下车牵引牲畜；驾驭人离开车辆时，应当拴系牲畜。

第四节　行人和乘车人通行规定

第六十一条　行人应当在人行道内行走，没有人行道的靠路边行走。

第六十二条　行人通过路口或者横过道路，应当走人行横道或者过街设施；通过有交通信号灯的人行横道，应当按照交通信号灯指示通行；通过没有交通信号灯、人行横道的路口，或者在没有过街设施的路段横过道路，应当在确认安全后通过。

第六十三条　行人不得跨越、倚坐道路隔离设施，不得扒车、强行拦车或者实施妨碍道路交通安全的其他行为。

第六十四条　学龄前儿童以及不能辨认或者不能控制自己行为的精神疾病患者、智力障碍者在道路上通行，应当由其监护人、监护人委托的人或者对其负有管理、保护职责的人带领。

盲人在道路上通行，应当使用盲杖或者采取其他导盲手段，车辆应当避让盲人。

第六十五条　行人通过铁路道口时，应当按照交通信号或者管理人员的指挥通行；没有交通信号和管理人员的，应当在确认无火车驶临后，迅速通过。

第六十六条　乘车人不得携带易燃易爆等危险物品，不得向车外抛洒物品，不得有影响驾驶人安全驾驶的行为。

第五节　高速公路的特别规定

第六十七条　行人、非机动车、拖拉机、轮式专用机械车、铰接式客车、全挂拖斗车以及其他设计最高时速低于七十公里的机动车，不得进入高速公路。高速公路限速标志标明的最高时速不得超过一百二十公里。

第六十八条　机动车在高速公路上发生故障时，应当依照本法第五十二条的有关规定办理；但是，警告标志应当设置在故障车来车方向一百五十米以外，车上人员应当迅速转移到右侧路肩上或者应急车道内，并且迅速报警。

机动车在高速公路上发生故障或者交通事故，无法正常行驶的，应当由救援车、清障车拖曳、牵引。

第六十九条　任何单位、个人不得在高速公路上拦截检查行驶的车辆，公安机关的人民警察依法执行紧急公务除外。

第五章　交通事故处理

第七十条　在道路上发生交通事故，车辆驾驶人应当立即停车，保护现场；造成人身伤亡的，车辆驾驶人应当立即抢救受伤人员，并迅速报告执勤的交通警察或者公安机关交通管理部门。因抢救受伤人员变动现场的，应当标明位置。乘车人、过往车辆驾驶人、过往行人应当予以协助。

在道路上发生交通事故，未造成人身伤亡，当事人对事实及成因无争议的，可以即行撤离现场，恢复交通，自行协商处理损害赔偿事宜；不即行撤离现场的，应当迅速报告执勤的交通警察或者公安机关交通管理部门。

在道路上发生交通事故，仅造成轻微财产损失，并且基本事实清楚的，当事人应当先撤离现场再进行协商处理。

第七十一条　车辆发生交通事故后逃逸的，事故现场目击人员和其他知情人员应当向公安机关交通管理部门或者交通警察举报。举报属实的，公安机关交通管理部门应当给予奖励。

第七十二条　公安机关交通管理部门接到交通事故报警后，应当立即派交通警察赶赴现场，先组织抢救受伤人员，并采取措施，尽快恢复交通。

交通警察应当对交通事故现场进行勘验、检查，收集证据；因收集证据的需要，可以扣留事故车辆，但是应当妥善保管，以备核查。

对当事人的生理、精神状况等专业性较强的检验，公安机关交通管理部门应当委托专门机构进行鉴定。鉴定结论应当由鉴定人签名。

第七十三条　公安机关交通管理部门应当根据交通事故现场勘验、检查、调查情况和有关的检验、鉴定结论，及时制作交通事故认定书，作为处理交通事故的证据。交通事故认定书应当载明交通事故的基本事实、成因和当事人的责任，并送达当事人。

第七十四条　对交通事故损害赔偿的争议，当事人可以请求公安机关交通管理部门调解，也可以直接向人民法院提起民事诉讼。

经公安机关交通管理部门调解，当事人未达成协议或者调解书生效后不履行的，当事人可以向人民法院提起民事诉讼。

第七十五条　医疗机构对交通事故中的受伤人员应当及时抢救，不得因抢救费用未及时支付而拖延救治。肇事车辆参加机动车第三者责任强制保险的，由保险公司在责任限额范围内支付抢救费用；抢救费用超过责任限额的，未参加机动车第三者责任强制保险或者肇事后逃逸的，由道路交通事故社会救助基金先行垫付部分或者全部抢救费用，道路交通事故社会救助基金管理机构有权向交通事故责任人追偿。

第七十六条　机动车发生交通事故造成人身伤亡、财产损失的，由保险公司在机动车第三者责任强制保险责任限额范围内予以赔偿；不足的部分，按照下列规定承担赔偿责任：

（一）机动车之间发生交通事故的，由有过错的一方承担赔偿责任；双方都有过错的，按照各自过错的比例分担责任。

（二）机动车与非机动车驾驶人、行人之间发生交通事故，非机动车驾驶人、行人没有过错的，由机动车一方承担赔偿责任；有证据证明非机动车驾驶人、行人有过错的，根据过错程度适当减轻机动车一方的赔偿责任；机动车一方没有过错的，承担不超过百分之十的赔偿责任。

交通事故的损失是由非机动车驾驶人、行人故意碰撞机动车造成的，机动车一方不承担赔偿责任。

第七十七条　车辆在道路以外通行时发生的事故，公安机关交通管理部门接到报案的，参照本法有关规定办理。

第六章　执法监督

第七十八条　公安机关交通管理部门应当加强对交通警察的管理，提高交通警察的素质和管理道路交通的水平。

公安机关交通管理部门应当对交通警察进行法制和交通安全管理业务培训、考核。交通警察经考核不合格的，不得上岗执行职务。

第七十九条　公安机关交通管理部门及其交通警察实施道路交通安全管理，应当依据法定的职权和程序，简化办事手续，做到公正、严格、文明、高效。

第八十条　交通警察执行职务时，应当按照规定着装，佩带人民警察标志，持有人民警察证件，保持警容严整，举止端庄，指挥规范。

第八十一条　依照本法发放牌证等收取工本费，应当严格执行国务院价格主管部门核定的收费标准，并全部上缴国库。

第八十二条　公安机关交通管理部门依法实施罚款的行政处罚，应当依照有关法律、行政法规的规定，实施罚款决定与罚款收缴分离；收缴的罚款以及依法没收的违法所得，应当全部上缴国库。

第八十三条　交通警察调查处理道路交通安全违法行为和交通事故，有下列情形之一的，应当回避：

（一）是本案的当事人或者当事人的近亲属；

（二）本人或者其近亲属与本案有利害关系；

（三）与本案当事人有其他关系，可能影响案件的公正处理。

第八十四条　公安机关交通管理部门及其交通警察的行政执法活动，应当接受行政监察机关依法实施的监督。

公安机关督察部门应当对公安机关交通管理部门及其交通警察执行法律、法规和遵守纪律的情况依法进行监督。

上级公安机关交通管理部门应当对下级公安机关交通管理部门的执法活动进行监督。

第八十五条　公安机关交通管理部门及其交通警察执行职务，应当自觉接受社会和公民的监督。

任何单位和个人都有权对公安机关交通管理部门及其交通警察不严格执法以及违法违纪行为进行检举、控告。收到检举、控告的机关，应当依据职责及时查处。

第八十六条　任何单位不得给公安机关交通管理部门下达或者变相下达罚款指标；公安机关交通管理部门不得以罚款数额作为考核交通警察的标准。

公安机关交通管理部门及其交通警察对超越法律、法规规定的指令，有权拒绝执行，并同时向上级机关报告。

第七章　法律责任

第八十七条　公安机关交通管理部门及其交通警察对道路交通安全违法行为，应当及时纠正。

公安机关交通管理部门及其交通警察应当依据事实和本法的有关规定对道路交通安全违法行为予以处罚。对于情节轻微，未影响道路通行的，指出违法行为，给予口头警告后放行。

第八十八条　对道路交通安全违法行为的处罚种类包括：警告、罚款、暂扣或者吊销机动车驾驶证、拘留。

第八十九条　行人、乘车人、非机动车驾驶人违反道路交通安全法律、法规关于道路通行规定的，处警告或者五元以上五十元以下罚款；非机动车驾驶人拒绝接受罚款处罚的，可以扣留其非机动车。

第九十条　机动车驾驶人违反道路交通安全法律、法规关于道路通行规定的，处警告或者二十元以上二百元以下罚款。本法另有规定的，依照规定处罚。

第九十一条　饮酒后驾驶机动车的，处暂扣六个月机动车驾驶证，并处一千元以上二千元以下罚款。因饮酒后驾驶机动车被处罚，再次饮酒后驾驶机动车的，处十日以下拘留，并处一千元以上二千元以下罚款，吊销机动车驾驶证。

醉酒驾驶机动车的，由公安机关交通管理部门约束至酒醒，吊销机动车驾驶证，依法追究刑事责任；五年内不得重新取得机动车驾驶证。

饮酒后驾驶营运机动车的，处十五日拘留，并处五千元罚款，吊销机动车驾驶证，五年内不得重新取得机动车驾驶证。

醉酒驾驶营运机动车的，由公安机关交通管理部门约束至酒醒，吊销机动车驾驶证，依法追究刑事责任；十年内不得重新取得机动车驾驶证，重新取得机动车驾驶证后，不得驾驶营运机动车。

饮酒后或者醉酒驾驶机动车发生重大交通事故，构成犯罪的，依法追究刑事责任，并由公安机关交通管理部门吊销机动车驾驶证，终生不得重新取得机动车驾驶证。

第九十二条　公路客运车辆载客超过额定乘员的，处二百元以上五百元以下罚款；超过额定乘员百分之二十或者违反规定载货的，处五百元以上二千元以下罚款。

货运机动车超过核定载质量的，处二百元以上五百元以下罚款；超过核定载质量百分之三十或者违反规定载客的，处五百元以上二千元以下罚款。

有前两款行为的，由公安机关交通管理部门扣留机动车至违法状态消除。

运输单位的车辆有本条第一款、第二款规定的情形，经处罚不改的，对直接负责的主管人员处二千元以上五千元以下罚款。

第九十三条　对违反道路交通安全法律、法规关于机动车停放、临时停车规定的，可以指出违法行为，并予以口头警告，令其立即驶离。

机动车驾驶人不在现场或者虽在现场但拒绝立即驶离，妨碍其他车辆、行人通行的，处二十元以上二百元以下罚款，并可以将该机动车拖移至不妨碍交通的地点或者公安机关交通管理部门指定的地点停放。公安机关交通管理部门拖车不得向当事人收取费用，并应当及时告知当事人停放地点。

因采取不正确的方法拖车造成机动车损坏的，应当依法承担补偿责任。

第九十四条　机动车安全技术检验机构实施机动车安全技术检验超过国务院价格主管部门核定的收费标准收取费用的，退还多收取的费用，并由价格主管部门依照《中华人民共和国价格法》的有关规定给予处罚。

机动车安全技术检验机构不按照机动车国家安全技术标准进行检验，出具虚假检验结果的，由公安机关交通管理部门处所收检验费用五倍以上十倍以下罚款，并依法撤销其检验资格；构成犯罪的，依法追究刑事责任。

第九十五条　上道路行驶的机动车未悬挂机动车号牌，未放置检验合格标志、保险标志，或者未随车携带行驶证、驾驶证的，公安机关交通管理部门应当扣留机动车，通知当事人提供相应的牌证、标志或者补办相应手续，并可以依照本法第九十条的规定予以处罚。当事人提供相应的牌证、标志或者补办相应手续的，应当及时退还机动车。

故意遮挡、污损或者不按规定安装机动车号牌的，依照本法第九十条的规定予以处罚。

第九十六条　伪造、变造或者使用伪造、变造的机动车登记证书、号牌、行驶证、驾驶证的，由公安机关交通管理部门予以收缴，扣留该机动车，处十五日以下拘留，并处二千元以上五千元以下罚款；构成犯罪的，依法追究刑事责任。

伪造、变造或者使用伪造、变造的检验合格标志、保险标志的，由公安机关交通管理部门予以收缴，扣留该机动车，处十日以下拘留，并处一千元以上三千元以下罚款；

构成犯罪的，依法追究刑事责任。

使用其他车辆的机动车登记证书、号牌、行驶证、检验合格标志、保险标志的，由公安机关交通管理部门予以收缴，扣留该机动车，处二千元以上五千元以下罚款。

当事人提供相应的合法证明或者补办相应手续的，应当及时退还机动车。

第九十七条　非法安装警报器、标志灯具的，由公安机关交通管理部门强制拆除，予以收缴，并处二百元以上二千元以下罚款。

第九十八条　机动车所有人、管理人未按照国家规定投保机动车第三者责任强制保险的，由公安机关交通管理部门扣留车辆至依照规定投保后，并处依照规定投保最低责任限额应缴纳的保险费的二倍罚款。

依照前款缴纳的罚款全部纳入道路交通事故社会救助基金。具体办法由国务院规定。

第九十九条　有下列行为之一的，由公安机关交通管理部门处二百元以上二千元以下罚款：

（一）未取得机动车驾驶证、机动车驾驶证被吊销或者机动车驾驶证被暂扣期间驾驶机动车的；

（二）将机动车交由未取得机动车驾驶证或者机动车驾驶证被吊销、暂扣的人驾驶的；

（三）造成交通事故后逃逸，尚不构成犯罪的；

（四）机动车行驶超过规定时速百分之五十的；

（五）强迫机动车驾驶人违反道路交通安全法律、法规和机动车安全驾驶要求驾驶机动车，造成交通事故，尚不构成犯罪的；

（六）违反交通管制的规定强行通行，不听劝阻的；

（七）故意损毁、移动、涂改交通设施，造成危害后果，尚不构成犯罪的；

（八）非法拦截、扣留机动车辆，不听劝阻，造成交通严重阻塞或者较大财产损失的。

行为人有前款第二项、第四项情形之一的，可以并处吊销机动车驾驶证；有第一项、第三项、第五项至第八项情形之一的，可以并处十五日以下拘留。

第一百条　驾驶拼装的机动车或者已达到报废标准的机动车上道路行驶的，公安机关交通管理部门应当予以收缴，强制报废。

对驾驶前款所列机动车上道路行驶的驾驶人，处二百元以上二千元以下罚款，并吊销机动车驾驶证。

出售已达到报废标准的机动车的，没收违法所得，处销售金额等额的罚款，对该机动车依照本条第一款的规定处理。

第一百零一条　违反道路交通安全法律、法规的规定，发生重大交通事故，构成犯罪的，依法追究刑事责任，并由公安机关交通管理部门吊销机动车驾驶证。

造成交通事故后逃逸的，由公安机关交通管理部门吊销机动车驾驶证，且终生不得重新取得机动车驾驶证。

第一百零二条　对六个月内发生二次以上特大交通事故负有主要责任或者全部责任的专业运输单位，由公安机关交通管理部门责令消除安全隐患，未消除安全隐患的机动车，禁止上道路行驶。

第一百零三条　国家机动车产品主管部门未按照机动车国家安全技术标准严格审查，许可不合格机动车型投入生产的，对负有责任的主管人员和其他直接责任人员给予降级或者撤职的行政处分。

机动车生产企业经国家机动车产品主管部门许可生产的机动车型，不执行机动车国家安全技术标准或者不严格进行机动车成品质量检验，致使质量不合格的机动车出厂销售的，由质量技术监督部门依照《中华人民共和国产品质量法》的有关规定给予处罚。

擅自生产、销售未经国家机动车产品主管部门许可生产的机动车型的，没收非法生产、销售的机动车成品及配件，可以并处非法产品价值三倍以上五倍以下罚款；有营业执照的，由工商行政管理部门吊销营业执照，没有营业执照的，予以查封。

生产、销售拼装的机动车或者生产、销售擅自改装的机动车的，依照本条第三款的规定处罚。

有本条第二款、第三款、第四款所列违法行为，生产或者销售不符合机动车国家安全技术标准的机动车，构成犯罪的，依法追究刑事责任。

第一百零四条　未经批准，擅自挖掘道路、占用道路施工或者从事其他影响道路交通安全活动的，由道路主管部门责令停止违法行为，并恢复原状，可以依法给予罚款；致使通行的人员、车辆及其他财产遭受损失的，依法承担赔偿责任。

有前款行为，影响道路交通安全活动的，公安机关交通管理部门可以责令停止违法行为，迅速恢复交通。

第一百零五条　道路施工作业或者道路出现损毁，未及时设置警示标志、未采取防护措施，或者应当设置交通信号灯、交通标志、交通标线而没有设置或者应当及时变更交通信号灯、交通标志、交通标线而没有及时变更，致使通行的人员、车辆及其他财产遭受损失的，负有相关职责的单位应当依法承担赔偿责任。

第一百零六条　在道路两侧及隔离带上种植树木、其他植物或者设置广告牌、管线等，遮挡路灯、交通信号灯、交通标志，妨碍安全视距的，由公安机关交通管理部门责令行为人排除妨碍；拒不执行的，处二百元以上二千元以下罚款，并强制排除妨碍，所需费用由行为人负担。

第一百零七条　对道路交通违法行为人予以警告、二百元以下罚款，交通警察可以当场作出行政处罚决定，并出具行政处罚决定书。

行政处罚决定书应当载明当事人的违法事实、行政处罚的依据、处罚内容、时间、地点以及处罚机关名称，并由执法人员签名或者盖章。

第一百零八条　当事人应当自收到罚款的行政处罚决定书之日起十五日内，到指定的银行缴纳罚款。

对行人、乘车人和非机动车驾驶人的罚款，当事人无异议的，可以当场予以收缴罚款。

罚款应当开具省、自治区、直辖市财政部门统一制发的罚款收据；不出具财政部门统一制发的罚款收据的，当事人有权拒绝缴纳罚款。

第一百零九条　当事人逾期不履行行政处罚决定的，作出行政处罚决定的行政机关可以采取下列措施：

（一）到期不缴纳罚款的，每日按罚款数额的百分之三加处罚款；

（二）申请人民法院强制执行。

第一百一十条　执行职务的交通警察认为应当对道路交通违法行为人给予暂扣或者吊销机动车驾驶证处罚的，可以先予扣留机动车驾驶证，并在二十四小时内将案件移交公安机关交通管理部门处理。

道路交通违法行为人应当在十五日内到公安机关交通管理部门接受处理。无正当理由逾期未接受处理的，吊销机动车驾驶证。

公安机关交通管理部门暂扣或者吊销机动车驾驶证的，应当出具行政处罚决定书。

第一百一十一条　对违反本法规定予以拘留的行政处罚，由县、市公安局、公安分局或者相当于县一级的公安机关裁决。

第一百一十二条　公安机关交通管理部门扣留机动车、非机动车，应当当场出具凭证，并告知当事人在规定期限内到公安机关交通管理部门接受处理。

公安机关交通管理部门对被扣留的车辆应当妥善保管，不得使用。

逾期不来接受处理，并且经公告三个月仍不来接受处理的，对扣留的车辆依法处理。

第一百一十三条　暂扣机动车驾驶证的期限从处罚决定生效之日起计算；处罚决定生效前先予扣留机动车驾驶证的，扣留一日折抵暂扣期限一日。

吊销机动车驾驶证后重新申请领取机动车驾驶证的期限，按照机动车驾驶证管理规定办理。

第一百一十四条　公安机关交通管理部门根据交通技术监控记录资料，可以对违法的机动车所有人或者管理人依法予以处罚。对能够确定驾驶人的，可以依照本法的规定依法予以处罚。

第一百一十五条　交通警察有下列行为之一的，依法给予行政处分：

（一）为不符合法定条件的机动车发放机动车登记证书、号牌、行驶证、检验合格标志的；

（二）批准不符合法定条件的机动车安装、使用警车、消防车、救护车、工程救险车的警报器、标志灯具，喷涂标志图案的；

（三）为不符合驾驶许可条件、未经考试或者考试不合格人员发放机动车驾驶证的；

（四）不执行罚款决定与罚款收缴分离制度或者不按规定将依法收取的费用、收缴的罚款及没收的违法所得全部上缴国库的；

（五）举办或者参与举办驾驶学校或者驾驶培训班、机动车修理厂或者收费停车场等经营活动的；

（六）利用职务上的便利收受他人财物或者谋取其他利益的；

（七）违法扣留车辆、机动车行驶证、驾驶证、车辆号牌的；

（八）使用依法扣留的车辆的；

（九）当场收取罚款不开具罚款收据或者不如实填写罚款额的；

（十）徇私舞弊，不公正处理交通事故的；

（十一）故意刁难，拖延办理机动车牌证的；

（十二）非执行紧急任务时使用警报器、标志灯具的；

（十三）违反规定拦截、检查正常行驶的车辆的；

（十四）非执行紧急公务时拦截搭乘机动车的；

（十五）不履行法定职责的。

公安机关交通管理部门有前款所列行为之一的，对直接负责的主管人员和其他直接责任人员给予相应的行政处分。

第一百一十六条　依照本法第一百一十五条的规定，给予交通警察行政处分的，在作出行政处分决定前，可以停止其执行职务；必要时，可以予以禁闭。

依照本法第一百一十五条的规定，交通警察受到降级或者撤职行政处分的，可以予以辞退。

交通警察受到开除处分或者被辞退的，应当取消警衔；受到撤职以下行政处分的交通警察，应当降低警衔。

第一百一十七条　交通警察利用职权非法占有公共财物，索取、收受贿赂，或者滥用职权、玩忽职守，构成犯罪的，依法追究刑事责任。

第一百一十八条　公安机关交通管理部门及其交通警察有本法第一百一十五条所列行为之一，给当事人造成损失的，应当依法承担赔偿责任。

第八章　附　则

第一百一十九条　本法中下列用语的含义：

（一）“道路”，是指公路、城市道路和虽在单位管辖范围但允许社会机动车通行的地方，包括广场、公共停车场等用于公众通行的场所。

（二）“车辆”，是指机动车和非机动车。

（三）“机动车”，是指以动力装置驱动或者牵引，上道路行驶的供人员乘用或者用于运送物品以及进行工程专项作业的轮式车辆。

（四）“非机动车”，是指以人力或者畜力驱动，上道路行驶的交通工具，以及虽有动力装置驱动但设计最高时速、空车质量、外形尺寸符合有关国家标准的残疾人机动轮椅车、电动自行车等交通工具。

（五）“交通事故”，是指车辆在道路上因过错或者意外造成的人身伤亡或者财产损失的事件。

第一百二十条　中国人民解放军和中国人民武装警察部队在编机动车牌证、在编机动车检验以及机动车驾驶人考核工作，由中国人民解放军、中国人民武装警察部队有关部门负责。

第一百二十一条　对上道路行驶的拖拉机，由农业（农业机械）主管部门行使本法第八条、第九条、第十三条、第十九条、第二十三条规定的公安机关交通管理部门的管理职权。

农业（农业机械）主管部门依照前款规定行使职权，应当遵守本法有关规定，并接受公安机关交通管理部门的监督；对违反规定的，依照本法有关规定追究法律责任。

本法施行前由农业（农业机械）主管部门发放的机动车牌证，在本法施行后继续有效。

第一百二十二条　国家对入境的境外机动车的道路交通安全实施统一管理。

第一百二十三条　省、自治区、直辖市人民代表大会常务委员会可以根据本地区的实际情况，在本法规定的罚款幅度内，规定具体的执行标准。

第一百二十四条　本法自 2004 年 5 月 1 日起施行。

附录 2 《中华人民共和国道路交通事故安全法实施条例》

第一章 总 则

第一条 根据《中华人民共和国道路交通安全法》（以下简称道路交通安全法）的规定，制定本条例。

第二条 中华人民共和国境内的车辆驾驶人、行人、乘车人以及与道路交通活动有关的单位和个人，应当遵守道路交通安全法和本条例。

第三条 县级以上地方各级人民政府应当建立、健全道路交通安全工作协调机制，组织有关部门对城市建设项目进行交通影响评价，制定道路交通安全管理规划，确定管理目标，制定实施方案。

第二章 车辆和驾驶人

第一节 机动车

第四条 机动车的登记，分为注册登记、变更登记、转移登记、抵押登记和注销登记。

第五条 初次申领机动车号牌、行驶证的，应当向机动车所有人住所地的公安机关交通管理部门申请注册登记。申请机动车注册登记，应当交验机动车，并提交以下证明、凭证：

（一）机动车所有人的身份证明；

（二）购车发票等机动车来历证明；

（三）机动车整车出厂合格证明或者进口机动车进口凭证；

（四）车辆购置税完税证明或者免税凭证；

（五）机动车第三者责任强制保险凭证；

（六）法律、行政法规规定应当在机动车注册登记时提交的其他证明、凭证。

不属于国务院机动车产品主管部门规定免予安全技术检验的车型的，还应当提供机动车安全技术检验合格证明。

第六条 已注册登记的机动车有下列情形之一的，机动车所有人应当向登记该机动车的公安机关交通管理部门申请变更登记：

（一）改变机动车车身颜色的；

（二）更换发动机的；

（三）更换车身或者车架的；

（四）因质量有问题，制造厂更换整车的；

（五）营运机动车改为非营运机动车或者非营运机动车改为营运机动车的；

（六）机动车所有人的住所迁出或者迁入公安机关交通管理部门管辖区域的。

申请机动车变更登记，应当提交下列证明、凭证，属于前款第（一）项、第（二）项、第（三）项、第（四）项、第（五）项情形之一的，还应当交验机动车；属于前款第（二）项、第（三）项情形之一的，还应当同时提交机动车安全技术检验合格证明：

（一）机动车所有人的身份证明；

（二）机动车登记证书；

（三）机动车行驶证。

机动车所有人的住所在公安机关交通管理部门管辖区域内迁移、机动车所有人的姓名（单位名称）或者联系方式变更的，应当向登记该机动车的公安机关交通管理部门备案。

第七条　已注册登记的机动车所有权发生转移的，应当及时办理转移登记。

申请机动车转移登记，当事人应当向登记该机动车的公安机关交通管理部门交验机动车，并提交以下证明、凭证：

（一）当事人的身份证明；

（二）机动车所有权转移的证明、凭证；

（三）机动车登记证书；

（四）机动车行驶证。

第八条　机动车所有人将机动车作为抵押物抵押的，机动车所有人应当向登记该机动车的公安机关交通管理部门申请抵押登记。

第九条　已注册登记的机动车达到国家规定的强制报废标准的，公安机关交通管理部门应当在报废期满的 2 个月前通知机动车所有人办理注销登记。机动车所有人应当在报废期满前将机动车交售给机动车回收企业，由机动车回收企业将报废的机动车登记证书、号牌、行驶证交公安机关交通管理部门注销。机动车所有人逾期不办理注销登记的，公安机关交通管理部门应当公告该机动车登记证书、号牌、行驶证作废。

因机动车灭失申请注销登记的，机动车所有人应当向公安机关交通管理部门提交本人身份证明，交回机动车登记证书。

第十条　办理机动车登记的申请人提交的证明、凭证齐全、有效的，公安机关交通管理部门应当当场办理登记手续。

人民法院、人民检察院以及行政执法部门依法查封、扣押的机动车，公安机关交通管理部门不予办理机动车登记。

第十一条　机动车登记证书、号牌、行驶证丢失或者损毁，机动车所有人申请补发的，应当向公安机关交通管理部门提交本人身份证明和申请材料。公安机关交通管理部门经与机动车登记档案核实后，在收到申请之日起 15 日内补发。

第十二条　税务部门、保险机构可以在公安机关交通管理部门的办公场所集中办理与机动车有关的税费缴纳、保险合同订立等事项。

第十三条　机动车号牌应当悬挂在车前、车后指定位置，保持清晰、完整。重型、中型载货汽车及其挂车、拖拉机及其挂车的车身或者车厢后部应当喷涂放大的牌号，字样应当端正并保持清晰。

机动车检验合格标志、保险标志应当粘贴在机动车前窗右上角。

机动车喷涂、粘贴标识或者车身广告的，不得影响安全驾驶。

第十四条　用于公路营运的载客汽车、重型载货汽车、半挂牵引车应当安装、使用符合国家标准的行驶记录仪。交通警察可以对机动车行驶速度、连续驾驶时间以及其他行驶状态信息进行检查。安装行驶记录仪可以分步实施，实施步骤由国务院机动车产品主管部门会同有关部门规定。

第十五条　机动车安全技术检验由机动车安全技术检验机构实施。机动车安全技术检验机构应当按照国家机动车安全技术检验标准对机动车进行检验，对检验结果承担法律责任。

质量技术监督部门负责对机动车安全技术检验机构实行资格管理和计量认证管理，对机动车安全技术检验设备进行检定，对执行国家机动车安全技术检验标准的情况进行监督。

机动车安全技术检验项目由国务院公安部门会同国务院质量技术监督部门规定。

第十六条　机动车应当从注册登记之日起，按照下列期限进行安全技术检验：

（一）营运载客汽车 5 年以内每年检验 1 次；超过 5 年的，每 6 个月检验 1 次；

（二）载货汽车和大型、中型非营运载客汽车 10 年以内每年检验 1 次；超过 10 年的，每 6 个月检验 1 次；

（三）小型、微型非营运载客汽车 6 年以内每 2 年检验 1 次；超过 6 年的，每年检验 1 次；超过 15 年的，每 6 个月检验 1 次；

（四）摩托车 4 年以内每 2 年检验 1 次；超过 4 年的，每年检验 1 次；

（五）拖拉机和其他机动车每年检验 1 次。

营运机动车在规定检验期限内经安全技术检验合格的，不再重复进行安全技术检验。

第十七条　已注册登记的机动车进行安全技术检验时，机动车行驶证记载的登记内容与该机动车的有关情况不符，或者未按照规定提供机动车第三者责任强制保险凭证的，不予通过检验。

第十八条　警车、消防车、救护车、工程救险车标志图案的喷涂以及警报器、标志灯具的安装、使用规定，由国务院公安部门制定。

第二节　机动车驾驶人

第十九条　符合国务院公安部门规定的驾驶许可条件的人，可以向公安机关交通管理部门申请机动车驾驶证。

机动车驾驶证由国务院公安部门规定式样并监制。

第二十条　学习机动车驾驶，应当先学习道路交通安全法律、法规和相关知识，考试合格后，再学习机动车驾驶技能。

在道路上学习驾驶，应当按照公安机关交通管理部门指定的路线、时间进行。在道路上学习机动车驾驶技能应当使用教练车，在教练员随车指导下进行，与教学无关的人员不得乘坐教练车。学员在学习驾驶中有道路交通安全违法行为或者造成交通事故的，由教练员承担责任。

第二十一条　公安机关交通管理部门应当对申请机动车驾驶证的人进行考试，对考试合格的，在 5 日内核发机动车驾驶证；对考试不合格的，书面说明理由。

第二十二条　机动车驾驶证的有效期为 6 年，本条例另有规定的除外。

机动车驾驶人初次申领机动车驾驶证后的 12 个月为实习期。在实习期内驾驶机动车的，应当在车身后部粘贴或者悬挂统一式样的实习标志。

机动车驾驶人在实习期内不得驾驶公共汽车、营运客车或者执行任务的警车、消防车、救护车、工程救险车以及载有爆炸物品、易燃易爆化学物品、剧毒或者放射性等危险物品的机动车；驾驶的机动车不得牵引挂车。

第二十三条　公安机关交通管理部门对机动车驾驶人的道路交通安全违法行为除给予行政处罚外，实行道路交通安全违法行为累积记分（以下简称记分）制度，记分周期为 12 个月。对在一个记分周期内记分达到 12 分的，由公安机关交通管理部门扣留其机动车驾驶证，该机动车驾驶人应当按照规定参加道路交通安全法律、法规的学习并接受考试。考试合格的，记分予以清除，发还机动车驾驶证；考试不合格的，继续参加学习和考试。

应当给予记分的道路交通安全违法行为及其分值，由国务院公安部门根据道路交通安全违法行为的危害程度规定。

公安机关交通管理部门应当提供记分查询方式供机动车驾驶人查询。

第二十四条　机动车驾驶人在一个记分周期内记分未达到 12 分，所处罚款已经缴纳的，记分予以清除；记分虽未达到 12 分，但尚有罚款未缴纳的，记分转入下一记分周期。

机动车驾驶人在一个记分周期内记分 2 次以上达到 12 分的，除按照第二十三条的规定扣留机动车驾驶证、参加学习、接受考试外，还应当接受驾驶技能考试。考试合格的，记分予以清除，发还机动车驾驶证；考试不合格的，继续参加学习和考试。

接受驾驶技能考试的，按照本人机动车驾驶证载明的最高准驾车型考试。

第二十五条　机动车驾驶人记分达到 12 分，拒不参加公安机关交通管理部门通知的学习，也不接受考试的，由公安机关交通管理部门公告其机动车驾驶证停止使用。

第二十六条　机动车驾驶人在机动车驾驶证的 6 年有效期内，每个记分周期均未达到 12 分的，换发 10 年有效期的机动车驾驶证；在机动车驾驶证的 10 年有效期内，每个记分周期均未达到 12 分的，换发长期有效的机动车驾驶证。

换发机动车驾驶证时，公安机关交通管理部门应当对机动车驾驶证进行审验。

第二十七条　机动车驾驶证丢失、损毁，机动车驾驶人申请补发的，应当向公安机关交通管理部门提交本人身份证明和申请材料。公安机关交通管理部门经与机动车驾驶证档案核实后，在收到申请之日起 3 日内补发。

第二十八条　机动车驾驶人在机动车驾驶证丢失、损毁、超过有效期或者被依法扣留、暂扣期间以及记分达到 12 分的，不得驾驶机动车。

第三章　道路通行条件

第二十九条　交通信号灯分为：机动车信号灯、非机动车信号灯、人行横道信号灯、车道信号灯、方向指示信号灯、闪光警告信号灯、道路与铁路平面交叉道口信号灯。

第三十条　交通标志分为：指示标志、警告标志、禁令标志、指路标志、旅游区标志、道路施工安全标志和辅助标志。

道路交通标线分为：指示标线、警告标线、禁止标线。

第三十一条　交通警察的指挥分为：手势信号和使用器具的交通指挥信号。

第三十二条　道路交叉路口和行人横过道路较为集中的路段应当设置人行横道、过街天桥或者过街地下通道。

在盲人通行较为集中的路段，人行横道信号灯应当设置声响提示装置。

第三十三条　城市人民政府有关部门可以在不影响行人、车辆通行的情况下，在城市道路上施划停车泊位，并规定停车泊位的使用时间。

第三十四条　开辟或者调整公共汽车、长途汽车的行驶路线或者车站，应当符合交通规划和安全、畅通的要求。

第三十五条　道路养护施工单位在道路上进行养护、维修时，应当按照规定设置规范的安全警示标志和安全防护设施。道路养护施工作业车辆、机械应当安装示警灯，喷涂明显的标志图案，作业时应当开启示警灯和危险报警闪光灯。对未中断交通的施工作业道路，公安机关交通管理部门应当加强交通安全监督检查。发生交通阻塞时，及时做好分流、疏导，维护交通秩序。

道路施工需要车辆绕行的，施工单位应当在绕行处设置标志；不能绕行的，应当修建临时通道，保证车辆和行人通行。需要封闭道路中断交通的，除紧急情况外，应当提前 5 日向社会公告。

第三十六条　道路或者交通设施养护部门、管理部门应当在急弯、陡坡、临崖、临水等危险路段，按照国家标准设置警告标志和安全防护设施。

第三十七条　道路交通标志、标线不规范，机动车驾驶人容易发生辨认错误的，交通标志、标线的主管部门应当及时予以改善。

道路照明设施应当符合道路建设技术规范，保持照明功能完好。

第四章　道路通行规定

第一节　一般规定

第三十八条　机动车信号灯和非机动车信号灯表示：

（一）绿灯亮时，准许车辆通行，但转弯的车辆不得妨碍被放行的直行车辆、行人通行；

（二）黄灯亮时，已越过停止线的车辆可以继续通行；

（三）红灯亮时，禁止车辆通行。

在未设置非机动车信号灯和人行横道信号灯的路口，非机动车和行人应当按照机动车信号灯的表示通行。

红灯亮时，右转弯的车辆在不妨碍被放行的车辆、行人通行的情况下，可以通行。

第三十九条　人行横道信号灯表示：

（一）绿灯亮时，准许行人通过人行横道；

（二）红灯亮时，禁止行人进入人行横道，但是已经进入人行横道的，可以继续通过或者在道路中心线处停留等候。

第四十条　车道信号灯表示：

（一）绿色箭头灯亮时，准许本车道车辆按指示方向通行；

（二）红色叉形灯或者箭头灯亮时，禁止本车道车辆通行。

第四十一条　方向指示信号灯的箭头方向向左、向上、向右分别表示左转、直行、右转。

第四十二条　闪光警告信号灯为持续闪烁的黄灯，提示车辆、行人通行时注意瞭望，确认安全后通过。

第四十三条　道路与铁路平面交叉道口有两个红灯交替闪烁或者一个红灯亮时，表示禁止车辆、行人通行；红灯熄灭时，表示允许车辆、行人通行。

第二节　机动车通行规定

第四十四条　在道路同方向划有 2 条以上机动车道的，左侧为快速车道，右侧为慢速车道。在快速车道行驶的机动车应当按照快速车道规定的速度行驶，未达到快速车道规定的行驶速度的，应当在慢速车道行驶。摩托车应当在最右侧车道行驶。有交通标志标明行驶速度的，按照标明的行驶速度行驶。慢速车道内的机动车超越前车时，可以借用快速车道行驶。

在道路同方向划有 2 条以上机动车道的，变更车道的机动车不得影响相关车道内行驶的机动车的正常行驶。

第四十五条　机动车在道路上行驶不得超过限速标志、标线标明的速度。在没有限速标志、标线的道路上，机动车不得超过下列最高行驶速度：

（一）没有道路中心线的道路，城市道路为每小时 30 公里，公路为每小时 40 公里；

（二）同方向只有 1 条机动车道的道路，城市道路为每小时 50 公里，公路为每小时 70 公里。

第四十六条　机动车行驶中遇有下列情形之一的，最高行驶速度不得超过每小时 30 公里，其中拖拉机、电瓶车、轮式专用机械车不得超过每小时 15 公里：

（一）进出非机动车道，通过铁路道口、急弯路、窄路、窄桥时；

（二）掉头、转弯、下陡坡时；

（三）遇雾、雨、雪、沙尘、冰雹，能见度在 50 米以内时；

（四）在冰雪、泥泞的道路上行驶时；

（五）牵引发生故障的机动车时。

第四十七条　机动车超车时，应当提前开启左转向灯、变换使用远、近光灯或者鸣喇叭。在没有道路中心线或者同方向只有 1 条机动车道的道路上，前车遇后车发出超车信号时，在条件许可的情况下，应当降低速度、靠右让路。后车应当在确认有充足的安全距离后，从前车的左侧超越，在与被超车辆拉开必要的安全距离后，开启右转向灯，驶回原车道。

第四十八条　在没有中心隔离设施或者没有中心线的道路上，机动车遇相对方向来车时应当遵守下列规定：

（一）减速靠右行驶，并与其他车辆、行人保持必要的安全距离；

（二）在有障碍的路段，无障碍的一方先行；但有障碍的一方已驶入障碍路段而无障碍的一方未驶入时，有障碍的一方先行；

（三）在狭窄的坡路，上坡的一方先行；但下坡的一方已行至中途而上坡的一方未上坡时，下坡的一方先行；

（四）在狭窄的山路，不靠山体的一方先行；

（五）夜间会车应当在距相对方向来车 150 米以外改用近光灯，在窄路、窄桥与非机动车会车时应当使用近光灯。

第四十九条　机动车在有禁止掉头或者禁止左转弯标志、标线的地点以及在铁路道口、人行横道、桥梁、急弯、陡坡、隧道或者容易发生危险的路段，不得掉头。

机动车在没有禁止掉头或者没有禁止左转弯标志、标线的地点可以掉头，但不得妨碍正常行驶的其他车辆和行人的通行。

第五十条　机动车倒车时，应当察明车后情况，确认安全后倒车。不得在铁路道口、交叉路口、单行路、桥梁、急弯、陡坡或者隧道中倒车。

第五十一条　机动车通过有交通信号灯控制的交叉路口，应当按照下列规定通行：

（一）在划有导向车道的路口，按所需行进方向驶入导向车道；

（二）准备进入环形路口的让已在路口内的机动车先行；

（三）向左转弯时，靠路口中心点左侧转弯。转弯时开启转向灯，夜间行驶开启近光灯；

（四）遇放行信号时，依次通过；

（五）遇停止信号时，依次停在停止线以外。没有停止线的，停在路口以外；

（六）向右转弯遇有同车道前车正在等候放行信号时，依次停车等候；

（七）在没有方向指示信号灯的交叉路口，转弯的机动车让直行的车辆、行人先行。相对方向行驶的右转弯机动车让左转弯车辆先行。

第五十二条　机动车通过没有交通信号灯控制也没有交通警察指挥的交叉路口，除应当遵守第五十一条第（二）项、第（三）项的规定外，还应当遵守下列规定：

（一）有交通标志、标线控制的，让优先通行的一方先行；

（二）没有交通标志、标线控制的，在进入路口前停车瞭望，让右方道路的来车先行；

（三）转弯的机动车让直行的车辆先行；

（四）相对方向行驶的右转弯的机动车让左转弯的车辆先行。

第五十三条　机动车遇有前方交叉路口交通阻塞时，应当依次停在路口以外等候，不得进入路口。

机动车在遇有前方机动车停车排队等候或者缓慢行驶时，应当依次排队，不得从前方车辆两侧穿插或者超越行驶，不得在人行横道、网状线区域内停车等候。

机动车在车道减少的路口、路段，遇有前方机动车停车排队等候或者缓慢行驶的，应当每车道一辆依次交替驶入车道减少后的路口、路段。

第五十四条　机动车载物不得超过机动车行驶证上核定的载质量，装载长度、宽度不得超出车厢，并应当遵守下列规定：

（一）重型、中型载货汽车，半挂车载物，高度从地面起不得超过4米，载运集装箱的车辆不得超过4.2米；

（二）其他载货的机动车载物，高度从地面起不得超过2.5米；

（三）摩托车载物，高度从地面起不得超过1.5米，长度不得超出车身0.2米。两轮摩托车载物宽度左右各不得超出车把0.15米；三轮摩托车载物宽度不得超过车身。

载客汽车除车身外部的行李架和内置的行李箱外，不得载货。载客汽车行李架载货，从车顶起高度不得超过0.5米，从地面起高度不得超过4米。

第五十五条　机动车载人应当遵守下列规定：

（一）公路载客汽车不得超过核定的载客人数，但按照规定免票的儿童除外，在载客人数已满的情况下，按照规定免票的儿童不得超过核定载客人数的10%；

（二）载货汽车车厢不得载客。在城市道路上，货运机动车在留有安全位置的情况下，车厢内可以附载临时作业人员1人至5人；载物高度超过车厢栏板时，货物上不得载人；

（三）摩托车后座不得乘坐未满12周岁的未成年人，轻便摩托车不得载人。

第五十六条　机动车牵引挂车应当符合下列规定：

（一）载货汽车、半挂牵引车、拖拉机只允许牵引1辆挂车。挂车的灯光信号、制动、连接、安全防护等装置应当符合国家标准；

（二）小型载客汽车只允许牵引旅居挂车或者总质量700千克以下的挂车。挂车不得载人；

（三）载货汽车所牵引挂车的载质量不得超过载货汽车本身的载质量。

大型、中型载客汽车，低速载货汽车，三轮汽车以及其他机动车不得牵引挂车。

第五十七条　机动车应当按照下列规定使用转向灯：

（一）向左转弯、向左变更车道、准备超车、驶离停车地点或者掉头时，应当提前开启左转向灯；

（二）向右转弯、向右变更车道、超车完毕驶回原车道、靠路边停车时，应当提前开启右转向灯。

第五十八条　机动车在夜间没有路灯、照明不良或者遇有雾、雨、雪、沙尘、冰雹等低能见度情况下行驶时，应当开启前照灯、示廓灯和后位灯，但同方向行驶的后车与前车近距离行驶时，不得使用远光灯。机动车雾天行驶应当开启雾灯和危险报警闪光灯。

第五十九条　机动车在夜间通过急弯、坡路、拱桥、人行横道或者没有交通信号灯控制的路口时，应当交替使用远近光灯示意。

机动车驶近急弯、坡道顶端等影响安全视距的路段以及超车或者遇有紧急情况时，应当减速慢行，并鸣喇叭示意。

第六十条　机动车在道路上发生故障或者发生交通事故，妨碍交通又难以移动的，应当按照规定开启危险报警闪光灯并在车后50米至100米处设置警告标志，夜间还应当同时开启示廓灯和后位灯。

第六十一条　牵引故障机动车应当遵守下列规定：

（一）被牵引的机动车除驾驶人外不得载人，不得拖带挂车；

（二）被牵引的机动车宽度不得大于牵引机动车的宽度；

（三）使用软连接牵引装置时，牵引车与被牵引车之间的距离应当大于 4 米小于 10 米；

（四）对制动失效的被牵引车，应当使用硬连接牵引装置牵引；

（五）牵引车和被牵引车均应当开启危险报警闪光灯。

汽车吊车和轮式专用机械车不得牵引车辆。摩托车不得牵引车辆或者被其他车辆牵引。

转向或者照明、信号装置失效的故障机动车，应当使用专用清障车拖曳。

第六十二条　驾驶机动车不得有下列行为：

（一）在车门、车厢没有关好时行车；

（二）在机动车驾驶室的前后窗范围内悬挂、放置妨碍驾驶人视线的物品；

（三）拨打接听手持电话、观看电视等妨碍安全驾驶的行为；

（四）下陡坡时熄火或者空挡滑行；

（五）向道路上抛撒物品；

（六）驾驶摩托车手离车把或者在车把上悬挂物品；

（七）连续驾驶机动车超过 4 小时未停车休息或者停车休息时间少于 20 分钟；

（八）在禁止鸣喇叭的区域或者路段鸣喇叭。

第六十三条　机动车在道路上临时停车，应当遵守下列规定：

（一）在设有禁停标志、标线的路段，在机动车道与非机动车道、人行道之间设有隔离设施的路段以及人行横道、施工地段，不得停车；

（二）交叉路口、铁路道口、急弯路、宽度不足 4 米的窄路、桥梁、陡坡、隧道以及距离上述地点 50 米以内的路段，不得停车；

（三）公共汽车站、急救站、加油站、消防栓或者消防队（站）门前以及距离上述地点 30 米以内的路段，除使用上述设施的以外，不得停车；

（四）车辆停稳前不得开车门和上下人员，开关车门不得妨碍其他车辆和行人通行；

（五）路边停车应当紧靠道路右侧，机动车驾驶人不得离车，上下人员或者装卸物品后，立即驶离；

（六）城市公共汽车不得在站点以外的路段停车上下乘客。

第六十四条　机动车行经漫水路或者漫水桥时，应当停车察明水情，确认安全后，低速通过。

第六十五条　机动车载运超限物品行经铁路道口的，应当按照当地铁路部门指定的铁路道口、时间通过。

机动车行经渡口，应当服从渡口管理人员指挥，按照指定地点依次待渡。机动车上下渡船时，应当低速慢行。

第六十六条　警车、消防车、救护车、工程救险车在执行紧急任务遇交通受阻时，可以断续使用警报器，并遵守下列规定：

（一）不得在禁止使用警报器的区域或者路段使用警报器；

（二）夜间在市区不得使用警报器；

（三）列队行驶时，前车已经使用警报器的，后车不再使用警报器。

第六十七条　在单位院内、居民居住区内，机动车应当低速行驶，避让行人；有限速标志的，按照限速标志行驶。

第三节　非机动车通行规定

第六十八条　非机动车通过有交通信号灯控制的交叉路口，应当按照下列规定通行：

（一）转弯的非机动车让直行的车辆、行人优先通行；

（二）遇有前方路口交通阻塞时，不得进入路口；

（三）向左转弯时，靠路口中心点的右侧转弯；

（四）遇有停止信号时，应当依次停在路口停止线以外。没有停止线的，停在路口以外；

（五）向右转弯遇有同方向前车正在等候放行信号时，在本车道内能够转弯的，可以通行；不能转弯的，依次等候。

第六十九条　非机动车通过没有交通信号灯控制也没有交通警察指挥的交叉路口，除应当遵守第六十八条第（一）项、第（二）项和第（三）项的规定外，还应当遵守下列规定：

（一）有交通标志、标线控制的，让优先通行的一方先行；

（二）没有交通标志、标线控制的，在路口外慢行或者停车瞭望，让右方道路的来车先行；

（三）相对方向行驶的右转弯的非机动车让左转弯的车辆先行。

第七十条　驾驶自行车、电动自行车、三轮车在路段上横过机动车道，应当下车推行，有人行横道或者行人过街设施的，应当从人行横道或者行人过街设施通过；没有人行横道、没有行人过街设施或者不便使用行人过街设施的，在确认安全后直行通过。

因非机动车道被占用无法在本车道内行驶的非机动车，可以在受阻的路段借用相邻的机动车道行驶，并在驶过被占用路段后迅速驶回非机动车道。机动车遇此情况应当减速让行。

第七十一条　非机动车载物，应当遵守下列规定：

（一）自行车、电动自行车、残疾人机动轮椅车载物，高度从地面起不得超过 1.5 米，宽度左右各不得超出车把 0.15 米，长度前端不得超出车轮，后端不得超出车身 0.3 米；

（二）三轮车、人力车载物，高度从地面起不得超过 2 米，宽度左右各不得超出车身 0.2 米，长度不得超出车身 1 米；

（三）畜力车载物，高度从地面起不得超过 2.5 米，宽度左右各不得超出车身 0.2 米，长度前端不得超出车辕，后端不得超出车身 1 米。

自行车载人的规定，由省、自治区、直辖市人民政府根据当地实际情况制定。

第七十二条　在道路上驾驶自行车、三轮车、电动自行车、残疾人机动轮椅车应当遵守下列规定：

（一）驾驶自行车、三轮车必须年满 12 周岁；

（二）驾驶电动自行车和残疾人机动轮椅车必须年满 16 周岁；

（三）不得醉酒驾驶；

（四）转弯前应当减速慢行，伸手示意，不得突然猛拐，超越前车时不得妨碍被超越的车辆行驶；

（五）不得牵引、攀扶车辆或者被其他车辆牵引，不得双手离把或者手中持物；

（六）不得扶身并行、互相追逐或者曲折竞驶；

（七）不得在道路上骑独轮自行车或者 2 人以上骑行的自行车；

（八）非下肢残疾的人不得驾驶残疾人机动轮椅车；

（九）自行车、三轮车不得加装动力装置；

（十）不得在道路上学习驾驶非机动车。

第七十三条　在道路上驾驭畜力车应当年满 16 周岁，并遵守下列规定：

（一）不得醉酒驾驭；

（二）不得并行，驾驭人不得离开车辆；

（三）行经繁华路段、交叉路口、铁路道口、人行横道、急弯路、宽度不足 4 米的窄路或者窄桥、陡坡、隧道或者容易发生危险的路段，不得超车。驾驭两轮畜力车应当下车牵引牲畜；

（四）不得使用未经驯服的牲畜驾车，随车幼畜须拴系；

（五）停放车辆应当拉紧车闸，拴系牲畜。

第四节　行人和乘车人通行规定

第七十四条　行人不得有下列行为：

（一）在道路上使用滑板、旱冰鞋等滑行工具；

（二）在车行道内坐卧、停留、嬉闹；

（三）追车、抛物击车等妨碍道路交通安全的行为。

第七十五条　行人横过机动车道，应当从行人过街设施通过；没有行人过街设施的，应当从人行横道通过；没有人行横道的，应当观察来往车辆的情况，确认安全后直行通过，不得在车辆临近时突然加速横穿或者中途倒退、折返。

第七十六条　行人列队在道路上通行，每横列不得超过 2 人，但在已经实行交通管制的路段不受限制。

第七十七条　乘坐机动车应当遵守下列规定：

（一）不得在机动车道上拦乘机动车；

（二）在机动车道上不得从机动车左侧上下车；

（三）开关车门不得妨碍其他车辆和行人通行；

（四）机动车行驶中，不得干扰驾驶，不得将身体任何部分伸出车外，不得跳车；

（五）乘坐两轮摩托车应当正向骑坐。

第五节　高速公路的特别规定

第七十八条　高速公路应当标明车道的行驶速度，最高车速不得超过每小时 120 公里，最低车速不得低于每小时 60 公里。

在高速公路上行驶的小型载客汽车最高车速不得超过每小时 120 公里，其他机动车不得超过每小时 100 公里，摩托车不得超过每小时 80 公里。

同方向有 2 条车道的，左侧车道的最低车速为每小时 100 公里；同方向有 3 条以上车道的，最左侧车道的最低车速为每小时 110 公里，中间车道的最低车速为每小时 90 公里。道路限速标志标明的车速与上述车道行驶车速的规定不一致的，按照道路限速标志标明的车速行驶。

第七十九条　机动车从匝道驶入高速公路，应当开启左转向灯，在不妨碍已在高速公路内的机动车正常行驶的情况下驶入车道。

机动车驶离高速公路时，应当开启右转向灯，驶入减速车道，降低车速后驶离。

第八十条　机动车在高速公路上行驶，车速超过每小时 100 公里时，应当与同车道前车保持 100 米以上的距离，车速低于每小时 100 公里时，与同车道前车距离可以适当缩短，但最小距离不得少于 50 米。

第八十一条　机动车在高速公路上行驶，遇有雾、雨、雪、沙尘、冰雹等低能见度气象条件时，应当遵守下列规定：

（一）能见度小于 200 米时，开启雾灯、近光灯、示廓灯和前后位灯，车速不得超过每小时 60 公里，与同车道前车保持 100 米以上的距离；

（二）能见度小于 100 米时，开启雾灯、近光灯、示廓灯、前后位灯和危险报警闪光灯，车速不得超过每小时 40 公里，与同车道前车保持 50 米以上的距离；

（三）能见度小于 50 米时，开启雾灯、近光灯、示廓灯、前后位灯和危险报警闪光灯，车速不得超过每小时 20 公里，并从最近的出口尽快驶离高速公路。

遇有前款规定情形时，高速公路管理部门应当通过显示屏等方式发布速度限制、保持车距等提示信息。

第八十二条　机动车在高速公路上行驶，不得有下列行为：

（一）倒车、逆行、穿越中央分隔带掉头或者在车道内停车；

（二）在匝道、加速车道或者减速车道上超车；

（三）骑、轧车行道分界线或者在路肩上行驶；

（四）非紧急情况时在应急车道行驶或者停车；

（五）试车或者学习驾驶机动车。

第八十三条　在高速公路上行驶的载货汽车车厢不得载人。两轮摩托车在高速公路行驶时不得载人。

第八十四条　机动车通过施工作业路段时，应当注意警示标志，减速行驶。

第八十五条　城市快速路的道路交通安全管理，参照本节的规定执行。

高速公路、城市快速路的道路交通安全管理工作，省、自治区、直辖市人民政府公安机关交通管理部门可以指定设区的市人民政府公安机关交通管理部门或者相当于同级的公安机关交通管理部门承担。

第五章　交通事故处理

第八十六条　机动车与机动车、机动车与非机动车在道路上发生未造成人身伤亡的交通事故，当事人对事实及成因无争议的，在记录交通事故的时间、地点、对方当事人的姓名和联系方式、机动车牌号、驾驶证号、保险凭证号、碰撞部位，并共同签名后，撤离现场，自行协商损害赔偿事宜。当事人对交通事故事实及成因有争议的，应当迅速报警。

第八十七条　非机动车与非机动车或者行人在道路上发生交通事故，未造成人身伤亡，且基本事实及成因清楚的，当事人应当先撤离现场，再自行协商处理损害赔偿事宜。当事人对交通事故事实及成因有争议的，应当迅速报警。

第八十八条　机动车发生交通事故，造成道路、供电、通讯等设施损毁的，驾驶人应当报警等候处理，不得驶离。机动车可以移动的，应当将机动车移至不妨碍交通的地点。公安机关交通管理部门应当将事故有关情况通知有关部门。

第八十九条　公安机关交通管理部门或者交通警察接到交通事故报警，应当及时赶赴现场，对未造成人身伤亡，事实清楚，并且机动车可以移动的，应当在记录事故情况后责令当事人撤离现场，恢复交通。对拒不撤离现场的，予以强制撤离。

对属于前款规定情况的道路交通事故，交通警察可以适用简易程序处理，并当场出具事故认定书。当事人共同请求调解的，交通警察可以当场对损害赔偿争议进行调解。

对道路交通事故造成人员伤亡和财产损失需要勘验、检查现场的，公安机关交通管理部门应当按照勘查现场工作规范进行。现场勘查完毕，应当组织清理现场，恢复交通。

第九十条　投保机动车第三者责任强制保险的机动车发生交通事故，因抢救受伤人员需要保险公司支付抢救费用的，由公安机关交通管理部门通知保险公司。

抢救受伤人员需要道路交通事故救助基金垫付费用的，由公安机关交通管理部门通知道路交通事故社会救助基金管理机构。

第九十一条　公安机关交通管理部门应当根据交通事故当事人的行为对发生交通事故所起的作用以及过错的严重程度，确定当事人的责任。

第九十二条　发生交通事故后当事人逃逸的，逃逸的当事人承担全部责任。但是，有证据证明对方当事人也有过错的，可以减轻责任。

当事人故意破坏、伪造现场、毁灭证据的，承担全部责任。

第九十三条　公安机关交通管理部门对经过勘验、检查现场的交通事故应当在勘查现场之日起 10 日内制作交通事故认定书。对需要进行检验、鉴定的，应当在检验、鉴定结果确定之日起 5 日内制作交通事故认定书。

第九十四条　当事人对交通事故损害赔偿有争议，各方当事人一致请求公安机关交通管理部门调解的，应当在收到交通事故认定书之日起 10 日内提出书面调解申请。

对交通事故致死的，调解从办理丧葬事宜结束之日起开始；对交通事故致伤的，调解从治疗终结或者定残之日起开始；对交通事故造成财产损失的，调解从确定损失之日起开始。

第九十五条　公安机关交通管理部门调解交通事故损害赔偿争议的期限为10日。调解达成协议的，公安机关交通管理部门应当制作调解书送交各方当事人，调解书经各方当事人共同签字后生效；调解未达成协议的，公安机关交通管理部门应当制作调解终结书送交各方当事人。

交通事故损害赔偿项目和标准依照有关法律的规定执行。

第九十六条　对交通事故损害赔偿的争议，当事人向人民法院提起民事诉讼的，公安机关交通管理部门不再受理调解申请。

公安机关交通管理部门调解期间，当事人向人民法院提起民事诉讼的，调解终止。

第九十七条　车辆在道路以外发生交通事故，公安机关交通管理部门接到报案的，参照道路交通安全法和本条例的规定处理。

车辆、行人与火车发生的交通事故以及在渡口发生的交通事故，依照国家有关规定处理。

第六章　执法监督

第九十八条　公安机关交通管理部门应当公开办事制度、办事程序，建立警风警纪监督员制度，自觉接受社会和群众的监督。

第九十九条　公安机关交通管理部门及其交通警察办理机动车登记，发放号牌，对驾驶人考试、发证，处理道路交通安全违法行为，处理道路交通事故，应当严格遵守有关规定，不得越权执法，不得延迟履行职责，不得擅自改变处罚的种类和幅度。

第一百条　公安机关交通管理部门应当公布举报电话，受理群众举报投诉，并及时调查核实，反馈查处结果。

第一百零一条　公安机关交通管理部门应当建立执法质量考核评议、执法责任制和执法过错追究制度，防止和纠正道路交通安全执法中的错误或者不当行为。

第七章　法律责任

第一百零二条　违反本条例规定的行为，依照道路交通安全法和本条例的规定处罚。

第一百零三条　以欺骗、贿赂等不正当手段取得机动车登记或者驾驶许可的，收缴机动车登记证书、号牌、行驶证或者机动车驾驶证，撤销机动车登记或者机动车驾驶许可；申请人在3年内不得申请机动车登记或者机动车驾驶许可。

第一百零四条　机动车驾驶人有下列行为之一，又无其他机动车驾驶人即时替代驾驶的，公安机关交通管理部门除依法给予处罚外，可以将其驾驶的机动车移至不妨碍交通的地点或者有关部门指定的地点停放：

（一）不能出示本人有效驾驶证的；

（二）驾驶的机动车与驾驶证载明的准驾车型不符的；

（三）饮酒、服用国家管制的精神药品或者麻醉药品、患有妨碍安全驾驶的疾病，或者过度疲劳仍继续驾驶的；

（四）学习驾驶人员没有教练人员随车指导单独驾驶的。

第一百零五条　机动车驾驶人有饮酒、醉酒、服用国家管制的精神药品或者麻醉药品嫌疑的，应当接受测试、检验。

第一百零六条　公路客运载客汽车超过核定乘员、载货汽车超过核定载质量的，公安机关交通管理部门依法扣留机动车后，驾驶人应当将超载的乘车人转运、将超载的货物卸载，费用由超载机动车的驾驶人或者所有人承担。

第一百零七条　依照道路交通安全法第九十二条、第九十五条、第九十六条、第九十八条的规定被扣留的机动车，驾驶人或者所有人、管理人30日内没有提供被扣留机动车的合法证明，没有补办相应手续，或者不前来接受处理，经公安机关交通管理部门通知并且经公告3个月仍不前来接受处理的，由公安机关交通管理部门将该机动车送交有资格的拍卖机构拍卖，所得价款上缴国库；非法拼装的机动车予以拆除；达到报废标准的机动车予以报废；机动车涉及其他违法犯罪行为的，移交有关部门处理。

第一百零八条　交通警察按照简易程序当场作出行政处罚的，应当告知当事人道路交通安全违法行为的事实、处罚的理由和依据，并将行政处罚决定书当场交付被处罚人。

第一百零九条　对道路交通安全违法行为人处以罚款或者暂扣驾驶证处罚的，由违法行为发生地的县级以上人民政府公安机关交通管理部门或者相当于同级的公安机关交通管理部门作出决定；对处以吊销机动车驾驶证处罚的，由设区的市人民政府公安机关交通管理部门或者相当于同级的公安机关交通管理部门作出决定。

公安机关交通管理部门对非本辖区机动车的道路交通安全违法行为没有当场处罚的，可以由机动车登记地的公安机关交通管理部门处罚。

第一百一十条　当事人对公安机关交通管理部门及其交通警察的处罚有权进行陈述和申辩，交通警察应当充分听取当事人的陈述和申辩，不得因当事人陈述、申辩而加重其处罚。

第八章　附　则

第一百一十一条　本条例所称上道路行驶的拖拉机，是指手扶拖拉机等最高设计行驶速度不超过每小时20公里的轮式拖拉机和最高设计行驶速度不超过每小时40公里、牵引挂车方可从事道路运输的轮式拖拉机。

第一百一十二条　农业（农业机械）主管部门应当定期向公安机关交通管理部门提供拖拉机登记、安全技术检验以及拖拉机驾驶证发放的资料、数据。公安机关交通管理部门对拖拉机驾驶人作出暂扣、吊销驾驶证处罚或者记分处理的，应当定期将处罚决定书和记分情况通报有关的农业（农业机械）主管部门。吊销驾驶证的，还应当将驾驶证送交有关的农业（农业机械）主管部门。

第一百一十三条　境外机动车入境行驶，应当向入境地的公安机关交通管理部门申请临时通行号牌、行驶证。临时通行号牌、行驶证应当根据行驶需要，载明有效日期和允许行驶的区域。

入境的境外机动车申请临时通行号牌、行驶证以及境外人员申请机动车驾驶许可的条件、考试办法由国务院公安部门规定。

第一百一十四条　机动车驾驶许可考试的收费标准，由国务院价格主管部门规定。

第一百一十五条　本条例自 2004 年 5 月 1 日起施行。1960 年 2 月 11 日国务院批准、交通部发布的《机动车管理办法》，1988 年 3 月 9 日国务院发布的《中华人民共和国道路交通管理条例》，1991 年 9 月 22 日国务院发布的《道路交通事故处理办法》，同时废止。

附录3　道路交通事故处理程序规定

第一章　总　则

第一条　为了规范道路交通事故处理程序，保障公安机关交通管理部门依法履行职责，保护道路交通事故当事人的合法权益，根据《中华人民共和国道路交通安全法》及其实施条例等有关法律、行政法规，制定本规定。

第二条　处理道路交通事故，应当遵循合法、公正、公开、便民、效率的原则，尊重和保障人权，保护公民的人格尊严。

第三条　道路交通事故分为财产损失事故、伤人事故和死亡事故。

财产损失事故是指造成财产损失，尚未造成人员伤亡的道路交通事故。

伤人事故是指造成人员受伤，尚未造成人员死亡的道路交通事故。

死亡事故是指造成人员死亡的道路交通事故。

第四条　道路交通事故的调查处理应当由公安机关交通管理部门负责。

财产损失事故可以由当事人自行协商处理。但是，法律法规及本规定另有规定的除外。

第五条　交通警察经过培训并考试合格，可以处理适用简易程序的道路交通事故。

处理伤人事故，应当由具有道路交通事故处理初级以上资格的交通警察主办。

处理死亡事故，应当由具有道路交通事故处理中级以上资格的交通警察主办。

第六条　公安机关交通管理部门处理道路交通事故应当使用全国统一的交通管理信息系统。

鼓励应用先进的科技装备和先进技术处理道路交通事故。

第七条　交通警察处理道路交通事故，应当按照规定使用执法记录设备。

第八条　公安机关交通管理部门应当建立与司法机关、保险机构等有关部门间的数据信息共享机制，提高道路交通事故处理工作信息化水平。

第二章　管　辖

第九条　道路交通事故由事故发生地的县级公安机关交通管理部门管辖。未设立县级公安机关交通管理部门的，由设区的市公安机关交通管理部门管辖。

第十条　道路交通事故发生在两个以上管辖区域的，由事故起始点所在地公安机关交通管理部门管辖。

对管辖权有争议的，由共同的上一级公安机关交通管理部门指定管辖。指定管辖前，最先发现或者最先接到报警的公安机关交通管理部门应当先行处理。

第十一条　上级公安机关交通管理部门在必要的时候，可以处理下级公安机关交通管理部门管辖的道路交通事故，或者指定下级公安机关交通管理部门限时将案件移送其他下级公安机关交通管理部门处理。

案件管辖权发生转移的，处理时限从案件接收之日起计算。

第十二条　中国人民解放军、中国人民武装警察部队人员、车辆发生道路交通事故的，按照本规定处理。依法应当吊销、注销中国人民解放军、中国人民武装警察部队核发的机动车驾驶证以及对现役军人实施行政拘留或者追究刑事责任的，移送中国人民解放军、中国人民武装警察部队有关部门处理。

上道路行驶的拖拉机发生道路交通事故的，按照本规定处理。公安机关交通管理部门对拖拉机驾驶人依法暂扣、吊销、注销驾驶证或者记分处理的，应当将决定书和记分情况通报有关的农业（农业机械）主管部门。吊销、注销驾驶证的，还应当将驾驶证送交有关的农业（农业机械）主管部门。

第三章　报警和受案

第十三条　发生死亡事故、伤人事故的，或者发生财产损失事故且有下列情形之一的，当事人应当保护现场并立即报警：

（一）驾驶人无有效机动车驾驶证或者驾驶的机动车与驾驶证载明的准驾车型不符的；

（二）驾驶人有饮酒、服用国家管制的精神药品或者麻醉药品嫌疑的；

（三）驾驶人有从事校车业务或者旅客运输，严重超过额定乘员载客，或者严重超过规定时速行驶嫌疑的；

（四）机动车无号牌或者使用伪造、变造的号牌的；

（五）当事人不能自行移动车辆的；

（六）一方当事人离开现场的；

（七）有证据证明事故是由一方故意造成的。

驾驶人必须在确保安全的原则下，立即组织车上人员疏散到路外安全地点，避免发生次生事故。驾驶人已因道路交通事故死亡或者受伤无法行动的，车上其他人员应当自行组织疏散。

第十四条　发生财产损失事故且有下列情形之一，车辆可以移动的，当事人应当组织车上人员疏散到路外安全地点，在确保安全的原则下，采取现场拍照或者标划事故车辆现场位置等方式固定证据，将车辆移至不妨碍交通的地点后报警：

（一）机动车无检验合格标志或者无保险标志的；

（二）碰撞建筑物、公共设施或者其他设施的。

第十五条　载运爆炸性、易燃性、毒害性、放射性、腐蚀性、传染病病原体等危险物品车辆发生事故的，当事人应当立即报警，危险物品车辆驾驶人、押运人应当按照危险物品安全管理法律、法规、规章以及有关操作规程的规定，采取相应的应急处置措施。

第十六条　公安机关及其交通管理部门接到报警的，应当受理，制作受案登记表并记录下列内容：

（一）报警方式、时间，报警人姓名、联系方式，电话报警的，还应当记录报警电话；

（二）发生或者发现道路交通事故时间、地点；

（三）人员伤亡情况；

（四）车辆类型、车辆号牌号码，是否载有危险物品以及危险物品的种类、是否发生泄漏等；

（五）涉嫌交通肇事逃逸的，还应当询问并记录肇事车辆的车型、颜色、特征及其逃逸方向、逃逸驾驶人的体貌特征等有关情况。

报警人不报姓名的，应当记录在案。报警人不愿意公开姓名的，应当为其保密。

第十七条　接到道路交通事故报警后，需要派员到现场处置，或者接到出警指令的，公安机关交通管理部门应当立即派交通警察赶赴现场。

第十八条　发生道路交通事故后当事人未报警，在事故现场撤除后，当事人又报警请求公安机关交通管理部门处理的，公安机关交通管理部门应当按照本规定第十六条规定的记录内容予以记录，并在三日内作出是否接受案件的决定。

经核查道路交通事故事实存在的，公安机关交通管理部门应当受理，制作受案登记表；经核查无法证明道路交通事故事实存在，或者不属于公安机关交通管理部门管辖的，应当书面告知当事人，并说明理由。

第四章　自行协商

第十九条　机动车与机动车、机动车与非机动车发生财产损失事故，当事人应当在确保安全的原则下，采取现场拍照或者标划事故车辆现场位置等方式固定证据后，立即撤离现场，将车辆移至不妨碍交通的地点，再协商处理损害赔偿事宜。但有本规定第十三条规定情形的除外。

非机动车与非机动车或者行人发生财产损失事故，当事人应当先撤离现场，再协商处理损害赔偿事宜。

对应当自行撤离现场而未撤离的，交通警察应当责令当事人撤离现场；造成交通堵塞的，对驾驶人处以 200 元罚款。

第二十条　发生可以自行协商处理的财产损失事故，当事人可以通过互联网在线自行协商处理；当事人对事实及成因有争议的，可以通过互联网共同申请公安机关交通管理部门在线确定当事人的责任。

当事人报警的，交通警察、警务辅助人员可以指导当事人自行协商处理。当事人要求交通警察到场处理的，应当指派交通警察到现场调查处理。

第二十一条　当事人自行协商达成协议的，制作道路交通事故自行协商协议书，并共同签名。道路交通事故自行协商协议书应当载明事故发生的时间、地点、天气、当事人姓名、驾驶证号或者身份证号、联系方式、机动车种类和号牌号码、保险公司、保险凭证号、事故形态、碰撞部位、当事人的责任等内容。

第二十二条　当事人自行协商达成协议的，可以按照下列方式履行道路交通事故损害赔偿：

（一）当事人自行赔偿；

（二）到投保的保险公司或者道路交通事故保险理赔服务场所办理损害赔偿事宜。

当事人自行协商达成协议后未履行的，可以申请人民调解委员会调解或者向人民法院提起民事诉讼。

第五章　简易程序

第二十三条　公安机关交通管理部门可以适用简易程序处理以下道路交通事故，但是有交通肇事、危险驾驶犯罪嫌疑的除外：

（一）财产损失事故；

（二）受伤当事人伤势轻微，各方当事人一致同意适用简易程序处理的伤人事故。

适用简易程序的，可以由一名交通警察处理。

第二十四条　交通警察适用简易程序处理道路交通事故时，应当在固定现场证据后，责令当事人撤离现场，恢复交通。拒不撤离现场的，予以强制撤离。当事人无法及时移动车辆影响通行和交通安全的，交通警察应当将车辆移至不妨碍交通的地点。具有本规定第十三条第一款第一项、第二项情形之一的，按照《中华人民共和国道路交通安全法实施条例》第一百零四条规定处理。

撤离现场后，交通警察应当根据现场固定的证据和当事人、证人陈述等，认定并记录道路交通事故发生的时间、地点、天气、当事人姓名、驾驶证号或者身份证号、联系方式、机动车种类和号牌号码、保险公司、保险凭证号、道路交通事故形态、碰撞部位等，并根据本规定第六十条确定当事人的责任，当场制作道路交通事故认定书。不具备当场制作条件的，交通警察应当在三日内制作道路交通事故认定书。

道路交通事故认定书应当由当事人签名，并现场送达当事人。当事人拒绝签名或者接收的，交通警察应当在道路交通事故认定书上注明情况。

第二十五条　当事人共同请求调解的，交通警察应当当场进行调解，并在道路交通事故认定书上记录调解结果，由当事人签名，送达当事人。

第二十六条　有下列情形之一的，不适用调解，交通警察可以在道路交通事故认定书上载明有关情况后，将道路交通事故认定书送达当事人：

（一）当事人对道路交通事故认定有异议的；

（二）当事人拒绝在道路交通事故认定书上签名的；

（三）当事人不同意调解的。

第六章　调　查

第一节　一般规定

第二十七条　除简易程序外，公安机关交通管理部门对道路交通事故进行调查时，交通警察不得少于二人。

交通警察调查时应当向被调查人员出示《人民警察证》，告知被调查人依法享有的权利和义务，向当事人发送联系卡。联系卡载明交通警察姓名、办公地址、联系方式、监督电话等内容。

第二十八条　交通警察调查道路交通事故时，应当合法、及时、客观、全面地收集证据。

第二十九条　对发生一次死亡三人以上道路交通事故的，公安机关交通管理部门应当开展深度调查；对造成其他严重后果或者存在严重安全问题的道路交通事故，可以开展深度调查。具体程序另行规定。

第二节　现场处置和调查

第三十条　交通警察到达事故现场后，应当立即进行下列工作：

（一）按照事故现场安全防护有关标准和规范的要求划定警戒区域，在安全距离位置放置发光或者反光锥筒和警告标志，确定专人负责现场交通指挥和疏导。因道路交通事故导致交通中断或者现场处置、勘查需要采取封闭道路等交通管制措施的，还应当视情在事故现场来车方向提前组织分流，放置绕行提示标志；

（二）组织抢救受伤人员；

（三）指挥救护、勘查等车辆停放在安全和便于抢救、勘查的位置，开启警灯，夜间还应当开启危险报警闪光灯和示廓灯；

（四）查找道路交通事故当事人和证人，控制肇事嫌疑人；

（五）其他需要立即开展的工作。

第三十一条　道路交通事故造成人员死亡的，应当经急救、医疗人员或者法医确认，并由具备资质的医疗机构出具死亡证明。尸体应当存放在殡葬服务单位或者医疗机构等有停尸条件的场所。

第三十二条　交通警察应当对事故现场开展下列调查工作：

（一）勘查事故现场，查明事故车辆、当事人、道路及其空间关系和事故发生时的天气情况；

（二）固定、提取或者保全现场证据材料；

（三）询问当事人、证人并制作询问笔录；现场不具备制作询问笔录条件的，可以通过录音、录像记录询问过程；

（四）其他调查工作。

第三十三条　交通警察勘查道路交通事故现场，应当按照有关法规和标准的规定，拍摄现场照片，绘制现场图，及时提取、采集与案件有关的痕迹、物证等，制作现场勘查笔录。现场勘查过程中发现当事人涉嫌利用交通工具实施其他犯罪的，应当妥善保护犯罪现场和证据，控制犯罪嫌疑人，并立即报告公安机关主管部门。

发生一次死亡三人以上事故，应当进行现场摄像，必要时可以聘请具有专门知识的人参加现场勘验、检查。

现场图、现场勘查笔录应当由参加勘查的交通警察、当事人和见证人签名。当事人、见证人拒绝签名或者无法签名以及无见证人的，应当记录在案。

第三十四条　痕迹、物证等证据可能因时间、地点、气象等原因导致改变、毁损、灭失的，交通警察应当及时固定、提取或者保全。

对涉嫌饮酒或者服用国家管制的精神药品、麻醉药品驾驶车辆的人员，公安机关交通管理部门应当按照《道路交通安全违法行为处理程序规定》及时抽血或者提取尿样等检材，送交有检验鉴定资质的机构进行检验。

车辆驾驶人员当场死亡的，应当及时抽血检验。不具备抽血条件的，应当由医疗机构或者检验机构出具证明。

第三十五条　交通警察应当核查当事人的身份证件、机动车驾驶证、机动车行驶证、检验合格标志、保险标志等。

对交通肇事嫌疑人可以依法传唤。对在现场发现的交通肇事嫌疑人，经出示《人民警察证》，可以口头传唤，并在询问笔录中注明嫌疑人到案经过、到案时间和离开时间。

第三十六条　勘查事故现场完毕后，交通警察应当清点并登记现场遗留物品，迅速组织清理现场，尽快恢复交通。

现场遗留物品能够当场发还的，应当当场发还并做记录；当场无法确定所有人的，应当登记，并妥善保管，待所有人确定后，及时发还。

第三十七条　因调查需要，公安机关交通管理部门可以向有关单位、个人调取汽车行驶记录仪、卫星定位装置、技术监控设备的记录资料以及其他与事故有关的证据材料。

第三十八条　因调查需要，公安机关交通管理部门可以组织道路交通事故当事人、证人对肇事嫌疑人、嫌疑车辆等进行辨认。

辨认应当在交通警察的主持下进行。主持辨认的交通警察不得少于二人。多名辨认人对同一辨认对象进行辨认时，应当由辨认人个别进行。

辨认时，应当将辨认对象混杂在特征相类似的其他对象中，不得给辨认人任何暗示。辨认肇事嫌疑人时，被辨认的人数不得少于七人；对肇事嫌疑人照片进行辨认的，不得少于十人的照片。辨认嫌疑车辆时，同类车辆不得少于五辆；对肇事嫌疑车辆照片进行辨认时，不得少于十辆的照片。

对尸体等特定辨认对象进行辨认，或者辨认人能够准确描述肇事嫌疑人、嫌疑车辆独有特征的，不受数量的限制。

对肇事嫌疑人的辨认，辨认人不愿意公开进行时，可以在不暴露辨认人的情况下进行，并应当为其保守秘密。

对辨认经过和结果，应当制作辨认笔录，由交通警察、辨认人、见证人签名。必要时，应当对辨认过程进行录音或者录像。

第三十九条　因收集证据的需要，公安机关交通管理部门可以扣留事故车辆，并开具行政强制措施凭证。扣留的车辆应当妥善保管。

公安机关交通管理部门不得扣留事故车辆所载货物。对所载货物在核实重量、体积及货物损失后，通知机动车驾驶人或者货物所有人自行处理。无法通知当事人或者当事人不自行处理的，按照《公安机关办理行政案件程序规定》的有关规定办理。

严禁公安机关交通管理部门指定停车场停放被扣留的车辆。

第四十条　当事人涉嫌犯罪的，因收集证据的需要，公安机关交通管理部门可以依据《中华人民共和国刑事诉讼法》《公安机关办理刑事案件程序规定》，扣押机动车驾驶证等与事故有关的物品、证件，并按照规定出具扣押法律文书。扣押的物品应当妥善保管。

对扣押的机动车驾驶证等物品、证件，作为证据使用的，应当随案移送，并制作随案移送清单一式两份，一份留存，一份交人民检察院。对于实物不宜移送的，应当将其清单、照片或者其他证明文件随案移送。待人民法院作出生效判决后，按照人民法院的通知，依法作出处理。

第四十一条　经过调查，不属于公安机关交通管理部门管辖的，应当将案件移送有关部门并书面通知当事人，或者告知当事人处理途径。

公安机关交通管理部门在调查过程中，发现当事人涉嫌交通肇事、危险驾驶犯罪的，应当按照《中华人民共和国刑事诉讼法》《公安机关办理刑事案件程序规定》立案侦查。发现当事人有其他违法犯罪嫌疑的，应当及时移送有关部门，移送不影响事故的调查和处理。

第四十二条　投保机动车交通事故责任强制保险的车辆发生道路交通事故，因抢救受伤人员需要保险公司支付抢救费用的，公安机关交通管理部门应当书面通知保险公司。

抢救受伤人员需要道路交通事故社会救助基金垫付费用的，公安机关交通管理部门应当书面通知道路交通事故社会救助基金管理机构。

道路交通事故造成人员死亡需要救助基金垫付丧葬费用的，公安机关交通管理部门应当在送达尸体处理通知书的同时，告知受害人亲属向道路交通事故社会救助基金管理机构提出书面垫付申请。

第三节　交通肇事逃逸查缉

第四十三条　公安机关交通管理部门应当根据管辖区域和道路情况，制定交通肇事逃逸案件查缉预案、组织专门力量办理交通肇事逃逸案件。

发生交通肇事逃逸案件后，公安机关交通管理部门应当立即启动查缉预案，布置警力堵截，并通过全国机动车缉查布控系统查缉。

第四十四条　案发地公安机关交通管理部门可以通过发协查通报、向社会公告等方式要求协查、举报交通肇事逃逸车辆或者侦破线索。发出协查通报或者向社会公告时，应当提供交通肇事逃逸案件基本事实、交通肇事逃逸车辆情况、特征及逃逸方向等有关情况。

中国人民解放军和中国人民武装警察部队车辆涉嫌交通肇事逃逸的，公安机关交通管理部门应当通报中国人民解放军、中国人民武装警察部队有关部门。

第四十五条　接到协查通报的公安机关交通管理部门，应当立即布置堵截或者排查。发现交通肇事逃逸车辆或者嫌疑车辆的，应当予以扣留，依法传唤交通肇事逃逸人或者与协查通报相符的嫌疑人，并及时将有关情况通知案发地公安机关交通管理部门。案发地公安机关交通管理部门应当立即派交通警察前往办理移交。

第四十六条　公安机关交通管理部门查获交通肇事逃逸车辆或者交通肇事逃逸嫌疑人后，应当按原范围撤销协查通报，并通过全国机动车缉查布控系统撤销布控。

第四十七条　公安机关交通管理部门侦办交通肇事逃逸案件期间，交通肇事逃逸案件的受害人及其家属向公安机关交通管理部门询问案件侦办情况的，除依法不应当公开的内容外，公安机关交通管理部门应当告知并做好记录。

第四十八条　道路交通事故社会救助基金管理机构已经为受害人垫付抢救费用或者丧葬费用的，公安机关交通管理部门应当在交通肇事逃逸案件侦破后及时书面告知道路交通事故社会救助基金管理机构交通肇事逃逸驾驶人的有关情况。

第四节　检验、鉴定

第四十九条　需要进行检验、鉴定的，公安机关交通管理部门应当按照有关规定，自事故现场调查结束之日起三日内委托具备资质的鉴定机构进行鉴定。

尸体检验应当在死亡之日起三日内委托。对交通肇事逃逸车辆的检验、鉴定自查获肇事嫌疑车辆之日起三日内委托。

对现场调查结束之日起三日后需要检验、鉴定的，应当报经上一级公安机关交通管理部门批准。

对精神疾病的鉴定，由具有精神病鉴定资质的鉴定机构进行。

第五十条　检验、鉴定费用由公安机关交通管理部门承担，但法律法规另有规定或者当事人自行委托伤残评定、财产损失评估的除外。

第五十一条　公安机关交通管理部门应当与鉴定机构确定检验、鉴定完成的期限，确定的期限不得超过三十日。超过三十日的，应当报经上一级公安机关交通管理部门批准，但最长不得超过六十日。

第五十二条　尸体检验不得在公众场合进行。为了确定死因需要解剖尸体的，应当征得死者家属同意。死者家属不同意解剖尸体的，经县级以上公安机关或者上一级公安机关交通管理部门负责人批准，可以解剖尸体，并且通知死者家属到场，由其在解剖尸体通知书上签名。

死者家属无正当理由拒不到场或者拒绝签名的，交通警察应当在解剖尸体通知书上注明。对身份不明的尸体，无法通知死者家属的，应当记录在案。

第五十三条　尸体检验报告确定后，应当书面通知死者家属在十日内办理丧葬事宜。无正当理由逾期不办理的应记录在案，并经县级以上公安机关或者上一级公安机关交通管理部门负责人批准，由公安机关或者上一级公安机关交通管理部门处理尸体，逾期存放的费用由死者家属承担。

对于没有家属、家属不明或者因自然灾害等不可抗力导致无法通知或者通知后家属拒绝领回的，经县级以上公安机关或者上一级公安机关交通管理部门负责人批准，可以及时处理。

对身份不明的尸体，由法医提取人身识别检材，并对尸体拍照、采集相关信息后，由公安机关交通管理部门填写身份不明尸体信息登记表，并在设区的市级以上报纸刊登认尸启事。登报后三十日仍无人认领的，经县级以上公安机关负责人或者上一级公安机关交通管理部门负责人批准，可以及时处理。

因宗教习俗等原因对尸体处理期限有特殊需要的，经县级以上公安机关负责人或者上一级公安机关交通管理部门负责人批准，可紧急处理。

第五十四条　鉴定机构应当在规定的期限内完成检验、鉴定，并出具书面检验报告、鉴定意见，由鉴定人签名，鉴定意见还应当加盖机构印章。检验报告、鉴定意见应当载明以下事项：

（一）委托人；

（二）委托日期和事项；

（三）提交的相关材料；

（四）检验、鉴定的时间；

（五）依据和结论性意见，通过分析得出结论性意见的，应当有分析证明过程。

检验报告、鉴定意见应当附有鉴定机构、鉴定人的资质证明或者其他证明文件。

第五十五条　公安机关交通管理部门应当对检验报告、鉴定意见进行审核，并在收到检验报告、鉴定意见之日起五日内，将检验报告、鉴定意见复印件送达当事人。但是有下列情形之一的除外：

（一）检验、鉴定程序违法或者违反相关专业技术要求，可能影响检验报告、鉴定意见公正、客观的；

（二）鉴定机构、鉴定人不具备鉴定资质和条件的；

（三）检验报告、鉴定意见明显依据不足的；

（四）故意作虚假鉴定的；

（五）鉴定人应当回避而没有回避的；

（六）检材虚假或者检材被损坏、不具备鉴定条件的；

（七）其他可能影响检验报告、鉴定意见公正、客观的情形。

检验报告、鉴定意见存在前款规定情形之一的，经县级以上公安机关交通管理部门负责人批准，应当在收到检验报告、鉴定意见之日起三日内重新委托检验、鉴定。

第五十六条　当事人对检验报告、鉴定意见有异议，申请重新检验、鉴定的，应当自公安机关交通管理部门送达之日起三日内提出书面申请，经县级以上公安机关交通管理部门负责人批准，原办案单位应当重新委托检验、鉴定。检验报告、鉴定意见不具有本规定第五十五条第一款情形的，经县级以上公安机关交通管理部门负责人批准，由原办案单位作出不准予重新检验、鉴定的决定，并在作出决定之日起三日内书面通知申请人。

同一交通事故的同一检验、鉴定事项，重新检验、鉴定以一次为限。

第五十七条　重新检验、鉴定应当另行委托鉴定机构。

第五十八条　自检验报告、鉴定意见确定之日起五日内，公安机关交通管理部门应当通知当事人领取扣留的事故车辆。

因扣留机动车发生的费用由作出决定的公安机关交通管理部门承担。但是，公安机关交通管理部门通知当事人领取，当事人逾期未领取产生的停车费用由当事人自行承担。

经通知当事人三十日后不领取的车辆，经公告三个月仍不领取的，对扣留的车辆依法处理。

第七章 认定与复核

第一节 道路交通事故认定

第五十九条 道路交通事故认定应当做到事实清楚、证据确实充分、适用法律正确、责任划分公正、程序合法。

第六十条 公安机关交通管理部门应当根据当事人的行为对发生道路交通事故所起的作用以及过错的严重程度，确定当事人的责任。

（一）因一方当事人的过错导致道路交通事故的，承担全部责任；

（二）因两方或者两方以上当事人的过错发生道路交通事故的，根据其行为对事故发生的作用以及过错的严重程度，分别承担主要责任、同等责任和次要责任；

（三）各方均无导致道路交通事故的过错，属于交通意外事故的，各方均无责任。

一方当事人故意造成道路交通事故的，他方无责任。

第六十一条 当事人有下列情形之一的，承担全部责任：

（一）发生道路交通事故后逃逸的；

（二）故意破坏、伪造现场、毁灭证据的。

为逃避法律责任追究，当事人弃车逃逸以及潜逃藏匿的，如有证据证明其他当事人也有过错，可以适当减轻责任，但同时有证据证明逃逸当事人有本条第一款第二项情形的，不予减轻。

第六十二条 公安机关交通管理部门应当自现场调查之日起十日内制作道路交通事故认定书。交通肇事逃逸案件在查获交通肇事车辆和驾驶人后十日内制作道路交通事故认定书。对需要进行检验、鉴定的，应当在检验报告、鉴定意见确定之日起五日内制作道路交通事故认定书。

有条件的地方公安机关交通管理部门可以试行在互联网公布道路交通事故认定书，但对涉及的国家秘密、商业秘密或者个人隐私，应当保密。

第六十三条 发生死亡事故以及复杂、疑难的伤人事故后，公安机关交通管理部门应当在制作道路交通事故认定书或者道路交通事故证明前，召集各方当事人到场，公开调查取得的证据。

证人要求保密或者涉及国家秘密、商业秘密以及个人隐私的，按照有关法律法规的规定执行。

当事人不到场的，公安机关交通管理部门应当予以记录。

第六十四条 道路交通事故认定书应当载明以下内容：

（一）道路交通事故当事人、车辆、道路和交通环境等基本情况；

（二）道路交通事故发生经过；

（三）道路交通事故证据及事故形成原因分析；

（四）当事人导致道路交通事故的过错及责任或者意外原因；

（五）作出道路交通事故认定的公安机关交通管理部门名称和日期。

道路交通事故认定书应当由交通警察签名或者盖章，加盖公安机关交通管理部门道路交通事故处理专用章。

第六十五条　道路交通事故认定书应当在制作后三日内分别送达当事人，并告知申请复核、调解和提起民事诉讼的权利、期限。

当事人收到道路交通事故认定书后，可以查阅、复制、摘录公安机关交通管理部门处理道路交通事故的证据材料。但是证人要求保密或者涉及国家秘密、商业秘密以及个人隐私的，按照有关法律法规的规定执行。公安机关交通管理部门对当事人复制的证据材料应当加盖公安机关交通管理部门事故处理专用章。

第六十六条　交通肇事逃逸案件尚未侦破，受害一方当事人要求出具道路交通事故认定书的，公安机关交通管理部门应当在接到当事人书面申请后十日内，根据本规定第六十一条确定各方当事人责任，制作道路交通事故认定书，并送达受害方当事人。道路交通事故认定书应当载明事故发生的时间、地点、受害人情况及调查得到的事实，以及受害方当事人的责任。

交通肇事逃逸案件侦破后，已经按照前款规定制作道路交通事故认定书的，应当按照本规定第六十一条重新确认责任，制作道路交通事故认定书，分别送达当事人。重新制作的道路交通事故认定书除应当载明本规定第六十四条规定的内容外，还应当注明撤销原道路交通事故认定书。

第六十七条　道路交通事故基本事实无法查清、成因无法判定的，公安机关交通管理部门应当出具道路交通事故证明，载明道路交通事故发生的时间、地点、当事人情况及调查得到的事实，分别送达当事人，并告知申请复核、调解和提起民事诉讼的权利、期限。

第六十八条　由于案件当事人、关键证人处于抢救状态或者因其他客观原因导致无法及时取证，现有证据不足以认定案件基本事实的，经上一级公安机关交通管理部门批准，道路交通事故认定的时限可中止计算，并书面告知各方当事人或者其代理人，但中止的时间最长不得超过六十日。

当中止认定的原因消失，或者中止期满受伤人员仍然无法接受调查的，公安机关交通管理部门应当在五日内，根据已经调查取得的证据制作道路交通事故认定书或者出具道路交通事故证明。

第六十九条　伤人事故符合下列条件，各方当事人一致书面申请快速处理的，经县级以上公安机关交通管理部门负责人批准，可以根据已经取得的证据，自当事人申请之日起五日内制作道路交通事故认定书：

（一）当事人不涉嫌交通肇事、危险驾驶犯罪的；

（二）道路交通事故基本事实及成因清楚，当事人无异议。

第七十条　对尚未查明身份的当事人，公安机关交通管理部门应当在道路交通事故认定书或者道路交通事故证明中予以注明，待身份信息查明以后，制作书面补充说明送达各方当事人。

第二节　复　核

第七十一条　当事人对道路交通事故认定或者出具道路交通事故证明有异议的，可以自道路交通事故认定书或者道路交通事故证明送达之日起三日内提出书面复核申请。当事人逾期提交复核申请的，不予受理，并书面通知申请人。

复核申请应当载明复核请求及其理由和主要证据。同一事故的复核以一次为限。

第七十二条　复核申请人通过作出道路交通事故认定的公安机关交通管理部门提出复核申请的，作出道路交通事故认定的公安机关交通管理部门应当自收到复核申请之日起二日内将复核申请连同道路交通事故有关材料移送上一级公安机关交通管理部门。

复核申请人直接向上一级公安机关交通管理部门提出复核申请的，上一级公安机关交通管理部门应当通知作出道路交通事故认定的公安机关交通管理部门自收到通知之日起五日内提交案卷材料。

第七十三条　除当事人逾期提交复核申请的情形外，上一级公安交通管理部门收到复核申请之日即为受理之日。

第七十四条　上一级公安机关交通管理部门自受理复核申请之日起三十日内，对下列内容进行审查，并作出复核结论：

（一）道路交通事故认定的事实是否清楚、证据是否确实充分、适用法律是否正确、责任划分是否公正；（二）道路交通事故调查及认定程序是否合法；

（三）出具道路交通事故证明是否符合规定。

复核原则上采取书面审查的形式，但是当事人提出要求或者公安机关交通管理部门认为有必要时，可以召集各方当事人到场，听取各方意见。

办理复核案件的交通警察不得少于二人。

第七十五条　复核审查期间，申请人提出撤销复核申请的，公安机关交通管理部门应当终止复核，并书面通知各方当事人。

受理复核申请后，任何一方当事人就该事故向人民法院提起诉讼并经人民法院受理的，公安机关交通管理部门应当将受理当事人复核申请的有关情况告知相关人民法院。

受理复核申请后，人民检察院对交通肇事犯罪嫌疑人作出批准逮捕决定的，公安机关交通管理部门应当将受理当事人复核申请的有关情况告知相关人民检察院。

第七十六条　上一级公安机关交通管理部门认为原道路交通事故认定事实清楚、证据确实充分、适用法律正确、责任划分公正、程序合法的，应当作出维持原道路交通事故认定的复核结论。

上一级公安机关交通管理部门认为调查及认定程序存在瑕疵、但不影响道路交通事故认定的，在责令原办案单位补正或者作出合理解释后，可以作出维持原道路交通事故认定的复核结论。

上一级公安机关交通管理部门认为原道路交通事故认定有下列情形之一的，应当作出责令原办案单位重新调查、认定的复核结论：

（一）事实不清的；

（二）主要证据不足的；

（三）适用法律错误的；

（四）责任划分不公正的；

（五）调查及认定违反法定程序可能影响道路交通事故认定的。

第七十七条　上一级公安机关交通管理部门审查原道路交通事故证明后，按下列规定处理：

（一）认为事故成因确属无法查清，应当作出维持原道路交通事故证明的复核结论；

（二）认为事故成因仍需进一步调查的，应当作出责令原办案单位重新调查、认定的复核结论。

第七十八条　上一级公安机关交通管理部门应当在作出复核结论后三日内将复核结论送达各方当事人。公安机关交通管理部门认为必要的，应当召集各方当事人，当场宣布复核结论。

第七十九条　上一级公安机关交通管理部门作出责令重新调查、认定的复核结论后，原办案单位应当在十日内依照本规定重新调查，重新作出道路交通事故认定，撤销原道路交通事故认定书或者原道路交通事故证明。

重新调查需要检验、鉴定的，原办案单位应当在检验报告、鉴定意见确定之日起五日内，重新作出道路交通事故认定。

重新作出道路交通事故认定的，原办案单位应当送达各方当事人，并报上一级公安机关交通管理部门备案。

第八十条　上一级公安机关交通管理部门可以设立道路交通事故复核委员会，由办理复核案件的交通警察会同相关行业代表、社会专家学者等人员共同组成，负责案件复核，并以上一级公安机关交通管理部门名义作出复核结论。

第八章 处罚执行

第八十一条　公安机关交通管理部门应当按照《道路交通安全违法行为处理程序规定》，对当事人的道路交通安全违法行为依法作出处罚。

第八十二条　对发生道路交通事故构成犯罪，依法应当吊销驾驶人机动车驾驶证的，应当在人民法院作出有罪判决后，由设区的市公安机关交通管理部门依法吊销机动车驾驶证。同时具有逃逸情形的，公安机关交通管理部门应当同时依法作出终生不得重新取得机动车驾驶证的决定。

第八十三条　专业运输单位六个月内两次发生一次死亡三人以上事故，且单位或者车辆驾驶人对事故承担全部责任或者主要责任的，专业运输单位所在地的公安机关交通管理部门应当报经设区的市公安机关交通管理部门批准后，作出责令限期消除安全隐患的决定，禁止未消除安全隐患的机动车上道路行驶，并通报道路交通事故发生地及运输单位所在地的人民政府有关行政管理部门。

第九章 损害赔偿调解

第八十四条　当事人可以采取以下方式解决道路交通事故损害赔偿争议：

（一）申请人民调解委员会调解；

（二）申请公安机关交通管理部门调解；

（三）向人民法院提起民事诉讼。

第八十五条　当事人申请人民调解委员会调解，达成调解协议后，双方当事人认为有必要的，可以根据《中华人民共和国人民调解法》共同向人民法院申请司法确认。

当事人申请人民调解委员会调解，调解未达成协议的，当事人可以直接向人民法院提起民事诉讼，或者自人民调解委员会作出终止调解之日起三日内，一致书面申请公安机关交通管理部门进行调解。

第八十六条　当事人申请公安机关交通管理部门调解的，应当在收到道路交通事故认定书、道路交通事故证明或者上一级公安机关交通管理部门维持原道路交通事故认定的复核结论之日起十日内一致书面申请。

当事人申请公安机关交通管理部门调解，调解未达成协议的，当事人可以依法向人民法院提起民事诉讼，或者申请人民调解委员会进行调解。

第八十七条　公安机关交通管理部门应当按照合法、公正、自愿、及时的原则进行道路交通事故损害赔偿调解。

道路交通事故损害赔偿调解应当公开进行，但是当事人申请不予公开的除外。

第八十八条　公安机关交通管理部门应当与当事人约定调解的时间、地点，并于调解时间三日前通知当事人。口头通知的，应当记入调解记录。

调解参加人因故不能按期参加调解的，应当在预定调解时间一日前通知承办的交通警察，请求变更调解时间。

第八十九条　参加损害赔偿调解的人员包括：

（一）道路交通事故当事人及其代理人；

（二）道路交通事故车辆所有人或者管理人；

（三）承保机动车保险的保险公司人员；

（四）公安机关交通管理部门认为有必要参加的其他人员。

委托代理人应当出具由委托人签名或者盖章的授权委托书。授权委托书应当载明委托事项和权限。

参加损害赔偿调解的人员每方不得超过三人。

第九十条　公安机关交通管理部门受理调解申请后，应当按照下列规定日期开始调解：

（一）造成人员死亡的，从规定的办理丧葬事宜时间结束之日起；

（二）造成人员受伤的，从治疗终结之日起；

（三）因伤致残的，从定残之日起；

（四）造成财产损失的，从确定损失之日起。

公安机关交通管理部门受理调解申请时，已超过本条前款规定的时间，调解自受理调解申请之日起开始。

公安机关交通管理部门应当自调解开始之日起十日内制作道路交通事故损害赔偿调解书或者道路交通事故损害赔偿调解终结书。

第九十一条　交通警察调解道路交通事故损害赔偿，按照下列程序实施：

（一）告知各方当事人权利、义务；

（二）听取各方当事人的请求及理由；

（三）根据道路交通事故认定书认定的事实以及《中华人民共和国道路交通安全法》第七十六条的规定，确定当事人承担的损害赔偿责任；

（四）计算损害赔偿的数额，确定各方当事人各自承担的比例，人身损害赔偿的标准按照《中华人民共和国侵权责任法》《最高人民法院关于审理人身损害赔偿案件适用法律若干问题的解释》《最高人民法院关于审理道路交通事故损害赔偿案件适用法律若干问题的解释》等有关规定执行，财产损失的修复费用、折价赔偿费用按照实际价值或者评估机构的评估结论计算；

（五）确定赔偿履行方式及期限。

第九十二条　因确定损害赔偿的数额，需要进行伤残评定、财产损失评估的，由各方当事人协商确定有资质的机构进行。但财产损失数额巨大涉嫌刑事犯罪的，由公安机关交通管理部门委托。

当事人委托伤残评定、财产损失评估的费用，由当事人承担。

第九十三条　经调解达成协议的，公安机关交通管理部门应当当场制作道路交通事故损害赔偿调解书，由各方当事人签字，分别送达各方当事人。

调解书应当载明以下内容：

（一）调解依据；

（二）道路交通事故认定书认定的基本事实和损失情况；

（三）损害赔偿的项目和数额；

（四）各方的损害赔偿责任及比例；

（五）赔偿履行方式和期限；

（六）调解日期。

经调解各方当事人未达成协议的，公安机关交通管理部门应当终止调解，制作道路交通事故损害赔偿调解终结书，送达各方当事人。

第九十四条　有下列情形之一的，公安机关交通管理部门应当终止调解，并记录在案：

（一）调解期间有一方当事人向人民法院提起民事诉讼的；

（二）一方当事人无正当理由不参加调解的；

（三）一方当事人调解过程中退出调解的。

第九十五条　有条件的地方公安机关交通管理部门可以联合有关部门，设置道路交通事故保险理赔服务场所。

第十章 涉外道路交通事故处理

第九十六条　外国人在中华人民共和国境内发生道路交通事故的，除按照本规定执行外，还应当按照办理涉外案件的有关法律、法规、规章的规定执行。

公安机关交通管理部门处理外国人发生的道路交通事故，应当告知当事人我国法律、法规、规章规定的当事人在处理道路交通事故中的权利和义务。

第九十七条 外国人发生道路交通事故有下列情形之一的，不准其出境：

（一）涉嫌犯罪的；

（二）有未了结的道路交通事故损害赔偿案件，人民法院决定不准出境的；

（三）法律、行政法规规定不准出境的其他情形。

第九十八条 外国人发生道路交通事故并承担全部责任或者主要责任的，公安机关交通管理部门应当告知道路交通事故损害赔偿权利人可以向人民法院提出采取诉前保全措施的请求。

第九十九条 公安机关交通管理部门在处理道路交通事故过程中，使用中华人民共和国通用的语言文字。对不通晓我国语言文字的，应当为其提供翻译；当事人通晓我国语言文字而不需要他人翻译的，应当出具书面声明。

经公安机关交通管理部门批准，外国人可以自行聘请翻译，翻译费由当事人承担。

第一百条 享有外交特权与豁免的人员发生道路交通事故时，应当主动出示有效身份证件，交通警察认为应当给予暂扣或者吊销机动车驾驶证处罚的，可以扣留其机动车驾驶证。需要对享有外交特权和豁免的人员进行调查的，可以约谈，谈话时仅限于与道路交通事故有关的内容。需要检验、鉴定车辆的，公安机关交通管理部门应当征得其同意，并在检验、鉴定后立即发还。

公安机关交通管理部门应当根据收集的证据，制作道路交通事故认定书送达当事人，当事人拒绝接收的，送达至其所在机构；没有所在机构或者所在机构不明确的，由当事人所属国家的驻华使领馆转交送达。

享有外交特权与豁免的人员应当配合公安机关交通管理部门的调查和检验、鉴定。对于经核查确实享有外交特权与豁免但不同意接受调查或者检验、鉴定的，公安机关交通管理部门应将有关情况记录在案，损害赔偿事宜通过外交途径解决。

第一百零一条 公安机关交通管理部门处理享有外交特权与豁免的外国人发生人员死亡事故的，应当将其身份、证件及事故经过、损害后果等基本情况记录在案，并将有关情况迅速通报省级人民政府外事部门和该外国人所属国家的驻华使馆或者领馆。

第一百零二条 外国驻华领事机构、国际组织、国际组织驻华代表机构享有特权与豁免的人员发生道路交通事故的，公安机关交通管理部门参照本规定第一百条、第一百零一条规定办理，但《中华人民共和国领事特权与豁免条例》、中国已参加的国际公约以及我国与有关国家或者国际组织缔结的协议有不同规定的除外。

第十一章 执法监督

第一百零三条 公安机关警务督察部门可以依法对公安机关交通管理部门及其交通警察处理道路交通事故工作进行现场督察，查处违纪违法行为。

上级公安机关交通管理部门对下级公安机关交通管理部门处理道路交通事故工作进行监督，发现错误应当及时纠正，造成严重后果的，依纪依法追究有关人员的责任。

第一百零四条 公安机关交通管理部门及其交通警察处理道路交通事故，应当公开办事制度、办事程序，建立警风警纪监督员制度，并自觉接受社会和群众的监督。

任何单位和个人都有权对公安机关交通管理部门及其交通警察不依法严格公正处理道路交通事故、利用职务上的便利收受他人财物或者谋取其他利益、徇私舞弊、滥用职权、玩忽职守以及其他违纪违法行为进行检举、控告。收到检举、控告的机关，应当依据职责及时查处。

第一百零五条　在调查处理道路交通事故时，交通警察或者公安机关检验、鉴定人员有下列情形之一的，应当回避：

（一）是本案的当事人或者当事人的近亲属；

（二）本人或者其近亲属与本案有利害关系；

（三）与本案当事人有其他关系，可能影响案件的公正处理。

交通警察或者公安机关检验、鉴定人员需要回避的，由本级公安机关交通管理部门负责人或者检验、鉴定人员所属的公安机关决定。公安机关交通管理部门负责人需要回避的，由公安机关负责人或者上一级公安机关交通管理部门负责人决定。

对当事人提出的回避申请，公安机关交通管理部门应当在二日内作出决定，并通知申请人。

第一百零六条　人民法院、人民检察院审理、审查道路交通事故案件，需要公安机关交通管理部门提供有关证据的，公安机关交通管理部门应当在接到调卷公函之日起三日内，或者按照其时限要求，将道路交通事故案件调查材料正本移送人民法院或者人民检察院。

第一百零七条　公安机关交通管理部门对查获交通肇事逃逸车辆及人员提供有效线索或者协助的人员、单位，应当给予表彰和奖励。

公安机关交通管理部门及其交通警察接到协查通报不配合协查并造成严重后果的，由公安机关或者上级公安机关交通管理部门追究有关人员和单位主管领导的责任。

第十二章　附　则

第一百零八条　道路交通事故处理资格等级管理规定由公安部另行制定，资格证书式样全国统一。

第一百零九条　公安机关交通管理部门应当在邻省、市（地）、县交界的国、省、县道上，以及辖区内交通流量集中的路段，设置标有管辖地公安机关交通管理部门名称及道路交通事故报警电话号码的提示牌。

第一百一十条　车辆在道路以外通行时发生的事故，公安机关交通管理部门接到报案的，参照本规定处理。涉嫌犯罪的，及时移送有关部门。

第一百一十一条　执行本规定所需要的法律文书式样，由公安部制定。公安部没有制定式样，执法工作中需要的其他法律文书，省级公安机关可以制定式样。

当事人自行协商处理损害赔偿事宜的，可以自行制作协议书，但应当符合本规定第二十一条关于协议书内容的规定。

第一百一十二条　本规定中下列用语的含义是：

（一）“交通肇事逃逸”，是指发生道路交通事故后，当事人为逃避法律责任，驾驶或者遗弃车辆逃离道路交通事故现场以及潜逃藏匿的行为。

（二）“深度调查”，是指以有效防范道路交通事故为目的，对道路交通事故发生的深层次原因以及道路交通安全相关因素开展延伸调查，分析查找安全隐患及管理漏洞，并提出从源头解决问题的意见和建议的活动。

（三）“检验报告、鉴定意见确定”，是指检验报告、鉴定意见复印件送达当事人之日起三日内，当事人未申请重新检验、鉴定的，以及公安机关交通管理部门批准重新检验、鉴定，鉴定机构出具检验报告、鉴定意见的。

（四）“外国人”，是指不具有中国国籍的人。

（五）本规定所称的“一日”、“二日”、“三日”、“五日”、“十日”，是指工作日，不包括节假日。

（六）本规定所称的“以上”、“以下”均包括本数在内。

（七）“县级以上公安机关交通管理部门”，是指县级以上人民政府公安机关交通管理部门或者相当于同级的公安机关交通管理部门。

（八）“设区的市公安机关交通管理部门”，是指设区的市人民政府公安机关交通管理部门或者相当于同级的公安机关交通管理部门。

（九）“设区的市公安机关”，是指设区的市人民政府公安机关或者相当于同级的公安机关。

第一百一十三条　本规定没有规定的道路交通事故案件办理程序，依照《公安机关办理行政案件程序规定》《公安机关办理刑事案件程序规定》的有关规定执行。

第一百一十四条　本规定自 2018 年 5 月 1 日起施行。2008 年 8 月 17 日发布的《道路交通事故处理程序规定》（公安部令第 104 号）同时废止。

附录4 《司法鉴定程序通则》

第一章 总 则

第一条 为了规范司法鉴定机构和司法鉴定人的司法鉴定活动，保障司法鉴定质量，保障诉讼活动的顺利进行，根据《全国人民代表大会常务委员会关于司法鉴定管理问题的决定》和有关法律、法规的规定，制定本通则。

第二条 司法鉴定是指在诉讼活动中鉴定人运用科学技术或者专门知识对诉讼涉及的专门性问题进行鉴别和判断并提供鉴定意见的活动。司法鉴定程序是指司法鉴定机构和司法鉴定人进行司法鉴定活动的方式、步骤以及相关规则的总称。

第三条 本通则适用于司法鉴定机构和司法鉴定人从事各类司法鉴定业务的活动。

第四条 司法鉴定机构和司法鉴定人进行司法鉴定活动，应当遵守法律、法规、规章，遵守职业道德和执业纪律，尊重科学，遵守技术操作规范。

第五条 司法鉴定实行鉴定人负责制度。司法鉴定人应当依法独立、客观、公正地进行鉴定，并对自己作出的鉴定意见负责。司法鉴定人不得违反规定会见诉讼当事人及其委托的人。

第六条 司法鉴定机构和司法鉴定人应当保守在执业活动中知悉的国家秘密、商业秘密，不得泄露个人隐私。

第七条 司法鉴定人在执业活动中应当依照有关诉讼法律和本通则规定实行回避。

第八条 司法鉴定收费执行国家有关规定。

第九条 司法鉴定机构和司法鉴定人进行司法鉴定活动应当依法接受监督。对于有违反有关法律、法规、规章规定行为的，由司法行政机关依法给予相应的行政处罚；对于有违反司法鉴定行业规范行为的，由司法鉴定协会给予相应的行业处分。

第十条 司法鉴定机构应当加强对司法鉴定人执业活动的管理和监督。司法鉴定人违反本通则规定的，司法鉴定机构应当予以纠正。

第二章 司法鉴定的委托与受理

第十一条 司法鉴定机构应当统一受理办案机关的司法鉴定委托。

第十二条 委托人委托鉴定的，应当向司法鉴定机构提供真实、完整、充分的鉴定材料，并对鉴定材料的真实性、合法性负责。司法鉴定机构应当核对并记录鉴定材料的名称、种类、数量、性状、保存状况、收到时间等。

诉讼当事人对鉴定材料有异议的，应当向委托人提出。

本通则所称鉴定材料包括生物检材和非生物检材、比对样本材料以及其他与鉴定事项有关的鉴定资料。

第十三条 司法鉴定机构应当自收到委托之日起七个工作日内作出是否受理的决定。对于复杂、疑难或者特殊鉴定事项的委托，司法鉴定机构可以与委托人协商决定受理的时间。

第十四条 司法鉴定机构应当对委托鉴定事项、鉴定材料等进行审查。对属于本机构司法鉴定业务范围，鉴定用途合法，提供的鉴定材料能够满足鉴定需要的，应当受理。

对于鉴定材料不完整、不充分，不能满足鉴定需要的，司法鉴定机构可以要求委托人补充；经补充后能够满足鉴定需要的，应当受理。

第十五条 具有下列情形之一的鉴定委托，司法鉴定机构不得受理：

（一）委托鉴定事项超出本机构司法鉴定业务范围的；

（二）发现鉴定材料不真实、不完整、不充分或者取得方式不合法的；

（三）鉴定用途不合法或者违背社会公德的；

（四）鉴定要求不符合司法鉴定执业规则或者相关鉴定技术规范的；

（五）鉴定要求超出本机构技术条件或者鉴定能力的；

（六）委托人就同一鉴定事项同时委托其他司法鉴定机构进行鉴定的；

（七）其他不符合法律、法规、规章规定的情形。

第十六条 司法鉴定机构决定受理鉴定委托的，应当与委托人签订司法鉴定委托书。司法鉴定委托书应当载明委托人名称、司法鉴定机构名称、委托鉴定事项、是否属于重新鉴定、鉴定用途、与鉴定有关的基本案情、鉴定材料的提供和退还、鉴定风险，以及双方商定的鉴定时限、鉴定费用及收取方式、双方权利义务等其他需要载明的事项。

第十七条 司法鉴定机构决定不予受理鉴定委托的，应当向委托人说明理由，退还鉴定材料。

第三章 司法鉴定的实施

第十八条 司法鉴定机构受理鉴定委托后，应当指定本机构具有该鉴定事项执业资格的司法鉴定人进行鉴定。

委托人有特殊要求的，经双方协商一致，也可以从本机构中选择符合条件的司法鉴定人进行鉴定。

委托人不得要求或者暗示司法鉴定机构、司法鉴定人按其意图或者特定目的提供鉴定意见。

第十九条 司法鉴定机构对同一鉴定事项，应当指定或者选择二名司法鉴定人进行鉴定；对复杂、疑难或者特殊鉴定事项，可以指定或者选择多名司法鉴定人进行鉴定。

第二十条 司法鉴定人本人或者其近亲属与诉讼当事人、鉴定事项涉及的案件有利害关系，可能影响其独立、客观、公正进行鉴定的，应当回避。

司法鉴定人曾经参加过同一鉴定事项鉴定的，或者曾经作为专家提供过咨询意见的，或者曾被聘请为有专门知识的人参与过同一鉴定事项法庭质证的，应当回避。

第二十一条 司法鉴定人自行提出回避的，由其所属的司法鉴定机构决定；委托人要求司法鉴定人回避的，应当向该司法鉴定人所属的司法鉴定机构提出，由司法鉴定机构决定。

委托人对司法鉴定机构作出的司法鉴定人是否回避的决定有异议的，可以撤销鉴定委托。

第二十二条　司法鉴定机构应当建立鉴定材料管理制度，严格监控鉴定材料的接收、保管、使用和退还。

司法鉴定机构和司法鉴定人在鉴定过程中应当严格依照技术规范保管和使用鉴定材料，因严重不负责任造成鉴定材料损毁、遗失的，应当依法承担责任。

第二十三条　司法鉴定人进行鉴定，应当依下列顺序遵守和采用该专业领域的技术标准、技术规范和技术方法：

（一）国家标准；

（二）行业标准和技术规范；

（三）该专业领域多数专家认可的技术方法。

第二十四条　司法鉴定人有权了解进行鉴定所需要的案件材料，可以查阅、复制相关资料，必要时可以询问诉讼当事人、证人。

经委托人同意，司法鉴定机构可以派员到现场提取鉴定材料。现场提取鉴定材料应当由不少于二名司法鉴定机构的工作人员进行，其中至少一名应为该鉴定事项的司法鉴定人。现场提取鉴定材料时，应当有委托人指派或者委托的人员在场见证并在提取记录上签名。

第二十五条　鉴定过程中，需要对无民事行为能力人或者限制民事行为能力人进行身体检查的，应当通知其监护人或者近亲属到场见证；必要时，可以通知委托人到场见证。

对被鉴定人进行法医精神病鉴定的，应当通知委托人或者被鉴定人的近亲属或者监护人到场见证。

对需要进行尸体解剖的，应当通知委托人或者死者的近亲属或者监护人到场见证。

到场见证人员应当在鉴定记录上签名。见证人员未到场的，司法鉴定人不得开展相关鉴定活动，延误时间不计入鉴定时限。

第二十六条　鉴定过程中，需要对被鉴定人身体进行法医临床检查的，应当采取必要措施保护其隐私。

第二十七条　司法鉴定人应当对鉴定过程进行实时记录并签名。记录可以采取笔记、录音、录像、拍照等方式。记录应当载明主要的鉴定方法和过程，检查、检验、检测结果，以及仪器设备使用情况等。记录的内容应当真实、客观、准确、完整、清晰，记录的文本资料、音像资料等应当存入鉴定档案。

第二十八条　司法鉴定机构应当自司法鉴定委托书生效之日起三十个工作日内完成鉴定。

鉴定事项涉及复杂、疑难、特殊技术问题或者鉴定过程需要较长时间的，经本机构负责人批准，完成鉴定的时限可以延长，延长时限一般不得超过三十个工作日。鉴定时限延长的，应当及时告知委托人。

司法鉴定机构与委托人对鉴定时限另有约定的，从其约定。

在鉴定过程中补充或者重新提取鉴定材料所需的时间，不计入鉴定时限。

第二十九条　司法鉴定机构在鉴定过程中，有下列情形之一的，可以终止鉴定：

（一）发现有本通则第十五条第二项至第七项规定情形的；

（二）鉴定材料发生耗损，委托人不能补充提供的；

（三）委托人拒不履行司法鉴定委托书规定的义务、被鉴定人拒不配合或者鉴定活动受到严重干扰，致使鉴定无法继续进行的；

（四）委托人主动撤销鉴定委托，或者委托人、诉讼当事人拒绝支付鉴定费用的；

（五）因不可抗力致使鉴定无法继续进行的；

（六）其他需要终止鉴定的情形。

终止鉴定的，司法鉴定机构应当书面通知委托人，说明理由并退还鉴定材料。

第三十条　有下列情形之一的，司法鉴定机构可以根据委托人的要求进行补充鉴定：

（一）原委托鉴定事项有遗漏的；

（二）委托人就原委托鉴定事项提供新的鉴定材料的；

（三）其他需要补充鉴定的情形。

补充鉴定是原委托鉴定的组成部分，应当由原司法鉴定人进行。

第三十一条　有下列情形之一的，司法鉴定机构可以接受办案机关委托进行重新鉴定：

（一）原司法鉴定人不具有从事委托鉴定事项执业资格的；

（二）原司法鉴定机构超出登记的业务范围组织鉴定的；

（三）原司法鉴定人应当回避没有回避的；

（四）办案机关认为需要重新鉴定的；

（五）法律规定的其他情形。

第三十二条　重新鉴定应当委托原司法鉴定机构以外的其他司法鉴定机构进行；因特殊原因，委托人也可以委托原司法鉴定机构进行，但原司法鉴定机构应当指定原司法鉴定人以外的其他符合条件的司法鉴定人进行。

接受重新鉴定委托的司法鉴定机构的资质条件应当不低于原司法鉴定机构，进行重新鉴定的司法鉴定人中应当至少有一名具有相关专业高级专业技术职称。

第三十三条　鉴定过程中，涉及复杂、疑难、特殊技术问题的，可以向本机构以外的相关专业领域的专家进行咨询，但最终的鉴定意见应当由本机构的司法鉴定人出具。

专家提供咨询意见应当签名，并存入鉴定档案。

第三十四条　对于涉及重大案件或者特别复杂、疑难、特殊技术问题或者多个鉴定类别的鉴定事项，办案机关可以委托司法鉴定行业协会组织协调多个司法鉴定机构进行鉴定。

第三十五条　司法鉴定人完成鉴定后，司法鉴定机构应当指定具有相应资质的人员对鉴定程序和鉴定意见进行复核；对于涉及复杂、疑难、特殊技术问题或者重新鉴定的鉴定事项，可以组织三名以上的专家进行复核。

复核人员完成复核后，应当提出复核意见并签名，存入鉴定档案。

第四章　司法鉴定意见书的出具

第三十六条　司法鉴定机构和司法鉴定人应当按照统一规定的文本格式制作司法鉴定意见书。

第三十七条　司法鉴定意见书应当由司法鉴定人签名。多人参加的鉴定，对鉴定意见有不同意见的，应当注明。

第三十八条　司法鉴定意见书应当加盖司法鉴定机构的司法鉴定专用章。

第三十九条　司法鉴定意见书应当一式四份，三份交委托人收执，一份由司法鉴定机构存档。司法鉴定机构应当按照有关规定或者与委托人约定的方式，向委托人发送司法鉴定意见书。

第四十条　委托人对鉴定过程、鉴定意见提出询问的，司法鉴定机构和司法鉴定人应当给予解释或者说明。

第四十一条　司法鉴定意见书出具后，发现有下列情形之一的，司法鉴定机构可以进行补正：

（一）图像、谱图、表格不清晰的；

（二）签名、盖章或者编号不符合制作要求的；

（三）文字表达有瑕疵或者错别字，但不影响司法鉴定意见的。

补正应当在原司法鉴定意见书上进行，由至少一名司法鉴定人在补正处签名。必要时，可以出具补正书。

对司法鉴定意见书进行补正，不得改变司法鉴定意见的原意。

第四十二条　司法鉴定机构应当按照规定将司法鉴定意见书以及有关资料整理立卷、归档保管。

第五章　司法鉴定人出庭作证

第四十三条　经人民法院依法通知，司法鉴定人应当出庭作证，回答与鉴定事项有关的问题。

第四十四条　司法鉴定机构接到出庭通知后，应当及时与人民法院确认司法鉴定人出庭的时间、地点、人数、费用、要求等。

第四十五条　司法鉴定机构应当支持司法鉴定人出庭作证，为司法鉴定人依法出庭提供必要条件。

第四十六条　司法鉴定人出庭作证，应当举止文明，遵守法庭纪律。

第六章　附　则

第四十七条　本通则是司法鉴定机构和司法鉴定人进行司法鉴定活动应当遵守和采用的一般程序规则，不同专业领域对鉴定程序有特殊要求的，可以依据本通则制定鉴定程序细则。

第四十八条　本通则所称办案机关，是指办理诉讼案件的侦查机关、审查起诉机关和审判机关。

第四十九条　在诉讼活动之外，司法鉴定机构和司法鉴定人依法开展相关鉴定业务的，参照本通则规定执行。

第五十条　本通则自 2016 年 5 月 1 日起施行。司法部 2007 年 8 月 7 日发布的《司法鉴定程序通则》（司法部第 107 号令）同时废止。

附录5 GA/T 1087—2013《道路交通事故痕迹鉴定》

前　言

本标准按照 GB/T 1.1—2009 给出的规则起草。

本标准由上海市公安局交通警察总队提出。

本标准由公安部道路交通管理标准化技术委员会归口。

本标准负责起草单位：司法部司法鉴定科学技术研究所、上海市公安局交通警察总队。

本标准参加起草单位：北京市公安局交通管理局、公安部交通管理科学研究所、上海交通大学。

本标准主要起草人：侯心一、李丽莉、梅冰松、陈建国、王连明、王淳浩、来剑戈、龚标、张晓云、邱忠、张雷、陆建光、汪忠军。

道路交通事故痕迹鉴定

1　范围

本标准规定了道路交通事故痕迹鉴定的内容、方法、综合评判和结论表述。

本标准适用于道路交通事故痕迹鉴定，道路以外的交通事故可参照执行。

2　规范性引用文件

下列文件对于本文件的应用是必不可少的。凡是注日期的引用文件，仅注日期的版本适用于本文件。凡是不注日期的引用文件，其最新版本（包括所有的修改单）适用于本文件。

GB/T 19267（所有部分） 刑事技术微量物证的理化检验

GA 41 交通事故痕迹物证勘验

GA 49 道路交通事故现场图绘制

GA 50—2005 道路交通事故勘验照相

GA 268—2009 道路交通事故尸体检验

GA/T 944—2011 道路交通事故机动车驾驶人识别调查取证规范

3　术语和定义

下列术语和定义适用于本文件。

3.1　**道路交通事故痕迹鉴定** trace identification in road traffic accident

对道路交通事故现场、车辆、人体及相关物体上的痕迹特征进行勘验、检查、比对、分析，判断其相互关系，并作出鉴定意见。

3.2 **凹陷变形** depressed deformation

物体直接受力的受力点，沿受力方向发生凹陷的几何变形。

3.3 **弯折变形** bending deformation

物体直接或传导受力，发生弯折的几何变形。

3.4 **扭曲变形** distortion

物体多向受力，发生扭曲的几何变形。

3.5 **缺损** damage

物体受力发生破裂、损坏、缺失。

3.6 **整体分离痕迹** trace of separation from whole body

物体受力发生断裂，分离为若干部分产生的痕迹。

3.7 **刮擦痕迹** scratch mark

两个物体接触，接触面相对位移，产生具有方向性的线状或片状并伴有自身或介质转移的痕迹。

3.8 **减层痕迹** material loss trace

人体或物体受力，表面介质减少的痕迹。

3.9 **加层痕迹** material addition trace

人体或物体受力，表面介质增加的痕迹。

4 痕迹鉴定

4.1 一般规定

4.1.1 车体痕迹的勘验及固定按 GA 41 的方法进行。

4.1.2 人体痕迹的勘验按 GA 41 及 GA 268—2009 第 4、5 章的方法进行，涉及驾驶人确认的，按照 GA 944—2011 第 3 章的方法进行，人体痕迹的照相固定按 GA 50—2005 中 3.3.9、3.5 的方法进行。

4.1.3 道路环境等勘验按 GA 41 的方法进行，使用现场图、现场勘查笔录及现场照片记录地面痕迹的，按 GA 49 现场图绘制及 GA 50—2005 中 3.2 的方法进行。

4.1.4 从委托方处获取交通事故发生的过程及其它相关信息，制定痕迹鉴定计划，并确定痕迹勘验的重点。

4.1.5 对固定提取的痕迹，应进行分类，并确定需要比对的造痕体和承痕体对应的基本位置和形态。

4.1.6 痕迹鉴定应勘验实物痕迹，对于实物痕迹已经失灭，无法再行勘验和检查的，可以视情参考有效的现场勘验记录照片等案件信息。

4.2 车体痕迹鉴定

4.2.1 内容

4.2.1.1 勘验车体痕迹，应记录车辆类型，属于机动车的，还应记录号牌、车辆识别代号（车架号）、发动机号。其它车辆，还应记录厂牌型号和能够识别其的唯一性特征。

4.2.1.2 勘验时应区别车体上各种痕迹的新旧程度，发现与鉴定所需相关的痕迹，按照从下向上、从左至右的顺序对这些痕迹的位置、形态进行描述和记录。

4.2.1.3　勘验并记录车体上的各种痕迹，主要包括整体分离、凹陷、弯折、扭曲变形、缺损、刮擦及加层、减层等痕迹，应记录其所处部位、几何尺寸、显现印迹、受力方向及有无物质交换，如需提取交换物质的，应按照相关程序规定进行提取，带回实验室进行比对检验。

4.2.2　方法

4.2.2.1　痕迹特征比对法

测量车体痕迹相对位置，与其他车辆、人体、其他客体物等接触、撞击、刮擦等相对位置特征（如接触时的高度等）进行比对，高度差异时需结合造痕体和承痕体接触过程中的受力变化、接触形态进行比对；比较两者之间接触形成的受力方向特征、痕迹形态特征和物质交换情况；涉及多次撞击的痕迹，应根据痕迹形成的造痕体和承痕体部位进行一一对应分析，还原碰撞过程，必要时，提取交换物质并制作提取记录。

4.2.2.2　实验室比对法

实验室比对方法如下：

a）显微比对法。根据痕迹形成的微特征或微量物质特征（如细小擦划痕、物质交换中的衣物纤维、毛发等），对显微特征进行比对；

b）扫描电镜比对。通过扫描电镜，对有特征比对价值的固性痕迹（如车辆涂料、漆片等）特征、物质层次、厚度、纹理、颜料粒度的分布，漆片的自然脱落或刮擦脱落等特征进行的一致性比对（如车辆涂料碎片、整体分离痕迹的同一认定等）；

c）交换物质比对。主要通过光谱、能谱等仪器，对因接触造成的交换物质进行种属或同一认定。

4.2.2.3　车体整体分离痕迹鉴定方法

车体整体分离痕迹鉴定方法见附录 A。

4.3　**人体痕迹鉴定**

4.3.1　内容

4.3.1.1　人体痕迹的提取固定应由法医或依据法医意见进行，涉及女性活体痕迹提取固定的，应由女性鉴定人员进行，涉及未成年女性活体检查的，应由监护人陪同。

4.3.1.2　勘验、固定人体痕迹时，应先从衣着痕迹进行记录和拍照固定，并记录痕迹的位置和特征，如缺损、刮擦、加层、减层痕迹、附着物等，尸体体表勘验应在事故发生后尽快进行、固定痕迹，冰冻尸体痕迹勘验时应解冻后再进行。

4.3.2　方法

4.3.2.1　痕迹特征比对法

提取固定衣着痕迹特征后，应注意衣物破损、轮胎印痕、附着物特征，与致伤物的相关接触部位比对，如车体上是否遗留衣物纤维、碾压痕迹特征是否相符、附着物的外观和成分是否相符等；固定人体痕迹特征后，应重点从撞击伤、碾压伤、摔跌伤以及驾乘关系、骑行推行等损伤特征分析致伤机理，并通过骨折部位、擦挫伤、碾压等损伤特征，确定致伤物接触的部位、方向、程度等信息，与致伤物相应位置进行比对。

4.3.2.2　仪器检查法

对因无法进行解剖的尸体或损伤痕迹特征难以在体表判断的人体，可以通过影像学技术进行检查；对衣着或人体上的遗留物，如车体油漆、油渍、特殊的车辆运载物和具有生物特性的植物、土壤、昆虫等，可以通过电镜、能谱、光谱或其他生物学比对技术进行比对认定。

4.4　道路环境及其他客体物痕迹鉴定

4.4.1　内容

4.4.1.1　勘验路面痕迹，应设定基准点和基准线，确定其在事故现场的位置。

4.4.1.2　勘验轮胎痕迹，分辨轮胎花纹印的特征类型，区分轮胎形成的滚印、压印、拖印、侧滑印，并记录每条轮胎痕迹在路面上的相对位置。

4.4.1.3　勘验路面其他痕迹，包括车辆、人体或其它客体物在路面形成的刮擦痕、挫痕、擦划痕、散落物、附着物和液迹，记录其在路面上的相对位置，提取物证供实验室进一步检测比对。

4.4.1.4　勘验其他客体物，包括刮擦痕、挫痕、擦划痕、凹陷、弯折、扭曲变形、缺损、离断、加层和减层痕迹等，结合车辆及其他客体物的痕迹，比对其它客体物在现场相对位置的痕迹特征，以及在其它客体物上的相对位置、受力方向及附着物等方面是否相符，对需要进行微量物质、生物检材比对检验的，按照 GB/T 19267 和 GA 41 规定进行提取、检验。

4.4.2　方法

4.4.2.1　测量比对法

测量道路环境及其他客体物在现场的相对位置，并观测痕迹的形态，如车辆轮胎印痕的数量、起点轨迹变化（拐点、断点或弧度）和终点等痕迹，根据委托鉴定的要求，对痕迹进行比对分析。

4.4.2.2　实验室检测法

现场遗留物，如车辆漆片、部件、油渍等，制动时遗留的制动印痕中的橡胶物质，以及撞击掉落的车载物、土壤、生物检材等，通过电镜、能谱、光谱等手段，以及生物检材比对技术等，进行特征比对和检验分析。

5　综合评判

5.1　认定

符合下列情形之一的，为痕迹特征相符：

a）存在相吻合的特征性痕迹，即造痕体与承痕体可以相互吻合；

b）存在特定性的物质交换，即造痕体与承痕体自身或介质的交换。

5.2　否定

符合下列情形之一的，为痕迹特征不相符：

a）痕迹在位置、高度、形态、方向等方面均不能相互吻合，即造痕体与承痕体不能相互吻合；

b）没有相对应的物质交换，即造痕体与承痕体自身或者介质没有交换。

5.3 不确定

符合下列情形之一的，为痕迹特征不确定：

a）痕迹在位置、高度、形态、方向等方面部分吻合，但没有特定的物质交换；

b）交换的物质种类相同，但痕迹特征不存在对应关系；

c）不具备鉴定条件。

6 鉴定意见

6.1 认定

6.1.1 发生过碰撞，表述为受检车辆与受检车辆、人体或其他客体物发生过碰撞；

6.1.2 明确受检车辆碰撞的部位，表述为受检车辆的某个部位与受检车辆、人体或其他客体物的某个部位发生过碰撞。

6.2 排除

排除发生过碰撞的可能性，表述为可以排除受检车辆与受检车辆、人体或其他客体物发生过碰撞的可能性。

6.3 不确定

出具书面意见，说明不能明确鉴定结论的原因。

附录
A（规范性附录）
整体分离痕迹鉴定方法

A.1 一般要求

A.1.1 勘验要求

现场勘验包括以下内容：

a）应以事故现场中心为圆心向各个方向搜索；

b）对于现场留有被撞击的人体、物体的，要在人体衣物、伤口表面，被撞击的物体表面及内部寻找分离物质；

c）必要时，可借助设备进行勘验。

A.1.2 提取要求

提取分离物应符合下列要求：

a）最大限度保护其原有形态特征，避免二次破坏；

b）对于现场发现的脱落物应对其原始位置、类型先拍照固定、后提取；

c）提取微小、易损等物体时，应采用镊子夹取、静电吸附等方法提取；

d）提取分离物体时，要保持其原有状态，特别要保护好分离缘，防止其继续变形和破损；

e）对于遗留在现场的所有脱落物都要提取。

A.1.3 **保全要求**

保全应符合下列要求：

a）在运送过程中不得擦碰分离缘，避免出现新的分离痕迹；

b）对于较小易损物体，应使用专门盛具盛装；

c）所提物品应登记，并分别包装。

A.2 检验步骤与方法

A.2.1 **确定分离物是否具备构成同一整体的条件**

A.2.1.1 对分离物进行仔细观察，确定能否有条件构成一个完整的物体，排除无关的分离物，筛选出可能成为同一整体的分离物。

A.2.1.2 对于一些专业的仪器、设备，还应了解该设备的结构、组合关系，必要时可会同有关专业技术人员进行研究。

A.2.2 **寻找、比对特征**

A.2.2.1 寻找特征方法

A.2.2.1.1 从分离面、分离线上和断离部位的表面、断离物的材质、组织结构与成分方面寻找。

A.2.2.1.2 对于客体的分离面或分离线遭到破坏的，应着重寻找分离物质地、加工方面的固有特征。

A.2.2.2 比对特征方法

A.2.2.2.1 对照法

是指把分离的各部分的一般特征和个别特征直接进行对照。

A.2.2.2.2 拼接法

是指将分离的各部分拼接在一起，以观察其外貌特征是否吻合。

A.2.2.2.3 重叠法

将两个痕迹进行重合比对，比对时，要从一般特征到个别特征。必要时，可以借助紫外、红外光源、扫描电镜、显微镜进行比对，从宏观检验到微观检验，仔细观察特征的形态、位置及分布关系。

A.2.2.2.4 其他方法

必要时，可采用物理方法（光谱分析、电子扫描）、化学方法（定性、定量分析）来确定各部分物体的物质成分、物理性能、3D 激光扫描技术等进行分析验证。

A.2.3 **比对方法**

A.2.3.1 比对相反的特征：以物体断面上的分离线和凸凹结构，按照与其形状、凸凹形态相反的特征与另一物体进行比对。

A.2.3.2 分离物体各部分已经变形的，要在不影响特征和不损坏物体的原则下先整理复原，再进行比对。

A.2.4 **比对的内容**

A.2.4.1 分离物的固有特征

是指分离物的本身的成分、组织结构、色泽等特征。

A.2.4.2 分离物的附加特征

是指分离物在生产、使用过程中形成的特征，如气孔、砂眼、打磨痕迹、后期撞击、擦划痕迹特征等。

A.2.5 分离时形成的特征

是指物体分离时形成的分离线或分离面，这也是整体分离痕迹中最直观的特征。

A.2.6 固定

采用拍照的方法对拼合部位进行固定。

A.3 综合评判

按下列内容进行评判：

a）分离线是否相符；

b）被分离物体断面的凹凸结构、纹路是否相符；

c）在没有分离线的情况下，物体本身表面和断面上的固有特征是否相符；

d）在没有分离线的情况下，分离物体的附加痕迹特征及其表面各种细节特征是否相符；

e）被分离部分外围、边缘及周围关系是否相符。

A.4 鉴定意见

A.4.1 认定同一

现场脱落物与嫌疑分离物体断缘（面）的种类特征相同，细节特征具有特定性，表述为："某某物体与某某物体是同一整体所分离"。

A.4.2 否定同一

A.4.2.1 单质分离体

质地不同或质地虽然相同，但断缘（面）痕迹存在本质差异，表述为"某某物体与某某物体不是同一整体所分离"。

A.4.2.2 异质分离体

分离体接合部位整体特征不符，相应细节特征不符，表述为"某某物体与某某物体不是同一整体所分离"。

A.4.3 无法确定同一

分离体断缘、面特征不明或发生了变化，不能确定是否是同一整体的，表述为"无法确定某某物体与某某物体是同一整体所分离"。

附录6　GA 41—2014
《道路交通事故痕迹物证勘验》

前　　言

本标准中第 1、4、6 章为强制性，其余为推荐性。

本标准按照 GB/T 1.1—2009 给出的规则起草。

本标准代替 GA 41—2005《交通事故痕迹物证勘验》。与 GA 41—2005 相比，除逻辑性修改外主要技术变化如下：

——修改了规范性引用文件（见第 2 章，2005 年版的第 2 章）；

——增加了道路交通事故痕迹、道路交通事故物证的定义（见 3.1、3.2）；

——删除了交通事故痕迹物证、附着物、散落物、地面轮胎痕迹、滚印、压印、拖印、侧滑印、挫划印的定义（见 2005 年版的 3.1、3.2、3.3、3.5、3.6、3.7、3.8、3.9、3.10）；

——修改了地面痕迹、车体痕迹、人体痕迹、其他痕迹的定义（见 3.1.1、3.1.2、3.1.3、3.1.4，2005 年版的 3.4、3.11、3.12、3.13）；

——修改了勘验的一般要求（见 4.1、4.3，2005 年版的 4.2.1、4.2.4）；

——删除了勘验的一般要求中的勘验方法及勘验精度部分内容（见 2005 年版的 4.2.5、4.2.6、4.2.7）；

——修改了勘验设备（见第 5 章，2005 年版的 5.1.1、5.1.2、5.1.3、5.1.4）；

——修改了地面痕迹物证勘验的内容（见 6.1，2005 年版的 5.4）；

——修改了车体痕迹物证勘验的内容（见 6.2，2005 年版的 5.5）；

——删除了人体痕迹物证勘验的一般要求（见 2005 年版的 5.6）；

——增加了人体体表痕迹物证勘验的内容（见 6.3.2）；

——修改了其他痕迹物证勘验的内容（见 6.4，2005 年版的 5.7）；

——修改了痕迹物证发现方法（见 7.1，2005 年版的 5.3.1）；

——修改了痕迹物证保全方法（见 7.3，2005 年版的 5.3.3）；

——修改了痕迹物证测量方法（见 7.4，2005 年版的 5.3.5）；

——修改了痕迹物证提取的一般要求和方法（见 7.5.1、7.5.2、7.5.3，2005 年版的 5.3.4.1、5.3.4.2、5.3.4.3、5.3.4.4、5.3.4.5）；

——增加了资料性附录 A（见附录 A）。

本标准由公安部交通管理局提出。

本标准由公安部道路交通管理标准化技术委员会归口。

本标准负责起草单位：公安部交通管理科学研究所。

本标准参加起草单位：上海市公安局交通警察总队、西安市公安局交通警察支队。

本标准主要起草人：龚标、张爱红、俞春俊、高岩、侯心一、李平凡、丁正林、张杰、李毅、赵冬。

本标准所代替标准的历次版本发布情况为：

—— GA 41—1992；

—— GA 41—2005。

道路交通事故痕迹物证勘验

1 范围

本标准规定了道路交通事故痕迹、物证勘验的一般要求、设备、内容和方法。

本标准适用于公安机关交通管理部门对道路交通事故痕迹、物证的勘验。

2 规范性引用文件

下列文件对于本文件的应用是必不可少的。凡是注日期的引用文件，仅注日期的版本适用于本文件。凡是不注日期的引用文件，其新版本（包括所有的修改单）适用于本文件。

GA 49 道路交通事故现场图绘制

GA 50 道路交通事故勘验照相

3 术语和定义

下列术语和定义适用于本文件。

3.1 道路交通事故痕迹 trace of road traffic accident

道路交通事故中，在物体和人体上形成的能够证明道路交通事故事实的印痕或印迹。主要包括地面痕迹、车体痕迹、人体痕迹和其他痕迹。

3.1.1 地面痕迹 trace on the road surface

道路交通事故中，车辆、人体或其他相关物体与地面接触，在地面上形成的痕迹，主要包括滚印、压印、拖印、侧滑印、挫划印等。注：典型地面痕迹类型参见附录 A。

3.1.2 车体痕迹 vehicle trace

道路交通事故中，车辆与其他物体或人体接触，在车体上形成的痕迹，主要包括车体的变形、破损、表面物质增减或部件整体分离等。

3.1.3 人体痕迹 body trace

道路交通事故中，人体与其他物体或人体接触，在衣着、体表上所形成的痕迹。

3.1.4 其他痕迹 other trace

道路交通事故中，树木、道路交通设施、建筑物以及其他物品，与车辆、人体等接触，在树木、道路交通设施、建筑物以及其他物品表面所形成的痕迹。

3.2 **道路交通事故物证** physical evidence of road traffic accident

道路交通事故中，能够证明道路交通事故事实的物品或物质。

4 一般要求

4.1 勘验工作应由具备道路交通事故处理资格的交通警察或公安交通管理部门组织的有关专业技术人员承担。

4.2 勘验工作应配备相应的勘验设备。

4.3 对在现场勘验中发现的痕迹、物证，应对其位置、种类、形状、尺寸等先进行拍照固定，再进行提取，并在道路交通事故现场勘查笔录中载明。

4.4 在抢救伤员、现场抢险过程中需要移动事故车辆、人体或有关物体的，应通过标记或照相、摄像等方法固定。

4.5 交通事故逃逸现场应提取现场遗留的所有与事故有关的痕迹、物证。

4.6 事故现场周围有监控设备，事故车辆安装有行驶记录仪、车载事件数据记录仪、监控设备等，应提取相应信息。

4.7 勘验照相按照 GA 50 执行。

4.8 勘验绘图按照 GA 49 执行。

4.9 法医学物证的勘验、提取、保存参见 GA/T 169 执行。

5 勘验设备

5.1 勘验仪器

应配备卷尺或激光测距仪、游标卡尺、附着系数测定仪、坡度仪、交通事故车辆状况现场测试仪、多波段光源、红外光源、紫外光源、电子显微等勘验仪器；根据需要配备卫星定位设备、摄影测量系统、三维激光扫描仪等勘验仪器。

5.2 现场照相、摄像设备

应配备数码照相机、摄像机，成像分辨率等技术指标应符合 GA 50 的要求。

5.3 提取设备

应根据需要配备静电吸迹器、灰尘痕迹固定剂、刀片、镊子、纱布、指纹提取工具（一体式指纹刷、磁性笔和吸耳球、指纹胶纸和衬纸）、物证通用标签、物证收集瓶、硫酸纸物证袋、塑料袋、载玻片、提取板盒、透明胶带等现场勘验提取工具和器材。

5.4 其他设备

应根据需要配备现场执法记录仪、数字标识牌、不干胶、比例尺、放大镜、铅笔、玉石笔、卡钳、钢丝钳、指南针、印泥、录音设备、绘图用照明灯、脱脂棉、酒精、医用胶布、一次性帽子、手套、鞋套、口罩、毛巾、肥皂、防雨布、鲁米诺试剂、封闭的抗凝剂试管等现场勘验常用器材。必要时，可配备无人机照相、摄像载体等。

6 勘验内容

6.1 地面痕迹物证

6.1.1 地面轮胎痕迹

地面轮胎痕迹应勘验以下内容：

a）地面轮胎痕迹的种类、形状、方向、长度、宽度和痕迹中的附着物等；

b）逃逸车辆两侧轮胎痕迹的间距和前后轮胎痕迹止点的间距；

c）滚印、压印、拖印、侧滑印分段点相对路面边缘的垂直距离，痕迹与道路中心线的夹角，痕迹的滑移量、旋转方向及旋转度数；突变点位置；弧形痕迹、弦长、弦高；轮胎跳动引起的间断痕迹及距离。

6.1.2 地面挫划痕迹

车辆或其他物体留在地面上的挫划痕迹的长度、宽度、深度，痕迹中心或起止点距道路边缘的距离；以及造痕体。

6.1.3 地面物证

与道路交通事故有关的地面散落物、洒落物、血迹、类人体组织等的种类、形状、颜色，及其分布位置；主要散落物、洒落物第一次着地位置和着地方向。

6.2 车体痕迹物证

6.2.1 车体上各种痕迹的长度、宽度、凹陷深度；痕迹上、下边缘距离地面的高度，痕迹与车体一侧的距离。

6.2.2 车辆部件损坏、断裂、变形。

6.2.3 车辆与其他车辆、人体、物体第一次接触的部位和受力方向，及另一方相应的接触部位。

6.2.4 道路交通事故涉及车辆灯光信号装置时，车辆灯泡或灯丝及其碎片，部件安装、导线连接状况。

6.2.5 车辆与人体发生碰撞的道路交通事故，在车体上遗留的纤维、毛发、血迹、类人体组织、漆片等附着物。

6.2.6 需要确定车辆驾驶人的，应提取方向盘、变速杆、驾驶室门把手、驾驶位周围、安全气囊和脚踏板等处的手、足痕迹、附着物及遗留物，具体方法参见 GA/T 944。

6.3 人体痕迹物证

6.3.1 衣着痕迹物证

衣着痕迹物证应勘验以下内容：

a）衣着上勾挂、撕裂、开缝、脱扣等破损痕迹，油漆、油污等附着物，鞋底挫划痕迹；

b）衣着上痕迹、附着物的位置、形状、特征，造成痕迹的作用力方向；

c）衣着的名称、产地、颜色、新旧程度等特征及穿着顺序。

6.3.2 体表痕迹物证

体表痕迹物证应勘验以下内容：

a）性别、体长、体型等体表特征；

b）体表损伤的部位、类型、形状尺寸，造成损伤的作用力方向；下肢损伤部位距足跟的距离，损伤部位的附着物；

c）伤、亡人员的血液、组织液、毛发、体表上的附着物等。

6.4　其他痕迹物证

6.4.1　树木、道路交通设施、建筑物等固定物上痕迹的长度、宽度、深度及距离地面的高度，以及造痕体。

6.4.2　有关脱落物或部件碎片。

6.4.3　车辆上掉落的沙土、油脂、装载物品和轮胎上脱落的泥块等。

7　勘验方法

7.1　痕迹物证发现

痕迹物证发现方法包括：

a）根据道路交通事故的类型及其特点，通过观察事故发生时所接触到的物体和接触部位所显现出来的异常现象，确定勘验的重点部位；

b）观察道路交通事故现场，在道路交通事故现场地面、事故车辆、伤亡人员及其他有关物体的接触部位寻找可疑物；发现留在现场的地面痕迹、车体痕迹、人体痕迹及其他痕迹；

c）采用多波段光源、红外光源、紫外光源、警犬气味识别、试剂、电子显微等手段和装备，在不同角度下观察，发现痕迹物证；

d）勘验、确定相应痕迹的造痕体及承痕体，以及造痕体和承痕体的接触部位。对于连续发生多次接触，应分析是否为本次事故所形成，查找造痕体和承痕体第一次接触时的具体部位；

e）地面痕迹被尘土、散落物覆盖时，在不妨碍其他项目勘验的前提下，可照相后清除覆盖物再勘验。

7.2　痕迹物证固定

痕迹物证采用照相、摄像、标记、绘图和笔录等方法固定。

7.3　痕迹物证保全

痕迹物证保全方法包括：

a）痕迹物证因故不能及时提取时，必须采取保护措施；

b）车内、车体、轮胎等处遗留的指纹、人体组织、纤维等痕迹物证，应先固定、提取，再移动车辆；

c）对暂不能现场提取的痕迹物证，应固定后采用纸板、防雨布、透明胶带等进行保护；

d）不便立即送检的易挥发性物证，应使用清洁合适的玻璃瓶、塑料瓶或塑料袋密封，并低温保存；

f）提取的衣物要用物证盒保存，有血迹和液体物质的要阴干后再包装；

g）提取的分离物应保护断口形态。

7.4　痕迹物证测量

痕迹物证测量应包括：

a）对已确定的交通事故痕迹物证，应测量和记录其位置、长度、宽度、高度和方向等；

b）轮胎跳动引起的间断痕迹应作为连续痕迹测量；

c）测量记录车辆碰撞损坏变形形状及变形量（长、宽、高或深度）；

d）测量记录交通事故现场路面坡度、转弯半径、附着系数等；

e）测量误差：测量目标长度小于 50 cm 时，大误差允许为 0.5 cm；测量目标长度为 50 cm~10 m 时，大误差不得超过 1%；测量目标长度超过 10 m 时，大误差不得超过 10 cm。

7.5 痕迹物证提取

7.5.1 一般要求

痕迹物证提取应及时、全面，并做好保护和记录：

a）对确认或疑似交通事故痕迹物证，应及时进行提取；

b）在勘查和提取物证的过程中，要防止所提的物证被污染。提取物证之前，不应在物证部位用粉笔、圆珠笔或蜡笔等进行标注；在物证附近标注时，不得污染物证。提取物证所用的工具、包装物、容器等必须干净，用同一工具提取不同部位的物证时，每提取一次，应把工具擦拭干净。提取各种物证，特别是提取油脂、血迹、类人体组织等，不得重复使用同一工具，不得用手直接接触物证；

c）对所发现的全部有关痕迹和各类物证，在提取之前应将其形状、数量、颜色、所在地点等分别编号记录。对发现的固态实物可直接提取，但应分别包装；对某些需进行化验的物质（如血迹、汽油等），包装时应严防污染或相互混杂。对某些分离物或脱落物，在包装时应注意其边沿不被损坏；

d）提取时不应破坏提取物，并注明提取物名称、提取人、见证人、提取时间、地点、部位、天气、提取方法等情况，宜对提取过程全程摄像；

e）勘验人体痕迹物证之前，应先记录受害人在现场的原始位置。人体痕迹物证勘验应从外到里进行，先衣着后体表。对衣着上的痕迹，要及时固定、保全和提取；对衣着上无法及时提取的痕迹，如车轮花纹痕迹等，应连同衣物一起提取，并防止痕迹被破坏。

7.5.2 直接提取

对能直接提取的道路交通事故痕迹物证及与形成痕迹物证有关的物品，应全部直接提取。提取时不应用手直接接触事故痕迹和附着物部位；粘附在车体或其它较大物体表面的固体物质，可根据物质性质，用刀片刮、镊子夹等方法提取。必要时，可采用剪、挖、锯等方法将物证连同部分载体一并提取。

7.5.3 间接提取

无法进行直接提取的道路交通事故痕迹物证，根据需要采用相应的照相或摄像法、静电吸附法、石膏灌注法、硅橡胶提取法、硬塑料提取法、复印法等技术手段进行提取，提取方法包括：

a）用照相或摄像法提取；

b）遗留在光滑路面上的加层轮胎花纹痕迹，可采用静电吸附法提取；

c）遗留在路面上的立体痕迹，如泥土路面上的足迹、轮胎花纹痕迹等，可采用石膏灌注法提取；

d）对于具有一定弹性而且不易断裂和破碎物体表面的痕迹，可用硅橡胶加一定量过氧化物的方法固化提取；

e）对于车辆或物体表面较大面积的痕迹可用硬塑料提取；

f）对于手印，可采用铝（银）粉、茚三酮、四甲基联苯胺显现，照相提取；

g）粘附在小件物品及易分解车辆零部件表面的量小的物质，可用醋酸纤维素薄膜（AC 纸）等方法提取；

h）血液、油脂等液体物质可用滤纸、纱布或脱脂棉擦取。

附 录 A（资料性附录）典型地面痕迹类型

A.1 滚印

滚印是指车辆轮胎相对于地面作纯滚动运动时，留在地面上的印迹，制动开始阶段也会留下制动滚印。能清晰反映轮胎胎面花纹形态、花纹组合形态、胎面磨损、机械损伤和行驶方向等特征。见图 A.1。

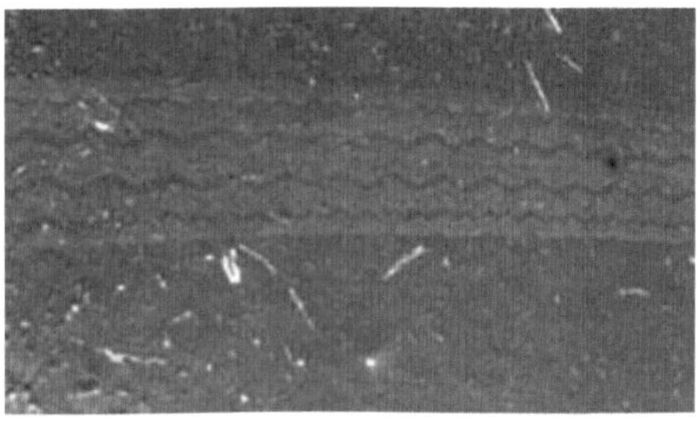

图 A.1

A.2 压印

压印是指车辆轮胎受制动力作用，沿行进方向相对于地面作滚动、滑移复合运动时，留在地面上的印迹。压印显示花纹结构加粗和畸变延长的形态。压印是制动拖印的前段，与拖印黑带接连，压印因受制动力影响，印痕形态一般都有纵向滑移，花纹结构拉长变形。见图 A.2。

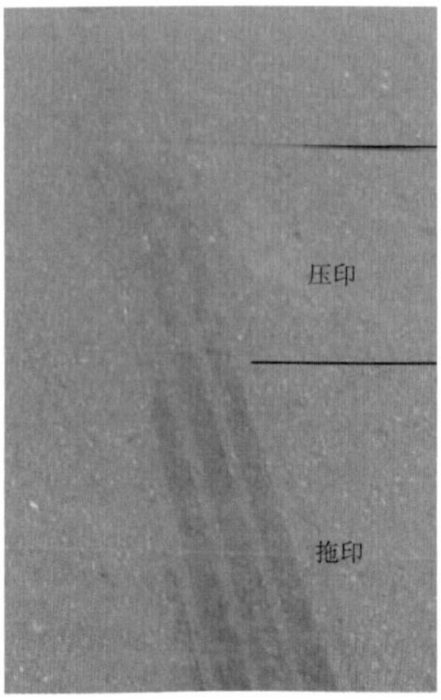

图 A.2

A.3 拖印

拖印是指车辆轮胎受制动力作用，沿行进方向相对于地面作滑移运动时，留在地面上的印迹。特征为带状，不显示胎面花纹，宽度与胎面宽度基本一致。基本上印迹与车辆行驶方向一致，有时也会因制动跑偏或外加力矩的影响而有所偏离。见图 A.3。

图 A.3

A.4 侧滑印

车辆轮胎受制动力或碰撞冲击力或转向离心力的作用，偏离原行进方向相对于地面作横向滑移运动时，留在地面上的印迹。特征为印迹宽度一般大于或小于轮胎胎面宽度，一般不显示胎面花纹，有时可能出现一组斜向排列的平行短线状印迹。见图 A.4。

图 A.4

A.5 挫划印

挫划印是指硬物或其突出部分在路面上移动时，对路面造成的滚轧、刮擦印迹或沟槽。见图 A.5。

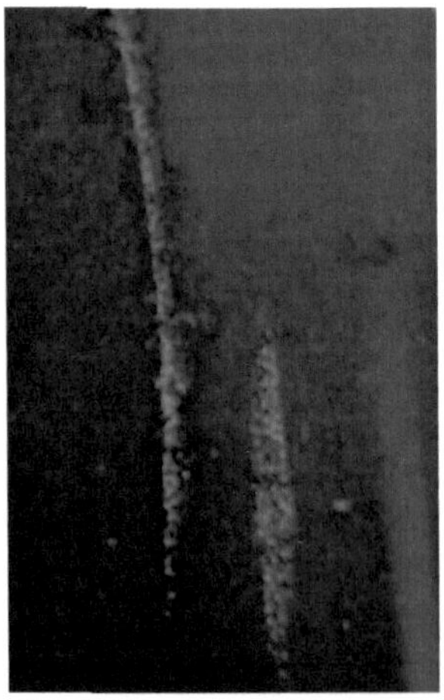

图 A.5

参考文献

[1] GB/T 19056 汽车行驶记录仪.

[2] GA/T 169 法医学物证检材的提取、保存与送检.

[3] GA/T 944 道路交通事故机动车驾驶人识别调查取证规范.

[4] GA/T 945 道路交通事故现场勘查箱通用配置要求.

[5] GA/T 1013 道路交通事故车辆状况现场测试仪.

[6] GA/T 1045 道路交通事故现场防护服.

[7] 道路交通事故痕迹论－涉车痕迹图文集，邓水泉，上海交通大学出版社，2013.

附录 7　GA 49—2014《道路交通事故现场图绘制》

前　言

本标准代替 GA 49—2009《道路交通事故现场图绘制》。与 GA 49—2009 相比，除逻辑性修改外主要技术变化如下：

——修改了现场记录图的定义（见 3.1，2009 年版的 3.1）；

——增加了现场实景记录图的定义（见 3.2）；

——删除了现场摄影测量的定义（见 2009 年版的 3.6）；

——删除了现场三维激光扫描的定义（见 2009 年版的 3.7）；

——修改了现场图种类，增加了现场实景记录图（见第 4 章，2009 年版的第 5 章）；

——修改了现场图图纸规格和材质（见 5.1，2009 年版的 4.1）；

——修改了现场图图纸页边与图文区尺寸（见 5.2，2009 年版的 4.2）；

——修改了现场图绘制的一般要求（见 6.1.1，2009 年版的 6.1.1）；

——修改了事故现场信息采集的方法（见 6.1.8，2009 年版的 6.1.8）；

——修改了现场图绘制要求（见 6.7.3、6.7.6，2009 年版的 6.7.3、6.7.6）；

——增加了现场实景记录图的制作要求（见 6.8）；

——修改了现场比例图的绘制要求（见 6.9.1，2009 年版的 6.8.1）；

——增加了附录 A 中的 C 型图（见附录 A）；

——修改了 B.2 图形符号（见附录 B 中 B.2，2009 年版的附录 B 中 B.2）；

——修改了 C.3 极坐标定位法（见附录 C 中 C.3，2009 年版的附录 C 中 C.3）；

——删除了附录 D 现场信息采集的数字化方法（见 2009 年版的附录 D）。

本标准由公安部道路交通管理标准化技术委员会提出并归口。

本标准由上海市公安局交通警察总队负责起草，由北京市公安局交通管理局、云南省交通警察总队、司法部司法鉴定科学技术研究所、公安部交通管理科学研究所、上海交通大学、同济大学参加起草。

本标准主要起草人：侯心一、梅冰松、黎晓波、邱忠、张雷、张晓云、应朝阳、陆建光、金先龙、王宏雁、陈建国、李丽莉、孙巍。

本标准所代替标准的历次版本发布情况为：

——GA 49—1993；

——GA 49—2009。

道路交通事故现场图绘制

1　范围

本标准规定了道路交通事故现场图的种类、格式和绘制等要求。

本标准适用于道路交通事故现场图的绘制。

2　规范性引用文件

下列文件对于本文件的应用是必不可少的。凡是注日期的引用文件，仅注日期的版本适用于本文件。凡是不注日期的引用文件，其最新版本（包括所有的修改单）适用于本文件。

GB/T 11797 道路交通事故现场图形符号

GB/T 18229 CAD 工程制图规则

GB/T 50103 总图制图标准

GA 40 道路交通事故案卷文书

3　术语和定义

下列术语和定义适用于本文件。

3.1　**现场记录图** rough drawing of the scene

用图形符号、尺寸和文字记录道路交通事故现场环境、事故形态和有关车辆、人员、物体、痕迹等的位置及相互关系的图。

3.2　**现场实景记录图** photogrammetry drawing of the scene

在实景照片上标注尺寸和文字，记录道路交通事故现场环境、事故形态和有关车辆、人员、物体、痕迹等的位置及相互关系的图。

3.3　**现场比例图** scale drawing of the scene

根据现场记录，按规范图形符号和一定比例绘制的道路交通事故现场全部或局部的平面图。

3.4　**现场断面图** sectional drawing of the scene

道路交通事故现场某一横断面、纵断面或水平断面位置上有关车辆、人员、物体、痕迹相互关系的断面图。

3.5　**现场立面图** elevation drawing of the scene

道路交通事故现场车辆、物体侧面有关痕迹、物证所在位置的局部视图。

3.6　**现场分析图** analysis drawing of the scene

道路交通事故发生时，车辆、人员、散落物等的运行轨迹、时序及接触或冲突位置的平面图。

4　现场图种类

现场图分类按照成图过程不同可分为现场记录图、现场实景记录图、现场比例图和现场分析图；按照成图视角不同可分为现场平面图、现场断面图、现场立面图和立体图。

5 现场图图纸

5.1 图纸规格和材质

5.1.1 图纸规格

图纸规格分为A型图、B型图和C型图，幅面均为A4。A型图为竖装格式，见图A.1。B型图、C型图为横装格式，见图A.2、图A.3。

5.1.2 图纸材质

图纸材质采用70 g以上白色铜版纸或打印纸、照相纸。

5.2 页边与图文区尺寸

5.2.1 A型图、B型图和C型图页边分别如下：

a）A型图用纸天头（上白边）为20 mm ± 1 mm，钉口（左白边）为25 mm ± 1 mm；

b）B型图用纸天头（上白边）为25 mm ± 1 mm，钉口（上白边）为20 mm ± 1 mm；

c）C型图用纸天头（上白边）为25 mm ± 1 mm，钉口（上白边）为20 mm ± 1 mm；

5.2.2 A型图、B型图和C型图图文区尺寸分别如下：

a）A型图图文区尺寸为170 mm × 257 mm；

b）B型图图文区尺寸为257 mm × 170 mm；

c）C型图图文区尺寸为257 mm × 170 mm；

5.3 图框线

5.3.1 图框线宽度在1 mm~1.5 mm间选择。

5.3.2 图内坐标线为浅色实线印制或压制隐格线，计算机制图除外。

5.3.3 坐标格尺寸在2 mm~5 mm间选择。

5.4 印制要求

图内上方印制该图的全称，见附录A。

6 现场图绘制

6.1 一般要求

6.1.1 适用一般程序处理的道路交通事故（以下简称交通事故）应绘制现场记录图或制作现场实景记录图。根据需要选择绘制现场比例图、现场断面图、现场立面图、现场分析图。适用简易程序处理的交通事故，可按需绘制现场图。

6.1.2 现场图应全面、客观、准确地表现交通事故现场情况，内容应与交通事故现场勘查笔录、现场照片相互印证和补充。图栏各项内容应填写齐全，数据完整，尺寸准确，标注清楚。用绘图笔或墨水笔绘制、书写，也可使用符合要求的现场图绘制软件绘制。

6.1.3 现场记录图、现场比例图、现场分析图以正投影俯视图形式表示。

6.1.4 现场图格式可根据需要选择使用，绘制较大范围的交通事故现场时，可拼接现场图。

6.1.5 交通事故现场图各类图形符号应按实际方向绘制。

6.1.6 交通事故现场的方向，应按实际情形在现场图右上方用方向标标注，难以判断方向的，可用“→”或“←”直接标注在道路图例内，注明道路走向通往的地名。

6.1.7 现场图定位方法可采用直角坐标定位法、三角定位法、极坐标定位法、综合定位法，参见附录 C。

6.1.8 事故现场信息由人工采集或设备自动采集。

6.2 **图线规格及图形符号**

6.2.1 各种图线的名称、形式、代号、量度及一般应用见表 B.1 所示。

6.2.2 图线宽度在 0.25 mm~2.0 mm 间选择。在同一图中同类图形符号的图线应基本一致。

6.2.3 绘制现场图的图形符号应符合 GB/T 11797 的规定。GB/T 11797 中未作规定的，可按实际情况绘制，在说明栏中注明。

6.3 **比例**

6.3.1 本标准中的比例是指现场比例图中各要素和相互关系的线性尺寸与现场实际相应尺寸之比。

6.3.2 绘制现场比例图时可优先采用 1 ∶ 200 比例，也可根据需要选择其他比例。

6.3.3 绘制同一比例图应采用同一比例，有特殊情况的应注明。

6.3.4 绘制比例应标注在图中说明栏内。

6.3.5 应按比例绘制的图形符号包括：

a）机动车、非机动车；

b）道路形式、结构，道路隔离带（桩）；

c）动态痕迹的长度；

d）图中各主要要素间的图形符号。

6.3.6 可不按比例绘制的图形符号如：

a）人体、牲畜；

b）交通安全设施；

c）动态痕迹的宽度；

d）其他图形符号。

6.4 **尺寸数据与文字标注**

6.4.1 现场数据以图上标注的尺寸数值和文字说明为准，与图形符号选用的比例、准确度无关。

6.4.2 图形中的尺寸，以厘米（cm）为单位时可不标注计量单位，采用其他计量单位时，应在说明栏中注明计量单位的名称或符号。

6.4.3 现场测量的尺寸应只标注一次。当场需要更改时，在原数据上打一横杠，在旁边写上新数据，不可刮擦、涂抹原数据，并在说明栏中注明更改原因，由绘图员和当事人或见证人在说明栏中签名。

6.4.4 标注文字说明应准确、简练，一般可直接标注在图形符号上方、尺寸线上方或图形符号里，也可引出标注。

6.5 **尺寸线和尺寸界线**

6.5.1 尺寸、数字的标注方法应符合 GB/T 50103 的规定。

6.5.2　尺寸线用细实线绘制，其两端为简明箭头型。在没有位置时也可用圆点或斜线代替。

6.5.3　尺寸界线用细实线绘制，从被测物体、痕迹的固定点引出，尺寸界线与尺寸线垂直，必要时允许倾斜。

6.6　固定点与固定线

固定点与固定线的标注应符合表 B.2 的规定。

6.7　现场记录图绘制要求

6.7.1　现场记录图以平面图为主。需要表示局部情况时，引出局部放大图，必要时也可绘制立面图或断面图。

6.7.2　现场绘图时根据需要选择适当规格图纸，以近似比例进行绘制。

6.7.3　现场绘图时应绘制：

a）基准点（选择一个或几个固定物）和基准线（选择一侧路缘或道路标线及其延长线）；

b）道路全宽和各车道宽度，路肩宽度及性质；

c）非水泥或非沥青道路的路面总宽、有效宽度、非有效宽度、几何中心线位置及路面性质；

d）遗留在路面的痕迹及与其相关物体、痕迹间的关系数据；

e）各被测车辆、人员、物体、痕迹等所在位置，距测量基准线尺寸及相互间距离；

f）道路交通事故现场交通标志、标线、交通信号灯的位置和种类；

g）交通事故发生所涉及的路口、道路开口相对位置及宽度；

h）测量弯道半径及 3% 以上的道路坡度。

6.7.4　绘制的现场记录图应反映出现场全貌。现场范围较大可使用双折线压缩无关道路的画面。

6.7.5　现场记录图中各车辆、人员、物体、痕迹、标志、标线、基准点、基准线等间距，使用尺寸线、尺寸界线、尺寸数据标注或说明。

6.7.6　现场记录图绘制完毕，应在现场进行核对，检查各被测车辆、人员、物体、痕迹等有无遗漏，测量数据是否准确、有无遗漏。

6.7.7　现场记录图应在交通事故现场测绘完成。

6.8　现场实景记录图制作要求

现场实景记录图应根据现场情况采用单张或分段多张的形式记录现场数据。

6.9　现场比例图的绘制要求

6.9.1　现场比例图以现场记录图、现场实景记录图、现场勘查笔录所载的数据为基础和依据，以现场记录图中的基准点和基准线为基准，使用相应的图形符号，将现场所绘制的图形及数据比较严格的按比例绘制。

6.9.2　现场比例图作为证据是现场记录图的补充和说明。现场比例图数据出现疑义时，以现场记录图和现场勘查笔录数据为准。

7 计算机制图

7.1 计算机制图应用软件应符合 GB/T 18229 的规定。

7.2 计算机制图图形符号应符合 GB/T 11797 的规定。

7.3 应与网上办案系统结合使用。

8 归卷

现场图绘制完成后，应装订成册归入交通事故案卷正卷，按 GA 40 的规定制作。

附录 A
（规范性附录）
道路交通事故现场图图框格式

A.1　A 型图见图 A.1。

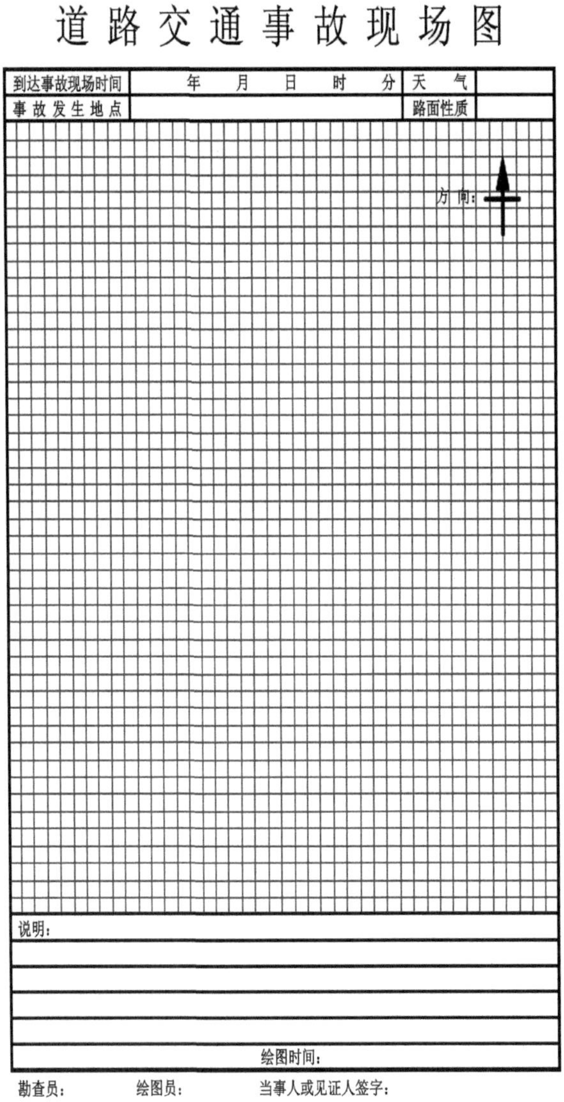
道路交通事故现场图
到达事故现场时间　年　月　日　时　分　天　气
事故发生地点　路面性质
方向：
说明：
绘图时间：
勘查员：　绘图员：　当事人或见证人签字：

图 A.1　A 型图

A.2　B 型图见图 A.2。

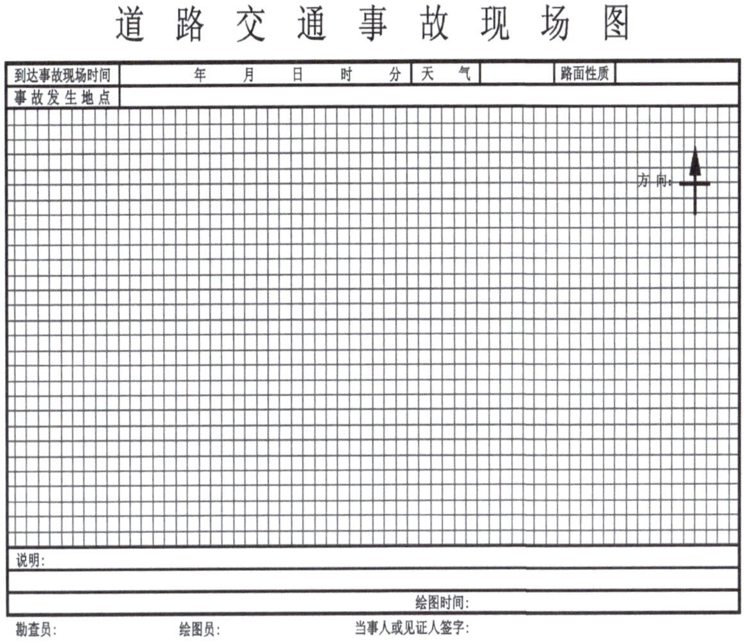

图 A.2　B 型图

A.3　C 型图见图 A.3。

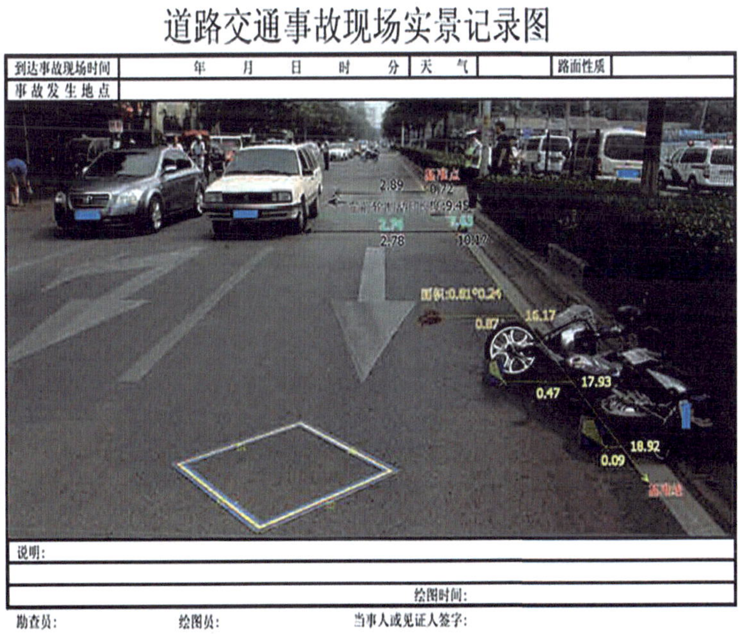

图 A.3　C 型图示意图

附录 B
（规范性附录）
图线规格和图形符号

B.1　图线规格见表 B.1。

表 B.1　图线规格

图线名称	图线形式及代号	图线量度	一般应用
粗实线	━━━━ A	b	A1 可见轮廓线 A2 图例图形线
细实线	———— B	约 0.3b	B1 尺寸线及尺寸界限 B2 剖面线 B3 引出线 B4 说明示意线 B5 范围线、辅助线 B6 较小图例的图形线
波浪线	～～ C	约 0.3b	C1 断裂处的边界线 C2 变形处的边界线
双折线	—∧∨— D	约 0.3b	D1 断裂处的边界线
虚线	- - - - - - - F	约 0.3b	F1 不可见轮廓线 F2 延长线
点划线	—·—·—·— G	约 0.3b	G1 设立的测量基线 G2 对称中心线 G3 轨道线 G4 分界线

B.2　图形符号见表 B.2。

表 B.2　图形符号

图形符号名称	固定点或固定线
机动车	同侧（侧翻时近地的一侧）前（中）后轴外侧轮胎轴心的投影点。
仰翻机动车	近地靠近基准线车身的两个角。
非机动车	同侧（侧翻时近地的一侧）前、后轴轮胎轴心的投影点。
人体	头顶部、足跟部。
牲畜	头顶部、尾根部。
路面障碍	两头的端点、占路最外端点（即最突出点）的投影点。
安全设施	基部中心或边缘线。
血迹	中心点。

(续表)

图形符号名称	固定点或固定线
线状痕迹	起点、终点、变化点。
基准点物体	向路边一侧最突出点。
其他几何形物体	中心点。

附录 C
(资料性附录)
现场定位方法

C.1 直角坐标定位法

操作方法如下:

a)选取基准点,并以沿道路方向为 X 轴,垂直道路方向为 Y 轴建立坐标系统;

b)依次测量基准点到所有待测点的沿 X 轴和 Y 轴方向的距离,作为其 X、Y 方向的坐标,见图 C.1。

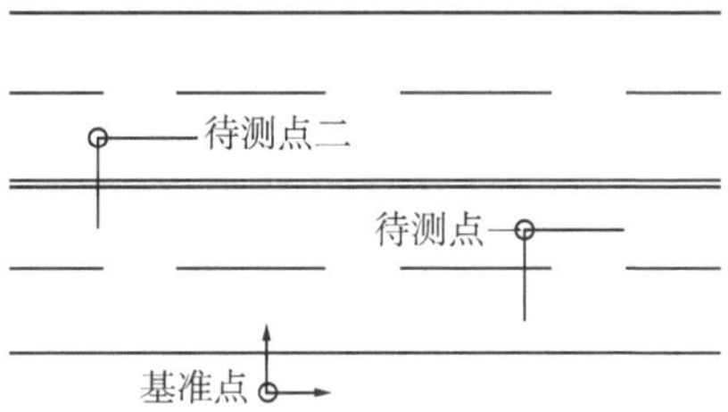

图 C.1 直角坐标定位法

C.2 三角坐标定位法

C.2.1 一个基准点的三角定位法操作方法如下:

a)选取基准点,基准点应为明显易见的位置固定物;

b)从基准点作道路中心线的垂线,取垂足为第二参考点;

c)分别从基准点和第二参考点向待测点作直线并测量直线的长度,将待测点定位,见图 C.2。

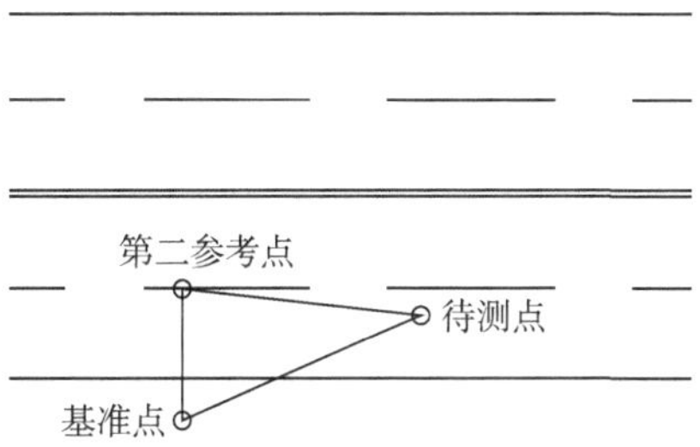

图 C.2 一个基准点的三角坐标定位法

C.2.2 两个基准点的三角定位法操作方法如下：

a）选取两个基准点，基准点为相隔较远的明显的位置固定物；

b）分别从两个基准点向待测点作直线并测量其距离，见图 C.3。

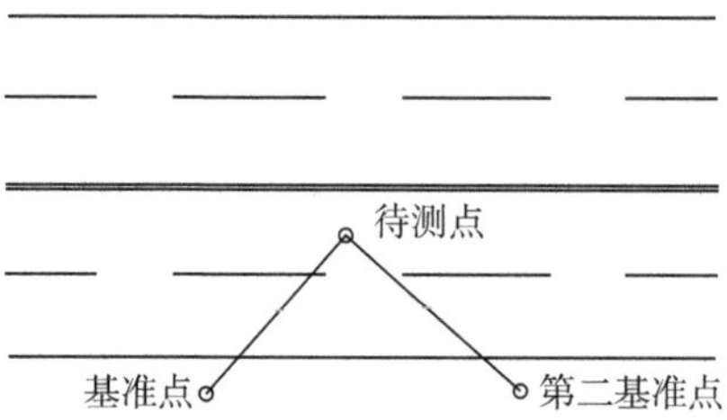

图 C.3 两个基准点的三角定位法

C.3 极坐标定位法

操作方法如下：

a）选取某固定物为极点；

b）选取另一固定物为基准点并与极点连接，以此连接线作为极轴；

c）测量待测点到基准点的距离以及待测点与基准点连接线与极轴的夹角，见图 C.4。

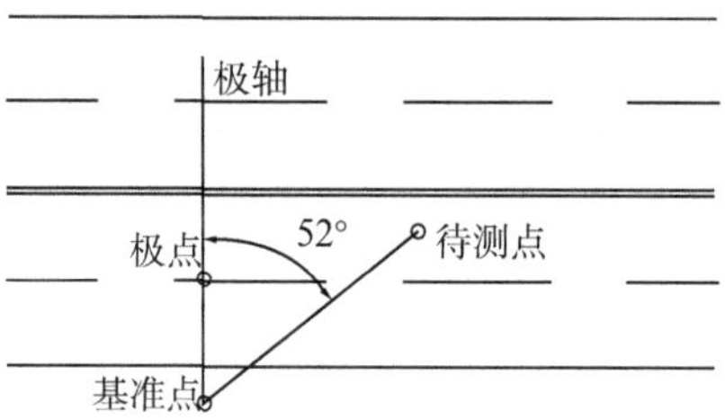

图 C.4 极坐标定位法

C.4 综合定位法

操作方法如下：

a）选取基准点；

b）选取一条基准线，基准线一般为道路中心线或道路边缘线；

c）从基准点向待测点作直线，再从待测点向基准线作垂线，测量所作直线和垂线的长度。

d）当对某一待测点精确定位之后，可以用该点代替原基准点测量其附近的其他待测点，见图 C.5。

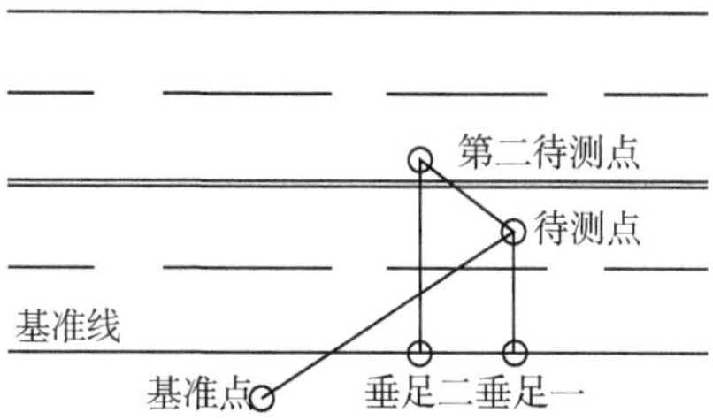

图 C.5 综合定位法

附录 8　GA 50—2014《道路交通事故现场勘验照相》

前　　言

本标准的第 4 章、第 5 章（5.1.3、5.2.3、5.3.3、5.4.3、5.5.3、5.7 除外）、第 6 章为强制性，其余为推荐性。

本标准按照 GB/T 1.1—2009 给出的规则起草。

本标准代替 GA 50—2005《交通事故勘验照相》。与 GA 50—2005 相比，除逻辑性修改外主要技术变化如下：

——修改了范围内容（见第 1 章，2005 年版的第 1 章）；

——增加了规范性引用文件（见第 2 章）；

——增加了道路交通事故元素、元素照相、比对照相的术语和定义（见 3.2、3.6、3.8）；

——修改了道路交通事故现场、方位照相、概览照相、局部照相（原中心照相）、细目照相的定义（见 3.1、3.3、3.4、3.5、3.7，2005 年版的 2.1、2.2、2.3、2.4、2.5）；

——删除了视频图像采集的定义（见 2005 年版的 2.6）；

——修改了一般要求（见第 4 章，2005 年版的 3.1）；

——修改了方位照相、概览照相、局部照相（原中心照相）、细目照相的内容和要求（见 5.1、5.2、5.3、5.5，2005 年版的 3.2、3.3）；

——增加了道路交通事故元素照相、比对照相的内容和要求（见 5.4、5.6）；

——修改了交通事故照片卷的封面和正文（照片）（见 6.1.1、6.1.2，2005 年版的 4.1）；

——增加了一般要求（见 6.2）；

——修改了照片编排、照片粘贴及照片标引要求（见 6.3、6.4、6.5，2005 年版 4.4、4.5）；

——增加了文字说明（见 6.6）；

——删除了视频图像贮存（见 2005 年版的第 5 章）；

——修改了照片的归档（见 6.7，2005 年版的第 6 章）；

——增加了照相方法（见附录 A）；

——增加了特殊环境的拍摄（见附录 B）；

——增加了封面格式（见附录 C）。

本标准由公安部道路交通管理标准化技术委员会归口。

本标准起草单位：北京市公安局公安交通管理局、上海市公安局交通警察总队、江苏省公安厅交通巡逻警察总队、公安部交通管理科学研究所。

本标准主要起草人：梅冰松、张琳、张雷、来剑戈、侯心一、陈玉峰、谷友炳、王连明、张兴无。

本部分历次版本发布情况为：

—— GA 50—1993；

—— GA 50—2005。

道路交通事故现场勘验照相

1 范围

本标准规定了道路交通事故现场勘验照相的一般要求、照相的内容和要求以及照片卷的制作。

本标准适用于道路交通事故现场勘验照相，也适用于调查取证的照相。

2 规范性引用文件

下列文件对于本文件的应用是必不可少的。凡是注日期的引用文件，仅所注日期的版本适用于本文件。凡是不注日期的引用文件，其最新版本（包括所有的修改单）适用于本文件。

GB/T 23865—2009 比例照相规则

GB/T 29349—2012 现场照相、录像要求

GB/T 29351—2012 法庭科学照相制卷质量要求

GA 41 交通事故痕迹物证勘验

GA/T 223—1999 尸体辨认照相、录像方法规则

GA/T 591 刑事照相设备技术条件

3 术语和定义

下列术语和定义适用于本文件。

3.1 **道路交通事故现场** road traffic accident scene

发生道路交通事故的地点及其相关的空间范围。

3.2 **道路交通事故元素** key element for road traffic accident scene

与道路交通事故有关的人（尸）体、物体、痕迹、道路及其设施等。

3.3 **方位照相** photography of azimuth

反映道路交通事故现场的地理位置及现场与周围环境相互关系的专门照相。

3.4 **概览照相** photography of general scene

反映道路交通事故现场全貌及道路交通事故元素宏观相互关系的专门照相。

3.5 **局部照相** photography of valuable portion

反映部分道路交通事故现场范围内道路交通事故元素位置关系的专门照相。

3.6 **元素照相** photography of Scene elements

反映道路交通事故元素的外观、状态的专门照相。

3.7 **细目照相** photography of detail

反映道路交通事故元素局部细节、物证及表面痕迹特征的专门照相。

3.8 **比对照相** photography of contrast

反映造痕体和承痕体接触部位和接触方式的专门照相。

4 一般要求

4.1 道路交通事故现场照相应客观、全面、及时、清晰。

4.2 照相设备应符合 GA/T 591 的要求。

4.3 道路交通事故痕迹物证勘验应符合 GA 41 的要求。

4.4 应根据道路交通事故现场特点，采用相向拍摄法、多向拍摄法、回转连续拍摄法、直线连续拍摄法，拍摄方法应符合 GB/T 29349—2012 中的 3.7、3.8、3.9、3.10 的要求。

4.5 比例照相应符合 GB/T 23865 的要求。

4.6 拍摄前应根据道路交通事故现场情况制定拍摄计划，清除现场无关人员和车辆，在不污染、破坏痕迹、物证的前提下，标划或放置标识物，标示地面痕迹起止点、突变点及相关物证的位置。

4.7 在确保痕迹物证完好的情况下，车辆内部勘验照相、人（尸）体体表勘验照相和比对照相可在撤离现场后，于其它地点拍摄完成。人（尸）体体表勘验照相的拍摄应符合 GA/T 223—1999 的第 4 章的要求，车辆内部勘验照相和比对照相拍摄应符合 5.4.1.2、5.5.1.2 和 5.6 的要求。

4.8 受环境条件限制在现场无法拍摄的，应在条件具备后补拍，并在制作照片卷时用文字注明。

4.9 现场照片应与现场图、现场勘查笔录相互补充、相互印证。

5 照相的内容和要求

5.1 方位照相

5.1.1 拍摄内容

道路交通事故方位照相的拍摄内容如下：

a）现场的地理位置、现场与周围环境的相互关系；

b）现场地理位置的固定标识物，包括标志牌、里程碑、灯杆、桥梁以及医院、学校、商店等标志性建筑物；

c）现场周围环境，包括街道、隧道、桥梁、山体、悬崖、沟渠、涵洞、河流、植被等；

d）现场周围交通设施，包括道路交通信号灯、交通标志、交通标线、交通监控设备等；

e）现场道路的形态特征，包括路口、路段、车道数量、视距、坡度、曲度等。

5.1.2 拍摄要求

5.1.2.1 拍摄时取景范围应能反映出现场与现场地理位置标识物、周围环境、周围交通设施的相互关系和道路形态特征。

5.1.2.2 现场位于路段，应沿道路走向相向拍摄，视角尽量涵盖现场所有车道，并反映是否弯道或坡道。

5.1.2.3 现场位于路口，应沿道路走向从三个或三个以上不同方向对现场及周围环境进行拍摄，视角覆盖整个路口范围。

5.1.3 拍摄方法

拍摄方法参见附录 A 的 A.1。

5.2 **概览照相**

5.2.1 拍摄内容

道路交通事故概览照相的拍摄内容如下：

a）道路交通事故现场全貌；

b）现场的道路交通事故元素。

5.2.2 拍摄要求

5.2.2.1 视角应覆盖全部现场元素，尽量避免现场元素之间相互遮挡，并能反映道路交通事故各元素之间的宏观位置关系。

5.2.2.2 现场位于路段的，应结合道路走向或车辆行驶轨迹进行相向拍摄，视角涵盖现场所在车道。

5.2.2.3 现场位于路口的，应沿道路走向从三个或三个以上不同方向进行拍摄，视角涵盖路口区域。

5.2.3 拍摄方法

拍摄方法参见 A.2。

5.3 **局部照相**

5.3.1 拍摄内容

道路交通事故局部照相的拍摄内容如下：

a）交通事故现场的重要局部；

b）现场的道路交通事故元素。

5.3.2 拍摄要求

5.3.2.1 应能反映道路交通事故元素间相互关系。

5.3.2.2 选择适当拍摄角度，避免被拍摄主体相互遮挡。

5.3.2.3 有地面痕迹突变点的，应拍摄路面痕迹突变点与道路交通事故元素之间的关系。

5.3.2.4 拍摄路面轮胎痕迹与车辆位置关系时，应将机位设置于痕迹起点处，视角应覆盖痕迹起点和车辆位置的空间区域，照片应能尽量反映痕迹的起点、止点、突变点和走向。

5.3.3 拍摄方法

拍摄方法参见 A.3。

5.4 元素照相

5.4.1 拍摄内容

5.4.1.1 人（尸）体

人（尸）体的拍摄内容如下：

a）人（尸）体在车内或车外所处位置；

b）人（尸）体姿态；

c）人（尸）体全貌及头面照；

d）人（尸）体衣着。

5.4.1.2 车辆

车辆的拍摄内容如下：

a）车辆在现场的位置和状态；

b）车辆外观特征。

5.4.1.3 道路设施

道路设施的拍摄内容如下：

a）现场的交通标志和交通标线；

b）现场被撞的交通设施。

5.4.1.4 现场地面痕迹

现场地面痕迹的拍摄内容如下：

a）地面轮胎痕迹，包括拖印、侧滑印、滚印、压印等；

b）人体在地面上的痕迹；

c）地面其他痕迹，包括车体、车辆部件或物品在地面形成的痕迹。

5.4.1.5 散落物和血迹

散落物和血迹的拍摄内容如下：

a）散落物，包括车辆部件、物品等；

b）血迹和人体组织。

5.4.1.6 其它与事故有关的物证

包括被撞的动物、树木、房屋等。

5.4.2 拍摄要求

5.4.2.1 人（尸）体

人（尸）体拍摄要求如下：

a）应先标划人（尸）体位置，再进行拍摄；

b）死亡两人以上的，应先对尸体进行编号，再拍摄；

c）应反映人（尸）体所在现场位置、姿态和衣着情况；

d）应反映人（尸）体体表及衣着表面的破损、痕迹、血迹、附着物等位置关系。

5.4.2.2 车辆

车辆拍摄要求如下：

a）应反映车辆位置和状态；

b）应反映车辆外观，包括车体、轮胎、号牌、灯光和附加物等；

c）应反映车辆破损变形情况。

5.4.2.3 道路设施

道路设施拍摄要求如下：

a）应反映现场道路交通标志全貌、交通信号灯、交通标线；

b）应反映被撞设施的整体状态和受损部位。

5.4.2.4 现场地面痕迹

地面痕迹拍摄要求如下：

a）应反映痕迹的起点、止点、突变点和走向；

b）痕迹与背景反差小时，在确保不污染痕迹的条件下，可用粉笔标画痕迹外廓；

c）被拍摄元素不小于画面的2/3。

5.4.2.5 散落物和血迹

应反映散落物和血迹的位置、方向和形态特征。

5.4.3 拍摄方法

拍摄方法参见A.4。

5.5 细目照相

5.5.1 拍摄内容

5.5.1.1 人（尸）体痕迹

人（尸）体痕迹拍摄内容如下：

a）衣着表面破损、刮擦、轮胎花纹等痕迹；

b）衣着或体表的油脂、泥土、漆、橡胶等附着物；

c）体表伤痕。

5.5.1.2 车辆痕迹和部件状况

车辆痕迹和部件状况拍摄内容如下：

a）破损、变形、缺失的具体位置、形态；

b）擦划痕迹的位置、形态；

c）附着物的位置、形态、颜色，包括血迹、毛发、人体组织、纤维、指纹、掌纹及鞋印的位置及形态等；

d）轮胎的花纹形态及轮胎破损痕迹；

e）车内物品，包括鞋、包等；

f）车内部件状态，包括方向盘、仪表盘、灯光及雨刮器开关、档位、驻车制动器、座椅、安全带、气囊、车载卫星定位装置和行驶记录仪等。

5.5.1.3 地面痕迹

地面痕迹拍摄内容如下：

a）车辆轮胎痕迹的起点、突变点、止点、花纹形态和尺寸等；

b）车体在地面遗留痕迹的起点、突变点、止点、花纹形态和尺寸等；

c）人体在地面遗留痕迹的起点、突变点、止点、形态和尺寸等；

d）地面其他痕迹的起点、突变点、止点、形态和尺寸等；

e）散落物上附着痕迹的形态、尺寸；

f）血迹的形态、尺寸。

5.5.2 拍摄要求

5.5.2.1 应贴放比例尺，比例尺的贴放和选择应符合 GB/T 23865—2009 中的 3.4、3.5 的要求。

5.5.2.2 应清晰反映痕迹、损伤、微量物质的形态、颜色、质地和比例尺刻度。

5.5.2.3 被拍摄主体应不小于画面的 2/3。

5.5.2.4 弱光条件下拍摄，可使用辅助光源。

5.5.3 拍摄方法

拍摄方法参见 A.5。

5.6 比对照相

5.6.1 拍摄内容

经勘查确定的承痕体与造痕体，应拍摄比对照片，拍摄内容如下：

a）车辆与车辆的接触部位和接触方式；

b）车辆与固定物（树、线杆、护栏等）的接触部位和接触方式；

c）车辆轮胎花纹与地面轮胎花纹的比对；

d）车体痕迹与地面痕迹的比对；

e）人体及衣着痕迹与车体痕迹、地面痕迹的比对；

f）整体分离痕迹的比对。

5.6.2 拍摄要求

5.6.2.1 应确认痕迹对应关系，分析判断承痕体与造痕体的接触部位和接触方式。

5.6.2.2 应垂直于痕迹所在平面，分别拍摄承痕体与造痕体接触部位的细目照片。

5.6.2.3 有条件的，应按接触方式摆放造痕体与承痕体，拍摄两者的关系照片。

5.7 特殊环境的拍摄

特殊环境拍摄的注意事项参见附录 B。

6 现场照片卷的制作

6.1 交通事故照片卷的组成

交通事故照片卷由封面、正文（照片）、正文载体三部分组成。

6.1.1 封面

6.1.1.1 交通事故照片卷封面应包括以下内容：

a）事故编号；

b）案卷题名；

c）制作单位；

d）事故时间；

e）事故地点；

f）拍摄人；

g）拍摄日期；

h）制卷人；

i）制卷日期；

j）卷内照片张数。

6.1.1.2　封面格式示例参见附录 C。

6.1.2　正文（照片）

道路交通事故照片卷正文内容如下：

a）照片；

b）标引线；

c）文字说明。

6.2　**一般要求**

6.2.1　正文载体可使用照片粘贴纸，纸张质量、尺寸应符合 GB/T 29351—2012 中的 5.1、5.2 的要求，也可使用照片级打印纸，尺寸应为国际标准 A4 型纸。

6.2.2　照片规格尺寸应符合 GB/T 29351—2012 中的 6.4 的要求。

6.2.3　照片、标引线和文字说明可使用计算机排版，直接打印在采用照片级打印纸的正文载体上。

6.3　**照片编排**

交通事故现场照片编排要求如下：

a）应按方位、概览、局部、元素、细目和比对照片的顺序编排；

b）根据需要，局部、元素、细目和比对照片可穿插编排；

c）细目照片应与局部、元素照片相对应。

6.4　**照片粘贴**

照片间隔应疏密适当，每页应留有 25%~35% 的空白区，版面应规范、整洁。

6.5　**照片标引**

照片标引应符合 GB/T 29351—2012 中的 8.2 的要求。

6.6　**文字说明**

道路交通事故照片卷应附注文字说明，文字说明要求以下：

a）文字说明应与照片对应；

b）文字说明内容应通俗、简练、严密、准确；方位照和概览照的文字说明应体现出拍摄方向，局部照和比对照的文字说明应体现出被摄主体的名称、比对关系；

c）文字说明可手写或打印，手写字迹应工整、清晰、可辨，打印字体为三号宋体；

d）文字说明中带有计量单位的数字，应采用阿拉伯数字；

e）文字说明中应采用法定计量单位，并书写该计量单位的符号或代号，如：毫米应写作 mm；

f）文字说明应粘贴或打印在照片下方，距照片边缘 5 mm~10 mm 居中部位。

6.7　**归档**

6.7.1　对肇事人追究刑事责任的交通事故，应分别制作一式两份照片归入案卷的正本和副本。

6.7.2 数码照片应保存原始图像文件，刻制光盘，光盘上应注明案件的名称、发生时间、地点、案件性质、拍摄日期、拍摄人等信息，并与案卷统一归档。

附录 A
（资料性附录）
照相方法

A.1 方位照相

宜采用下列方法拍摄：

a）现场位于路段，纵向范围较大时，可将机位设置于道路中心线（轴线）上，采用直线连续拍摄法拍摄；

b）现场位于路口，可采用多向拍摄法或回转连续拍摄法拍摄；

c）宜采用标准镜头拍摄，光圈不大于 F8；

d）有条件的，可将机位设置于较高地点，进行俯拍。

A.2 概览照相

宜采用下列方法拍摄：

a）现场位于路段，可采用相向拍摄法拍摄；

b）现场位于路口，可采用多向拍摄法拍摄；

c）现场范围较大，可从相对方向分别采用直线连续法拍摄。

A.3 局部照相

拍摄现场局部照片时，宜围绕现场重要局部，采用多向拍摄法拍摄。

A.4 元素照相

宜采用下列方法拍摄：

a）拍摄尸体全身照时，应采用中心垂直拍摄的方法，持相机站于尸体一侧，保持相机镜头与尸体所在平面基本垂直，使人（尸）体不小于画面的 2/3；

b）拍摄面貌照时，应以鼻尖为中心，相机垂直于面部拍摄，记录面貌特征及附着物和伤痕情况；

c）拍摄多轮车辆时，应以相同高度、相同距离沿车辆对角线相对方向各拍摄一张；

d）拍摄两轮车辆时，应在垂直于车体两侧的中心位置各拍摄一张；

e）车体损伤变形较大的，可选取能反映车辆损伤变形情况的位置拍摄。

f）拍摄较大面积痕迹和散落物时，可持相机站于痕迹或散落物起点一侧，朝痕迹止点或散落物抛洒方向，保持相机水平拍摄，使被摄元素不小于画面的 2/3；

g）拍摄较小面积痕迹和血迹时，应采用中心垂直拍摄方法。

A.5 细目照相

拍摄细目照应采用比例照相方法，保持镜头与痕迹面垂直，使比例尺与取景器一侧边框平行；单幅画面无法反映完整时，可采用直线连续拍摄法，拍摄时相邻两张照片应有重合部分，重合部分应避开主要痕迹损伤位置。

附录 B
（资料性附录）
特殊环境的拍摄

B.1 白天逆光和阴影区拍摄

白天逆光环境拍摄，或被摄主体处于阴影区中时，应使用辅助光源对主体进行补光。

B.2 夜间现场拍摄

夜间现场拍摄的注意事项如下：

a）夜间现场拍摄应做好现场安全防护工作；

b）夜间现场拍摄应使用闪光灯、三脚架、便携式辅助光源、快门线等装置，光源色温 5 500 K~6 000 K；

c）拍摄时应确保画面布光均匀。使用闪光灯布光的，应使用多次闪光法；使用车载现场勘查灯或便携式辅助光源的，应配合使用聚光灯和泛光灯；

d）拍摄玻璃、金属等高反光率客体时应调整光源与相机角度，避免反射光进入镜头形成光斑；

e）拍摄痕迹细目照宜采用侧光方法布光；

f）拍摄地面轮胎痕迹宜采用低角度逆光方法；

g）现场复杂、影响重大的，在有条件的情况下可封锁现场，待天亮后进行补充拍摄。

B.3 雨天现场拍摄

应及时拍摄现场原始状况，现场地面痕迹不宜分辨时，可待地面干燥后进行补充拍摄。雨天现场拍摄的注意事项：

a）先拍易消失、易破坏的痕迹，如血迹、轮胎痕迹、花纹痕迹等；

b）先拍原始后拍变动；

c）先拍车外、后拍车内；

d）先拍中心细目、后拍方位概览。

B.4　雪天现场拍摄

雪天现场拍摄时，应及时拍摄现场原始状况，清理现场积雪，并对现场地面痕迹进行补充拍摄。

B.5　夜间雪、雾天气拍摄

夜间拍摄遇有雪、雾天气时，应关闭辅助光源，利用环境光源，使用低感光度，长时间曝光的拍摄方式。不具备拍摄条件的，可以封闭现场，待具备条件后再进行拍摄。

B.6　高反光率物体拍摄

拍摄玻璃等非金属高反光率物体时，应使用偏振镜，消除画面反光。

附录 C
（资料性附录）
封面格式

封面格式见图 A.1 和图 A.2。

图 A.1　封面正面

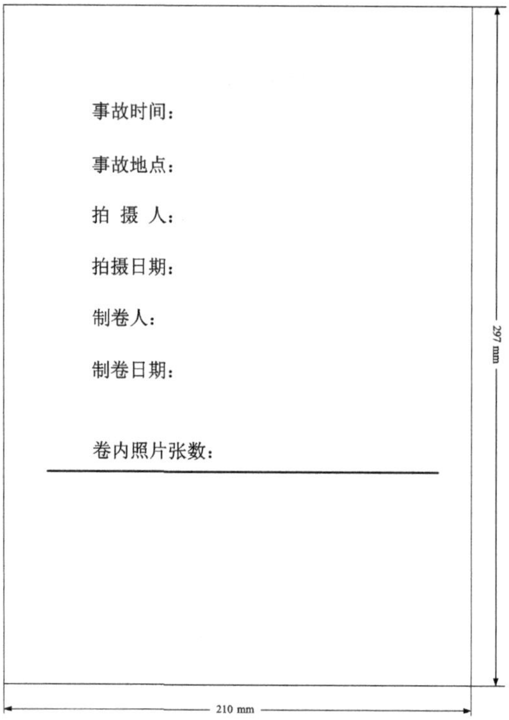

图 A.2　封面背面